大汉天下

丁守卫 著

中国铁道出版社有限公司
CHINA RAILWAY PUBLISHING HOUSE CO., LTD.

图书在版编目（CIP）数据

大汉天下 / 丁守卫著 . —北京：中国铁道出版社，2019.5（2022.1重印）
ISBN 978-7-113-25470-4

Ⅰ . ①大… Ⅱ . ①丁… Ⅲ . ①中国历史－汉代－通俗读物
Ⅳ . ① K234.09

中国版本图书馆 CIP 数据核字（2019）第 018571 号

书　　名：大汉天下
作　　者：丁守卫　著

责任编辑：刘建玮　　　　　　　电　　话：(010) 51873038
装帧设计：李四月　　　　　　　电子信箱：liujw0827@163.com
责任印制：赵星辰

出版发行：中国铁道出版社有限公司（北京市西城区右安门西街8号 邮编100054）
印　　刷：永清县晔盛亚胶印有限公司
版　　次：2019年5月第1版 2022年1月第2次印刷
开　　本：710 mm×1 000 mm　1/16　印张：25.5　字数：423 千
书　　号：ISBN 978-7-113-25470-4
定　　价：68.00元

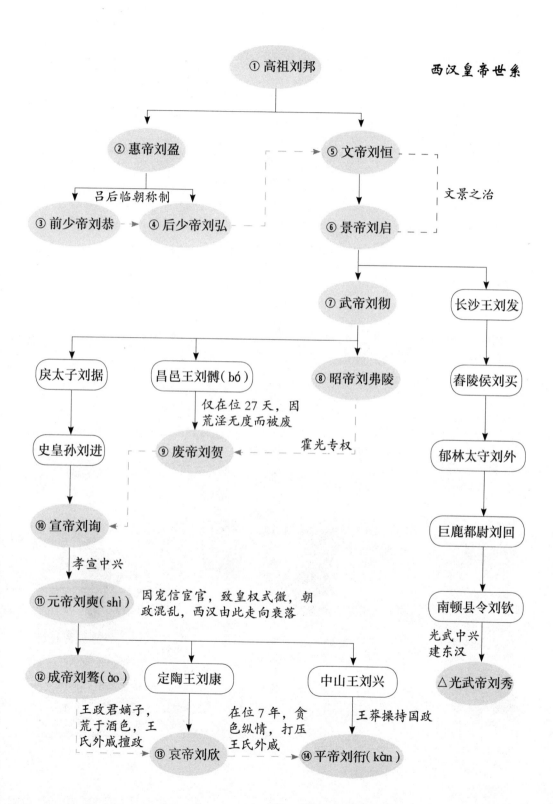

西汉皇帝世系

① 高祖刘邦

② 惠帝刘盈

⑤ 文帝刘恒

吕后临朝称制

③ 前少帝刘恭 → ④ 后少帝刘弘

⑥ 景帝刘启

文景之治

⑦ 武帝刘彻

长沙王刘发

戾太子刘据

昌邑王刘髆（bó）

⑧ 昭帝刘弗陵

春陵侯刘买

仅在位 27 天，因荒淫无度而被废

史皇孙刘进

⑨ 废帝刘贺 ← 霍光专权

郁林太守刘外

⑩ 宣帝刘询

巨鹿都尉刘回

孝宣中兴

南顿县令刘钦

⑪ 元帝刘奭（shì）

因宠信宦官，致皇权式微，朝政混乱，西汉由此走向衰落

光武中兴建东汉

⑫ 成帝刘骜（ào）

定陶王刘康

中山王刘兴

△ 光武帝刘秀

王政君嫡子，荒于酒色，王氏外戚擅政

在位 7 年，贪色纵情，打压王氏外戚

王莽操持国政

⑬ 哀帝刘欣 → ⑭ 平帝刘衎（kàn）

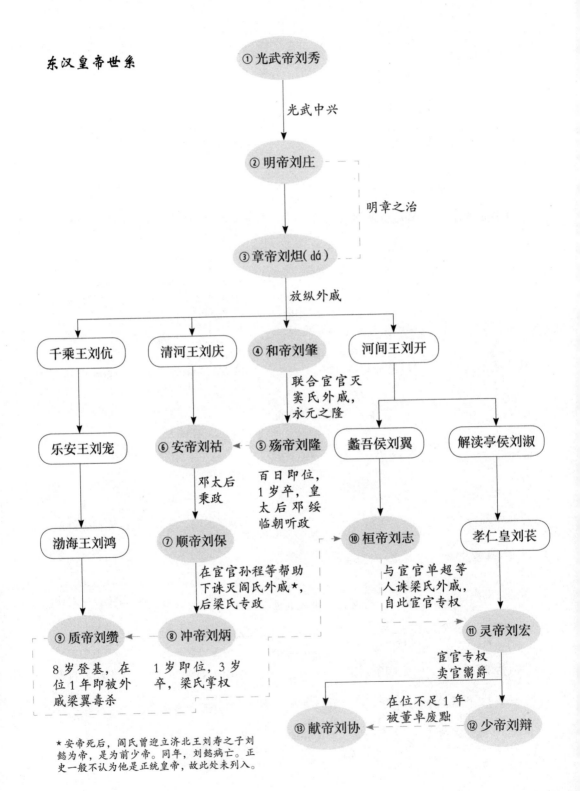

东汉皇帝世系

① 光武帝刘秀

光武中兴

② 明帝刘庄

明章之治

③ 章帝刘炟(dá)

放纵外戚

千乘王刘伉　　清河王刘庆　　④ 和帝刘肇　　河间王刘开

联合宦官灭
窦氏外戚，
永元之隆

乐安王刘宠　　⑥ 安帝刘祜 ← ⑤ 殇帝刘隆　　蠡吾侯刘翼　　解渎亭侯刘淑

邓太后
秉政

百日即位，
1岁卒，皇
太后邓绥
临朝听政

渤海王刘鸿　　⑦ 顺帝刘保　　⑩ 桓帝刘志　　孝仁皇刘苌

在宦官孙程等帮助
下诛灭阎氏外戚*，
后梁氏专政

与宦官单超等
人诛梁氏外戚，
自此宦官专权

⑨ 质帝刘缵 ← ⑧ 冲帝刘炳　　⑪ 灵帝刘宏

8岁登基，在
位1年即被外
戚梁翼毒杀

1岁即位，3岁
卒，梁氏掌权

宦官专权
卖官鬻爵

在位不足1年
被董卓废黜

⑬ 献帝刘协　　⑫ 少帝刘辩

*安帝死后，阎氏曾迎立济北王刘寿之子刘
懿为帝，是为前少帝。同年，刘懿病亡。正
史一般不认为他是正统皇帝，故此处未列入。

汉朝的意义

说来，中国最早的封建王朝有两种模式，我们不妨将一种叫作"秦朝模式"，另一种则叫作"汉朝模式"。

很显然，"秦朝模式"主要源自秦始皇嬴政和丞相李斯。所谓"秦朝模式"，其实就是郡县制下的以吏治天下，以法治天下，整个社会的运转机制基本上是建立在一种"法治"的轨道上。尽管，在当时的条件下，由于时代的局限性，这样的法律还很不完善。但毕竟，法制已经开始领跑整个刚刚统一后的中国。这不能不说是一种非常好的现象。

历史上，当时秦始皇"以法治秦"的决心和意志是比较坚定的。也正因此，这位铁血皇帝在建立了中国第一个封建王朝之后，除了强调他的绝对皇权至尊，却并没有册立太子，也没有分封皇子，更没有册立皇后。一句话，在当时的秦朝，还没有出现汉朝之后的中国封建社会那么严重的"家天下"现象。而整个封建官场，从上至下，也还没有出现那么严重的官员特权和官场腐败。

然而，秦朝的阿喀琉斯的"脚踵"也就在这里，因为没有藩王的拱卫，故而到了秦末天下大乱之时，由于没有地方同姓藩王的出兵勤王，拱卫中央，而且，官员们贪婪的胃口又苦苦得不到满足，以致出现了较为普遍的"为官不为"，甚至像陈胜、吴广以及刘邦、萧何这样的国家政权的基层"小官"公然走上了斩木为兵、揭竿为旗的道路，由此导致表面看起来非常强大的秦朝很轻易地就被一剑封喉而灭亡了。

秦朝灭亡后，贵族出身的楚霸王项羽虽然夺取了天下，但他却并没有当皇帝，而是以霸主的身份分封天下，建立了他的"项氏联邦"。但由于这样的"项氏联邦"政权在组织结构上过于松散，很不稳固，缺乏专制政权那种强力的"黏合剂"，而且项羽这人在做人方面太不精明，以至于很快就被刘邦所建立的汉王朝给彻底取代了。

建立了汉王朝后，在国体与政体上，刘邦既没有采纳秦始皇郡县制的"秦朝模式"，也没有实行项羽的"项氏联邦"制度，而是创立了自己的"汉朝模式"，其总策划当然是汉高祖刘邦，而其主创人员则是萧何，当然还有"萧规曹随"的曹参，以及后来的汉武帝和董仲舒，等等。所谓的"汉朝模式"，在今天看来，一言以蔽之，其实就是一种"家天下"模式，实行的是一种从中央到地方的皇权与王权世袭制度。不过，这种制度虽然自私，但在当时却非常实用，而且还有着非常大的合理性，因而在很大程度上长期稳定了汉朝的封建统治。

这以后，尽管多次发生王朝更替，江山易主，但每一个王朝建立后，几乎都照葫芦画瓢地实行"汉朝模式"。也许就是因为这个原因吧，后代的中国人都爱称自己是汉人——也即无论整个国家还是人民，在很大程度上其实都是汉王朝文化与政治的浸淫者与传承者。

所以，睽诸历史，应该说，汉朝对我国后代封建王朝的影响是巨大的。

的确，可以不夸张地说，汉朝是其后的中国封建王朝的"教科书"，两汉特别是前汉的许多人和事被后世人们"立此存照"，或者，换句话说，后代封建官场的许多潜规则其实在两汉时代都能够找到。中国几千年的封建社会一直是一个权力社会，或者说一个势利社会，而这种"权力社会"或"势利社会"，其实最先就是从汉朝开始的。那无所不在的权力，无所不在的势利，曾经一直主宰着汉朝，影响着后世，且由此衍生出了多少爱恨情仇、悲喜哀乐的宫廷政治乃至草民百姓的人生故事，也因此留下了那么多的"历史后遗症"。

所以，要想了解中国大历史全貌，了解中国以儒家思想为主导的传统文化与治国思想，必先了解汉朝；要想解读中国的封建王朝，厘清中国封建官场的渊源与脉络，也必先了解汉朝。一句话，只要想读懂几千年的中国封建社会史，就必须先要读懂汉朝，只有读懂了汉朝这本中国后代封建王朝的"教科书"，对后代中国封建社会的许多现象乃至见怪不怪的"怪现状"才会迎刃而解，茅塞顿开。

也许，解读汉朝的意义也正在这里。

目录

第一章
是谁灭了秦帝国

　　秦始皇扫平六国，统一中国后使曾经一度长期处于战乱纷争岁月的神州大地终于出现了难得的平静与太平，就像一座喷发燃烧了成百上千年的活火山，终于有一天令人不可思议地渐渐沉寂了下来。尽管，统一是以一种让天下难以计数的人流泪、流血，当然也包括失去成百上千万的生命为代价的，但是，话说回来，这其实也是战争本身难以避免的事情，是"天下大乱达到天下大治"必须要付出的代价。虽然，这代价对于任何有直接关联的人都未免太过于惨烈与沉痛，是谁都不愿也不堪直接面对的。然而，在经历了漫长的黑夜后，和平的旭日毕竟已经冉冉升起在中华大地的上空。

　　能够出现这样一种百年甚或千年不遇的太平景象，无疑是天下百姓都乐意见到的。因为，正像俗话说的："宁为盛世犬，不为乱世人"，不管怎么说，谁都不愿生活在一个长期处于战乱、处于杀伐争斗，没有任何安全感的国度和时代里。

　　饱经战火的洗礼后，年轻的秦帝国巍然屹立在世人的面前，满含生机，充满希望。只要假以时日，相信一切的泪水和鲜血自然都会干涸，一切关于战争的冤仇和悲伤也自然会渐行渐远，随风而逝。这期间，只要不发生大的天灾和人祸，一如后来许多朝代一样，在一种相对和平的环境中，让人民得以休养生息，再经过一两代人的打拼苦斗、发奋建设，也许用不了三四十年，"秦皇之治"或"大秦盛世"就会指日可待。

　　可是，令人怎么也想不到的是，还只仅仅"航行"了15年，大秦帝国这艘中国历史上第一次大一统的巨轮就发生了"泰坦尼克号"般的惊天触礁与沉没！

　　一个庞大的帝国何以会如此短命？究竟是什么原因导致了大秦帝国的猝死？

　　有人说，大秦帝国的死，是死于暴政，是因为秦帝国的法律太过严苛，从而激起了天下百姓的反抗。

　　有人说，大秦帝国的死，是死于繁重的徭役，说秦王朝的赋税和徭役让天下百姓民不聊生，以致"男子力耕不足粮饷，女子纺绩不足衣服"，更由于秦王朝接二连三修建骊山墓、阿房宫，北筑万里长城，征用民力太多，使得"天下苦秦久矣"，由此导致民生凋敝，哀鸿遍野，致使陈胜、吴广、项羽、刘邦纷纷斩木为兵，揭竿而起。

有人说，大秦帝国的死，是死于秦始皇的"焚书坑儒"。由于"焚书坑儒"，一定程度上激化了"士"这一具有相当大的社会影响力的特殊阶层与皇帝的矛盾，动摇并迅速瓦解了大秦帝国赖以存在的基础，无形中把一大批社会中层精英分子自然推到了原六国贵族一方，由此形成了一股巨大的反秦政治势力，最终合力将大秦帝国彻底埋葬。

有人说……

千百年来，人们一直众说纷纭，莫衷一是。

那么，究竟是谁杀死了秦帝国？

仔细分析起来，应该说，这其中的原因也确实很多。然而，可以肯定的是，忽视了接班人的培养乃是秦始皇犯下的弥天大错，是导致曾经如日中天、不可一世的大秦帝国突然猝死的最主要原因！

嬴政缘何不立储

说来，秦始皇终生不立太子，如同他终生不立皇后一样，乃是一个难解的历史之谜。

在我国古代，立储制是后宫制度乃至君主政治的重要组成部分。在封建专制时代，接班人问题从来都是关乎国本的大事。据记载，战国时期的秦国，自从秦孝公以来，对于立后和立太子之事便已制度化，等到了秦始皇统一中国后，这种制度已经更趋完善。然而，令人百思不得其解的是，从公元前246年，嬴政即位，到公元前210年，50岁时病死，这么长时间，千古一帝秦始皇居然自始至终都没有确立自己的接班人！

如果说，从他13岁即位到22岁亲政，这中间的9年时间，嬴政虽然贵为天子，但其实只是一个傀儡，权力一直被吕不韦实际掌控着，他无权去立太子，而22岁到39岁的这17年时间，虽然大权在握，金口玉言，但那时一心忙于征战，并吞六国，无暇去立太子的话，那么，统一中国后的这十多年里，尽管国事繁忙，巡游不断，但再怎么说，秦始皇都有充足的时间去从容考虑立储之事。可是，不知道为什么，像秦始皇那样绝顶聪明的人，竟然会在处理接班人一事上这么糊涂，对立储这件事关国家长治久安的大事竟然一直漠不关心，不闻不问？

　　从种种情形来看，不立太子的谜底显然不是没有时间，也显然不是由于疏忽大意，把立储这么重大的事情给遗忘掉了，而是很有可能与秦始皇本人的身世以及其身上那种特有的怪异性格有关。

　　众所周知，嬴政是在一种非常糟糕的环境中长大的，他能够成为秦国的国王，乃至最后成为中国历史上的第一位皇帝，真的是一个侥幸或说一个意外，而且，虽然贵为九五之尊，但嬴政的身世却很不幸，其一生都可以说是个悲剧。

　　嬴政降生在赵国邯郸，他的父亲子楚（原名异人）虽说是秦昭襄王的孙子，但子楚的生母夏姬因为并不得宠且又早逝，故而一向不被重视。所以，那年秦昭襄王与赵惠文王在渑池之会，两国签订和约、互换人质时，子楚便被秦昭襄王当作处理品似的很随便地就作为人质送往赵国了。

　　身为人质，其实也就和囚徒差不多。在被赵国软禁的 20 多年里，子楚从一个少不更事的孩子变成了一个 30 多岁的大龄青年。人生老大，不仅生活艰难，无法成亲，而且连自己的性命都很成问题。这期间，因为秦赵交恶，秦国攻打赵国，赵王迁怒子楚，甚至曾一度打算将他处死。

　　子楚后来之所以能够大难不死，不仅返回了秦国，而且荣登大宝，成为一代秦王，这其中，应该说，完全是由于吕不韦的功劳，是这位一代奇商吕不韦魔术师般地将一桩原本完全不可能实现的事情点石成金般地变成了人们意想不到的现实。

　　这，说来真的是一个传奇。

　　仔细想来，也真的是很有意思，想不到一个原本行走江湖堪称中国历史上最伟大的商人的吕不韦竟然和中国历史上第一位皇帝秦始皇有着那么多说不清也道不明的关系。由此可以看出，历史其实有很多极为偶然也充满戏剧性的因缘巧合。

　　据记载，吕不韦原是卫国濮阳（今河南濮阳）人，后举家随父亲迁居韩国阳翟（今河南禹县）经商。由于父子精明，经营有方，吕家的生意做得非常红火，很快便成为当时富甲一方远近闻名的富商巨贾。

　　但胸有大志的吕不韦显然对经商并不安分。一个极偶然的机会，他在邯郸的某个地方遇到了面容憔悴、愁眉不展、一副落魄公子样的子楚。经人介绍，他才知道子楚是秦国的人质，是当时在位的秦昭襄王的孙子。虽说如今虎落平阳，凤凰落毛，但人家毕竟贵为皇族，所以，极具商业头脑以及政治智慧的吕不韦顿时灵机一动，突发奇想，敏锐地觉察到这是一个千载难逢的商机，当即就在心中惊喜地感叹道："此奇货可居也！"

因此，几天后从邯郸回到阳翟的家里后，吕不韦便急不可待地和同样精明过人的父亲商议此事。《战国策》中记录了他与父亲的这段精彩的对话，至今读来，还是那样精彩绘声绘色，栩栩如生。

吕不韦问父亲："耕田之收益，大概有几倍？"

父亲略一思索，便回答他说："大概十倍左右吧。"

吕不韦又问："那么，贩卖珠宝之利有几倍呢？"

父亲知道儿子拐弯抹角问这些话的目的准是话里有话，就又回答说："大概在一百倍左右吧。"

"那么，"吕不韦说到这里，显然有些激动，于是，便拖长了声调问："那么，如果能拥立一位国君上任，能获得多少利益呢？"

"那呀——"看着无论智商还是情商都明显胜过自己一筹的儿子，做父亲的禁不住喜上眉头，笑着说道："那收益至少千倍万倍，多得没办法计算喽！"

于是，吕不韦便把前两天结识子楚的经过与自己的想法一股脑儿告诉了父亲。父子俩一合计，都觉得这个秦国的王孙确实"奇货可居"，一本万利，所以便决定实施"立国家之主"的行动，由此开始自编自导了一出"商人窃国"的政治戏剧。

打定主意后，吕不韦立即开始行动，他首先来到秦都咸阳，假借子楚的名义，送许多非常珍贵的礼物给当时很受安国君宠爱但却不能生育的华阳夫人，想法子让华阳夫人将子楚立为她的子嗣。

有道是：金钱能使鬼推磨，经过一番金钱外交，四处打通关节，出手大方、一掷千金的吕不韦最后终于使原本很难回返秦国，且即使能重回秦国也压根就不可能继承王位的子楚，不仅得以归返秦国，并且奇迹般地很快就被立为太子，最终登上王位。

从史书上看，不仅子楚完全是由吕不韦暗中操纵、一手策划并扶植起来的，而且，秦始皇的母亲赵姬，也与吕不韦有着许多说不清的关系。

事情的经过大致是这样的，赵姬原来不过是邯郸城内的一个舞女，因为天生丽质，且又能歌善舞，而被富商吕不韦纳为小妾。

相传，有一次，吕不韦在家中宴请子楚，两人席地而坐，开怀畅饮，酒喝至酣畅之际，两人都非常兴奋。这时，吕不韦把自己的爱妾赵姬叫来唱歌跳舞，以助酒兴。没想到，身着华丽舞服、略施粉黛、楚楚动人的赵姬一上场，就将子楚整个儿给"电"倒了！

也难怪，一个长期横遭软禁的大龄男子，突然遇到一个秀色可餐且又身材婀娜颀长的年轻女子，也实在是很难能控制得住。一时间，子楚神魂颠倒，欲火中烧，情不自禁，一时竟忘了说话，忘了饮酒，只是目不转睛地盯着翩翩起舞的赵姬，痴痴地陶醉，以致最后竟按捺不住地假装不小心去摸人家赵姬那飘飞的长发和飞天的长袖。老半天回过神来后，子楚又嗫嗫嚅嚅不加掩饰地向吕不韦提出了想娶赵姬为妻的请求。

事隔千年，今天看来，城府极深的吕不韦安排赵姬在这种场合献舞，很难说不是别有用心。这应该是一个蓄谋已久的旨在引诱子楚上钩的陷阱。但从《史记·吕不韦列传》看，对于子楚这种莽撞失态的举动、荒唐无礼的请求，吕不韦当时却表现得十分恼怒，心想这个没见过世面的家伙也太不像话了，竟然对自己的恩人的爱妾也产生了非分之想！可是，他转念一想，又觉得自己为了扶植子楚已散尽千金，如今要是为了一个女人而反目成仇，因小失大，一切都会前功尽弃。罢，罢，罢，所谓小不忍则乱大谋，他想，倒不如干脆来个一不做，二不休，放长线，钓大鱼，索性大大方方做个人情把自己心爱的赵姬送给这个将来很有可能会当上秦国国君的混账家伙算了。于是，心中虽然老大的不情愿，但善于权衡利弊的吕不韦还是很爽快地立即答应了子楚的请求。

据记载，赵姬嫁给子楚时，已有孕在身，但却一直瞒着子楚。后来，赵姬生下孩子，取名为政，因生在赵国，也就跟了母亲姓赵，名叫赵政。这个赵政，也就是后来统一了中国的秦始皇！所以，很有可能，秦始皇嬴政真正的父亲乃是吕不韦。

当然，秦始皇究竟是否真的是吕不韦之子，因为史无所载，且年代久远，今天已无从考证，只能存疑。可是，无论秦始皇与吕不韦是不是父子关系，一个显而易见的事实是，正是经由吕不韦在政治上的点石成金，才奇迹般地改变了嬴政父子的命运。所以，可以一点儿也不夸张地说，如果没有吕不韦，就绝对不会有嬴政父子日后的出息，更不会有秦始皇的一统天下。

正是从这个意义上说，吕不韦就像是一个历史上最神奇也最伟大的戏剧编剧、策划和导演，而秦始皇则不过是他一手选定的演员，一个在战国末期乃至在整个封建社会也应该说是最优秀最出众的男主角。

　　睽诸历史，嬴政是在一种极不正常的环境和极不健康的家庭中长大的。在他两岁的时候，经过长平之战，赵国的军力严重受损，秦昭襄王决意乘机一举吞并赵国，当几十万秦军将赵国的首都邯郸围了个水泄不通，对秦国不再抱有任何希望与幻想的赵王又气又恨，决意杀掉子楚这个秦国人质。关键时刻，吕不韦不惜花费六百斤黄金买通守吏，帮助子楚逃出邯郸，脱离虎口。就这样，子楚在匆忙中丢下老婆赵姬和儿子嬴政，孤身一人逃回到离别已经二十多年的故土。

　　就这样，嬴政与母亲赵姬二人，孤儿寡母，不仅生活成了问题，而且生命也时常受到威胁，更由于舞女出身的母亲平时只知道自己纵欲享受，而很少能尽到做母亲的责任，所以，嬴政的童年既缺少父爱，也缺少母爱，几乎就像是在一片爱的沙漠里长大。

　　同时，由于母亲赵姬舞女出身，名声不好，儿时的嬴政因此受尽了屈辱。每当和小伙伴们在一起玩耍时，常常有人讥笑他是个丑猴子，骂他是个野杂种，并故意在他面前大声地唱一首也不知是谁胡编的儿歌：

　　　娘偷汉，生杂种；

　　　爹不要，弃河东。

　　　弃儿弃儿，

　　　娘是破鞋。

　　　……

　　还有什么会比这些更能伤害一个尚未成年的孩子那稚嫩而又无助的心灵？由于受尽侮辱与歧视，这使嬴政从小就孤独而自卑，而越是这样，心理上和行动上就越是表现得敏感而自尊、乖戾而粗暴，小小年纪就在胸中蓄积了一种恨不得毁灭一切的怒火与仇恨！

　　按照现代心理学的观点，人的性格与气质除了与其遗传基因有关，还与一个人的身世及其生长环境有着非常大的关系。特别是童年与青少年期间乃是一个人性格的定型期。在这期间，一个人的家庭环境与社会环境以及其所受到的教育以及各种经历遭遇，对于其性格养成起着决定性的作用，对于其一生的命运都会产生非常大的影响。

　　因此，秦始皇嬴政身上的那种令人琢磨不定的诡谲怪异的性格，除了部分乃是先天使然，毫无疑问，在很大程度上与他的身世及童年和青少年期间的生长环境有关。

　　据说，嬴政长相丑陋，想必属于"人君奇相"。《史记·本纪第六》中说他"为人蜂准，长目，鸷鸟膺，豺声"。这也就是说秦始皇嬴政长着蜜蜂形状的鼻子，眼睛细长得像马眼露出怪异的目光，胸部鼓凸像鸷鸟一样，整个人长得活脱脱就是一个丑八怪！

由于长相丑陋，而且，从小就缺少家庭温暖，缺少父母关爱，缺少人性中最不可缺少的人性关怀，所以，在嬴政的性格中，更多的是仇恨与残忍、冷酷与自私，而很少甚或没有柔情爱怜、感恩报答的成分。我们看历史中有关秦始皇的记载，发觉他好像总是一副铁石心肠，即使是对后宫里那些花容月貌的女人，也几乎从来没有怜香惜玉过。

特别是在母亲赵姬与假太监嫪毐淫乱宫闱，进而嫪毐反叛这一帝国特大丑闻平息之后，嬴政似乎从此对天下几乎所有的女人都深怀着一种刻骨的仇恨与憎恶，所以，翻遍几乎所有的史料，你都很难能够查阅到秦始皇曾经宠爱过哪个有名有姓的女人，而且，从生到死，这个中国第一个皇帝竟然从未立过一个皇后！

不立皇后倒也罢了，后宫佳丽无数，皇帝想宠谁是谁，自然一点也不会影响秦始皇的私生活，即使是对那些被他宠幸过的女人来说，其实，也并无大碍，顶多只是没有名分罢了。可是，最要命的是秦始皇竟也因此终生不立太子，这就对大秦帝国的未来前途和命运产生了极为严重的影响！

说真话的代价

除了秦始皇的身世，有关他的私生活，比如有关他的妃子和子女们的情况如何？历史竟然很少记载，近于空白。

据记载，秦始皇共有 22 个儿子，可是，除了大儿子扶苏和小儿子胡亥，其他那 20 个儿子究竟生平怎样，后人根本就无法知晓，至于他们的性格和才干，因为史无所载，更是让人茫然无知。

关于扶苏，《史记》中没有其专门的传记，只在《李斯列传》等篇章中偶尔有些只言片语的记载，从这些只言片语的记载中，后人窥斑见豹，才多少了解到了一些他的性格与为人。

据说，扶苏的生母是郑国人，因为身在咸阳，远离家乡，禁不住经常怀念故国，思念家乡，而每当这种时候，她便自觉不自觉地总是喜欢吟唱《诗经》中的那首名叫《山有扶苏》的情歌：

> 山有扶苏，隰有荷华。不见子都，乃见狂且。
>
> 山有桥松，隰有游龙。不见子充，乃见狡童。

这是一首郑国的情歌，如同我们现在所唱的民歌《茉莉花》一样，是一首非常美丽动听的爱情歌曲，但在当时，郑国的音乐一向被认为是靡靡之音，亡国之乐，如孔子就认为"郑声淫"，听多了会使人有"非非之思"，因而劝告他的弟子要像远离小人那样远离"郑声"。在今天看来，这当然是一种夫子之见，很是荒唐可笑。其实，真正词曲俱佳的爱情歌曲是很能够感染人和陶冶人的，如这首郑妃经常哼唱的《山有扶苏》就在嬴政的心中激起了强烈的共鸣。

想必，当时还正青春年少的秦王嬴政也很喜欢这首郑国的情歌吧？抑或只是特别喜欢听花容月貌且有着忧郁气质的郑妃唱这首抒情优美清丽婉转的情歌，喜欢这首歌那清丽婉转优美动人的旋律，所以，他便将自己与郑妃所生的儿子取名为扶苏。

"扶苏"，在古代是指枝叶繁茂的大树，是一种人生与事业极富有旺盛生命力的象征。将自己生命中的第一个儿子取名为扶苏，就像后来将自己称作始皇帝一样，可以想见，当时还很年少并初为人父的秦王嬴政对自己的这个儿子曾经寄予了多么大的期望！

从种种迹象看，扶苏的生母郑妃想必是个美丽温柔且正直善良也很有教养的女子，做这样的揣测到并不仅仅只是因为她喜欢吟唱像《山有扶苏》这样的优美情歌，而是因为她对儿子优良的教育与熏陶。的确，从性格与气质以及心地等方面来说，扶苏似乎应该更像他的母亲，性格温和，天性善良，而和自己的父亲嬴政几乎在许多方面都迥然不同。

如对"焚书"与"坑儒"这样两件重大事件的不同政见，就充分反映出了他们父子俩在性格方面的差异或者说是对立。

现在来看，"焚书"与"坑儒"绝对是秦始皇一生所犯的两桩最严重的政治错误，其中，尤以"焚书"的危害性最为严重。而这一事件的始作俑者应该说就是李斯。

那是秦始皇三十四年（公元前213年），在一次由秦始皇亲自举办的宫廷宴会上，酒过三巡，博士七十人一齐上前给秦始皇祝寿。仆射周青臣上前一步，向秦始皇进颂说：

"他时秦地不过千里，赖陛下神灵明圣，平定海内，放逐蛮夷，日月所照，莫不宾服，以诸侯为郡县，人人自安乐，无战争之患，传之万世，自上古不及陛下威德。"

听到臣下当面奉承，将自己吹捧到这样一种前无古人的高度，秦始皇听了自然喜形于色。可是，没料到博士淳于越在听罢仆射周青臣如此一番未免有些肉麻的歌功颂德后，实在按捺不住下，偏脾气上来了，也不管这是什么场合，当即便兜头泼了一瓢冷水。他不仅指斥周青臣"面谀以重陛下之过，非忠臣"，而且还当面向秦始皇进谏，要求秦始皇仿效商周君王实行分封制，将自己的儿子或兄弟分封为诸侯，以便让他们的封国像树枝护卫着树干一样拱卫着中央。

其实，有关分封制的话题最先是由丞相王绾提出来的。据记载，当时，秦朝刚刚灭了六国，为了巩固新生的秦帝国政权，以丞相王绾为首的一些大臣向秦始皇建言献策说："诸侯初破，燕、齐、荆地远，不为置王，毋以镇之。请立诸子。"也就是希望秦始皇把自己的儿子分封为王，去镇守像燕、齐、荆那样远离中央的地方。

对于王绾的这一重大政治提案，秦始皇在决策之前，先提交群臣广泛深入地讨论，其中，绝大多数大臣都赞成王绾的主张，主张实行分封制，但是，唯独当时还只是廷尉的李斯却独持己见，坚决反对，认为应该实行郡县制。

所以，当博士淳于越在盛大的宫廷宴会上不合时宜地重又提出分封制一说，这时已经升为丞相的李斯自然又迫不及待地站出来慷慨陈词，深表反对。

究竟是实行分封制好还是郡县制好，争执双方各执一词，各持己见，而且，也都非常具有说服力，然而，如同上次一样，秦始皇最后拍板同意的仍然是李斯的观点。

如果事情发展到这一步结束也就好了，因为无论是实行分封制还是郡县制应该说都各有利弊，对大秦帝国都不会产生致命性的后果。可是，没想到李斯很快又节外生枝，有一天又给秦始皇出了个馊主意，主张在全国范围内开展一场"焚书"运动。

在李斯的唆使下，秦始皇下达的焚书令从咸阳宫中通过四通八达的驰道迅速飞向全国各地。于是，一场文化浩劫开始了。在"焚书"运动中，一本本价值连城的典籍、一册册诸子百家用毕生乃至多少代人心血凝成的珍奇孤本在读书人如丧考妣的痛哭声中，犹如冥纸一般化成缕缕青烟和漫天灰尘。

书籍是人类智慧的结晶，是人类世代相传的基因，从某种意义上说，其实它们也是有生命有灵魂的。在那些日子里，那些被冤死的"书的阴魂"在刚刚统一不久的大秦帝国的上空漫天飞舞着，久久不肯散去。

"焚书"余烬未灭，谁知，"坑儒"事端又起。那是距离"焚书"运动还不到一年，也就是始皇三十五年时发生的。

所谓"坑儒"事件，准确地说，其实应该叫作"坑术士"事件。"坑"也就是"活埋"，因为，秦始皇原本只想"坑"那些坑蒙拐骗他的江湖术士，顶多也就是"坑"那些"妖言以乱黔首"也即散布诽谤朝政言论的人，而绝对不是"坑"那些信奉孔孟学术的儒生，存心要和儒家过不去。而且，平心而论，"坑儒"事件一开始也真的不能错怪嬴政，要怪只能怪侯生与卢生二人。

就像安徒生童话《皇帝的新装》中的那两个骗子一样，侯生与卢生这两个胆大妄为、狗胆包天的方术之士，骗人竟然骗到了秦始皇的头上。他俩借口为秦始皇求取长生不老药，把个秦始皇当作傻子般居然狠狠忽悠玩弄了好几年，到后来，因为害怕事情败露，两个骗子商量着便想到了逃跑。要逃跑就逃跑呗，可是，这俩家伙偏偏不省事，在出逃前竟肆无忌惮地狠狠说了一通秦始皇的坏话，把一向待他们不薄的秦始皇给"臭"得一钱不值。不仅如此，两人还故意把这些话传到秦始皇的耳朵里，也难怪秦始皇会恼羞成怒，大开杀戒。

古往今来，常常有许多原本其实很小的政治事件，由于种种原因，被人为地过分放大后，往往会一发不可收拾，呈现出一种恶化蔓延的趋势，到最后，竟会产生意想不到的后果，给整个国家和社会造成了极为深重无可挽回的灾难。

"坑儒"事件便是这样一个最为典型的例子。

如上所述，秦始皇的本意是要缉拿和杀戮那些在他追求长生不老过程中欺骗了他以及妖言惑众的江湖术士，但是，由于秦朝施行的严刑峻法，那些御史们在查办这一案件过程中为了表现自己的忠君和能干，不惜刑讯逼供、屈打成招，以致那些被"案问诸生"相互乱咬，从而导致事态扩大，致使"犯禁者四百六十余人，皆坑之咸阳"，由此制造了一起历史上最为骇人听闻的冤假错案！

常言道：当局者迷，旁观者清。作为当局者，对于"焚书"与"坑儒"这两起政治事件的好坏，秦始皇本人显然做出了错误的判断，采取了错误的行动，且绝对没有意识到这些事件将会产生的严重后果。但作为旁观者，公子扶苏却头脑清醒，眼光独到，见识深刻，预感到了这一问题的严重性。所以，有一天，他直言不讳地向自己的父亲进谏说："天下初定，远方黔首未集，诸生皆诵法孔子，今上皆重法绳之，臣恐天下不安。唯上察之。"在今天看来，扶苏的意见不仅中肯，而且也很委婉，并不激烈。

可是，秦始皇听了却很不高兴，他当即沉下脸没好气地说："这些人中有装神弄鬼欺骗朕的，也有以古非今诽谤朕的，倘若不严加惩治，如何警示天下？"

就因为是父子关系，扶苏在秦始皇面前自然就没有一般做臣子的忌讳，这种时候，他也不管父皇嬴政高兴不高兴，依旧对秦始皇直言不讳地予以劝谏，将这些年来秦国实行严刑峻法所产生的弊端以及天下百姓的哀怨全部和盘托出，并希望自己的父亲能够从谏如流，体察民情，施行孔孟所说的仁政。

想当年，老子在自己的《道德经》中就曾告诫统治者说："治大国若烹小鲜"。所谓小鲜，也就是小鱼。唐玄宗李隆基对这句话的注解是："烹小鲜者，不可挠，治大国者不可烦，烦则伤人，挠则鱼烂矣。"意思是说，治大国就好像煎（煮）小鱼一样，煎小鱼不能经常翻动，如果老是翻过来、倒过去，小鱼就会被弄碎了，烧坏了。治理大国也是一样，不能老是折腾来折腾去，否则，也会把国家折腾得不成样子。

大约过了1900多年后，明代朱元璋也说过类似的话。在开国之初，他曾告诫群臣说："天下初定，百姓财力俱困，如初飞之鸟，不可拔其羽，新植之木，不可摇其根，在安养生息而已。"朱元璋的话说得深入浅出，形象生动，意思是说小鸟刚刚长上羽毛将飞欲飞的时候，你不能拔它的羽毛；小树刚刚栽下，你不能乱摇晃它，伤了它的根。一句话，一个新的政权刚刚诞生，百废待兴，应该小心谨慎，固本培元，让老百姓休养生息，千万不能瞎胡闹，乱折腾。

显然，扶苏的话与老子以及朱元璋的话意思大同小异，可谓言近旨远，蕴含着极其深刻的道理。能够说出这样一番话来，足以说明扶苏虽然年纪轻轻，但绝对是少年老成，很有思想和头脑，而后来的事实证明扶苏的担忧也确不是杞人忧天，危言耸听。在大是大非或者说历史的关键时刻，这位秦始皇的大公子的确深谋远虑，忧国忧民，非常具有政治敏锐性和政治判断力，完全具备了一个优秀政治家治国安邦所应具有的政治智慧与优良品质。

按理说，有这样一个优秀的儿子，秦始皇应该为此而感到高兴和骄傲才对，而倘若他能够将这样一个儿子立为太子，作为自己的政治接班人，那更是大秦帝国的福分，天下苍生的洪福！但是，令人感到万分遗憾的是，从种种实际情形看，统一中国后的秦始皇已经完全被自己取得的胜利所陶醉，已经完全习惯于被人歌功颂德，已经完全听不进任何反对的意见，哪怕这提意见的人是自己的儿子，他也置若罔闻，极度反感。

当年，不知道王绾、淳于越因为持不同政见，结果有没有被坑之咸阳？史无所载，无从考证，但公子扶苏却因为说真话付出了惨痛的代价，被秦始皇一气之下赶出咸阳，流放到千里迢迢的北国边疆，让他到当时驻扎在上郡由大将军蒙恬统驭的北征军团中做了一名小小的监军。

最致命的一剑

今天看来，把自己的长子扶苏发配到遥远的北方边陲去做监军，从某种意义上说，是秦始皇所犯的比"焚书""坑儒"更为严重的政治错误。如果说，"焚书""坑儒"几乎将天下所有的读书人都给得罪了，无形中树立成了自己的对立面，严重削弱了大秦帝国的执政基础，无异于作茧自缚乃至自掘坟墓的话，那么，把自己的长子扶苏发配到边疆去做监军，则无异于在无意间丢失了最后一根救命稻草，将大秦帝国原本可以拨乱反正、重振雄风的最后一丝希望给亲手扼杀了！

不妨假设一下，如果公子扶苏能在秦始皇生前就被确立为太子，哪怕即使不确立为太子，但能一直待在秦始皇的身边，那么，秦始皇在最后一次出巡途中得了重病，弥留之际，有扶苏守候在自己身边，秦始皇自然不需要多此一举，"乃为玺书赐公子扶苏"，下令扶苏与蒙恬的军团立刻赶到咸阳来料理自己的丧事并在灵柩前即位，而会直接把扶苏叫到自己的身边嘱托后事，从而直接把政权交给他。如此一来，时任中车府令兼行符玺令事的赵高自然也就不可能有机会与李斯合谋伪造诏书，假传圣旨逼不知实情的扶苏自杀，而把昏庸糊涂的胡亥立为皇帝。

或者，在秦始皇出巡时，倘若让公子扶苏留在咸阳代行国政，如此一来，不仅能让扶苏有一次难能可贵的实践锻炼的机会，为以后御宇天下积累宝贵的治国理政的经验，而且，也能够有效防止天子出巡离开咸阳后大秦帝国有可能出现的权力真空以及意外与风险。然而，由于秦始皇嬴政的疑心太重，几乎不相信任何人，包括自己的儿子，所以，在自己的长时间的出巡中，竟然未做任何必要的应对与防范之策，在自己离开咸阳时，没有把长子扶苏召回京城，行使代皇帝之职，这就使帝国的最高权力潜藏着极大的风险。

正是在这个意义上，所以，有人说，公元前212年，当希腊人阿基米德被攻入叙拉古城的罗马士兵杀死的时候，那个士兵当然并不知道自己实际上等同于亲手扼杀了灿烂的古希腊文明。同样，也是在公元前212年，当扶苏因持不同政见被他的父亲秦始皇打发到上郡去做一名监军，从此远离了大秦帝国的政治中心，秦始皇自然也不会知道，自己竟因此亲手扼杀了由他自己一手缔造的大秦帝国！

很有可能，对于立储之事，秦始皇在内心中曾有过自己的打算。从秦始皇临终前的遗嘱看，在他的内心深处，其实早已经把长子扶苏视为太子，当成了自己的接班人。可是，不知道为什么，对外，他却从来只字不提，无论对谁，都守口如瓶，在自己的有生之年，竟从未暴露过自己这一内心深处的秘密。

古往今来，大凡政治人物多半都战战兢兢，如履薄冰，对一些重大问题常三缄其口，讳莫如深，而像秦始皇这样孤独且多疑，身为一国之君，竟然对谁也不相信，与谁也不交心，实在是古今少有。

说来，秦始皇这人也真是很悲哀！囿于其特殊身份，多半也是因为其性格使然，终其一生，他竟然没有朋友，没有友爱，没有人与人之间的相互信任与真诚，甚至连普通人所通常拥有的亲情与爱情也没有，有的只是如影随形难以割舍的孤独与寂寞，有的只是防臣如防贼般的猜疑与忧惧。

几乎从秦始皇亲政那天起，他那对谁也不相信对谁都充满仇恨犹如乌云一般总是风吹不散的坏性格便始终笼罩在大秦帝国的上空，又如电脑木马病毒一般最终导致了整个大秦帝国政治系统的彻底瘫痪。

所以，正是从这个意义上说，在封建专制社会，对于那些位高权重的封建帝王来说，性格不仅决定着他们自身的命运，而且也无可避免地决定着国家的命运。毫无疑问，大秦帝国其最终的不幸之命运，归根结底，应该说完全是由秦始皇嬴政的个人性格所造成的。

据说，秦始皇对韩非子的文章与学说非常推崇，不知是否受到韩非子所说"人主之患在于信人，信人则制于人"，即所谓"贵独"思想的影响，还是其本身性格就是这样，他也曾重用过像王翦、尉缭、蒙毅、李斯乃至赵高等一帮文臣武将，但是，令人难以置信的是，他却从来没有真正信任过这其中的任何一个人，也没有和以上任何一个大臣说过一句推心置腹哪怕是有情有义、暖人心窝的话！无论在什么时候，秦始皇给人的印象似乎从来都是神情严肃，寡言少语，难以接近，缺乏人情。特别是在他生命的最后几年，由于听信方士卢生所说的"愿上所居宫毋令人知，然后不死之药殆可得"这一鬼话，他就更是疑神疑鬼，怀疑一切，经常神不神鬼不鬼地像个幽灵般地深居宫中，把自己几乎完全与外面的世界隔离开来。平时，即使是像李斯这样的近臣也很难能够与他接近，与他沟通，当然更不会得到他的信任。这就实在是有些过分了。

熟悉这一段历史的人都知道，李斯与秦始皇嬴政是正儿八经的亲家，他的几个儿子几乎全部娶了秦始皇的公主，而他自己的几个女儿也都嫁给了秦始皇的儿子，表面看来，君臣之间的这种亲上加亲的姻亲关系似乎非同寻常，非常深厚，牢不可破，但在事实上，秦始皇与李斯之间相互猜疑，互相防范，皇帝与丞相之间的关系一直非常微妙，不堪一击。

有这样一个例子就非常能够说明问题。有一次，秦始皇驾临梁山宫，途中看见丞相李斯出行的车骑太多，有些招摇，很不高兴，当即便阴沉着脸说了几句很是不满的话。

没想到，当时侍从的太监中有人（不知道是否是李斯有意收买或安插在皇帝身边的奸细）很快便悄悄把此事告诉了李斯。听说秦始皇对自己不满，李斯为此惶恐不已。于是，下一次出行，李斯便大幅度地减少了自己的车骑与随从，再不敢前呼后拥。可是，这一来，秦始皇知道后又起了疑心，当即勃然大怒说，一定是有人给李斯暗中通风报信所致！因为查不出究竟是何人告的密，一气之下，最后，秦始皇竟将那天在自己身边执勤的所有太监全杀了！

君臣之间的关系是如此微妙，父子之间的关系也很不正常，对此，作为皇帝的身边人，赵高与李斯等人当然一清二楚。在《史记·李斯列传》中，我们看到，在赵高、李斯、胡亥合谋炮制的伪诏中指责扶苏"无尺寸之功，乃反数上书直言诽谤我所为"，可想而知，伪诏要达到以假乱真的程度，其中的"数上书"显然一定不是无中生有，而应该是实有其事，否则，作为当事人，扶苏定然不会信以为真。而且，这里的所谓"数上书"当然是不止一次上书，也就是说，扶苏曾经多次上书，一次次像谏阻"坑儒"那样直言不讳，规谏皇父。这种批逆鳞行为，说明秦始皇与扶苏不仅在执政理念上存在严重分歧，而且父子两人在感情上也长期存在着严重隔阂。

由此可见，秦始皇生性多疑，固执己见，到了后来，更是疑神疑鬼，怀疑一切，已经完全变成了真正意义上的孤家寡人。

所以，在今天看来，让扶苏北上监军，怎么说都是千古一帝秦始皇一生中所下的最臭的一步棋，而且，也无疑是戳死秦帝国的最致命的一剑！

极易断裂的权力链条

大量历史事实表明，君主越是神秘，权力越是集中，这个国家的政治生命力就越是极其脆弱，政权基础就越是会重心不稳，很容易发生动摇和坍塌。这也是古今中外所有专制独裁统治共同的软肋和难以克服的顽症。因为，越是高高在上闭目塞听、独断专行的君主就越是容易被人愚弄和操纵，由此出现当局者迷的现象，其独断的权力链条也越是容易断裂与脱节，结果就越是容易被奸臣所篡夺与操控。

显然，秦始皇便是这样一个最典型的例子。

试想，如果秦始皇能公开将扶苏册立为太子，哪怕即使不公开册立，只在小范围内让几个重要大臣知道扶苏是太子的不二人选，那么如此一来，之后赵高的阴谋就不可能得逞，而且很有可能，因为知道秦始皇立储的秘密已经在一定范围内公开，也已成为不是秘密的秘密，太子的政治基础已经巩固，赵高就绝对不敢再轻举妄动了。

然而，就因为秦始皇对谁也不信任，立储的决定只深埋于自己的胸中，对谁也不透露，因而一直无人知晓，所以，到了最后，等他沙丘暴毙，龙御宾天后，无论赵高怎样篡改乃至伪造他的遗诏，其他大臣包括公子扶苏都会被蒙在鼓里，信以为真。而且，即便是有人如大将军蒙恬心生疑问，觉得蹊跷，也找不出真凭实据，因而只好遵旨，不敢违忤，结果，不仅眼睁睁地看着公子扶苏自杀，自己也万般无奈很不情愿地被剥夺了兵权，"系于阳周"，死于非命。

仅此可见，在立储这一事关国家长治久安的国本大事上，秦始皇真的是很草率，掉以轻心，严重缺乏政治上的深谋远虑。

的确，按照常理，即使不去考虑其他因素，即便只从自己的健康状况考虑，秦始皇也应该早就着手解决自己的接班人问题。因为，表面看来，秦始皇是暴病身亡的，然而，从种种迹象看，他的身体疾病其实并非真的突如其来，在沙丘暴病之前，已经早有先兆。

从史书上看，秦始皇是个工作狂，早在年轻时便非常刻苦，统一天下后，为了治国理政，安定天下，他更是夜以继日，日理万机，用现在的话说，"5+2"（即没有星期天）、"白（天）+黑（夜）"长年累月不辞辛劳地工作着。想想也是，当时的秦国内政外交千头万绪，几乎每天都有那么多的国家大事要他拍板定夺，所以《史记》上说："天下之事，无大小皆决于上，上至以衡石量书，日夜有呈，不中呈不得休息。"

说来，皇帝也不是好当的。要想当一个好皇帝，雄才大略，文治武功，甭说没有一定的能力绝对不行，即便是没有好身体也显然不行。而且，即便是原来身体再好，如果长期不知疲倦不辞劳苦地忙碌下去，迟早有一天也会被拖垮的。

不用说，秦始皇就是这样一个活生生的典型。

当时，纸尚未发明出来，国家的行政公文大多刻于竹简上。为了不耽误国家大事，秦始皇给自己定了个规矩，就是每天至少要批阅一石也就相当于现在的120斤以上的竹简文书，不批完不休息。据说，120斤竹简文书堆起来几乎有一人多高，每天夜晚要批阅那么多公文，可想而知，秦始皇的工作该有多么辛苦！其整个人完全就像是一台为国操劳的国家机器，其所作所为绝对称得上是中国历史上第一个皇帝劳模。

也许正是因为几十年如一日的不辞辛劳，积劳成疾，所以，还只人到中年，秦始皇的身体似乎便已频频响起了警报，不断亮起了红灯。

按说，在这种情况下，秦始皇应该想到后事，考虑一旦自己撒手人寰，应该如何确保大秦帝国的最高政治权力能够平稳顺利交接。可是，不知道为什么，这种时候，他却把自己的全部心思都用到了访仙求药上，希望以此来治愈自己身体上的疾病，甚至幻想以此来延年益寿，长命百岁，而对立储之事却似乎一点儿也没去考虑。

始皇二十八年，即秦始皇40岁那年，他东巡郡县，南登琅琊。这时齐地有个名叫徐市（即徐福）的江湖术士上书说海中有三座神山，名曰蓬莱、方丈、瀛洲，上面住着仙人，仙人们在神山上种着长生不老的仙药。秦始皇信以为真，立即命令徐福带领三千童男童女前往东海神山帮他求取仙人不死之药。

通常，人只有在患了重大疾病时，才会感到健康的重要,同样也才会"病笃乱投医"，一心巴望出现奇迹，祈盼自己能够早日康复。自始皇二十八年始，秦始皇便不惜财力物力，不断派人出去访仙求药，后人一般都以为是嬴政当了皇帝想成仙，开始致力于登仙不死。

实际上，很有可能是秦始皇的健康在当时已经出现了问题，而且，很有可能还是一种难以治愈的顽症。秦始皇为此想必非常痛苦，也非常害怕，所以，才会如此虔诚，如此轻信，以致到了走火入魔不惜到处访仙求药的程度。

曾经那么聪明睿智很有主见的始皇帝嬴政，到了这种时候，竟然迷了心窍，被一群骗人的方士随意玩弄，变得俨然安徒生童话《皇帝的新装》中的那个皇帝那样愚蠢而又可笑。

在那样一个封建专制的社会里，身为一国之君的秦始皇的健康无疑与整个国家的命运休戚相关。始皇三十六年，即坑儒事件的第二年，在原来齐国的东郡地区忽然传出谣言，说是从天上掉下一块刻有"始皇死而天下分"谶语的陨石。同年秋天，在华山山麓附近的平坦大道上也出现一块刻有"明年，祖龙将死"字样的玉璧。这说明，秦始皇此时已经真的病得不轻了，尽管这一消息对外一直封锁，严格保密，但最终还是小道消息满天飞，从宫内悄悄传到宫外，且很快被一直蠢蠢欲动的反秦势力知道了，并利用它来大做文章，蛊惑人心。

始皇三十七年，为了"巡行郡县，以示强，威服海内"，同时也为了向外界证明自己的健康，并亲自前去寻访蓬莱神山，寻觅不死仙药，秦始皇不顾重臣的一再劝阻，决定作即位以来最长途的一次巡幸。

也就是在这次不妨称之为死亡之旅的巡幸途中，疾病永远夺去了他的生命，其时，秦始皇还才刚刚过了五十岁，按照中国人的说法，还才刚刚到了知非之年。

其实，即使是在他病重的时候，秦始皇也完全有充足的时间安排自己的后事，选定自己的接班人。在他最后一次远巡沿海北上时，曾在芝罘用连弩射杀了一条被认为是凶恶的海神的大鱼，转而起驾返回咸阳的途中，由于天气炎热，旅途疲劳，再加上本来身体就很不好，在途中，秦始皇忽然病倒了。刚开始，他还只是头昏脑热，恶心呕吐，随驾的医生不停地为他诊治，可是一连好几天都不见效。

这种时候，如果他稍微多个心眼儿，以防万一，将此次陪同他一起出巡的李斯、赵高以及蒙毅等人一同招来，临终托孤，并任命这三人为顾命大臣，即在他万一龙驭宾天之后让这三位大臣共同辅佐扶苏于灵柩前即位，若真是这样的话，以蒙毅的中正刚直且与赵高存有芥蒂，在秦始皇驾崩后绝对不会与赵高乃至李斯沆瀣一气，而有蒙毅这个政敌知情，且又握有兵权，再加上蒙毅的背后还有他的哥哥蒙恬也是手握重兵，不可小觑，谅赵高也不敢轻举妄动，更不敢瞒天过海，矫诏欺世。如此一来，即使秦始皇沙丘暴崩，赵高的阴谋也不会得逞，大秦帝国的政权自然会平稳交接，秦二世自然就会是公子扶苏而绝对不会是胡亥。

假若真是这样的话，那么，以扶苏的贤良仁厚，在他继位后，军事上有蒙恬蒙毅兄弟的襄助，在政治上对先帝秦始皇的一些极端政策再予以必要的拨乱反正，兴利除弊，保国安民，新兴的大秦帝国一定能很快步入坦途，进入正轨，很快就会百废俱兴呈现出一派欣欣向荣的盛世太平景象。

可是，不知道为什么，在秦始皇从发病到病重的那些天里，他却始终不愿面对现实，不愿去想自己的身后事，当然，也有可能是他以为自己真的已经成仙得道长命百岁。而那些跟随他左右的嫔妃臣下更是谁也不愿谁也不敢在他面前谈到死字，害怕触他的霉头而遭杀身之祸。于是乎，在秦始皇生命的最后时光，就这样白白放弃浪费了为自己后事布局安排的绝佳机会，一直到临终，在自己已经奄奄一息快说不出话来的时候才匆忙立下遗嘱，而且是对赵高一个人交代如此重大的后事，从而犯下了他一生中最大的政治错误！

诚所谓"前车之辙，后车之鉴"，秦始皇在立储方面所犯下的这一重大政治错误，无疑给后世的统治者提供了殷鉴。由此，后代的统治者在立储方面多半都会未雨绸缪，考虑在先，谁也不愿意再犯当年秦始皇那样的错误。

有道是："智者千虑，必有一失"，秦始皇一生可谓雄才大略，英明神武，但仅仅因为生前没有公开确立继位的太子，其结果真的可谓"只因一着错，满盘皆是空"，到头来，整个大秦帝国都因此遭到了彻底的毁灭，整个帝国最高权力的链条因此突然无可挽回地断裂了。

两步臭棋

读史书时，心里总是纳闷，像秦始皇这么聪明的人，为什么到了后来会那么糊涂？为了追求登仙不死，一而再再而三地上当受骗不说，自己的健康出了问题，而且病情不断加重，却竟然一直不去考虑接班人的问题？为何非要到弥留之际才去匆匆交代后事？再说，这么重大的事，为何偏偏只和赵高一个人交代？……

时隔两千多年，如今，一切的一切早已无法考证。但不管怎么说，正是由于秦始皇生前不知出于何种原因所导致的这一系列严重政治失误，才在客观上给了小人赵高以可乘之机。

提起赵高，人们往往会很自然地想到京剧《宇宙锋》里面那个蒙君惑主、阴险狡诈的白脸奸臣。

据记载，赵高本是赵国的贵族之后，他的父亲是赵国君主的远房本家。秦王政二十五年（公元前222年），秦灭赵，赵高被掳往秦国。秦始皇听说他身强力大，又精通法律，便提拔他为中车府令，掌皇帝车舆，也就相当于皇帝的秘书与卫士长，同时，秦始皇还让他教自己的少子胡亥判案断狱。由于赵高善于察言观色、阿谀奉承，因而很快就博得了秦始皇的赏识和信任。

说来，真是用错人成千古恨。想当年，一代霸主雄踞春秋五霸之首的齐桓公因为不听管仲的临终忠告，宠信易牙、竖刁、开方等小人，最后竟被活活饿死，不得善终。而秦始皇由于用人失察，赏识和信任赵高，错把奸臣当忠臣，其结局比齐桓公还要悲惨，最后竟弄得国破家亡。

而赵高之所以最后能够阴谋得逞，在某种程度上，应该说，完全是由于秦始皇姑息养奸的结果。据记载，赵高曾经犯过重罪，秦始皇把他交给蒙恬的弟弟蒙毅审理。尽管赵高是秦始皇身边的红人，但蒙毅刚正不阿，按律判赵高死罪。

既然是判死罪，可见，赵高所犯的罪绝对不轻。按说，像这种犯了重罪有不良记录的人，即使不杀他，也该把他逐出宫廷，不能让他居于重要岗位，待在皇帝身边。可是，就因为念及赵高口齿伶俐，办事练达，很有见识，没想到一向不徇私情的秦始皇竟法外开恩，不仅赦免了赵高的死罪，而且还恢复了他的原职，仍然将这蛇一样的恶人留在了自己的身边。这就无异于姑息养奸，在自己的身边埋下了一颗足以引爆整个大秦帝国的定时炸弹。

所以，一点也不夸张地说，将一个本该留在自己身边的人发配到千里之外去做监军，而将一个本不该留在自己身边的人留在了自己身边做中车府令，是秦始皇一生所下的两步最臭的棋，也是导致大秦帝国猝死的最主要原因。

关于秦始皇之死，《史记》记述很多，似乎死因已明，无可置疑。可是，在病死说之外，史学界也有人持谋害说之观点，以为秦始皇是被人谋杀死的。

　　如果真是这样的话，那么，害死秦始皇的凶手是谁？有人以为是胡亥。如郭沫若在其历史小说《秦始皇之死》中就对秦始皇临终前的情景做过描述与分析，最后得出结论认为是胡亥弑父篡位，谋杀了自己的亲爹。

　　当然，小说毕竟是小说，当不得真，但郭沫若是历史学家，想必他在写这篇小说描述这一情节时是经过一番深入思考乃至严格考证的，而绝不会是胡编乱造的。

　　然而，如果从犯罪心理学的角度分析，郭沫若的谋杀亲爹说似不可信。因为时年19岁的胡亥尽管最有弑父篡位的可能与理由，但从他的遇事优柔寡断、缺勇少谋的性格以及后来赵高在劝说他时两人的对话来看，害死秦始皇的凶手绝对不可能是胡亥这样智商低下、软弱无能的草包。

　　从种种情形来看，如果秦始皇真的是死于非命的话，那么，杀死他的凶手一定就是赵高。

　　之所以说赵高是谋害秦始皇的凶手，答案主要有以下这么两点：

　　一是为了报仇雪恨。众所周知，赵高是一名宦官。其父受秦宫刑，其母是官奴婢。因为父母的连累，赵高兄弟几人，也都籍没为奴，而且，也都受宫刑成了宦官。这从赵高的女儿嫁与阎乐，而阎乐在历史上也确有其人，曾任咸阳令，且后来参与望夷宫政变来看，赵高在受宫刑之前，显然已经娶妻生子。也就是说，尽管当了太监，但赵高其实并没有绝后。

　　然而，身为男人，竟然被割去男根，这对赵高来说，绝对是奇耻大辱，所以，无论时间过去多久，那种被肆意蹂躏惨遭凌辱的国恨家仇都始终长期地淤积在他的胸中，因此对秦国，对秦始皇充满了深仇大恨。因而，尽管后来秦始皇听说赵高身强力壮，懂点儿狱法，提拔他为中车府令，在他犯了死罪后不仅将他赦免，而且让他官复原职，一如既往信任于他，对他可谓恩重如山，但是，赵高并未因此感恩图报，无论秦始皇怎样有恩于他，都没能融化掉他心头的深仇大恨，都没能消解掉他与秦国与嬴家的不共戴天之仇。

　　也许，对于赵高来说，尽管卧薪尝胆，一心想着报仇，然而，由于秦始皇平时居于深宫，戒备森严，他自然不敢轻举妄动，可是，如今秦始皇突然在旅途中病倒，而且身边经常就自己一个人伺候，在赵高看来，真可谓天赐良机，正如他对胡亥所说："时乎时乎，间不及谋"，意思是说，这实在是难得的机遇啊，难得的机遇啊，倘若错过机会再想做这件事就来不及了，不可能了。所以，一心想报仇雪恨的赵高便残忍地对重病中的秦始皇施以毒手，不仅从政治上而且从肉体上彻底结束了千古一帝秦始皇的生命。

其二，则是为了"立国家之主"，不让扶苏即位。秦始皇病重时，下诏给扶苏说："以兵属蒙恬，与丧会咸阳而葬。"这显然是想要扶苏继位。赵高明白，此事有关自己的生死荣辱，须当机立断。因为在他看来，"长子刚毅而武勇，信人而奋士，即位必用蒙恬为丞相"。而赵高与蒙恬、蒙毅兄弟有宿怨，乃是冤家对头，所以，一旦扶苏继位，他赵高的好日子也就到头了。

可是，如果即位的不是扶苏，而是胡亥，那对赵高来说，结局自然就完全不一样了。因为，赵高是胡亥的师傅，颇得胡亥的信任，而且，胡亥头脑简单，见识浅陋，很容易控制。这样一想，赵高觉得无论如何都必须阻止扶苏即位。而要阻止扶苏即位，就必须先杀死秦始皇，然后篡改遗诏，假传圣旨，一切的一切便全在他自己的掌控之中了。

如上分析，虽然应该说，赵高谋杀始皇的疑点很大，很有可能，秦始皇真的就是被赵高害死的。但因为没有历史记载，也没有文物作证，这顶多也只是怀疑猜测罢了。

不过，退一万步说，即便秦始皇不是赵高所杀，但扶苏、胡亥以及秦始皇的其他几十个儿子和女儿却是千真万确地死在了赵高的手里。

说来，真是令人感慨唏嘘，一个纵横历史七百多年最终横扫六合统一中国的嬴氏家族，想不到最后竟然被一个太监轻而易举地给灭亡了，不仅整个帝国毁在了这个阉竖的手里，而且，其后代子孙也惨遭毒手！

从某种意义上说，赵高矫诏改立胡亥篡位与当年吕不韦通过金钱贿赂，立原本与王位几乎无缘的子楚为太子，在本质上其实并没有多大差别，都是偷梁换柱，其用心都是希望通过"立国家之主"即选定接班人来攫取与掌控国家最高领导权。所不同的只是，千古奇商吕不韦通过"立国家之主"立了一位明君、一位能君，由此不仅实现了自己当初所期望的"奇货可居"的个人目的，而且也使秦国变得更为富庶和强大；而赵高则不然，他通过矫诏改立胡亥为帝，立了一位昏君、一位庸君，结果使强大的秦国迅速走向了败亡的道路，由此堕入了万劫不复的深渊。

清末民初著名学者章太炎先生曾在《秦政记》一文中说："藉令秦皇长逝，易代以后，扶苏嗣之，虽四三皇、六五帝，曾不足比隆也，何有后世繁文饰礼之政乎！"在太炎先生看来，如果扶苏继承了皇位，以他的贤明与仁厚，定是一位贤明之君。如此一来，秦国绝对不会二世而亡，而会传至"四三皇、六五帝"，乃至国祚更为绵长久远。

的确，在帝王制度之下，一个皇帝自己的贤德与否、才能高下，实在于国于民太为重要，与国家民族的命运休戚与共，紧密相关。

说来，历史就像是一条河流，有时也往往真的会因为一些极其偶然的事件而突然改道。就因为秦始皇生前没有立储，由此犯下了弥天大错。结果，嬴政死了，扶苏死了，蒙恬死了，到最后，连秦二世胡亥也死了。说来真的是"其兴也勃焉，其亡也忽焉"，想不到曾经不可一世的大秦帝国竟如此不堪一击，仅仅只存活了 15 年，便"忽喇喇似大厦倾，昏惨惨似灯将尽"，很快便猝然早逝，走到了生命的尽头。

一段历史就此戛然而止，从此给后人留下了无尽的沉思与叹息。而汉朝就是在这样一种历史的大背景下呱呱坠地，应运而生了。

从此，中国的社会，由以法家思想为主导的大秦王朝开始迅速进入到了一个奉儒家思想为圭臬的汉朝。

第二章
项羽：失败的英雄

有道是：性格决定命运。倘若把这句话用到项羽身上，应该说真的是恰如其分。的确，我们看两千多年前，在秦末群雄逐鹿时，这位曾经一度叱咤风云、威震天下的英雄之所以会像历史天空中的一颗流星，虽然曾经散发出那么耀眼夺目的光芒，但却昙花一现，很快便在夜空中陨落，在绝望中划出一条极其短暂的弧线，究其原因，很显然与他那种"项羽式的性格"有着非常大的关系。用我们老百姓的话说就因为他太不会做人，情商太低。

项羽是个"高富帅"

如果按照时下流行语来说，项羽绝对是个"高富帅"。

之所以说他"高"，乃是因为《史记·项羽本纪》中说"籍长八尺余"，完全是个身材高大英俊的帅哥。秦汉时的八尺余，就相当于现在的一米九到二米，这么高的个子，完全就是T型台上那种走路酷酷的男模特，即便是进国家篮球队也足够了，由此可见项羽长得是多么英武高大。

再说项羽的"富"。据《史记》记载，项羽名籍，字羽。秦汉以前的人名和字一般都是一个字，不像唐以后的人名多半都习惯用两个字。据说，项羽出生于公元前232年，他的家乡下相在今天的江苏宿迁市宿城区一带。也就是说，项羽和刘邦都是江苏人，说句玩笑话，历史上所谓的楚汉相争，其实就是两个江苏人在那儿你争我夺，打来打去。

不过，与刘邦的贫寒低贱出身不同的是，项羽出身楚国贵族世家。项羽之所以姓项，乃是因为他的祖先世世代代为楚国的大将，被封在项地，故而姓项。既然出生于这样的贵族世家，项羽理所当然应该算是个"高富帅"。

项羽自幼丧父，为其叔父项梁收养。项梁的父亲项燕为楚国大将，当年被秦国的大将王翦打败后死于军中，楚国随即灭亡。因为有着国恨家仇，楚国灭亡后，项梁常思起兵报仇，只因秦始皇时代，秦国兵强马壮，而自己手无寸铁，更无兵将，他便只能忍气吞声，暗中学习兵法，潜蓄异志，以待时日。

从史书上看，对于侄子项羽的教育，项梁可谓煞费苦心。还在项羽很小时，项梁就教他读书识字，希望项羽能够用功读书，立志成才。然而，令项梁感到失望的是，项羽对读书丝毫不感兴趣，还只读了几年，识不了多少个字，他便再也不想上学了。

既然学文不成，那就教他学武吧，于是武艺高强的项梁便又教项羽学习项家祖传的剑术。谁知道项羽学剑未成，便又半途而废，懒得再学。

"你这孩子，你到底想学什么呀？既不想读书，又不想学剑，莫非你这辈子什么都不想学，只想长大后成为一个废物？"那天，项梁铁青着脸，实在忍不住了，终于冲项羽发了一通大火。

项羽耸耸肩，显得满不在乎地说："读书识字，能够记人姓名即可，读再多的书又有何用？你教我的剑术，只能敌一人，实在不值得学。我想学的是能够敌万人的本事。"

所谓万人敌，也就是指挥千军万马奋勇杀敌的本领，实际上也就是兵法。项羽这样说，看来他对自己学什么已经有过考虑，虽然不能说是深思熟虑。

既然项羽这么想学兵法，于是项梁便又开始教他一些军事方略和用兵之法。一开始，项羽学的很高兴，也很投入，可是，待要让他进一步学习一些深奥的谋攻之法，背诵一些古人兵法经典文章时，项羽那种不肯用功害怕吃苦的公子哥儿的坏毛病又再一次显露无遗。虽然还只是粗知了一些兵法大意，他便又浅尝辄止，不肯再学了。

所以，由于学艺不精，半懂不懂，项羽学什么都只是个半瓶子醋，因而，尽管他还在很小时就有壮志，但却未免显得有些好高骛远，志大才疏。

说来，一个人成功与否，往往在其年少时就已经定型了。诚所谓"少壮不努力，老大徒伤悲"，年少时的不用功读书学习，学什么都只学个皮毛，不愿下功夫深究，终于导致了项羽日后在用人、用兵以及谋略等方面都不如刘邦——严格来说是刘邦的智囊团，这为他日后的失败埋下了伏笔。

所以说，项羽的悲剧，其实早在他年少的时候，就已经注定了。

当然，话说回来，如果只是生活在太平年代，像项羽这种人，虽然没有什么大的才艺和绝活，但作为一般人，本本分分地过日子，其一生的命运也许并不会很坏，可是，就因为遭逢秦末乱世，而且他又那样地想成就一番人生的伟业，其弱项性格的短板便无可避免地一齐暴露出来了，而其悲剧自然也因此无可挽回地诞生了。

却说项梁见项羽学一行，厌一行，对他的教育自然也就渐渐不抱什么太大的希望，只是任其自然，随便他爱学不学好了。好在，项羽这人，虽然干事缺乏耐心，但却智商较高，也还算有些才气，小小年纪便长得人高马大，力能举鼎，方圆几十里内无人能敌，再加上他又粗通兵法，将来谋生是绝对不成问题了，于是项梁便不再对他严加管教。

要说当时的世道真是很不太平。那年，项梁因一桩案件受到牵连，被逮捕入狱，行将受刑。情急之中，他便请老朋友曹咎暗中疏通，打点关系，设法替他开脱罪责。经过曹咎说情，案子总算大事化小，小事化了，彻底摆平了。

可是，没想到项梁这边刚从监狱出来，那边项羽竟很快又犯事了，而且还不是一般的小事，而是行凶杀人，是要杀头的死罪。自古杀人偿命，这回就是找天王老爷来帮忙说情也不行了。于是没办法，自觉闯了大祸的项梁便只好带着项羽逃到外乡吴中郡躲藏了起来。

由于遭到官府通缉，说话做事一向大大咧咧的项梁在吴中郡一下子像换了一个人，变得小心谨慎起来，一时间遇到什么人都不敢得罪，生怕被人检举揭发出来。如此一来，反倒使得他为人处事低调起来。因为他待人热情，且又慷慨大方，所以吴中郡的贤士大夫都很愿意与他交往。再加上项梁办事公道，乐于助人，因而每当当地遇到大规模的徭役或是红白事宜，人们便都愿意请他去主持操办。由此可以想见，尽管这叔侄两人流落在外，但日子却过得并不凄惶，而是相当滋润。

要说项梁也真是个有心人，每当在做这些事的时候，他便用兵书上那套用兵打仗的办法指挥宾客及后勤服务人员，并通过这些活动了解掌握了许多人的才能，而到后来起兵后，他便能够做到知人善任，根据这些人的实际才能授以不同的官职。

日子就这样在平平淡淡中一天天过去，那期间，项羽与其叔父项梁在吴中郡的日子几乎没有什么大的事情可记。如果硬要记述其中的一件多少还有些意义的事情的话，那么，下面这件事情姑且也还值得一提。

那年，秦始皇外出巡游，途经会稽郡前往浙江。听说秦始皇要从会稽郡经过，像当时许多天下的百姓一样，非常好奇的项梁也带着项羽一起早早赶去看热闹。那天，挤在道路两旁围观的人可谓人山人海。在秦始皇的车队经过时，人们无不屏住呼吸，噤若寒蝉，在内心中诚惶诚恐，为乘马车服衮冕的始皇帝的仪仗威仪所折服，同时，也为一生中能够有幸一睹始皇帝的龙颜而感到莫大的骄傲。

可就在这种时候，在秦始皇刚刚经过的地方，项羽却指着秦始皇的背影嘟囔着说："彼可取而代之！"幸亏当时人们的注意力都集中在秦始皇的身上，几乎无人注意身边这个狂妄自大简直有些不知天高地厚的青年，否则，若是听到他的这句对当今皇上大不敬的话而告发上去，纵然他项羽有十个脑袋也会被一起砍掉的。

然而，尽管别人没听到项羽的这句狂话，可站在他身边的叔父项梁却是真真切切地听到了。所以，一听项羽说这话，他便急忙捂住他的嘴，小声呵斥这位胆大而又狂妄的青年说："别胡说八道，否则是要满门抄斩的！"

但项羽却表现得一脸鄙夷不屑无所畏惧的样子。也就是从这时开始，项梁忽然发现自己的这位侄子绝非等闲之辈，从此便对他刮目相看。

说来令人感到很有意思的是，与项羽一样，后来楚汉相争中的另一位即将闪亮登场的男主角刘邦也遭遇过与项羽几乎相同的情景，而且也情不自禁地说过一句很有名的话。说是刘邦当年在当泗水亭亭长时，有一次去首都咸阳出差，很意外地在咸阳的街头看到天子出巡的场景。当看到秦始皇嬴政出巡时那种前呼后拥、威风八面的极为壮观的场面，时为一名小小亭长的刘邦内心中一时竟也忍不住大为羡慕嫉妒恨，并情不自禁地大为感慨道："嗟乎，大丈夫当如此也！"

几乎相同的场景，两个不同的主角，虽然在内心中都对君临天下的九五至尊秦始皇忍不住羡慕嫉妒恨，但从他俩的口中所流露出来的话语却是那样的不同。都说"言为心声"，我们看从刘邦的内心中所反映出来的完全是一种由衷的羡慕和无限的向往。可是，从项羽内心中流露出来的情感则是对秦始皇的一种轻蔑与不屑，是一种骨子里的傲慢。显然，这种轻蔑与傲慢是只有项羽这样的年龄和这样的性格才会有的，换成刘邦，抑或换成陈胜、吴广，都绝对不会有项羽那样的自以为是，傲视群雄，目空一切。

对什么都不在乎，把什么都看得非常容易，轻而易举，这是项羽性格中的一个很重要的特点，也正因此，在后来的群雄逐鹿以及楚汉相争中，他几乎很少把刘邦乃至其他任何对手放在眼里，无论在战略上还是在战术上，他都无一例外地藐视任何对手。

项羽的狂妄就在这里，而他的悲剧也多半来源于此。对此，在以后所发生的事情中，我们将会清楚地看到。

诚如我们所知道的，秦朝的灭亡，最先是从陈胜吴广起义开始的。或者，用今天的话说，是陈胜吴广打响了武装反抗秦朝暴虐统治的"第一枪"。

时间定格在公元前209年，而陈胜、吴广这两个英雄般的名字也从此金光闪闪，定格在了这个在中国历史上很是有些特殊的历史年代里。

陈胜吴广起义后，"一花引来百花开"，原六国贵族闻讯后也都纷纷响应，希望通过发动起义重新恢复故国。一时间，烽火燎原，齐、燕、赵、韩、魏等国的旧贵族都东山再起，相继割地称雄，高举起了武装反叛秦国的旗帜。而这时，距离秦始皇嬴政驾崩仅过了一年的时间。

也就是在这样一种历史的大背景下，当时还正被通缉的项梁带着他的侄子项羽在会稽郡发动了起义。

从史书上看，那次会稽郡起义的总策划与总导演最先应该说是会稽郡太守殷通。当时，起义的烽火燃遍了大江南北。一看这阵势，殷通便也想亲自执导一部反秦大戏。

那天，殷通找到会稽郡的名人项梁，希望他能担任自己即将"拍摄"的反秦大片的男主角。他对项梁说："如今大江以西全都造反了，这也是上天要灭亡秦朝啊！我听说，做事情占先一步就能控制别人，落后一步就要被人控制。我打算起兵反秦，让您和桓楚统领军队。"

殷通这样说，说明他很会看人，觉得项梁是个人才。

一听殷太守要邀自己"友情出演"，且担纲出演"男主角"，项梁想了想，便很爽快地答应了。因为当时桓楚因犯罪逃亡在外，于是项梁便对殷通说："桓楚正在外逃亡，别人都不知道他的下落，只有我的侄子项籍知道。"说罢，项梁出去嘱咐项羽一番，然后又进来跟郡守殷通一起坐下，说："请让我把项籍叫进来，让他奉命去召桓楚。"

其时，死亡的阴影就像一张大网已经笼罩在了殷通的头上，可是死到临头，太守殷通还浑然不知项梁的阴谋，于是便点点头说："好吧。"这无异于是自己宣判了自己的死刑。

很快，项梁带着项羽一前一后进来了。乍一看到高高大大一脸杀气的项羽，殷通的心里下意识地惊悸了一下，但转而一想，日后能有这样一位壮士助自己冲锋陷阵，岂不是好事？于是他的心里很快便多云转晴，一时禁不住欢喜起来。

可就在这时，项梁忽然给项羽使了个眼色，说了句："可以行动了！"

于是乎，这边还没等殷通反应过来，那边项羽便突然冲上前来，只一剑便将他的头给割了下来。

这天，几乎没有任何预感，一场充满血腥的政变就这样突然发生了。

很快，项梁便提着太守殷通的头，身上挂着太守的官印走出大厅，来到了外面，同大家见面。

突然看到太守血淋淋的头颅，整个衙门的人都大惊失色，一时间像炸了锅似的，全都四处逃命。这种时候，项羽完全就像是一个杀手，一口气竟然杀了有一百多人，见此情景，那些活着的人不敢再撒腿逃跑了，便都一个个吓得浑身筛糠，趴倒在地上。

一看场面被迅速控制住了，于是项梁便开始向大家训话，说明自己起兵反秦的道理，并要求大家一起加入到自己的反秦起义中来。

就这样，原本应该由太守殷通一手策划并执导的吴中起义大戏还没"开拍"，结果"总导演"就忽然变成了项梁，至于"男主角"则一下子改由"高富帅"项羽担纲。

这一年，项羽才二十四岁。

后来的事实证明，出身楚国贵族世家的"高富帅"项羽也真的天生就是个非常出色的"男演员"，几乎从一开始，他就青年得志，闪亮登场，从而在反秦起义以及后来的楚汉相争中无可争议地成为当时中国历史舞台上天字第一号的"男主角"。

并不公平的比赛

常言道：人不可无傲骨，但不可有傲气。可是，出身贵族但从小又缺少母爱的项羽似乎不仅天生就有一副傲骨，而且也有一种傲气。显然，就是因为这种盛气凌人的傲气，有意无意间让他也不知把多少人给得罪了。

也正因此，虽说打仗是项羽的强项，但为人处世却是他的短板。这与刘邦的不善打仗但却很善于与人相处用人所长恰好相反。

在今天看来，楚怀王熊心就很有可能是被他身上自觉不自觉地所显露出来的这种盛气凌人的傲气给得罪的。

诚如我们所知道的，项梁与项羽叔侄俩吴中起兵以后，先是加入到陈胜的起义队伍中，任张楚政权的上柱国（统领军队的最高将领）。陈胜死后，项梁听从军师范增之计，立楚怀王之孙熊心为王，仍称楚怀王。

在未被立为楚怀王之前，因为楚国灭亡，熊心一直藏匿民间，隐姓埋名，依靠替人家放羊谋生。由此可见，国破家亡后的熊心已沦落到了什么程度。所以，一点也不夸张地说，正是项梁与项羽叔侄将他拥立为王，才拯救了熊心，改变了熊心的命运，使他从一个牧羊人迅速华丽转身成为被人拥戴的楚怀王。

按理说，于情于理，楚怀王熊心都应该对项梁与项羽叔侄心存感激，另眼相看。可是，从种种实际情形看，对项梁与项羽叔侄，特别是对项羽，楚怀王熊心在内心中非但并不感激，并无好感，反而心存嫉恨，非常厌恶。尤其是在项梁战死后，他不仅不对项羽给予特殊的关心、特殊的照顾与偏爱，反而明里暗里刁难项羽，压制项羽。特别是在项羽与刘邦进行的一场看谁先进入关中的比赛中，这位由项家叔侄一手扶植起来的楚怀王竟然不是有意偏袒项羽，而是存心偏袒刘邦，在刘邦与项羽的比赛中自始至终都在给项羽暗中使绊子，故意吹项羽的黑哨。

这就太过分了！

事情的大致经过是这样的，就在陈胜死后，项梁听信谋士范增的话，拥立时为牧羊人的熊心为楚怀王，继续抗击秦朝。虽然曾经不可一世的秦朝已成强弩之末势，但因为毕竟是"国家队"，所以兵锋所向还是锐不可当。定陶一战，由于项梁骄傲轻敌，结果被秦朝悍将章邯偷袭，项梁战死。

主将阵亡，军心涣散，就在这万分危急的形势下，楚怀王熊心召集各路诸侯共商反秦大计。还在项梁在世时，处于困境中的刘邦带领沛县的义军就已在万般无奈的情况下投奔了项梁，这种时候，自然也参加了这次的诸侯会商大会。在这次会上，楚怀王确定了兵分两路共同灭秦的军事方案：一路北上救赵，一路向西打入关中，直捣秦国巢穴咸阳。

在今天看来，楚怀王熊心在历史的关键时刻所作出的这一关键决策无疑是非常正确的，由此也足以说明楚怀王熊心这人绝对不是草包饭桶，而是很有头脑且富有远见的。

但问题是，在接下来任命主将时，就完全能够看出楚怀王熊心的偏心。原来，他让沛公刘邦任西路军统帅带领一支大军西进关中，但却让项羽北上去与秦朝的主力也即章邯的部队作战。让项羽北上就北上呗，可是，北路军的统帅也即所谓的上将军却不是项羽，而是宋义，项羽只是一个次将，也就是个说话不算数的副职。仅此可见，楚怀王熊心对项羽真的不怎么样。

因为，项羽的年纪虽然比刘邦和宋义都小，但在项家军中，他可是资历最老。论战功还是论先来后到的排位顺序，他都远远排在刘邦和宋义的前面。项梁在时，他应该排在楚怀王熊心和项梁之后，理所当然地算是三把手，而在叔父项梁死后，他则应该算是二把手。

然而现在，楚怀王熊心做出这样的任命，只是将他任命为北路军的副将，显然是想把项羽的位次往后排。这样的安排，对于项羽来说，无疑是很不公平的。

而且，更不公平的是，就在这次会上，楚怀王熊心还和各路将领们约定：谁先攻入关中，就封他为关中王。这无疑是一个巨大的诱惑，因为，谁都知道：关中之地，沃野千里，丰衣足食，而且在军事上，关中之地易守难攻，居高临下，具有许多天然的优势，想当年，秦国就是因为据有关中才夺取天下的。凡此种种，无不说明：得关中者得天下。

既然这样，如今却独独让沛公刘邦带领一队人马径自西进关中，这就无异于把先攻入关中的机会故意让给了刘邦，由此可见楚怀王熊心是多么偏心。

当然，话说回来，在今天看来，楚怀王熊心这么任用刘邦和项羽，也显然不失为是一种知人善任。因为，在楚王熊心看来，出师关中需兴义兵，也即所谓的仁义之师，以有道伐无道，而项羽虽然作战勇猛，能征善战，但他生性残暴，动辄屠城，在不久前就曾血屠薛县，使得诸侯为之震动，假若让他带兵西进，若是和人关系搞不好，很可能会激起三秦父老的誓死抵抗，导致西征受阻；即使攻破关中，以项羽的性格也会马踏三秦，血洗咸阳。而被称为"宽大长者"的刘邦就不同了，刘邦待人宽厚，处事圆滑，很会做人，且又很有计谋，应该是最理想的人选……

可是，不管怎么说，在刘邦与项羽所展开的"谁先进入关中谁就将当关中王"的比赛中，从一开始，因为楚怀王熊心的偏心，双方就没站到同一起跑线上，双方所展开的比赛，在实际上就是一场并不公平的比赛，而且，由于起点的不公平，由此也自然导致了结果的不公平。

还是来具体看看刘邦与项羽所展开的这场并不公平的比赛吧。这无疑也是他俩之间所展开的第一次博弈。

先说刘邦。

刘邦被任命为西征军的主将后，立即带领一部分兵马向西进发，途中陆续收编了陈胜和项梁的一些散兵游勇共有一万多人，然后又到他当年的根据地芒砀山召集旧部共同西进，过了阳城、杠里二县，便连破秦军二戍，击败秦军王离，向昌邑挺近。由于当时秦军主力大部戍守北地以对付匈奴，一部分主力由章邯带领攻打赵国，关中空虚，所以，刘邦西进一路几乎没打过一场像样的硬仗，便终于攻破了秦朝大本营的最后一道关隘——武关，随后，数万大军便势不可挡地扑向秦都咸阳。由于咸阳无险可守，秦王子婴便只好自缚手脚，出城请降。

如此一来，刘邦便毫无悬念地成了第一个攻破关中者，就像一场马拉松比赛，成了第一个到达终点的人。

再看项羽。

由于当时秦朝悍将章邯正在领兵攻打赵国，赵国派人向楚王熊心求救，熊心于是便让项羽去救赵国，却又不让他任主将，而让宋义任上将军作为一把手去管束他。

却说宋义领兵行至安阳（今山东曹县附近）便一直按兵不动。项羽急欲攻打秦军，为阵亡的叔父项梁报仇，于是便几次催促宋义发兵，但宋义均不采纳，反讥笑项羽有勇无谋，并下令称凡是凶猛、违逆、贪功而不听号令的人一律格杀勿论。

从史书上看，项羽似乎天生就有反骨，再加上项家军本就是他和叔父项梁所创，如今反倒要受制于人，试想，脾气暴躁、桀骜不驯的他如何受得了这等鸟气？于是，有一天实在忍不住，一怒之下，他干脆寻个借口将宋义给杀了。

由于楚军诸将不敢反抗项羽，于是便都拥立项羽为假上将军。而楚怀王熊心听说此事后，虽然心中不悦，但事已至此，他也只好承认现实，于是干脆任命项羽为上将军继续北上，驰援赵国。

所以，不客气地说，北路军的一把手也即所谓的上将军完全是由项羽自己抢来的，而并非是由楚王熊心心甘情愿任命的。后来的事实也充分证明了这一点。

公元前207年，已升任一把手的项羽进兵巨鹿（今河北邢台巨鹿），与秦军主力遭遇。战斗一开始，项羽先让英布率两万楚军渡河攻击秦军。然后，自己率领其余全部楚军渡河。为了激励士气，鼓舞斗志，渡河后，他命令楚军将士将渡船击沉，将随身携带的铁锅砸碎，以此表示楚军此战不胜即死。成语"破釜沉舟"大抵就是这么来的，且一直千古流传。

结果，没有退路的楚军将士无不以一当十，奋勇杀敌，从而九战九捷，大破三十万秦军，取得了巨鹿之战的重大胜利，由此创造了中国军事史上一个以少胜多的经典战例。

巨鹿之战是秦末农民起义战争中规模最大，对消灭秦王朝具有决定意义的一次战役。此战给予大秦帝国以最沉重的一击，使一度非常强悍的大秦元气大伤，武功尽废，从此日暮途穷，坐以待毙，再也无力开动其战争机器。

在巨鹿之战期间，虽也有十几路诸侯军陆续抵达巨鹿准备救援赵国，但都慑于秦军的威势，只是屯兵于外围，不敢出战。当楚军破釜沉舟与秦军交战的时候，因为胜负难料，各路诸侯军都紧闭营门，只是从营垒上观望。

成语"作壁上观"就是这么来的。可以想见，当时战场上那种摄人心魄的紧张气氛。

可是，就是在这样一场明显不对称的战争中，项羽却敢于率领楚军"破釜沉舟"，将自己置之死地而后生，与强大的秦军展开一场血战，并最终活捉秦之名将王离，杀死秦之悍将苏角，并逼迫秦之又一位名将涉间在走投无路时举火自焚。

及至看到楚军已经大破秦军，各路诸侯军这才纷纷加入到巨鹿之战中来，参加最后的战斗，并对楚军的英勇善战无不敬佩有加，且纷纷归顺项羽。对此，司马迁用文学的手法描写了这样一个非常生动的细节，说是项羽打垮了秦军，邀请各路诸侯到自己的军营来相见的时候，这些诸侯将领"入辕门，无不膝行而前，莫敢仰视"。由此可见，项羽的权威绝对是靠打仗打出来的。

所以，巨鹿之战成了项羽的成名战。此战不仅打出了项羽的威风，铸就了项羽西楚霸王的威名，同时也在中国战争史上树立了项羽战神的形象。

巨鹿之战后，项羽实际上成了各路反秦义军的首领，出于种种目的，各路诸侯军无不归顺到他的旗下，服从项羽的号令。

可是，遗憾的是，项羽在军事上取得的一系列重大胜利却并未能在政治上为他加分。相反，就因为他的无知、狂妄与残暴，反而适得其反，在政治上得了负分。

或者换句话说，他的军事上的胜利与他政治上的成就正好形成了反比。

且说巨鹿之战后，项羽领兵又取得了棘原之战的胜利，然后带领部队到了新安。闻听刘邦已经入关，项羽顿时气得火冒三丈，遂命令部队加速前进，可是尽管一路马不停蹄，昼夜兼程，等进入秦地，比刘邦进入关中还是迟了很久。

所以，倘若按照楚怀王熊心事先与各路将领的约定：谁先进入关中，就封他为关中王，那么，毫无疑问，刘邦当然应该被封为关中王。

对此，项羽当然很不服气，因为，在他觉得，封谁为关中王，应该以功劳大小来定，谁功劳大，就应该封谁为关中王。只有这样，才比较合理。

很显然，如果按功劳大小来定，那么，关中王自然首屈一指，非他项羽莫属。

平心而论，在今天看来，项羽这样的看法与主张也的确是很有道理，因为，实事求是地说，刘邦之所以能够顺利地一路进入关中，直捣咸阳，完全是由于项羽在北线与秦军的主力作战，并最终将秦军的主力给消灭了。打一个比方，这就像两个猎人打猎，结果，甲猎人好不容易打死了一只老虎，而乙猎人却捷足先登，抢在他之前得到了这只被打死的白额大虫。你说，这一猎物究竟应由谁取得才比较合理？答案显然是不言而喻的。

可是，当项羽把官司打到楚怀王熊心那里，希望他能够主持公道，重新修改这一游戏规则，将原先"谁先进入关中就封谁为关中王"改为"谁战功最大就封谁为关中王"，没想到楚怀王熊心在看了项羽的申诉信后想都没想便断然否定了，仍是固执己见地回信对项羽说："按原先的约定办。"言外之意就是："刘邦先进入关中，那就应该封他为关中王。至于你项羽，呵呵，那就靠边吧。"

这可把楚霸王项羽给气坏了！

楚怀王熊心怎么能够这样呢？他怎么会是这样呢？想来想去，要么就是他觉得生性残暴的项羽任关中王不合适，要么就是项梁与项羽特别是项羽不知什么时候把这位楚怀王给得罪了，而且还显然不是一般的得罪，由此导致了这位实事求是说也确实很有些能力很有些手腕的楚怀王恩将仇报，在暗中总是忘不了要对项梁特别是心高气傲目中无人的项羽的嫉恨与报复。

仔细想想，这当然也不能完全怪楚怀王熊心心胸狭隘，过河拆桥，平心而论，也要怪项羽为人处世有时也太高调甚至太高傲也太张狂了！

都是脾气惹的祸。的确，纵观项羽一生，他吃脾气的亏也真是吃得太多、太大了！

而相比较起来，就因为天生一副好脾气，会做人，刘邦一生也不知赚了多少天大的便宜！这应该说是性格决定命运这一说法的正反两方面的最生动也是最有说服力的一大例证。

就这样，在与刘邦的第一次博弈中，项羽就遭到了裁判——楚怀王熊心的黑哨，从一开始就与刘邦展开了一场并不公平的比赛。尽管，后来一气之下，项羽靠武力杀了楚怀王熊心这一偏心的裁判，硬是把已经判给刘邦的金牌给抢夺了过来，但在道义上，他却打了一次很大的败仗。

而对此，项羽似乎至死都一直执迷不悟。

也正因此，可以说，严重缺乏政治头脑，不会做人，情商太低，乃是项羽一生最大的悲剧。

政治上的低能儿

毋庸讳言，项羽在军事上虽说是个天才，在战场上勇不可当，端的是条好汉，可在政治上他却弱智得要命，几乎就是个白痴。

从某种意义上说，战争与政治其实是二位一体的，战争是特殊时期的政治，政治是和平年代的战争。的确，无论是政治还是战争其实都是一种博弈，而既然是一种博弈，那就不仅需要斗勇，更需要斗智。

可是，在斗智方面，项羽似乎天生就是个低能儿，和刘邦相比，两人根本就不在一个重量级上。

即使时光已过去了两千多年，今天，当我们看《史记》与《汉书》中关于项羽与刘邦在当时那一段特殊历史时期的博弈还是感到特别有意思。你看在这一时期的历史大舞台上，项羽与刘邦两人就像演小品一样，年轻气盛且长得又高又大的项羽表面上威风八面，气势咄咄逼人，而人到中年且比项羽矮了一头的刘邦表面上好像处处忍让，逆来顺受，显得畏畏缩缩，但在实际上，项羽却尽吃刘邦的亏，老是被刘邦忽悠。

在和刘邦的博弈中，项羽几乎从头到尾，没占到一点儿便宜。

究其原因，固然一方面是因为刘邦在做人做事方面太过于世故圆滑，精明异常，一般人斗心眼耍手腕根本就不是他的对手，但在另一方面，也实在是项羽这个人在政治方面太没有眼光。说句不客气的话，就项羽这样的人，你让他为将可以，冲锋陷阵，打打杀杀，他会非常在行，可是，你若是让他为帅，则会勉为其难。

这样说绝对没有贬低项羽的意思，而是他通过自己的政治实践一次又一次证明了他确实在政治上极端糊涂，非常低能。

平心而论，项羽的起点非常高，巨鹿之战更是他的成名战，不仅使他一夜成名，而且也使当时还只年仅二十六岁的他便真正成了诸侯的上将军，从此各路诸侯皆汇聚到他的麾下，拥立他为义军的盟主。

由此可见，项羽的开局非常良好，甚或可以说是完美。

的确，项羽的前途曾经一片光明，形势一片大好。可是，宛如下棋一样，就因为他在接下来的对弈中接二连三下了几步臭棋，结果，在不自觉中使自己一步步走上了一条万劫不复的不归路。

事情显然还得从棘原之战说起。

那是巨鹿之战后，章邯兵败逃跑，项羽乘胜追击。章邯逃到棘原这个地方便驻扎下来，当时他手下的军队尚有二十余万，力量不容小觑。项羽追兵赶到后，立即就要挥师猛攻，但亚夫范增却劝他少安毋躁，静观其变。果然，两军对峙不久，章邯便派人来到项羽军中要求订立和约。

原来，巨鹿战败后，秦二世欲追究章邯战败的责任。于是，章邯派人去找赵高，想请他通融，但赵高拒不接见。既然朝中奸臣当道，残害忠良，章邯害怕了，于是便想向项羽投降。

章邯是杀害项梁的凶手，项羽一心想为叔父报仇，当然不想答应，所以章邯几次请降，都遭到他的拒绝。但后来，在亚父范增等人的劝说下，这位年轻的少帅终于还是同意了章邯的投诚。章邯投降后，项羽封他为雍王，章邯的二十万秦军自然也一下子变成了楚军。

章邯投降后，秦军已几无战将，无人可用，秦朝的灭亡已是板上钉钉的事了。

可是，就在这样一种大好形势下，项羽却忽然做了一桩很大的错事，为他后来的失败埋下了祸根。

事情说起来其实也很简单，就因为章邯那投降的二十万秦军变成楚军后受到了不公正的待遇，于是乎便难免有人在背后发几句牢骚，这些牢骚话被项羽军中原来的将士听到了且迅速报告给了项羽。按说，宰相肚里能撑船，对这些秦军投降将士的牢骚话即便不能一笑了之，也应该做到有则改之，无则加勉。可是，令人想不到的是，听了这些牢骚话，年轻气盛的项羽竟然采取了一个非常极端的措施，他让楚军趁夜把秦军二十万人击杀然后坑埋在新安城南！

由此可见项羽的残忍与心胸的狭隘。而在历史上，一个生性残暴、心胸狭隘的人是注定不能成就大业的。

坑杀二十万已经投降的秦军是项羽干的第一件蠢事，要知道，二十万秦军将士的背后，就是二十万个家庭，二十万对父母，同时，除了父母，这二十万个秦军将士在三秦大地上还有兄弟姐妹，还有亲戚朋友……如今，项羽突然残暴地坑杀了这些秦军将士，也就无异于在三秦大地上一下子种下了那么多的仇恨，点燃了那么多反抗他项羽的怒火。

如果说第一次因为缺乏经验，干出这样的蠢事也就罢了，所谓"吃一堑，长一智"，以后能及时予以改正或许问题也还不大，可是，想不到项羽却一直执迷不悟，自以为是，一直在错误的道路上越走越远，直至最终坠入万劫不复的深渊之中也依然没有醒悟。

诚如我们所知道的，项羽所干的第二件蠢事便是血洗咸阳城，火烧阿房宫。

本来，在他之前，先入关中的刘邦已经进过咸阳，而且还在咸阳皇宫里美美地享受了几天。结果，咸阳宫里，秦朝七百多年积累的那么多奇珍异宝，他拿了，当然没有全拿；秦始皇、秦二世养在宫中的许多花容月貌的美女，他睡了，自然也不会全睡。然而，刘邦的聪明之处就在于，在张良、樊哙等人的劝说下，在做这些事的时候，他都尽量做到不声张，而且见好就收，适可而止。更为重要的是，刘邦还很会收买人心，一进入关中，他便采纳萧何的建议，与关中父老约法三章，倒好像他去关中不是去打仗，而是去调研，去看望慰问关中的父老乡亲似的，从而很快便赢得了关中父老的信任与爱戴。

诚所谓：外行看热闹，内行看门道。按说，先入关中的刘邦的这些为了赢得民心的做法，迟到的项羽怎么着也应该能够看个明白，看出个门道："既然你刘邦为做人情，赢得民心，与三秦父老'约法三章'，那我项羽就更要在亲民方面比你刘邦做得更好，最起码不比你刘邦做得更差才是！"

是的，既然得民心者得天下，那就比谁在"得民心"方面更会"作秀"，比谁更会在亲民方面做得更好就是了。

可是，要说项羽的愚蠢就在这里。鸿门宴后，他带兵从鸿门直入咸阳，其所作所为与刘邦截然相反，形成了鲜明的对比。进了城后，他不是招降纳叛，安抚民众，而是烧杀抢掠，不仅将咸阳宫内的财宝抢劫一空，而且放纵官兵对城内的妇女大肆奸淫，同时又杀了许多早已投降的秦朝的将士，而且还将咸阳宫、阿房宫等那么多秦朝的宫室付之一炬，甚至，把人家秦人的老祖坟也给挖了。

这就太过分了！

更为愚蠢的是，秦朝降王子婴实际上也就是秦三世已经投降了刘邦，刘邦采取怀柔政策没有杀他，以示新朝之仁，这本是得民心之举，也是古之惯例，只要稍微有些头脑的人都会这么做，可是，没想到项羽完全就是个猪脑壳，他跑到咸阳竟然想都不想就把子婴给杀了。

到此为止，项羽既杀了人家秦人的子弟，又奸淫了人家秦人的母女，而且还把人家秦人的精神支柱——大秦皇室给灭门了，这就等于把三秦父老都给得罪了，与秦人结下了不共戴天之仇。以致在秦地可谓"人神共愤之"，对此，就连司马迁论及此事也忍不住感慨项羽"奋其私智而不师古"！

的确，在先秦时代，无论是春秋还是战国，无论是政治家还是纵横家，无论是行王道还是行霸道，大家都很讲究智谋，如申不害、韩非所说讲究"术""势"。也难怪，项羽不读书当然对这些茫然无知，一窍不通。也正因此，试想，在政治上，就项羽这么点儿智商和情商，他焉有不败的道理？

同样是进入关中，而且刘邦还是第一个进行"面试"的，但由于他的背后有张良、萧何这样的高人指点，他的表现纵然不能说是完美无缺，起码也应该说是非常优秀，综合各方面表现，得分至少应该不少于90分。可是反观项羽，虽然是第二个进行"面试"，但他却表现极差，其拙劣而又愚蠢的表现甭说及格，恐怕连零分也得不到，而应该说是负分。

在"得民心"方面，项羽彻底败给了刘邦，没想到在"得士心"方面，项羽也同样败给了刘邦。

最典型的例子就是"烹韩生"。

事情说起来其实也很简单。项羽进入关中烧杀掳掠，很快把个咸阳城就变成了废墟。等做完这些之后，项羽不想再待在关中，便想回到故乡。这时有个叫韩生的读书人想必是想通过进献锦囊妙计企图得到项羽的赏识和重用，于是便主动跑来向项羽进言道："关中这地方，有山河为屏障，四方都有要塞，土地肥沃，若就此定都，则霸业成矣！"

项羽听了这位姓韩的读书人的话，很不以为然，当即摇着头说："富贵不回故乡，就像穿了锦绣衣裳而在黑夜中行走，别人谁知道呢？"

成语"锦衣夜行"典故即出于此。能说出这样的话，足以说明项羽此人实在是很爱慕虚荣和浅薄。

堂堂楚霸王，怎么会说出这种话呢？韩生当时真的是很无语。出去后，有朋友问他这次去见项羽结果怎样？也怪这位韩生沉不住气，这时便长叹一声，说："我常听人说楚国人像是猴子戴了人的帽子，现在看来此言果然不虚。"

成语"沐猴而冠"就是这么来的。

要说他说的话就是这么形象而深刻，当然也免不了很是有些刻薄，几乎一句话就把项羽的那种浅薄无知而又自鸣得意的内心与嘴脸给画出来了。结果项羽听到后大为恼怒，顿时便让人把韩生抓来，扔进一口大铁锅里给活活煮死了。

韩生献计本来是出于好心，但好心没好报，竟然得到了这样的结果。可以想见，韩生至死都不会瞑目，至死都很后悔，心想："自己当初怎么会这样有眼无珠，向这样一个愚不可及而又狂妄自大的家伙进言献策呢？"

可以说，"烹韩生"是项羽下的又一步臭棋，干的又一件蠢事，如果说，在这之前，那些有能耐的读书人还曾幻想着跟着项羽一起打天下，为他献计出力，以便将来能够出人头地的话，那么，自从"烹韩生"后，那些读书人算是彻底认清了项羽的庐山真面目，一下子把他看清也看轻了，从此像是商量好了似的，再也没有人愿意投靠他，辅佐他，即使是那些原已经投靠他的读书人像陈平、韩信等也都纷纷弃他而去，到最后就连亚父范增也满怀着失望从他身边愤然离去。

而一个想经天纬地成就大事的人，如果没有那些有智谋的读书人的辅佐，就会像一个没有了眼睛和头脑的聋子和瞎子，又怎么能够走对路且走得远呢？

仅此可见，项羽在政治上也真的是个低能儿。

"民心"失去了，"士心"也失去了，接下来，项羽似乎还嫌自己愚蠢得不够，于是又去傻里吧唧地封王，结果完全是吃力不讨好，又结结实实地把那些虽然各怀鬼胎但却暂时还跟在他屁股后面委曲求全的诸侯与大将给狠狠得罪了。

诚如我们所知道的，秦始皇统一中国之前，整个中国处于四分五裂的状态，以致诸侯争霸，干戈不息，兵连祸结。所以，秦始皇的一个最大的也是千古不朽的功绩就是扫平六合，统一了中国。

秦朝灭亡后，项羽暂时作为天下盟主，来处理秦亡后所留下的这笔巨大的政治遗产。怎么处理呢？毫无政治头脑的项羽完全逆历史潮流而动，对秦朝的一切政治制度予以全盘否定，意图复辟倒退到大一统之前的七雄并峙的状态，于是便采取切分蛋糕的方法，将秦始皇好不容易才做成的这块"中国牌"完整的大蛋糕一下子切分成了十八小块。

仅此可见，项羽这人虽然残暴，但却并不专制，起码他并没有一人要独吞反秦胜利果实，有践祚称帝的野心，而是很讲民主，很讲公平，将天下分成了十八份，使弟兄们人人有份。就因此，说句不是笑话的笑话，项羽完全就像是中国古代的华盛顿，企图在秦朝之后在中国实行联邦制。仅此可见，项羽真的不是一个十分自私的人。

但是，项羽却因此做了一件大大的蠢事。因为，无数的历史实践证明，中国只能统一，不能分裂，这是由中国的文化与人伦决定了的。历史上，中国的盛世都是出现在国家统一的时候，而社会最动乱、人民最痛苦的时期无不出现在国家四分五裂的乱世。当然，不学无术、对历史缺乏深入思考更缺乏深刻认识的项羽是不知道这些道理的，所以，他只是恣意妄为，稀里糊涂却又自以为是地在干一件天大的蠢事：分裂中国。

之所以要将天下像切分蛋糕似的切分成十八小块，当然是项羽想以此做人情，对那些与他一起参加反秦起义的有功之人论功行赏。为此，他一共封了十八个王，而十八个王一一对应，每人自然分得一块蛋糕，也即一块封地，建立一个小国，再由这些小国组成一个庞大的联合体。

平心而论，项羽在"分蛋糕"时自己还算严于律己，大公少私，他封自己为西楚霸王，很有些像当年的春秋霸主一样，给自己也只分了一块封地，并没有比其他人多分。要说多少有些私心的话，那就是他把自己的封地封在自己的故乡，并将自己的故乡彭城（今江苏徐州）作为自己的王都。但在今天看来，这恰恰是项羽的一大政治败笔，是他在政治上和军事上没有眼光的一种拙劣表现。

只是为了要回到故乡当官，以便向故乡人炫耀和显摆，而根本不考虑封地的战略地位和军事价值，楚霸王项羽也真是鼠目寸光，愚不可及！

再说他对其他人的分封吧！给为自己出生入死的将军们分封土地，这本也并不为过。但问题是，一下子把中国分割成十八个王国，成为"项氏联邦"，使国家一下子倒退到比战国还要落后还要分裂的春秋时期，这种政体不仅不符合中国的国情，也有悖于时代的潮流，很不得人心。

而且，在分封时，项羽虽然都给各国诸侯封地了，但其封地要么比以前诸侯国的土地小，要么干脆就不是以前的封地，那些诸侯当然都一个个很不高兴；再说那些大将，虽然跟随项梁与项羽叔侄出生入死且战功赫赫，但除了英布，几乎没有人封王，可想而知，这些大将心中当然也很是不满，而且，即便是英布，因为只封了个九江王，封地又偏又小，他也很不满意。不久，他一气之下背叛项羽投奔刘邦就是明证。

所以，项羽自作聪明分封天下，无异于又干了一件得罪人的事，而且，这次得罪的还不是一般人，而是那些诸侯王以及那些以前一直拥护他为他出生入死的大将。不说别的，单说他将原来的齐燕之王分别贬为胶东王、辽东王，而将齐燕之将分别封为齐王、燕王后，使齐、燕两国战火立即燃起，便知他如此"乔太守乱点鸳鸯谱"似的随意分封是多么愚蠢，问题有多么严重了。

项羽是个虚荣心极强但却思想浅薄毫无政治头脑的人，经过分封一事，他不仅把各国诸侯都给得罪了，而且也把那些跟他出生入死的大将给得罪了。所以，自此以后，就因为他把天下几乎所有人都给得罪了，以致几乎天下所有人都成了他的仇人。

这就太可怕了！

也正因此，诚所谓"得道多助，失道寡助"，从公元前206年到公元前202年，历时五年之久的楚汉战争，项羽尽管屡战屡胜，但却因为不得人心，结果手下兵将谋士越来越少，以致最后众叛亲离，连唯一的一个谋臣亚夫范增都离他而去，成了一个彻头彻尾的独夫。可是反观刘邦，尽管他不太会打仗，在与项羽的争战中几乎屡败屡战，甚至好几次都陷于绝境，死里逃生，但其麾下将士却越来越多，且几乎天下的人都希望他能获胜，许多高人都心甘情愿投奔他，为他献计出力，以致最后终于一战成功。

所以，一点也不夸张地说，刘邦的胜利是天下人"抬着他胜利"的，而项羽的失败则是天下人"推着他失败"的，当然更是他自己一步步稀里糊涂地自寻死路的。

这应该说就是项羽的悲剧之所在。一个几乎让天下所有人都不待见的政治人物，怎么能够奢求取得政治上的成功呢？

可是，对如此简单的道理，在政治上极端低能的项羽甚至到死都未能明白。

唉，真是糊涂而又愚蠢的项羽！

贵族式的迂腐

项羽的迂腐在历史上是出了名的。其中，他最大的迂腐便是没有在鸿门宴那么好的形势下一剑杀了刘邦，而是让刘邦给侥幸逃脱了。

诚如我们所知道的，在鸿门宴之前，刘邦不仅"欲王关中"的野心已经充分暴露了出来，甚至其称帝的野心也已暴露无遗。当项羽领兵进入关中时，刘邦甚至派兵守住函谷关，企图阻止项羽入关。一气之下，项羽破关而入，一直来到戏水之西，在一个名叫新丰鸿门的地方安营扎寨。

以项羽的火爆脾气，当时恨不得立即就去攻打刘邦的部队。此时刘邦驻军灞上，离鸿门不过四十里的路程。两军的人数，刘邦军不过十万人，而项羽的军队则有四十万，而且，项羽的楚军都是身经百战的精锐之师，而刘邦的军队不过是一些乌合之众。显然，两军真要交起手来，刘邦的军队根本就不是项羽军队的对手。

也正因此，当那天忽然听到消息说项羽的军队第二天就要来攻打自己的军队时，刘邦吓得赶快第二天一大早便来鸿门向项羽负荆请罪。

按亚父范增的意思，既然刘邦主动来鸿门请罪，那么干脆来个将计就计，正好在鸿门宴上乘机杀了刘邦，免得将来夜长梦多，生出祸患。

为什么要杀刘邦？范增当时向项羽解释得很清楚。他说："我听说刘邦在山东的时候，贪图财物，宠爱美女。现在进了关中，竟然不爱珍宝财物，甚至连美女也不贪恋，以此观之，此人之志不小啊！我曾让望气之人望刘邦营中云气，有龙虎之状，五彩斑斓，此乃天子的气象呀！此人不除，将来必是你的大患。"

按说，范增既然已经把话说到这种地步，项羽怎么着也应该知道接下来怎么做了。有道是：量小非君子，无毒不丈夫。既然刘邦将来可能是自己的大患，那又何不先下手为强，趁早将刘邦给除掉呢？

可是，鸿门宴上，范增几次暗示项羽，叫他下令刺杀刘邦，谁知道平时心狠手辣异常残暴几乎杀人不眨眼的项羽这种时候反倒心慈手软起来，竟然始终对范增的暗示视而不见，结果竟坐失良机，白白放虎归山，让刘邦侥幸从鸿门宴上脱逃了。

鸿门宴上，项羽为什么不杀刘邦？后人对此众说纷纭。

有的说一向狂妄自大的项羽当时根本就看不起刘邦，根本不觉得刘邦将来会成为自己强大的对手，所以觉得根本没必要杀他。有的说项羽出身贵族，有先秦君子之风，觉得大丈夫为人处世应当光明正大，纵然要杀刘邦也应该是在战场上，而不应该在鸿门宴上乘人之危，杀之不仁。有的说项羽这人死要面子，而刘邦又特别会忽悠，在鸿门宴上对项羽花言巧语，甜言蜜语，好话说尽，既给足了项羽的面子，又哄得了他的欢心，所以，被刘邦这么一忽悠，项羽自然不忍心也不好意思朝刘邦动手，如此一来，刘邦自然也就大难不死，逃过一劫。

仔细想想也是，从史书上看，项羽这人特别有意思，他这人是服软不服硬。你若跟他来硬的，他天王老子也不怕，也不买账，可是，你若和他来软的，他便会"心太软"，什么都好说。

很显然，忽悠大师刘邦想必正是看准了他的这一软肋，关键时刻才会一次次去点中他的这一穴位，从而将项羽给忽悠和驯服的，让他在不知不觉中被自己牵着鼻子走。

说来，这无疑正是刘邦的高明过人之处，但与之相反，却也正是项羽的迂腐之处，或曰致命弱点。

的确，不管怎么说，都明显可以看出项羽的迂腐，一个"上疆场彼此弯弓月"的人，该仁慈时不仁慈，该残忍时不残忍，关键时刻优柔寡断，妇人之仁，这不是迂腐又是什么？

所以，后人每当谈到鸿门宴，多半都会为项羽感到无限惋惜，觉得如果他采纳了亚父范增的意见，当时让早已埋伏好的伏兵在鸿门宴上将刘邦刺杀掉，哪儿会有后来的楚汉之争？又怎么会有后来的四面楚歌？

假若真是这样的话，那么，后来的历史将会因此改写。

但项羽却因此失去了一次绝好的机会，从其个人的角度来说，无疑犯了一次极大的错误。

有道是：聪明人绝不会犯第二次相同的错误。

但从史书上看，项羽显然算不上是这样的聪明人。

因为，鸿门宴上，他犯了那么大的错误，按说，事后他一定会后悔莫及，这以后怎么着也不会再犯如此相同的错误了。可是，后来的事实证明，他竟依然如故，"再一"之后又去"再二""再三"，以致一次次犯下了类似鸿门宴一样迂腐而又愚蠢的错误。

诚如我们所知道的，鸿门宴之后，项羽"再二"所犯的错误当然是分封。

这里，姑且不说分封一事本身是多么糊涂多么错误，单说项羽自己把自己分封到自己的家乡，就是一件天大的蠢事！

在当时，诸侯纷争，群雄逐鹿，胜负还远远没有见出分晓，在这种情况下，项羽即便是切分天下这块蛋糕，把中国这块大蛋糕分成十八小块，按理说，他自己也应该拿分量最重要的一块。因为，战争就是战争，不是请客吃饭，不是生日派对，自己可以发扬风格。

显然，若论战略地位，论富裕程度，关中无疑都是最重要的战略要地，所谓"得关中者得天下"。也正因此，当时许多诸侯都垂涎关中，志在必夺。既然这样，按理说，项羽也就应该毫不客气，自己把自己封为关中王才是，以争取日后群雄逐鹿时军事上的优势和主动。

可是，谁也没有想到，在分封时，他却偏要讲义气，讲公平，为了显示自己的公平公正，一碗水端平，他所封的王不仅大多不是自己的亲信，那些跟着他出生入死为他卖命的功臣反而捞不到好，而且，他竟连自己也不特殊照顾一下，竟把自己分封到家乡彭城也即今天徐州、淮安一带。

只要稍微有点军事常识的人都知道，徐州、淮安一带一马平川，一望无际，到处都是平原地带，几乎没有任何军事屏障，易攻难守，完全就是军事上所说的四战之地。选择这样的地方作为自己的封地，这就说明项羽在军事上完全犯了大忌。

也正因此，当萧何月下追韩信将韩信追回来一起去见刘邦时，韩信第一句话就对刘邦说："项羽有万夫不当之勇，绝对是好将军。但是，项羽不会任用人才，他手下的将领没几个出类拔萃的。项羽占着关中那么好的地方，竟然自己不要，回到了徐州那个最容易遭别人攻击的大平原，可见，项羽真是不聪明啊。所以，我们得首先占据关中，然后攻下项羽老巢徐州，这样就可以统一天下。"

你看，项羽的迂腐就在这里，当初进入关中，该对三秦父老兄弟仁慈时他偏要残暴，如今在分封时不该谦虚时他却又偏要谦虚，偏要仁慈，傻乎乎地非要显示自己那种贵族气的正直与公道，结果，不仅做出那种令亲者痛仇者快的事来，而且也把自己置于了一种非常危险的境地。

试想，这不是一种致命的迂腐，又是什么？

说到项羽的迂腐，这里不妨"再三"举一个例子。由此可见，从某种意义上说，项羽的失败完全是被他自己的迂腐给打败的。

事情还得从头说起。那是汉王元年五月（公元前 206 年），受封的诸侯王在大将军的旗帜下罢兵，分别前往各自的封国。项羽自己也离开关中，回到了封地，回到了家乡，虚荣心十足地开始当起王来。

可是不久，齐国就因封王问题打了起来，紧接着，梁、赵也先后打了起来。这些诸侯王都觉得项羽分封不公，而且其为人又独断专行，非常霸道，于是一到封地，站稳脚跟，便都明里暗里纷纷举起了反楚的大旗。

刘邦本来就对项羽违约没封他为关中王心存怨恨，所以在被封为汉王后，虽然命人假装烧毁栈道，表示自己无意东进，以此麻痹项羽，但暗中却一直磨刀霍霍，等待时机。所以，这边齐国和梁、赵等国一闹事，那边他便用韩信计谋，突然进军关中，占领了自己觊觎已久的军事要地，平定了三秦。

一场历时长达四年的楚汉之争由此拉开了序幕。

就像下围棋一样，刘邦执黑先行，出其不意地一下子收回了本应封给他的关中要地，并废除了秦社稷，代之以汉社稷，也借此表明从此与项羽势不两立。

却说项羽一听说刘邦已经兼并了关中，正要西进攻汉，可是齐国、赵国又发生了叛乱，于是，没办法，分身乏术的他只好暂时放弃了西进计划，先去引兵北进平定叛乱。

在项羽的凌厉攻势下，齐、梁、赵三个王很快就被打败或投降。当年十月，项羽谋杀了对他一直存有偏见的楚怀王熊心，算是出了一口恶气。项羽杀楚怀王正好给刘邦一个出师有名的借口，于是，在众人的怂恿下，刘邦率领五个诸侯国的兵马共56万人，以讨伐弑君之名，挥师东进，攻击项羽，并以迅雷不及掩耳之势攻占了项羽的老巢——西楚核心之地彭城。

一看刘邦带领那么多军队来犯，而当时齐国之战又还没有结束，大量楚军陷在那里，急切之下，项羽命令诸将继续攻打齐军，自己则带领精兵三万人迅速从鲁县穿过胡陵，援救彭城。

楚军与汉军在彭城灵璧东濉水遭遇，展开激战。要说打仗，项羽真的是很有天赋，非常内行，别看刘邦当时带着56万军队，而项羽只有三万人，而且刘邦还是以逸待劳，但项羽带着三万精兵机智地绕过彭城刘邦重点布防的东部、北部，突然插到彭城的西边，大约也就在今天安徽萧县境内，然后采取突袭的方式，像一只握紧了的拳头一下子用力砸下来，正好砸在刘邦军队最弱的腰部。战斗从早晨一直打到中午，最后刘邦的56万大军被拦腰斩断，迅速溃散。

经此一战，刘邦的军队十几万人被杀，十几万人在逃命时掉进河里淹死了，还有十几万人纷纷作鸟兽散，一下子逃得无踪无影。从某种意义上说，刘邦这人还真是吉人自有天相。当时，刘邦被项羽的军队团团围住，眼看就要成为项羽的刀下之鬼，但就在这时，突然一阵狂风暴雨降临，由于狂风肆虐，飞沙走石，白天忽然变成了黑夜，楚军一时无法作战，趁此机会，刘邦干脆来个三十六计——走为上，带着几个亲兵逃跑了。

如果说这次刘邦大难不死，乃是上天的眷顾、老天爷的保佑，与项羽毫无关系的话，那么，接下来所发生的事情则完全应该说是项羽又一次"救"了刘邦的命，亲手给了刘邦一次化险为夷、绝处逢生的机会。

事情发生在汉王三年（公元前204年），在上一年被项羽打败结果被一阵"神风"救走了的刘邦又一次卷土重来，与项羽决战。

此时，众诸侯因为刘邦去年兵败彭城，大部分已经投降项羽。刘邦于是派韩信讨伐魏国，自己则引兵坐镇荥阳。项羽见状，于是便经常带兵侵夺刘邦的运粮甬道，切断刘邦大军的军事补给线，刘邦粮食匮乏，军心不稳，于是便请求与项羽讲和，条件是把荥阳以西的地盘划归于汉，荥阳以东则为项羽所有。

明眼人一看便知，这不过是刘邦的缓兵之计。

所以，当时已被封为历阳侯的范增及时忠告项羽，要他别上刘邦的当。范增说："古人有言，当断不断反受其乱。从前鸿门会宴时，臣曾劝大王速杀刘季，大王不从臣言，因致养痈遗患，挨到今日，复得了天赐机会，把他困住荥阳，若再被逃脱，纵虎归山，一旦卷土重来，必不可敌，臣恐我不逼人，人且逼我，后悔还来得及么！"

可哪里知道，项羽此时早已中了陈平的反间计，以为范增已有了弃楚投汉之心，所以听了范增的话，虽然也觉得很有道理，但因为心中对范增有气，于是便故意与范增唱反调，拿话气范增说："汝叫我速攻荥阳，我非不欲从汝，但恐荥阳未必攻下，我的性命，要被汝送脱了！"

结果，可想而知，因为项羽故意贻误战机，在客观上等于又一次"救"了刘邦的命，让老狐狸一个的刘邦又一次侥幸脱逃了。

由此可见，项羽这人是多么迂腐，老是干这种令亲者痛仇者快的事情！

事到如今，亚父范增显然已对项羽彻底绝望了，想必在内心中已真的觉得项羽是"竖子不足与谋"，伤心失望的范增终于一狠心从项羽的身边走开。从此，项羽便成了一个真正意义上的孤家寡人。

仔细想想，平心而论，上天并不是没有给项羽问鼎天下的机会，但这样稍纵即逝的机会却被他的贵族式的迂腐一次次地给彻底葬送了。

到最后，运气的天平开始不可逆转地偏向了刘邦，可想而知，为人极为精明的刘邦才不会像项羽那样迂腐。垓下之战，韩信十面埋伏，结结实实给项羽扎了个口袋，到此为止，楚汉之争，刘邦也就这一次占尽了上风，对项羽形成了致命的威胁，但也就是这一次，刘邦既然抓住了机会就再也不肯放弃，他就像一个武林大侠，只一招便结束了项羽的性命。

所以，要说狠毒，刘邦才真正称得上狠毒，关键的时刻，绝不优柔寡断，心慈手软，而是一招毙命，绝不会给项羽以再次翻盘的机会。

不善用人是顽症

在今天看来，导致项羽失败的原因很多，除了上面所述的他的性格的残暴、不得民心、贵族气的迂腐之外，还有一个很重要的原因就是他不善用人。

试问，情商和智商哪个重要？对这样一个问题的回答显然有着许多不同的答案。其中，对于那些从事学术性、技术性等科研工作的人来说，当然是智商重要，而对于那些从事政治及其与人有关系的工作的人来说，则多半还是情商为重。

从史书上看，项羽这人智商绝对很高，否则，在秦末英雄蜂起、群雄逐鹿的历史大背景下，就他这样一个年轻的后生也绝对不会笑傲江湖，绝对不会成为分封天下犹如当年春秋霸主似的楚霸王，成为一个星光闪耀、叱咤风云几乎一度无人能比的风流人物，可是，与他的智商形成巨大反差的是，他的情商却极其低下，近乎为零，这应该说是他兵败垓下自刎乌江的最主要根源。

通常，所谓情商低下的人，说白了就是在平时的生活与工作中不会做人，与人沟通交流特别是与一些重要人物的关系处不好，而天下事有很多都是事在人为，所以，古往今来，一般情商低下的人在做人方面都很失败，都很吃亏，既然做人方面不成功，则其一生便很容易命途多舛，乃至以悲剧定格。

显然，项羽就是这样一个因情商低下最终以悲剧定格的人。

如前所述，上天曾经待项羽非常优渥，非常偏爱，年纪轻轻地便让他因战成名，星光闪耀，成了一位少年得志的少帅。巨鹿之战，更是一举奠定了他的无与伦比的霸主地位，同时也因而在历史上树立了他的战神形象。

就因此，当时许多诸侯都慑于他的威势归顺到他的旗下，而天下许多英雄豪杰也都纷纷投奔到他的麾下。其中，最著名的诸如陈平、韩信还有英布，等等，一点儿也不夸张地说，只要这些人一直跟着项羽，为他仗策定谋，为他疆场弯弓，楚汉相争，胜利的就绝对不会是刘邦。即便这些人到最后不帮项羽，但也不去投靠刘邦，那么，无论是上述哪一种情况，项羽都很可能胜券在握。而秦朝灭亡之后，中国的历史则将会进入到"楚朝"，而非"汉朝"，如此一来，在中华民族的历史上，也许就不会有"汉人"一说，取而代之的或许就是"楚人"。

可是，就因为项羽不会用人，作为一把手，但却总是笼络不住手下的人才，老是处不好与下面这些人才的关系，以致众叛亲离，使自己变成了一个真正意义上的孤家寡人，于是乎，失败对于他也就是再合理再正常不过的事了。

不过，这里需要特别指出的是，说项羽不善用人，并不是说项羽不重用人才，事实上，和刘邦一样，项羽其实也很重视人才，甚至也曾不遗余力网罗人才。对此，尽管《史记》没有专门的记载，但从一些只言片语，我们仍然能够感受到项羽其实对人才也很重视，也很重用。

如《史记》中有这样几个例子就大致可以佐证。《史记·项羽本纪》中记载："楚下荥阳城，生得周苛。项王谓周苛曰：'为我将，我以公为上将军，封三万户。'"汉定天下后，封侯最高的户数刘泽亦不过一万两千户，项羽对一个敌方御史则开出"上将军,封三万户"这样不菲的价码,由此可见项羽当时对周苛是多么求才若渴。又如,《史记·陈丞相世家》中记载:"项羽取陵母置军中,陵使至,则东乡坐陵母,欲以招陵。"仅此可见,项羽其实也很求才若渴,为得王陵甚至不惜拿其母亲作人质。

还有就是在龙且救齐时,"人或说龙且曰'不如深壁……可无战而降也。'龙且曰:'……且夫救齐不战而降之,吾何功? 今战而胜之,齐之半可得,何为止! '"从这段文字记载中可见项羽亦重战功,可谓有功则赏之,无功则不赏。大约这就是陈平口中所说的"至於行功爵邑,重之"吧!

据史料记载,项羽出身军事世家,又以带兵起义出身,其早期的用人经历都以军事带兵有关。"项王见人恭敬慈爱,言语呕呕,人有疾病,涕泣分食饮"(韩信语);"项王伐齐,身负板筑,以为士卒先"(随何语)。由此可见,项羽早期的用人思想主要体现在与士卒同甘共苦,以身作则。也正因此,项羽的军队一直士气旺盛,有着强大的战斗力。

可以说,恭敬爱人、礼贤下士一直是项羽用人的核心思想,这种核心思想使得"士之廉节好礼者多归之"(陈平语),即使是项羽的敌人也不得不承认他"仁而爱人"(高起、王陵语)。

这种用人思想是个性使然还是家庭熏陶,抑或时势所迫,我们不得而知。但不管怎么说,都足以说明,在主观上,项羽还是比较注意用人,很想收罗人才为己所用的。

事实上,对那些人才,项羽也真的都很重视,而且也多半都予以了重用。最典型的例子莫过于陈平和英布。

在鸿门宴时,陈平就已经是项羽军中的都尉,并且居于项羽左右,可见项羽对其是多么重用。后来他又被派去独当一面,亦可见陈平很受项羽重视。都尉在楚汉时期是主管军事的重要职务,后来陈平投奔刘邦处,刘邦给陈平的也只是在项羽军中这一相同的职务,并没有提拔,但即便这样,还是遭到诸多将领的妒忌。由此可见都尉官职的重要程度,同时也足以印证陈平当初在项羽军中确实是受到重用的。

再说英布。英布是汉朝的开国功臣,当年曾为灭楚兴汉立下了汗马功劳。可是,就是这个英布,当初却是项羽手下的第一大将。因此,项羽在分封天下时,曾将战功赫赫的英布封为九江王,这可以说是项羽手下将领唯一一位得到封王者。由此可见,项羽待英布实在不薄。

那么，既然这样，为什么陈平、英布这些人才最后竟像候鸟那样在项羽的身边飞来又飞去了呢？到最后，项羽的身边何以人才寥寥，而刘邦的身边却人才济济呢？

问题的症结显然是项羽不善用人。

这就像一个中医，虽然很想给人治病，但却总把不准脉搏，开不对药方，因而结果总是事与愿违，不能对症下药。项羽的症结也就在这里，用人总是不得法，老是笼络不住人。

的确，我们看历史上的项羽在带兵打仗方面真的是一个天才，而在如何用人方面却委实令人不敢恭维。

在今天看来，项羽的不善用人，主要体现在这样几个方面：

一是项羽过于"自贤"。

自古人主忌自贤。一代明君唐太宗认为："凡人主惟在德行。"做人主的，其实大可不必自己要有多大的才能，只要能善于用人，使天下英雄为己所用，集众贤为己贤，也就够了，又何必非要什么事都显得比别人能干？

也确实，古往今来，大量历史事实表明，无论哪朝哪代，如果人主恃才傲物，刚愎自用，独断专行，什么事都觉得自己是最能的，事必躬亲，亲力亲为，则一定会导致手下万马齐喑，贤才凋零，而其事业也会自觉不自觉地逐步陷入一种危亡的境地。

想当年，楚汉相争，一开始明显处于优势的楚霸王之所以最后竟落得兵败垓下、自刎乌江的可悲下场，究其原因，也多半是霸王项羽过于自贤，自以为自己非常有才，本事了得，所以什么事都亲力亲为，主观独断，而不能虚心听取别人的意见，结果，他手下那些优秀人才的作用得不到发挥，好的意见和建议得不到采纳，久而久之，就会严重挫伤这些优秀人才的积极性。

所以，这些人才尽管居于高位，但却仍感到自己不受重视，不被重用，如此一来，他们自然便会孔雀东南飞，飞到另外一个更适于自己发挥作用的地方。

二是项羽过于"粗暴"。

项羽为人比较直率，脾气比较暴躁，不像刘邦为人比较圆滑，性格比较随和。从史书上看，项羽待下缺少雅量，往往小过大罚，动辄发怒，所以很容易得罪人，让属下经常感到一种无形的威压，精神上很不放松。如殷王司马卬叛楚，项羽派陈平等击降之。不久，司马卬降汉，项羽就要追究上述军事行动的参与者，导致陈平归汉。相形之下，刘邦的部属中有许多人曾反对过他或投降过项羽，但却均未受追究。

所以，一来二去，在一般人的印象中，大家都会觉得刘邦性格随和，比较好相处，而项羽为人刻薄，很难相处，于是乎，大丈夫合则聚，不合则散，由此造成大量人才弃楚投汉。

三是项羽过于"固执"。

项羽性格的固执在历史上是出了名的，尽管有学者认为项羽其实有时也善于纳谏，但从总体上说，他的性格中固执还是占了非常大的比重。最典型的例子就是鸿门宴，你看亚父范增那样三番五次地暗示他，要他下令对刘邦采取行动，可是他就是不理不睬，固执己见。后来，刘邦困守荥阳，危在旦夕，范增这时又劝项羽乘势对刘邦发动攻击，免得夜长梦多，坐失良机，可是，关键时刻，项羽又是固执己见，对范增的锦囊妙计拒不采纳。

试想，连亚父范增的意见都听不进去，平时项羽还能听得进下属中谁的意见？

显然，也正是由于项羽过于固执，一般谋臣策士知道他的这一德行，故而大家都不愿向他献计献策，因为即使"献"也是白献，与其这样，还不如"士为知己者用"，干脆从项营出走，投奔刘邦，就像《三国演义》中的许攸，官渡之战前，他曾为袁绍手下谋士，袁绍刚愎自用，于是许攸便投奔曹操，来到曹营，将自己的妙计献给曹操，由此导致曹操在官渡之战中打败袁绍。

不用说，当年许多优秀人才背弃项羽投奔刘邦，其情形和个中原因多半也和后来的东汉末年的许攸大抵相似。

四是项羽过于"多疑"。

一点儿也不夸张地说，多疑的性格使项羽失去了最后一根救命稻草，或者说，这是压死项羽这头骆驼的最后一根稻草。的确，我们看历史就会很清楚地发现，项羽最后完全是被他自身的多疑所打败的。

从史书上看，项羽这人因为性格的原因，真正的铁杆兄弟和亲信很少，完全不像刘邦很会混世，身边总有一帮死党，你譬如像纪信、樊哙这样的人，关键的时候总能为他豁出性命"舍卒保车"。项羽则与人的关系总是不愿走得很近，不愿像刘邦那样与人称兄道弟。也正因此，有学者说，项羽是先秦最后一位贵族，高傲，自尊，不苟且，不低俗，不奸邪，而刘邦却正好相反。

　　的确，刘邦是中国历史上第一位平民皇帝，刘邦战胜项羽，汉朝取代秦朝，标志着中国进入到了一个平民化的社会，从此，中国后世的封建官场和上流社会自觉不自觉地充溢着一股始终驱之不散的市侩气、势利气，官员的官场人格已经不再像先秦那样正直、崇高，崇尚节义，而是逐渐变得油滑、势利，追逐权力，崇尚利己。可以说，中国后世的封建官场及风气无一不是汉代官场模式的翻版，而先秦官场及风尚自汉代以后则完全成了绝版。

　　话说回来，项羽虽然亲信很少，但在兵败垓下之前，也还多少有几个亲信，那便是范增、钟离昧以及龙且。显而，这几个亲信无一不是项羽的得力干将。

　　可是，就是这样几个经过无数次实践考验的得力干将，项羽有一天竟然也对他们疑神疑鬼起来，足见项羽这人是多么生性多疑，且又极易受骗。

　　诚如我们所知道的，刘邦这人打仗不行，但坏点子很多。荥阳之战，他被项羽团团围住已达一年之久，并被断绝了外援和粮草通道，眼看就要成为项羽的瓮中之鳖。刘邦向项羽求和，项羽不许。情急之下，刘邦眉头一皱，坏主意很快就从他头脑中冒出来了，他想，陈平当初在投靠他时曾向他献过反间计，并且说过："彼项王骨鲠之臣亚父、钟离昧、龙且、周殷之属，不过数人耳。"这种时候何不试一试呢？于是他便把陈平找来。

　　在今天看来，陈平之所以要向刘邦献离间计，很显然是因为他在项羽身边待过很长时间，对项羽生性多疑的性格想必非常清楚。果然，陈平这边刚一实施离间计，那边，头脑简单的项羽便很快中计了。

　　项羽这么容易中计，甭说后世读者难以理解，恐怕就连刘邦和陈平等当事者事先怎么也不会想到。

　　还是简要说一说陈平实施的离间计吧！

　　那天，听说刘邦找他的意图后，陈平立即向刘邦献计，让刘邦从仓库中拨出四万斤黄金作为间谍费，然后悄悄买通楚军的一些将领，让这些人散布谣言说："在项王的部下里，范亚父和钟离昧的功劳最大，但却不能裂土称王。他们已经和汉王约定好了，暗中配合汉王，共同消灭项羽，分占项羽的国土。"

　　尽管钟离昧以前一直对他忠心耿耿，屡立奇功，但是，在听到陈平让人故意散布的这些谣言之后，生性多疑且头脑简单的项羽竟真的起了疑心，果然对钟离昧产生了怀疑，这以后有重大的事情也就不再跟钟离昧商量了。

汉王四年（公元前 201 年），氾水之战，项羽将守卫广武的重任交给大司马曹咎。钟离昧因不受信任，只能率偏师协防，结果楚军大败，曹咎自杀，广武失守，几乎全军覆灭，只有钟离昧在主力惨败的情况下坚守阵地。氾水之败，责任当然应归咎于项羽用人不当。可是，项羽之所以用人不当，宁用曹咎，不用钟离昧，显然还是出于他的多疑。因为多疑，他竟放弃钟离昧这样忠心耿耿、骁勇善战的大将不用，至今想来，依然令人扼腕。

如果说，因为听信谣言，对钟离昧产生疑心多少还情有可原的话，那么，对于亚父范增的怀疑就显得项羽不仅是生性多疑，而且是近乎弱智了。

原来，除了造谣，刘邦又让人演戏，有一天，项羽派使者到刘邦营中，陈平让侍者准备好十分精美的餐具，端进使者房间。使者刚一进屋，就被请到上座，陈平再三问起范增的起居近况，大赞范增，并附耳低声问："亚父范增有什么吩咐？"

使者不解地问道："我们是霸王派来的，不是亚父派来的。"

陈平一听，故作吃惊地说："我们以为是亚父派来的人呢！"随后，他便叫几名小卒撤去上等酒席，然后把使者领至另一间简陋客房，改用粗茶淡饭招待。陈平则满脸不高兴，拂袖而去。

使者没想到会受此羞辱，大为气愤，于是回到楚营后，便把以上这些情形一五一十地都告诉了项羽。

按说对这样的桥段，即使其他所有人都信以为真，项羽也绝不会相信，因为，只要稍微有一点头脑，项羽就应该敏感地认识到，这是有人在故意离间他和自己的亚父范增，而且，"木偶不会自己挑，幕后定有牵线人"，显而，这一离间计的总策划与总导演就是汉王刘邦。

究其原因，道理其实很简单，因为，项羽的使者出使到刘邦营中，如果范增真的是已暗中勾结刘邦，成了刘邦的奸细的话，那么陈平绝对不会那么露骨地一再说到范增，而一定会绝口不提范增。要知道这样做无异于公开出卖范增，暴露范增"叛徒"的身份。以刘邦和陈平的精明与诡诈，他们怎么会做出这种近乎脑残的事情呢？所以，唯一的可能就是刘邦与陈平都在演戏，而且这戏也演得太假了，以致明眼人几乎一看便知。

可是，对刘邦、陈平演的这种明眼人一看便知的小把戏，项羽却完全信以为真，竟然真的对亚父范增开始怀疑起来，从此对范增一反常态，对范增的计策拒不采纳，致使范增负气而走，离他而去。

表面看来，钟离眛也好，范增也罢，其实都是陈平所施离间计的受害者，但追根溯源，究其实，他们都是项羽那种过于多疑性格的牺牲品。

对于项羽在用人方面的致命缺陷，他的冤家对头刘邦可谓看得非常清楚。西汉建立后，刘邦有次在洛阳南宫设宴招待群臣，酒酣耳热，他问大家："吾所以有天下者何？项羽之所以失天下者何？"

大臣高起、王陵回答说："项羽妒贤嫉能，有功者害之，贤者疑之，战胜而不予人功，得利而不予人利，此所以失天下也。"

刘邦点点头，又摇摇头，神色中未免有些得意地说："公知其一，未知其二。夫运筹帷帐之中，决胜千里之外，吾不如子房；镇国家，扶百姓，给馈饷，不绝粮道，吾不如萧何；连百万之军，战必胜，攻必取，吾不如韩信。此三者，皆人杰也。吾能用之，此吾所以取天下也。项羽有一范增而不能用，此其所以为我擒也。"

是的，得人才者得天下，自古以来，历史就是这样无情而又有情，从来不会毫无根据地做出错误的选择。

项羽，一位失败的英雄

汉王五年（公元前202年），曾经叱咤风云、所向披靡的盖世英雄项羽走上了绝路。这一年的十二月，他被韩信围困于垓下（今安徽灵璧境内），后突围至乌江（今安徽和县境内），因自感无颜见江东父老，不肯渡江，遂拔剑自刎。

也不知是历史的实录，还是后人的传说，抑或是身为历史学家的司马迁在记载这段历史时自己也情不自禁，发挥了诗人的想象和小说家虚构杜撰的才能，总之，我们看《史记·项羽本纪》中关于楚霸王项羽四面楚歌与美人虞姬生离死别的情景，特别煽情，特别具有悲剧的色彩，且看：

项王军壁垓下，兵少食尽，汉军及诸侯兵围之数重。夜闻汉军四面皆楚歌，项王乃大惊曰："汉皆已得楚乎？是何楚人之多也？"项王则夜起，饮帐中。

有美人名虞，常幸从；骏马名骓，常骑之。于是项王乃悲歌慷慨，自为诗曰：

"力拔山兮气盖世，时不利兮骓不逝。骓不逝兮可奈何，虞兮虞兮奈若何！"

歌数阕，美人和之。项王泣数行下，左右皆泣，莫能仰视。

这是怎样一种忠贞不渝、生死相依的爱情？又是怎样一种生离死别、令人肝肠欲断的场景？英雄气短，美人薄命，呜呼哀哉！长歌当哭。这一悲壮惨痛感天动地的悲剧无论从哪个方面来说都丝毫不亚于古希腊任何一部悲剧。

据史书记载，遭遇垓下兵败，夜闻四面楚歌，以前从未打过败仗的项羽忽然有一种英雄末路大势已去之感，于是便有了霸王别姬这一感天动地之情节，面对与自己朝夕相伴生死与共的美人虞姬，一向性格刚烈的项羽忽然情绪失控，竟然悲歌慷慨，自为诗曰："力拔山兮气盖世，时不利兮骓不逝。骓不逝兮可奈何，虞兮虞兮奈若何？"

歌词苍凉悲壮，情思缠绵悱恻，史称《垓下歌》。

说来也真是"男儿有泪不轻弹，只因未到伤心处"，唱着唱着，想不到项羽这位身高一米九以上的汉子竟也忽然大放悲声。这位叱咤风云的人物，此时此刻，竟也禁不住发出儿女情长、英雄气短的哀叹。

这种时刻，美人虞姬自然也珠泪涟涟，花容失色，当项羽悲歌慷慨时，她也怆然拔剑起舞，并以歌和之："汉兵已略地，四方楚歌声；大王意气尽，贱妾何聊生。"歌声如泣如诉，哀感顽艳，史称《复垓下歌》或《和垓下歌》。

歌罢，为断项羽后顾之私情，激励项羽拼死突围之斗志，这位才貌双全善解人意但却天可怜见苦命异常的旷世美女用一把早已藏在宽衣长袖中的短剑朝自己的脖子上轻轻一抹，而香消玉殒。

不知是这一历史场景本身太悲壮了，还是司马迁的神来之笔将其描写得太感人了，抑或还是兼而有之，千百年来，后人一直对霸王别姬这一段历史津津乐道，感慨唏嘘，特别是一些女性读者，更是被项羽身上所散发出的这种爱情至上的精神感动得一塌糊涂，悲不自胜，由此对这位重情重义的豪杰之士更是平添了几许崇拜，无限同情。

的确，无论是在为人上还是在爱情上，项羽都堪称是一位品德高尚的君子，他讲义气，重感情，特别是在爱情方面，他虽然是一位大男子，但却从不大男子主义，他与虞姬的那种生死不渝的爱情故事即使是比电影《泰坦尼克号》中的男女主人公的表现也要感人许多，悲壮许多。

而且，更为可贵也令历代女性称颂的是，在爱情方面，项羽重情却不滥情，更不好色，虽然，像他这样的高富帅，像他这样打过许多胜仗的年轻少帅、西楚霸王，要想占有更多的女性，即便是三妻六妾，乃至纵情声色，渔色猎艳，都绝对不成问题。

可是，在个人私生活方面，从史书上看，项羽都几乎无懈可击，除了一直深爱着他的知心爱人虞姬，他竟然没有半点绯闻，无论是《史记》还是《汉书》，从中都找不出一丝项羽玩弄糟践女性的记录。平心而论，在那样一个乱世，对于像项羽这样一种身份的人来说，这真的是很难能可贵的。

俗话说，自古英雄爱美人，古往今来，几乎所有的英雄或所谓的伟人都或多或少有着好色之癖。"窈窕淑女，君子好逑"，这属于人之常情。对此，就连孔子也承认："饮食男女，人之大欲存焉。"意思是说，只要是人，一般都会好吃与好色，这是人生来就有的习性。

因而，像项羽这样一生挚爱唯虞姬，而且爱情竟然能够始终那样炙热，那样纯净，真的可以说是世所罕见，绝无仅有。在爱情方面，项羽也真的完全可以称得上是古今罕见的"珍稀动物"。

当然，楚汉相争，刘邦之所以能够最后胜出，当然有他的长处，有他的强项，但是，倘若仅就爱情而论，与项羽相比，刘邦真的会相形见绌，自惭形秽。

诚如我们所知道的，刘邦从小就是小混混一个，长大以后就更是一个老江湖。在爱情方面，如果说项羽是重情而不好色的话，那么，他却正好相反，是好色而不重情。

仅此可见，刘邦其实在内心中是多么狠毒，多么无情。

从某种意义上说，《项羽本纪》是《史记》中写的最精彩的篇章，特别是描写垓下之战部分，就更是精彩绝伦，用鲁迅先生的话说，完全称得上是"史家之绝唱，无韵之《离骚》"。司马迁用他那如椽传神之笔简直把项羽的英雄形象刻画得栩栩如生，入木三分。

如果说，霸王别姬是司马迁所描写的古往今来最为凄美也最为感人的爱情场景的话，那么，乌江自刎则无疑是迄今为止最为悲壮令人震撼堪称前无古人后无来者的"自杀实录"。

据司马迁记载，霸王别姬后，项羽含悲忍泪埋葬了先他而去的虞姬，然后带着手下八百壮士于夜半时分突围。说来，项羽的运气实在是太差了，等他突围到阴陵（今安徽定远西北），没想到却突然迷了路，无奈，只好去问一个正在种地的农夫。那农夫也不知是有意还是无意，竟然指错了路，结果使项羽及随从陷于一片大泽中，于是便只好原路返回，与刘邦的追兵又一次遭遇。所以，从这个意义上说，也真的如项羽所说："此天亡我也！"

与刘邦的追兵遭遇上后，不用说，双方又是一场恶战，渐渐，项羽的八百壮士死伤殆尽，而英勇善战的项羽也多处负伤，但好歹总算边战边退，最后来到了乌江边。司马迁的文章说："于是项王乃欲东渡乌江。乌江亭长檥船待，谓项王曰：'江东虽小，地方千里，众数十万人，亦足王也。愿大王急渡。今独臣有船，汉军至，无以渡。'项王笑曰：'天之亡我，我何渡为？且籍与江东子弟八千人渡江而西，今无一人还；纵江东父兄怜而王我，我何面目见之？纵彼不言，籍独不愧于心乎？'乃谓亭长曰：'吾知公长者。吾骑此马五岁，所当无敌，尝一日行千里，不忍杀之，以赐公。'"

由此可见，项羽虽然兵败垓下，但突围逃到乌江，有乌江亭长相助，也可以说是"天助羽也"，应该说项羽的运气也还算不坏，这种时候，只要他乘上乌江亭长的船渡江南下，完全有可能大难不死，死里逃生。

可是此时间，项羽那贵族气的迂腐竟又一次表现出来了，这种时候，他竟忽然不想渡江逃生，在生与死的选择中竟然毫不犹豫地选择了死亡。而之所以会选择死亡，不愿渡江，项羽的理由竟然是因为"无颜见江东父老"！

不妨想象一下，如果当时换成刘邦，恐怕他早就乘上乌江亭长的船而渡江逃命了。只要能够活命，老脸皮厚的他才不会管是否有愧于心呢！

应该说，这无疑是项羽与刘邦的性格差异之所在。

当然，倘若从世俗的角度来看，项羽的英雄气中，明显有着一股挥之不去的迂腐味。中国古代历史上，但凡像他这样有英雄气的人在现实世界里往往显得很傻，很吃亏，很悲情。而像刘邦这样的流氓气中，虽然始终有着一股驱之不散的势利味，一股市侩气，但在世俗社会里却往往显得很实惠，很受用，几乎占尽了便宜。

两相比较，这也许就是刘邦之所以能够成功而项羽之所以会走向失败的症结所在。

说来真的很有意思，每当人们在评价历史人物时，多半总喜欢"成则英雄败者寇"，可是，在看待和评价项羽时却似乎开了一个特例，尽管是一个失败者，但从司马迁开始，人们却都几乎一直把项羽看成一个英雄，一个虽败犹荣的英雄。

的确，在后代有关论述项羽感怀这一段历史的诗词文章以及戏曲小说中，几乎都把项羽描述成了一个失败的英雄。对于这样一个"失败的英雄"，人们不仅表现出了对他的同情，对他的思念与惋惜，而且，甚至还表达出了对他的崇拜与赞美。

最典型的例子就是李清照。

李清照是北宋末南宋初的著名女词人。北宋末年，徽钦二帝被金人所虏，北宋灭亡，她和夫君赵明诚跟在"逃跑皇帝"宋高宗赵构后面也一路南下逃难。因为其夫赵明诚在任江宁知府时临阵脱逃，被朝廷革职，李清照深感耻辱，所以，在赵明诚又被重新起用去江西湖州赴任时，夫妻俩从江宁出发，沿长江逆流而上。当船行到乌江也就是当年项羽兵败自刎的地方，李清照一时心潮澎湃，感慨万端，于是便即兴口占了那首有名的五言绝句《夏日绝句》：

> 生当作人杰，死亦为鬼雄。
>
> 至今思项羽，不肯过江东。

短短一首绝句不仅把个悲剧人物项羽的形象塑造得崇高而又伟大，同时也把项羽兵败乌江自刎而死渲染烘托得凄美而又悲壮，不仅使项羽宁死不屈的英雄形象跃然纸上，而且也使项羽的死具有了一种无与伦比的悲剧之美。

可以说，项羽这位失败的英雄的高大形象有一大半是经由司马迁的生花妙笔所成功塑造出来的，而在很大程度上，李清照的《夏日绝句》对项羽的高大英雄形象无疑也增色不少。

此外，像李白、杜牧、王安石、陆游、曹雪芹、蒲松龄等历代许多著名的大诗人、大文豪也都纷纷赋诗填词，以此来纪念项羽，评说他一生的是非功过，至于现当代描写反映他的小说和戏剧就更是不胜枚举，倘若要将它们汇编成册，那一定会是厚厚的几十卷甚至上百卷本。

说来，也真的是所谓"文人从来不可轻"，文字的力量是最为强大最为持久的。历史上，那些好的诗文也真的就像曹丕所说确确实实是"经国之大业，不朽之盛事"，像杜甫所说"尔曹身与名俱灭，不废江河万古流"，人世间，荣华也好，富贵也罢，几乎都是过眼烟云，转瞬即逝，只有那些美丽的诗文能够藏之深山，流传千古，辉映闪耀出人性不朽的思想的光辉。

不用说，像《史记·项羽本纪》和《夏日绝句》等便是这样流传千古的美丽诗文。

　　显然，正是由于司马迁和李清照这些文章大家和著名诗人的树碑立传，史不绝书，才使项羽这位失败的英雄在"乌江礼赞"中获得了永生，才使项羽的故事至今家喻户晓，同时，也才使人们至今还在思念这位失败的英雄，并情不自禁地在内心中崇敬和赞美他当年那种不肯忍辱偷生、宁死也不愿逃回江东即使到死也怒发冲冠壮怀激烈的英雄气概。

　　项羽，一位失败的英雄，能够得到后人尤其是后代文人如此的偏爱与褒赏，这在中国历史上实在是殊为难得也极为罕见的。

有道是：没有随随便便的成功。古今中外，但凡那些成就大事业者，他们的成功都绝对不是偶然的。就拿汉高祖刘邦来说，他之所以能够从一个草根到最后犹如奇迹般地发迹成一个御宇天下的开国皇帝，这其中固然有许多运气的成分，但在很大程度上，应该说与他自身的性格有着非常大的关系。

所以，假如要问刘邦的成功有什么秘籍？那么，他的成功秘籍就在于他的性格。正所谓：性格决定命运。的确，从史书上看，刘邦之所以能够在群雄逐鹿中笑傲群雄，问鼎江山，其最大的秘籍就在于他的那种多元而又复杂的性格，或者，换句话说，是性格成就了他的大汉帝业。

刘邦原是"小混混"

有人说，经历就是财富，而且是人生中最可宝贵也最为特殊的财富，特别是年少时的经历，更是人生不可多得的财富。我们看无论是刘邦也好，还是明朝的开国皇帝朱元璋也好，抑或还是清太祖努尔哈赤也好，他们之所以后来能够开基肇始，奠基帝业，在很大程度上与他们早年的特殊经历有关。

诚如我们所知道的，刘邦早年原本不叫刘邦，叫刘季，就像明朝的开国皇帝朱元璋早年原本不叫朱元璋，而叫朱重八一样。而之所以名叫刘季，乃是因为在我国古代，兄弟排行的次序乃是以孟（伯）、仲、叔、季从大到小排列，其中，"孟（伯）"为最长，"季"为最幼，所以，虽然刘邦在家中兄弟间排行老三，但由于最小，因而不叫刘叔，而叫刘季。

关于刘邦的出生年月，史家注说不一，据《集解》引晋人皇甫谧之说："高祖刘邦以秦昭王五十一年生，卒至汉十二年，年六十三。"清代学者杭世骏根据皇甫谧所说的生卒年月，校正刘邦终年为 62 岁。若依皇甫谧之说，刘邦当生于秦始皇即位前

10 年，即公元前 256 年，也即周郝王五十九年。另一说据《汉书》唐代史家颜师古《注》引晋人臣瓚曰："（高）帝年四十二即位，即位十二年，寿五十三。"若依此说，则刘邦应当生于秦庄襄王三年，也就是秦始皇即位前一年，即公元前 247 年。

但现在一般都取前说，也即认为刘邦生于公元前 256 年。

如果真是这样的话，那么，刘邦应该只比秦始皇嬴政小 3 岁。而且，很有意思的是，如果按出生地来说的话，出生于赵国首都邯郸的秦始皇嬴政应该说是赵国人，而出生于楚国沛郡丰邑县中阳里（今江苏丰县）的刘邦则无疑是楚国人，严格说来，两人都不是秦国人。只是在公元前 221 年，秦始皇统一中国建立大秦帝国后，时年已经 36 岁的刘邦才成了秦国人。

与朱元璋一样，刘邦也出生于一个彻头彻尾的贫苦农民家庭，而不像"高富帅"项羽那样出生于楚国贵族。就因为出生寒微，所以，在那样一个通常只有贵族才不但有名还会有字的门阀时代，刘邦一家，无论是他的父母还是他的兄弟，当初竟然都没有一人有一个像模像样正儿八经的名字。只是到后来，在他当上一个小小的亭长，好歹也算是个有了些社会地位的人之后，人们才算多少有些爱屋及乌地尊称他的父亲为刘太公，管他的母亲叫刘媪，大约也就相当于现在的"刘老伯""刘伯母"这样的称呼。而在他未当亭长之前，人们则多半不大恭敬乃至很是有些轻蔑地喊他的父母为"刘老头""刘老妇"，而称呼刘邦，则很有可能只是叫他"刘老三"或是"小三子"，甚至有人可能称呼他为"三狗子""小混混"也说不定。

由此可见，古往今来，称呼真的是一门很深的学问，这里面有人情，有世故，有尊卑，有爱憎。可千万别小看这小小的称呼，一个人混得好坏，贵贱贫富，往往仅只是从别人对他的称呼中便可见出分晓。

老实说，年少时的刘邦委实混得很不咋样，因为是穷人家的孩子，真正是出身卑微，生如草芥，活得根本就没什么价值。不过，也许就因为是父母的老儿子吧，"爹娘疼爱老幺儿"，所以，刘邦比他的两个哥哥和姐姐显然要幸运得多，尽管家境贫寒，但他的父母还是节衣缩食，尽力把他送到一所私塾去上学读书，这就使他有幸成了家里唯一的读书人。

但事实证明，麻包做裙子，刘邦根本不是读书的料。每逢先生教他背书，他就头疼。因此，虽然勉强算是读了好几年书，但他的学习成绩实在是很差劲，倒是调皮捣蛋很是在行，无师自通，经常逃学旷课，在外面和一帮狐朋狗友一起偷鸡摸狗，打架斗殴，常年过着一种游手好闲、快乐逍遥的日子。

既然读书不行，那就回家种田吧，千百年来，许多农村孩子的一生就是这么度过的。可是，年少时的刘邦，既不想读书，也不想种田，用司马迁的话说就是："不事家人生产作业"，怎么也不愿像自己的父母和兄长那样一辈子面朝黄土背朝天，一年四季长年累月都在那几亩地里起早摸黑地忙死忙活。所以，失学后的刘邦依然还是整天游手好闲，到处鬼混，既没有个正式职业，又不愿在家里老老实实种地务农。

因此，在乡邻们的眼里，其整个人简直就是文不像秀才武不像丁，完全就是个不务正业的混混懒汉。

有这样几件事足以证明，年少时的刘邦给人看起来也真的就是个小混混、浪荡子。

据《史记·韩信卢绾列传》记载："高祖为布衣时，有吏事辟匿，卢绾常随出入上下。"这段话的意思是说，刘邦早年因为打架斗殴犯了法，官府要抓他法办，吓得他四处躲藏，不敢回家。有一个名叫卢绾的村里伙伴这种时候却几乎形影不离地跟着他，保护他，甘愿当他的小马仔，为他通风报信。你看，打架都打到官府要抓他了，可见，刘邦年轻时绝对不是个省油的灯。

还有一次，相传刘邦和几个狐朋狗友因为嘴馋，偷了村东一户人家的几只鸡吃了，结果不想被那家人发现了。那家男人到没怎样，可这家女人却不依不饶，一路哭哭啼啼地跑到刘邦父亲那儿叉着腰又是告状，又是哭闹，把个刘邦家的祖宗八代都骂遍了。无奈，刘邦父亲只好赔罪道歉，并很是心疼地把自家几只鸡逮住赔给人家才算了事。

几天后，刘邦回到家里，以为自己偷鸡的事神不知鬼不觉，所以当时跨进家门时还小哼小唱，快活的很。没想到，他老爹一见到他就破口大骂说："你这个狗野种，真是个无赖，你偷了人家的鸡怎么还好意思回来？"

一听这话，刘邦就知道事情已经败露了，所以，任凭父亲怎么咬牙切齿地骂他，他也不回嘴，既不狡辩，更不顶撞，只是咧着大嘴嬉笑着任由父亲去骂。

坊间有一句笑话，说男人要想追到漂亮的女人，就要胆大皮厚不要脸。

不用说，刘邦就是这样的人，典型的胆大皮厚不要脸。

而从某种意义上说，这应该说是刘邦的一大优点，胆大皮厚不要脸，无疑是他日后能够成功的秘籍之一。

的确，从史书上看，刘邦这人天生好脾气，为人有涵养，遇事不急不躁，能听得了别人的气话和怨言，绝对不像秦始皇嬴政以及楚霸王项羽那样听不了别人的批评，一听到别人的责难就会暴跳如雷，勃然大怒。

那天刘老伯把刘邦骂得狗血喷头，不仅说他简直就是一个无赖，而且还拿他与他的两个哥哥相比，说就他这好逸恶劳偷鸡摸狗的德行，将来根本成不了器，绝对混不过刘孟和刘仲。

表面上看，刘邦当时没有任何反应，甚至，在父亲说这些话时，他还不住地点头，且脸上竟露出一种若有似无的微笑。但后来的事实证明，对父亲的这番话刘邦一直耿耿于怀，很不服气，以致后来打下江山，在一次庆功会上，他当着群臣的面故意问他父亲说："您看，我和两个哥哥比起来，谁挣的产业多啊？"

即使两千多年过后，在今天，我们还依然能够想象得出当时刘邦在说这些话时那种扬眉吐气近乎小人得志的嘴脸与神情。

当然，偷鸡摸狗打架斗殴的事情毕竟只是少数，更多的时候，小混混刘季做得最多的事情就是与一帮称兄道弟的哥们在一起喝酒，还有就是喜欢女色，用现在的话说就是"白天围着酒桌转，晚上围着女人转"。

所以，年轻时的刘邦，小日子过得倒也非常滋润。

古话说，男人有四害：酒色财气。所谓酒，就是说男人多半嘴馋，喜欢喝酒好吃，容易酒醉误事；所谓色，当然是说男人好色，英雄本色，往往纵欲伤身，招来红颜之祸；所谓财，就是说男人天生贪财，唯利是图，从商易成奸商，入仕易成贪官，结果往往"人为财死，鸟为食亡"；至于气，则是说男人多半死要面子，往往喜欢争强好胜，负气任性，结果不仅容易急躁易怒，气大伤身，而且也容易四面树敌，祸及自身。

很显然，在"酒色财气"四害方面，《史记》说刘邦"仁而爱人，喜施，意豁如也"。也就是说刘邦天生一副好脾气，而且喜欢乐善好施，仗义疏财，从不小气，因而在"财"和"气"方面当然没有什么太大的缺点。然而，在"酒色"方面，《史记》却说他"好酒及色"，对酒和女人非常感兴趣。

据史书记载，刘邦这人很喜欢参加饭局，有事没事总喜欢与一帮哥们儿在一起推杯换盏，喝点小酒。早年因为没有当官，不能用公款吃喝，于是便只好自掏腰包，轮流做东。弟兄们在一起经常是今天你请客，明天我做东，这样一来，虽不能说是"革命的小酒天天醉", 但也能够确保"朋友的小酒经常喝"。

要说刘邦这人早年虽然穷, 但他却并不小气, 甚至可以说还相当大方, 很有江湖义气。虽然经常与一帮朋友在一起喝酒吃饭, 但他却很少占人家的便宜, 而是经常自己做东, 请人家吃饭。

刘邦请客吃饭没问题, 但问题是, 他这人好吃懒做, 平时不劳动生产, 到三十多岁了还几乎一分钱不挣, 靠家里人养活。所以, 从某种意义上说, 他请客就等于是他家里人买单。

于是, 刚开始, 刘邦请客, 把一帮狐朋狗友带到家里, 请个一两次三四次客, 家里人还能忍受, 热情相待, 可是等到后来, 刘邦几乎请个没完时, 家里人自然就不高兴了。

其中, 最不高兴的自然是刘邦的大嫂子。她觉得刘邦自己不挣钱还老是请人家到自己家来胡吃海喝, 实在是太不自觉也太不像话了, 于是有一天就存心让刘邦和他的一帮朋友狠狠吃了一次闭门羹。

说是有一次, 他的大嫂烧好饭, 一家人正要准备吃饭, 忽然, 刘邦带着好几个朋友嘻嘻哈哈地跑到家里来吃饭。大嫂想这小叔子真不自觉, 怎么老是带人回家吃饭呢? 于是, 一见到刘邦带着朋友上门, 她便眉头一皱, 计上心来, 急忙跑到厨房里, 用个锅铲叮叮当当地拼命刮锅, 一边刮还一边自言自语地说: "哎呀, 都怪我, 今天把饭烧少了, 不够吃了!"

刘邦一听家里饭吃完了, 于是便赶忙饥肠辘辘地带着客人到外面去找饭吃。

等过了几天, 刘邦又请人来家吃饭。这时候, 他的大嫂子自然又如法炮制, 想要小聪明糊弄刘邦。看到刘邦带着客人进了家门, 她便又去厨房里演戏, 一边哐当哐当地刮锅, 一边又大声地自怨自艾地说: "哎呀, 我这人怎么搞的? 怎么又把饭烧少了, 没有饭了!"而实际上, 她烧好的饭菜正在锅里捂着, 还香着呐!

要说刘邦是多么聪明的一个人, 第一次大嫂子玩这种小把戏, 他没有多想, 结果信以为真, 被她骗了, 没想到第二次他大嫂还玩这种小把戏骗他, 刘邦一下子就明白了过来, 于是他且信且疑地跑到厨房里一看, 自然什么都清楚了。

大嫂一看刘邦识破了她的骗局, 以为自己的小叔子小混混一个, 这时候肯定要发火, 找她吵架, 可是, 令她想不到的是, 刘邦一句话也没说便快步走出厨房, 跑去笑着对他的朋友们说："真不巧，家里饭吃完了，咱哥们几个到外面去吃吧。"然后头也不回，嘻嘻哈哈若无其事地带着几个狐朋狗友走了。

这以后，刘邦见到大嫂还如往常一样，并不显得生气，如此一来，反倒使他的大嫂心里着实过意不去，觉得自己这事做的确实有些过分了。

然而，刘邦虽然表面不生气，并不意味着他内心真的不生气，而是"君子报仇，十年不晚"。据《史记·楚元王世家》记载：刘邦称帝后把自己的弟弟、侄子都封了王，唯独不封他已死的大哥刘伯的儿子。家里人都看不过去，于是就托已被封为太上皇的刘老爹去跟刘邦说情。事到如今，刘邦才实话实说，在回忆了以前这段令他很不愉快的陈年旧事后直言不讳地说："我不是忘记封我这个侄子，而是恨他的母亲，想当年她老是在我的朋友面前出我的洋相，让我很没面子，如今我才不愿封她的儿子！"

就因此，尽管由太上皇为孙子说情，刘邦还是未能尽释前嫌，结果只是封他大哥的儿子刘信为侯，而始终没有封王。

由此可见，刘邦这人虽然表面上大大咧咧，从不感情冲动，意气用事，但他也会记仇，秋后算账，即便是家里人也概莫能外。

既然不能在家吃饭，那就到外面喝酒吧，这以后，刘邦便"常从王媪、武负贳酒"，把王媪、武负开办的小酒店当成了自己的定点饭店。因为囊中羞涩，孔方兄不给力，所以他便经常赊账，给王媪、武负打了许多白条。不仅喝酒老欠账不还，而且，刘邦还几乎一喝酒就醉，醉了便躺在酒店里呼呼大睡。

要说刘邦当年真的是小混混一个，他除了经常喝的烂醉如泥，再就是赌博赢了钱后便今天东村明天西乡地去嫖那些不三不四的烂女人。所以，虽然光棍一个，竟然到了三十多岁还没结婚成家，但刘邦却还有一个相好的，叫曹氏。从种种情形推测，曹氏可以说是刘邦一直未过门的媳妇，至少可以说是在未娶吕雉之前与他经常在一起。她还为刘邦生了一个儿子，这个儿子就是刘邦的大儿子，取名刘肥。后来刘邦当了皇帝，刘肥被立为齐王。

假如日子就这么平铺直叙不咸不淡地一路过下去的话，那么，刘邦的一生也将会像他的父母，像天下许许多多难以数计的百姓那样平淡无奇，老死丘壑。而且，假若就这么一直游手好闲、吃喝嫖赌地过下去的话，那么，刘邦的晚境肯定会孤苦无依，非常凄凉。

然而，就在他到了而立之年之后，有一件看似很小的事情却忽然一下子改变了他的一生。

不用说，这件事便是刘邦娶妻：想不到一个老光棍人到中年后竟然会走桃花运，而且还竟然娶到了一个富人家的小姐，一个比自己小了十五岁的青春美少女，说来也真的是一个奇迹。

命运的赌徒

从某种意义上说，人生有时就像是一场赌博。通常，一些老实本分、谨小慎微、安分守己的人的命运多半都会索然寡味，平淡无奇，就像一潭死水那样掀不起任何大的波澜。可是，对于那些喜欢冒险惯于投机的赌徒来说，他们的人生显然就会曲折离奇乃至五彩斑斓得多。这也正像坊间老百姓所说的胆大赢钱。

如此说来，有时候，对于一些人来说，人生还真的需要敢冒风险，只有这样，才有可能绝地反击，在"山重水复疑无路"的绝望中，才会有可能"柳暗花明又一村"，由此峰回路转，突然出现翻盘的机会。

不用说，刘邦就是这样一个命运的赌徒，经常喜欢自觉不自觉地拿自己的人生乃至性命去赌博，去冒险。

从某种意义上说，刘邦的第一次命运的赌博，应该说是参加那次著名的宴会。显然，正是这样一次人生的赌博，竟然使他的人生出现了奇迹，并由此出现了一个很大的拐点。

事情的大致经过是这样的，那年，吕雉的父亲吕文为避仇家举家从单父迁徙到了沛县。吕文是一位腰缠万贯财大气粗的富翁，在社会上很有威望，因而几乎所有的人都尊称他为吕公。

却说吕公这么一个有钱人，之所以不去其他地方，而独独移民到沛县，乃是因为当时沛县的县令是他的老朋友。也正因此，为了表示对吕公这位很有名望的富商大腕到沛县投资经商表示欢迎，同时，当然也是为了借机敛财，沛县县令便为自己的这位好朋友举办了一场盛大的欢迎宴会。

有道是："贫在闹市无人问，富在深山有远亲"，一看县令对吕公如此厚待，关系非同一般，宴会那天，全县几乎所有有头脸的地方豪绅与大小官吏都趋之若鹜，纷纷主动前来为原本素昧平生的吕公贺喜。

没想到一下子会来这么多贺喜的人，原先预订的宴席席位自然远远不够，所以负责张罗这次宴会的沛县主吏萧何便临时作出规定，并当场宣布道：凡贺礼少于一千钱的来宾一律没有座席，不入嘉宾席，只能在大厅里站着吃饭。

打一个比方，这就像举办一台唱歌比赛，凡是交一千元钱以上的报名者都能参加独唱，这样好歹有个在电视上单独露脸的机会，而报名费少于一千元钱，则只能参加大合唱比赛，到时候在电视上那么多人挤在一起，连半个脸也露不到。

这就委实太亏了！

所以，当时一合计，一些手头紧或是小气的人因为贺礼少于一千钱，便都到大厅里吃"自助餐"，既没有人招呼，更没有人作陪；而那些身份高贵、手头阔绰且又出手大方、贺礼超过一千钱的客人便被请到包厢，与沛县县令及吕公坐在一起，心里自然美滋滋的，感觉自己很有面子。

按说，那天的宴会真的没有刘邦什么事。一个农村小混混，既无职也无权，他来不来别人绝对不会在乎，更不会计较。而且，即便是他来了，就他这样一个小人物，别人自然也不会有兴趣注意到他。

可是，没想到那天刘邦竟也来凑这个热闹，而且，更让人想不到的是，他竟然还是一个善于炒作自己的高手，竟然出奇制胜，一下子成了那天宴会上最大的明星。

原来，那天刘邦虽然不请自来，准备参加这个宴会，但是，囊空如洗的他却"实不持一钱"，真正是身无分文。如果按照萧何的规定，他甭说不能入嘉宾席喝酒，就是在大堂中站着随便吃顿饭都不行。

说来，刘邦还真是个混世之人，胆大皮厚不要脸。若是一般人，因为身无分文，无钱送贺礼，因为害怕在那丢人现眼，多半早就一走了之了。可是，要说刘邦就是刘邦，这种时候囊空如洗的他非但不自惭形秽，溜之大吉，反而脸不红心不跳地跑到正在那儿收贺礼的萧何的账桌面前，一把抢过他的笔，自己在那贺礼账单上歪歪扭扭地写下几个大字，同时还一边煞有介事大言不惭地大声说道："刘季，贺万钱——！"且把声音故意拖得很长，仿佛生怕别人听不到似的。写罢，他很潇洒地把笔一掷，却又分文贺礼没交，便昂着头径直走进"包厢"，一屁股席地坐到贵宾席上。

在今天看来，刘邦的这种不按常理出牌的贺礼行径完全就是一次人生的赌博，而且是一次风险很大、赢面很小的赌博。因为，仔细想想，他的不出一钱却谎称"贺万钱"完全就是一场自欺欺人的恶作剧，一次没事找事的瞎胡闹，或者，更严重地说，干脆就是一种骗子行径，若是被人戳穿了，真相大白，不仅会使他非常难堪，而且还会被人当成一桩笑柄，从此在整个沛县上下一传十十传百地被人传遍。

如此一来，刘邦就会声名狼藉，被人耻笑，也许一辈子都会抬不起头。

所以，这样的恶作剧，一般正人君子是根本不会做的，甚至连想也压根都不会这样去想。

是啊，一般正儿八经的人，哪会这么没皮没脸，做出这种缺德无耻的事啊？

不过，话又说回来，像刘邦这种性格的人，干什么事都很主动，从不逆来顺受，更不会坐以待毙。如果说他的命运就像是一只辘轳的话，那么，那命运的井绳却始终都紧握在他自己的手里，而绝不会任由别人去掌握和操控。

这，无疑也是刘邦一生的成功秘籍之一。

从某种意义上说，刘邦这人这辈子的运气真好，关键时刻总能逢凶化吉。不说别的，就说这次的贺礼一事吧，他虽然与主人开了次玩笑，玩了个"空手道"，连蒙带骗地竟然做出这种事来，若是那天换成其他主人，在知道了事情的真相后，肯定会气得要死，对他的这种很不诚信的流氓无赖行径深恶痛绝，鄙夷不屑。可是，没想到见多识广、阅人无数的吕公却慧眼独具，竟然对流氓无赖气十足的刘邦极为欣赏。这真的是很出乎几乎所有人的意料。

仅此可见，这吕公也显然是位与众不同的奇人。

很显然，对刘邦"贺万钱"的骗局，行走江湖多年的吕公自然心知肚明，一看便知，可是，从始至终，他却并不戳穿刘邦，免得让他难堪，不仅不去戳穿，而且还对刘邦热情款待，赏识有加，倒好像事先故意与刘邦串通好了似的要演这场戏。

之所以会这样，按照司马迁在《史记》中的说法，原来吕公不仅见多识广，而且善于看相，在他见到刘邦第一眼时，善于看相的他便觉得刘邦这人面阔肩宽，肥头巨耳，相貌不凡，而且龙行虎步，言行举止间总有一股不怒自威的霸气，因而觉得刘邦绝对是一个做大事的人，将来一定能够出人头地，成就大业。

也正因此，尽管明知刘邦未出一钱却谎称"贺万钱"，而且还很不谦虚地一屁股坐到最尊贵的嘉宾席位上，但吕公却毫不生气，宴会上还对刘邦热情款待，将之奉为上宾，而且酒宴过后，竟然还特地把刘邦单独留了下来，开门见山非常坦诚地对刘邦说："老夫阅人无数，喜欢看相。这些年来也不知看过多少人的相，但从没见过像你这样如此富贵之相，君当好自为之，把握机遇。"然后，吕公话锋一转，直奔主题道："我有一女，待嫁闺中，把她嫁给你做个洒水扫地的小妾，不知你可否愿意？"

一听这话，刘邦喜出望外，赶紧答应下来，且心里恨不得立即就抱得美人归，然后进入洞房，行那云雨之事。

当时的刘邦已经33岁，尚未婚娶，完全就是一个老光棍，而吕公的女儿吕雉还才18岁，正是青春年少、豆蔻年华的二八佳人。两人的差距何止千里？实在是很不般配。

可是，吕公却主动为自己的女儿向刘邦求婚，仅此可见，这吕公也真的是慧眼独具，不是凡人，绝对称得上是一个人间伯乐，很会识人。

不过，对于丈夫吕公私自将女儿吕雉擅自许配给老光棍刘邦的做法，吕公的妻子却很是不解，大为不满，于是在刘邦走后，她便忍不住放声大哭，且破口大骂自己的丈夫道："你以前一直说我们的女儿异于常人，当嫁给贵人，可你今天是不是脑子突然进水了？或是走路不小心脑子给驴踢了？为什么要莫名其妙将女儿嫁给那个衣食无着不走正道的二流子刘季？这不是存心把我们的女儿往火坑里推吗？"

是啊，吕雉是一个富商的女儿，且又年轻美丽，怎么说都是一个"白富美"，怎么能嫁给刘邦这样一个"小混混"，而且还是老光棍呢？吕公的妻子怎么想都想不通。

"女人家头发长见识短，你一个妇道人家知道什么？……就这么定了，这是必需的。"吕公摆摆手，一脸不屑地冲自己的妻子呵斥道。

结果，无论妻子怎样吵闹，吕公都不为所动，最后硬是把女儿吕雉嫁给了只比自己小几岁的刘邦。

就这样，那天参加宴会，刘邦不仅一分钱没出白吃了一顿盛宴大餐，而且还空手套美女，白赚了一个比自己整整小了15岁的美女做老婆。

一个农村混混，竟然能够娶到这样一个美女，说来刘邦也真是命犯桃花，艳福不浅。

而且，美女吕雉下嫁给农村老光棍刘邦后，还真像七仙女爱董永似的，不仅从县城来到农村，住到刘邦一贫如洗的家中，婚后数年竟然还一直像个农妇一样经常下田劳作，勤俭持家，并为刘邦生下一儿一女，也就是后来的孝惠帝和鲁元公主，也委实令人感慨。

试问，刘邦是什么时候当上泗水亭亭长的？按照司马迁《史记》中的说法，显然是在他娶吕雉为妻也就是在参加那次著名的宴会之前。但仔细想来，觉得这其中的顺序应该恰好相反，也即刘邦是先娶吕雉为妻，然后才当上泗水亭亭长的。

之所以做出这样的推测，乃是因为，按情理来说，如果当时刘邦真的已经是泗水亭亭长，有职有权，可以想见，就他这种德行，在其位上绝对不会是个清官。别的本事也许没有，但吃拿卡要、中饱私囊、贪污受贿的本事，刘邦无疑还是有的。所以，既然主动来参加这个有县令出席的盛大宴会，平时捞足了油水的他在这种场合出一千钱的贺礼应该说还是小菜一碟、不在话下的。

可是，据司马迁说，他却"实不持一钱"，也就是囊空如洗，身无分文，是刘邦有钱一时忘了带在身上吗？显然不会，因为，刘邦做人一向很精明，以他的精明世故他当然不会马虎到既然存心要来参加宴会而又事先不准备好贺礼的地步。实际的情形很有可能乃是他压根就没钱可带。

所以，很有可能，当时刘邦还仍旧是一个混混，并未发迹，压根没当上亭长。由于混混一个，平时不仅没有多少油水可捞，而且也几乎没有任何的收入，才会囊中羞涩，一贫如洗，连区区一千钱的贺礼也出不起。

然而，自从结识了吕公，并娶了他的女儿成了吕公的东床快婿之后，刘邦的身份和地位就和以前大不一样了。就因为自己的老泰山和沛县县令是至交，且老丈人手里又有的是银子，所以，刘邦想在沛县谋个一官半职是一点问题也没有的。由于他以前小混混一个，是个典型的社会盲流，无业游民，起点太低，故而，很有可能，县令在和吕公商量后，权衡再三，遂决定让刘邦当了个泗水亭亭长。

如此一来，因为有岳父这个靠山，刘邦便从一个无业游民一下子华丽转身，步入仕途，由此成了一名国家干部，好歹头上戴上了一顶小小的官帽。

可千万别小看这顶小小的官帽，要知道，他可是刘邦一生走向成功的拐点，是刘邦一生取得成功的一个最重要的基础。这泗水亭亭长就像是一座桥梁，正是因为这座桥梁，刘邦才能够"小卒子过河赛如车"，从此一路畅通无阻，顺利抵达成功的彼岸。

就像朱元璋基本上是靠他的"淮西帮"老乡李善长、徐达、冯国胜兄弟等打下江山建立大明王朝一样，刘邦无疑也是主要依靠他的"沛县帮"人马逐鹿中原奠定大汉王朝的。而这些"沛县帮"人马，基本上都是他当泗水亭亭长之后才结交上的。

所以，一点儿也不夸张地说，刘邦当这个泗水亭亭长非常重要，否则，他不可能结交上这批在沛县可谓有头有脸的上层人物。而且，更为重要的是，如果他不当上这个泗水亭亭长，借助这个平台在整个沛县结交豪杰，广结善缘，后来在秦末天下大乱之时，沛县豪杰志士也绝对想不到，更不会心甘情愿地主动去推举他作为本县起义的领袖。

假若真是这样的话，刘邦很可能就不会脱颖而出，成为一方农民起义军的首领。

如此一来，他的人生之路也许就会是另一种情形，而后来的西汉历史也许就会改道，就要重新改写。

由此说来，人的命运有时真的就像是一只辘轳，就因为在关键时刻有着赌徒心理的刘邦碰运气似的自己握住了自己命运的井绳，由此顺利当上了泗水亭亭长，从而使自己的人生在不经意间出现了一次重大的拐点，为自己后来的成功在无意中奠定了不可或缺的重要基础。

当然，能够当上泗水亭亭长，只能说是刘邦成功的一个基础和前提条件，而并不意味着只要当上泗水亭亭长，他日后就一定能够取得成功。

仔细想来，刘邦日后之所以能够取得成功，这其中固然有着许多运气的成分，但在很大程度上，应该说，一个最关键的因素恐怕还在于他这人特别善于处人，用现在的话说就是他这人很会经营人际关系，是个人精，而这，无疑是刘邦一生能够取得成功的最大秘籍。

一个好汉三个帮

从史书上看，刘邦的那种喜欢且善于广交朋友的江湖义气与江湖性格很显然有一半是天生的，而另一半，在很大程度上应该说是后天养成的。

从春秋时期开始，社会上便渐渐出现了一种养士之风，等到了诸侯兼并与竞争白热化的战国时代，养士便日渐成为整个上层社会竞相标榜与仿效的一种时髦风气，只要是有实力有抱负的国君、权臣，无不以尽可能多地收养门客为荣。这其中，最典型的例子像战国初期的赵襄子、魏文侯，以及后来的赵惠文王、燕昭王以及著名的"战国四公子"，还有像秦相吕不韦、燕太子丹等，他们的门下几乎都收养着数千人以上的门客。而之所以要收养这么多的门客，乃是因为通过养士的方式可以大量积聚人才，既能迅速抬高自己的政治声誉，以号召天下，又能壮大自己的政治势力，以称霸诸侯，所以上层权贵争相礼贤下士，不拘一格地网罗人才。

不过，尽管在先秦时代，整个社会养士成风，但一般养士的人都是一些社会的权贵，因为只有他们才有养士的资格与能力，至于一般人，是既没有这样的资格更没有这样的经济条件的。没有钱，拿什么去养门客啊？

可是，仔细想想，应该说刘邦却是一个例外。

相传，年轻时的刘邦特别崇拜被称为"战国四公子"之一的信陵君。众所周知，"战国四公子"指的是齐国的孟尝君、魏国的信陵君、赵国的平原君和楚国的春申君。信陵君是魏昭王的儿子，虽属于贵族阶层，但却礼贤下士，他和其门下的三千宾客之间的故事往往最能让那些出身低贱的市井人物心生憧憬，感动万分。其中，他和生活穷愁潦倒的隐士侯嬴以及屠夫朱亥之间的传奇故事就更是让人啧啧称赏，引为美谈。

因此，刘邦对信陵君崇拜得五体投地，在言行中便有意无意地模仿自己的这位偶像，虽然，他既没有信陵君的高贵身份，也没有信陵君的经济能力，但是，即便是混混一个，他也幻想着自己能够成为信陵君这样的人物，延揽英雄，广养门客。

所以，正是从这个意义上说，年轻时的刘邦很有些像西班牙著名作家塞万提斯笔下的那个错把幻想当现实的"堂吉诃德"，或者干脆说就是秦朝的堂吉诃德——尽管秦始皇统一中国后，战乱已经平定，国家已经太平，但年少时的刘邦却仍然耽于战国时代的游侠梦中，幻想成为像信陵君这样的英雄。

显然，也正是受到信陵君的影响，虽然没有能力养士，但刘邦在很小的时候就喜欢广交朋友。

熟悉刘邦历史的人都知道，他结交的第一个朋友乃是他的发小卢绾。

卢绾与刘邦是同村人，他俩虽然不是同父同母生，但却是同年同月同日生。因此，两人从小就在一起撒尿和泥玩游戏，后来又一起到马维先生的马公书院读书，成了同班同学。相传，卢绾的家境非常好，父亲是个土财主，而刘邦是个穷孩子，可是尽管这样，卢绾在刘邦面前却不仅不自视甚高，没有半点儿优越感，反而经常接济刘邦，心甘情愿地追随着刘邦，从小就是刘邦的跟屁虫，甚至在刘邦有次犯法遭到官府通缉时，他也始终对"大哥"刘邦不离不弃，整天像个狗腿子似的，帮着"通缉犯"刘邦到处东躲西藏。

刘邦当泗水亭长后，卢绾就更是鞍前马后地为刘邦效劳，经常追随其左右。他这时候的身份大约也就像是个刘邦的通讯员和秘书。从史书上看，卢绾这人很有能耐，后来在楚汉战争中，他曾官至太尉，汉朝开国后，又被封为燕王。

刘邦的第二个朋友应该说是樊哙。用今天的话说，樊哙乃是一个大老粗。此人早年以屠狗卖肉为业，也就是个在大街上卖狗肉的，和当年信陵君的门客朱亥所从事的完全是一个行当。

在今天看来，刘邦之所以会交这么一个大老粗朋友，一方面当然是由于那时刘邦自己的社会地位也很低下，一个农村小混混平时根本结交不了什么有头有脸的社会上层人物，只能和像樊哙这样的人交往；另一方面则是因为樊哙这人虎背熊腰，力大无穷，是打架的绝顶高手，平时几乎很少有人能是他的对手。

也确实，樊哙因为经常屠狗，舞刀弄剑，刀功和剑术都很了得，也许在刘邦看来，自己要在江湖上混，没有像樊哙这样的帮手抑或说是保镖显然是不行的。

而且，樊哙还粗中有细，为人忠诚，沉默寡言，很讲义气，注重友情。当年刘邦未发迹时，樊哙在河西摆摊卖狗肉，家住河西的刘邦经常吃他的狗肉不给钱，不给钱就不给钱呗，还美其名曰"赊账"，老是欠了钱不还。尽管这样，樊哙也从不计较，仍然和刘邦朋友照做，兄弟照称，小酒照喝。当然，后来刘邦当上泗水亭亭长后，请客吃饭，也没少照顾樊哙的生意，同时，还主动当月老把自己的小姨子也即吕雉的妹妹介绍给他。

就这样，刘邦与樊哙不仅成了两肋插刀的好朋友，而且还成了连襟。后来刘邦起兵，樊哙一直为他冲锋陷阵，出生入死，立下了赫赫战功。

经过樊哙的引荐，不久，刘邦又结识了经常为人家丧事做吹鼓手的周勃。在当时，吹鼓手这职业比干屠狗卖肉这行当的社会地位还低，可见周勃也是个苦出身，原是个社会最底层的小人物。

周勃有一身的好武艺，是个大侠式的传奇人物，而且为人沉稳且很有谋略，但他的缺点就是性格古怪，很难与人相处。可是，自从与刘邦交上朋友后，他却将刘邦引为知己，对刘邦非常佩服和敬重。后来，刘邦死后，吕后篡权，多亏周勃危难时刻"扶汉室之将倾"，一举铲除吕氏诸王，恢复了刘家天下，从而成为再造汉室的大功臣。

　　除此之外，当时刘邦的朋友圈里还有一位身份比较特殊的人物，那便是夏侯婴。夏侯婴当时是沛县县衙中赶马车的车把式。你别看这样的人地位不高，但由于是给县里的一把手"开小车"的，所以其身份非常特殊，令人不可小觑。

　　夏侯婴这人头脑灵光，热情开朗，在性格方面和刘邦非常相近，也非常投缘，因而两人惺惺相惜，经常泡在一起，不是喝酒就是娱乐。夏侯婴鬼点子多，而且又在"领导身边"工作，知道的内幕消息很多，所以经常为刘邦出谋划策，或是排忧解难，因此成了"刘季党"的首席"狗头军师"。

　　看到夏侯婴经常与小混混刘邦混在一起，有一次，出于好心，当时任沛县主吏掾的萧何便提醒夏侯婴说："刘季不过是位无业游民，你为什么整天屁颠屁颠地，跟在他屁股后面啊？"

　　萧何显然话里有话，规劝夏侯婴不要和刘邦这种小混混搅和在一起，免得失了身份，再说领导身边的人，老和这种社会上的小混混在一起混也影响不好。

　　谁知，夏侯婴却不管不顾，不以为然，当即回答说："我不觉得和他在一起有什么不好啊？我之所以一而再再而三地帮助他，是因为我觉得刘季这个人心地好，有眼光，很仗义，是位难得的好朋友。"

　　仅此可见，刘邦的确是个御人高手，善于交际，很会处人，而且非常具有领袖才干，总是能够兼容并包，善于将不同身份、不同性格的人凝聚到一起，组成一个为己所用的团队，让这些人心甘情愿地为他办事。

　　这，应该说是刘邦从一个混混最后成为九五之尊的又一个最主要的成功秘籍。

　　从《史记·高祖本纪》看，似乎在当上泗水亭亭长之前，也就是在那次参加县令举办的盛大宴会之前，刘邦就和萧何以及曹参不仅熟悉，而且关系很铁，都是好哥们儿。但从种种实际情形看，刘邦和这几个当时在沛县都很有些身份和地位的人交往乃至成为莫逆之交似乎应该是在他成了吕公的东床快婿以及当上泗水亭亭长之后。

　　因为，在刘邦还只是一个乡村小混混的时候，时任沛县主吏掾的萧何，以及时任沛县狱掾的曹参是不可能显然也不屑于与刘邦这样的社会上的小混混混在一起的。这从萧何上述奉劝夏侯婴不要和刘邦来往的话语中就可约略看出。

　　所以，比较合乎情理的推测是，在刘邦当上了泗水亭亭长后，他才有资格一下子进入到了沛县的上流社会，才有可能与沛县的一帮有头有脸的"沛中豪杰"交往，而萧何、曹参他们也才有可能对他刮目相待，并很快成为莫逆之交的。

而之所以会是这样，乃是因为，此时的刘邦身份不一样了，不仅当上了泗水亭亭长，而且更重要的是，他的岳父乃是很有名望的吕公，当时的县令又和他的岳父是老朋友，关系非同一般。对此，甭说像萧何、曹参这样的精明人，即便是一般的官场中人，也是会看得很清楚的。所以，甭说刘邦好歹是个亭长，即便是个县衙门里看大门的，只要有了这种关系、这层背景，人们也会对他客客气气，不敢小觑。

要说刘邦这人本就非常活络，喜欢广交朋友，现在有了岳父这层关系，又有了泗水亭亭长这个平台，他自然就更是如鱼得水，交际广泛。

这以后，刘邦经常白天黑夜地出入于县衙以及县城的各大酒肆，在事实上成了沛县的一个交际明星，或者说是公关先生。由于都知道他的背景，故而在沛县无论是大小官员还是绅士商人，大家都对他另眼看待，以致在当时沛县境内，许多人都以结识刘邦为荣。如果在当时有人说他不知道刘邦，那一定会被人视为孤陋寡闻。

尽管这样，但刘邦却并没有因此小人得志，目中无人，而是依然故我，一团和气，且依旧仗义疏财，请客吃饭几乎总是由他买单。因此，他的人际关系越来越广，朋友越来越多。平时遇到什么事情，只要找到他，刘邦都从不推辞，非常乐意帮忙，而且，还真很少有什么事情是他搞不定的。

不过，刘邦的朋友圈子虽大，交友虽广，但真正被他划进小圈子里的核心朋友却并不多。在当泗水亭亭长期间，真正能称得上是他心腹朋友的，屈指算来，除了以前的那几个朋友卢绾、樊哙和周勃以及夏侯婴之外，新朋友顶多也就只有萧何、曹参等几个人罢了。

诚如我们所知道的，萧何也是沛县丰邑人，且与刘邦一样，也出身低微。

然而，虽没有世袭贵族的身世，不能"拼爹"，但萧何自己却非常能干，还在早年，年轻的他就已显露出辅政安邦的才华。他一度担任沛县主吏掾，不久又被提升为沛县功曹，充当县令的助手，平时不仅负责一般文书管理，而且辅佐县令掌管人事、庶务等各种具体的行政工作。萧何为人正派，办事公道，很有才干，因而在沛县口碑极佳。据说在秦二世时，有一次朝廷派御史到沛县监察地方官吏为政行为，萧何奉命跟随御史巡察。由于其虑事周全，办事干练，很快被提升为泗水郡的卒吏。随后，萧何又因政绩出色受到这位御史的赏识，以致这位御史很想将萧何调去中央任职。

能从地方调去中央，成为京官，这对于一般人来说委实是一件求之不得的事情，可是，没想到如今有这等好事主动找上门来，萧何却想都没想便婉言谢绝了。

据说萧何之所以不愿去中央任职，乃是因为他早已看透暴虐的秦王朝民心尽失，气数将尽，不愿去蹚这浑水，才予以婉拒。实际的情形也许真的就是这样。因为，历史上的萧何也的确深谋远虑，很有远见。所以，能够结交上像萧何这样的朋友，绝对是刘邦一生的幸运。

如果说，刚开始，萧何还只是纯粹出于礼节而内心中其实并不那么情愿与刘邦交往的话，那么，随着交往的深入，他却渐渐被刘邦身上的那股豪气给吸引住了，通过暗中观察，也很善于识人的他发现刘邦虽然表面粗枝大叶，放浪形骸，经常嘻嘻哈哈地没个正经，但此人绝对外憨内精，粗中有细，是个很不寻常的人物，于是便渐渐对他刮目相看。

由于渐渐喜欢上了刘邦这个朋友，这以后，萧何便渐渐主动接近刘邦，在无人的场合也经常对刘邦"友情忠告"，规劝他要多为自己的前途着想，尽力改掉其身上的一些坏毛病。说来，刘邦这人不仅气量大，而且也很有悟性，对于萧何的这些"友情忠告"，逆耳忠言，他不仅认真听取，虚心接受，从不狡辩，而且，诚所谓"响鼓不用重锤，明白人一点就通"，凡事经萧何稍微一点拨，他便能够马上就醒悟过来，而且很快便能加以改正。

所以，从某种意义上说，在政治上，萧何绝对能称得上是刘邦的启蒙教练。

在当上泗水亭长后，刘邦认识的另一位朋友名叫曹参。曹参也是沛县人。他是在沛县的司记掾做主簿，后来他又转到了衙役司做了主管。如果说，萧何长得儒雅斯文，整个人看上去就是一个白面书生的话，那么，曹参则长得膀大腰圆，身大力不亏地，整个人看上去就像是一个武夫。也许就是因为以貌取人，早年曹参曾被任命为沛县的狱掾，专管县中的问题人物。

由于有过这样一段工作经历，对公安司法工作无疑再熟悉不过，所以，曹参日后出任齐国相国，在行将赴京出任萧何死后空缺的宰相一职时，曾对其继任人传授经验说："齐国的政治最重要的是狱市。"所谓的狱是指监狱，市则是市廛（黑道）。齐国传统上属工商社会，风气糜烂腐化，在曹参看来，能把这方面工作管理好，风气整治好，政治方面也就不会有什么大的问题了。

与萧何一样，曹参这人也很有才干，很有智慧，从史书上看，他很善于带兵打仗，当年在刘邦先攻入咸阳的战争中立有大功。汉朝建立后，论功行赏，萧何被定为第一。当时曾有人为曹参打抱不平说："曹参一生中受伤达七十多处，为什么不能列第一？"

于此可见，曹参的功劳的确是很不一般。

而且，曹参这人不仅能武，而且能文，古人所谓的出将入相无疑也就是指像曹参这种人，不仅很有将才，而且也很有相才。西汉建立后，曹参曾继萧何之后，荣膺西汉第二任丞相，成语"萧规曹随"中的萧和曹便是分别指代萧何和他。一个小县城竟然接二连三出了萧何、曹参还有周勃等那么多优秀的丞相，由此说来沛县这地方也真是物华天宝，人杰地灵，真正可谓卧虎藏龙。

不过，想当年，在刘邦还没有发达时，他的那些父老乡亲却几乎都以为他只是一个乡村小混混，既没有多大的能耐，更不会有多大的出息，只会不走正道，在外面瞎混混罢了。

这显然是门缝里看人，把刘邦给看扁了。

的确，从史书上看，刘邦绝对不是那种只会玩刁耍赖、喝酒打架、一味逞凶斗狠、没有头脑的地痞无赖。事实上，他这人很有心眼，很有城府，其行事风格表面看起来非常随意，漫无目的，但在实际上却目语心计，不宣唇齿，绝对是个心有城府含而不露的精明人。

但刘邦的精明显然不在脸上，也不在嘴上，甚至也不表现在一些鸡毛蒜皮的小事上，如果用一句话来概括的话，那就是"大事精明，小事糊涂"，而且，在小事上他也并不真的糊涂，而是故意装糊涂罢了。

这，无疑正是刘邦为人处世的高明之处。

由于性格表面上大大咧咧，在一些小事上从不小鸡肚肠，斤斤计较，耍小聪明，再加上刘邦又喜欢乐善好施，仗义疏财，所以平时一般人都喜欢与他结交，和他相处。

而且，还有一个非常有意思的现象是，刘邦的这些朋友，无论是比他有钱，还是比他有权，抑或还是比他年长，比他力大，与他时间相处长了，自觉不自觉地竟然都成了他的"小弟"，喜欢听他的使唤。而刘邦自然也就因此变成了他们的"老大"。

这，或许就是刘邦骨子里那种天生的领袖气质使然。

都说"一个好汉三个帮",想想,事实也真的就是这样。从某种意义上说,汉朝的天下,其实并不完全是刘邦自己打下的,而在很大程度上乃是由他的一帮朋友为他出生入死打下的,是朋友们送给他的可谓天下最贵重的礼物。所以,刘邦后来能够当上皇帝,坐拥天下,最最需要感谢的应该说就是他的那一帮朋友。

或者,换一个角度说,刘邦一生最成功的秘籍就是他非常善于交结和利用朋友,让朋友尽其所能且心甘情愿地为他所用。

这应该说就是刘邦最大的本事,当然也是他最终能够奠基帝业的"葵花宝典"。

迫不得已的起义

有道是:乱世出英雄。

的确,如果没有秦末这样的乱世,绝对不会涌现出像刘邦这样改朝换代的英雄。

从史书上看,刘邦在一开始其实并不是一个自觉的积极的"革命者",而是在一种不自觉的状态下一步步陷入秦末大起义这样一个巨大的漩涡之中的。

显然,这个巨大的漩涡便是秦朝那严酷的极不合理的法律。

诚如我们所知道的,秦始皇统一中国以后,很想以法治天下,实行"法制秦朝",这应该说是好事,但问题是,秦朝的法律就像秦始皇本人那样非常严酷,刚刚统一后的大秦帝国不是实行宽严相济的法律制度,而是严字当头,不切实际不合情理地动不动就要砍要杀那些其实并没犯有多大过错的人的头颅,结果,在整个社会中造成了一种畏惧与恐慌,以致逼迫得那些犯了死刑的人,因为害怕被判死刑故而不得不铤而走险,于走投无路中便只好走上了起义的道路。

而且,这些人中,并不仅仅只是一些草民百姓,而有很多"基层干部"。

这其中,最典型的例子莫过于陈胜、吴广,还有就是刘邦。

陈胜和吴广二人,一个是阳城(今河南驻马店平舆县阳城)人,一个是阳夏(今河南太康)人。两个人虽然都是屯长,但他俩原本并不认识,只是因为那年两人分别押送本屯的穷苦百姓到渔阳(今北京密云西南)戍边,于是在途中走到了一起来。就这样,两拨所谓"闾左"之人共九百人在两个小军官的押送下一路结伴而行,向目的地渔阳进发。

可是，当时正逢夏天，天气炎热不说，最要命的是暴雨成灾。由于道路泥泞，桥梁被冲，无法行军，所以陈胜、吴广押送的这九百人只好屯驻在大泽乡（今安徽宿州西南）。算算时间，等赶到渔阳早过了规定的时间了，而按照秦朝的法律，军队误期到达，全队都是要被斩首的。显然，正是鉴于这样一种形势，陈胜与吴广在一起偷偷地合计道："我们继续前进，到了渔阳是个死；逃跑被抓到，还是个死；如果举旗造反，即使失败了也不过是个死。反正都是死，咱们还不如替楚国报仇，和秦人拼了吧！"

由此可见，陈胜吴广的大泽乡起义就是在这样一种迫不得已的情形下爆发的。或者，换句话说，是秦朝那根本就不管什么原因动辄便以死相威胁的严酷法律犹如巨大的漩涡硬是把陈胜、吴广给卷了进去，且无法摆脱，最后才逼迫得他俩不得不揭竿而起的。

所以，假如秦朝的法律不是那么严酷，对死刑的判罚不是那么泛滥，那么毫无道理，而是宽严相济，体现一种以人为本的法律精神，更加人性化一点儿，更有人情味一些，法律就像是一剂惩前毖后治病救人的良药，而不是一台张开血盆大口的杀人机器，那么，不到万不得已，没到走投无路的陈胜吴广们就绝对不会走上起义这条道路。如此一来，大泽乡也就自然不会在历史上成为一个流传千古的特殊地名。

和陈胜吴广一样，刘邦无疑也是被秦朝严酷的法律给逼上梁山的，最后才不得不被卷进起义的巨大漩涡之中而无力自拔且无法回头的。

说到秦末声势浩大的农民起义，人们一般都最先想到陈胜吴广，以为他俩才是秦末农民起义的先行者，但其实，从某种意义上说，如果按时间先后排序，陈胜吴广起义只能列为第四。排在前三名的依次是被称为"开汉三杰"之一的彭越，受了黥刑而被脸上刺字后送去骊山服苦役后逃跑到江上为盗的黥布（也称英布），还有就是第三名刘邦。

那是秦始皇三十七年（公元前 210 年），时任泗水亭亭长的刘邦被临时任命为沛县的特派员，负责押送沛县的一帮民工到骊山去服劳役。因当时"天下苦秦久矣"，民众不堪多而繁重的劳役，所以，不少人在半路上就趁机逃跑了。

见此情景，刘邦未免心中胆寒，他想，照这样下去，等不到骊山，人就会跑光了吧？到时候，自己怎么交得了差？又怎么能不被杀头？既然跑一个是死，全跑了也是死，谁还会那么傻，主动跑到骊山前去受刑送死呢？这样一想，他便打定了主意，索性一不做二不休，干脆做个顺水人情，把押送的人统统给放了，好放他们一条生路。

这天晚上，一行人来到丰西（今江苏徐州丰县）的湖沼地带，刘邦招待大家痛痛快快地喝了一顿酒，然后趁着夜色，将捆缚一干民众的绳索一一解开，然后对那些一脸惊愕的民众说："各位兄弟，你们赶快都各自逃命去吧，事到如今，我也脱不了干系，等你们走后我也要逃命了。"

一看刘邦这当官儿的为人这么豪爽，这么仗义，许多人都情不自禁地被他的义举感动了，其中有十几个人当即表态说，愿意跟随刘邦，为他效命。于是乎，刘邦便连夜带着这十几个人逃进芒砀山，在那里当了一段时间的山大王。

到此为止，戏剧般地，刘邦从一个堂堂的秦帝国的"国家干部"——泗水亭亭长，一夜间变成了一个占山为王的"山大王"。

可以想见，在那天决定放跑所有去骊山服劳役的民众并且自己也准备逃跑之前，刘邦的内心一定经过激烈的思想斗争，因为好歹他还是一个拿着国家俸禄的泗水亭亭长，而且家里还有一个年轻貌美的妻子以及一对尚未成年的儿女。如果逃跑，不仅自己被抓到将会是死罪，由此连带自己一家妻儿老小也会被满门抄斩。可是，不逃跑又不行，总不能自己主动跑去骊山白白送死吧。结果想来想去，他也就只剩下逃跑这一条路了。

走投无路，表面看来，这是刘邦的不幸，但究其实，却是大秦帝国的不幸。

的确，一个好的国家，一部好的法律，应该能够不断引人向上，激励更多的人去走正道，同时对那些误入歧途的人尽可能地加以教育和改造，使他们能够改邪归正，弃暗投明，而不是相反，教人学坏，逼良为娼。然而，秦朝的法律却正是这样，宛如一个个巨大的漩涡，把许多原本并没犯法或并不想犯法的人硬是莫名其妙地给卷了进去，从而把许多的良民硬是驱赶到了自己的对立面，并最终成为自己的掘墓人。

所以，一点也不夸张地说，秦朝的灭亡，完全是自掘坟墓，自取灭亡。而其罪魁祸首，便是秦朝那极不合理的法律。

这也正如韩非子所说："国无常强无常弱，法强则国强，法弱则国弱。"显然，正是秦朝的法律，导致了曾经不可一世的大秦帝国的迅速灭亡。

却说刘邦在逃到芒砀山做山大王的日子里，究竟是干着打家劫舍的土匪勾当，还是在山里打游击，与官府的军队经常玩捉迷藏的游戏？因为史无所载，不得而知。但可以肯定的是，在此期间，他一直在暗中和家里人，和沛县的一帮朋友，保持着一种"地下联系"。如《史记·高祖本纪》中说，就因为当时的刘邦的头上始终盘旋缭绕着一股天子之气，而这种真龙天子之气一般人是看不到的，只有他的妻子吕雉才能看到，所以，尽管刘邦躲在芒砀山中，官军怎么也追捕不到他，但吕雉却能从他头顶上的那股天子之气很轻易地便能寻找到他。

在今天看来，这当然是一种了虚乌有的神话，实际的情形显然是躲在深山老林中的刘邦派人偷偷与沛县家中的妻子吕雉秘密取得联系，并建立了一个暗中联络的渠道且每次都设定一个秘密接头的方式，如此一来，无论刘邦藏匿在哪儿，吕雉才会很容易便寻找到他，偷偷为他带去大量的食物以及银两。而这些食物与银两当然不只是吕雉一个人筹集所得，极有可能是吕雉的父亲那个有着万贯家财的吕公甚至包括萧何与曹参等刘邦的一帮朋友集体捐献的。

尽管在芒砀山中昼伏夜出东躲西藏了几年，但是，刘邦却始终未能高举起反叛秦朝的大旗，这一方面也许是刘邦自觉自己的力量不足，但在另一方面，或许更主要的还是他始终缺乏公开起义的决心和勇气。因此，假如不是几年后陈胜、吴广在大泽乡举行起义，第一个公然高高举起了反叛秦朝的大旗，由此引起了连锁反应，迅速点燃了全国各地起义的星星之火，那么，很有可能，刘邦这辈子充其量就只能是个落草为寇、占山为王的山大王。

所以，从某种意义上说，刘邦后来能有那么大的出息，最要感谢的人应该说是陈胜和吴广。

那是秦二世元年的秋天，陈胜、吴广在大泽乡起义后，很快便得到全国许多地方百姓的响应。许多地方的百姓聚集起来，将自己郡县的一帮头头脑脑杀死，然后加入到陈胜吴广的起义队伍中来。对此，沛县县令非常恐惧，为了防止出现这样的情形，所谓识时务者为俊杰，他便也想领头发动起义响应陈胜。

可是，当他就此事与萧何、曹参在一起商议时，萧何与曹参两人却提出异议说："你是秦朝的官吏，正儿八经的国家干部，如果你现在想背叛朝廷，率领沛县子弟发动起义，恐怕人们都会不相信你，不愿响应你，跟着你一起起义。"

"那怎么办？"县令一脸茫然。说心里话，他其实也真的并不想起义，只是因为如今受形势所迫，才不得不硬着头皮，想走这步险棋。这当然是没有办法的办法。

"如果县令大人真想发动起义的话"，萧何劝他说，"最好的办法还是选出一个沛县本地最有声望的人出来挑头。这样才能做到一呼百应，壮大实力，确保起义取得成功。"

县令这时仔细凝视着萧何，认真地说："那就由你来挑这个头吧。"

萧何摇摇头说："我也是秦朝的官吏，当然不行。"

"那选谁好呢？"县令有些为难了。

"刘季。"这时，曹参忽然从牙缝里蹦出两个字说。

"刘季？他行吗？"县令心里没底。

萧何和曹参这时几乎是同时点点头，发表意见说，刘季当年因押解劳役失职不得不逃亡在外，如今已集聚了好几百人，如果这时召他回来，以他的名义举行起义，是最合适不过的了。

"那，好吧。"县令犹豫再三，最后总算点点头同意了。于是，事不宜迟，萧何立即派樊哙前往深山中去寻找刘邦。

樊哙找到刘邦，说明来意。听说县令想请自己出山联合反秦，刘邦很是高兴。于是二话没说便整理行装，带领几百个弟兄下山，直奔沛县而来。

再说县令答应萧何、曹参召刘邦回来挑头起义后，晚上回到家里怎么想都觉得不对劲，他想："都说'强龙压不过地头蛇'，更何况自己还称不上是强龙，如今把这刘季找回来领头起义，显然这刘季和萧何、曹参都是一伙的，到时候自己哪里能是这帮地头蛇的对手？"这样一想，他便很快反悔了。所以，当刘邦带着一帮人来到城外，正准备通报一声就要进城时，县令却立即下令关闭沛县城门，不让刘邦进城，同时派人去捕杀萧何及曹参等一帮"刘季党羽"。

可是，令县令没想到的是，关键时刻，曾做过他的马车夫的夏侯婴获悉了这一绝密情报，立即暗中派县衙里最好的马车将萧何、曹参等人在城门尚未封闭之前送出城外，投奔刘邦。

诚所谓"请神容易送神难"，更何况如今刘邦和萧何、曹参三个人联手，一个小小县令哪里会是他们的对手？所以很快这位在本质上倒也不坏的沛县县令，便被这三人也即后来的西汉一个皇帝两个丞相设计给杀了。

民众杀了县令之后，立即打开城门，一路夹道欢迎，将刘邦迎入城中。

刘邦进入城后，大家都恳求他为县令，带领大家起事。刘邦推辞说："不行，我没有这个才能！眼下天下大乱，诸侯并起，在这生死存亡的关头，如果推举的领头人没什么能耐，大家可是都要跟着遭殃的啊！这种事情可不是闹着玩的，各位父老乡亲还是另请高明吧！"

在当时，刘邦的话说得很诚恳，并不完全是自谦。

可是放眼整个沛县，人口虽多，人才很少，真正有才能的人也就萧何、曹参那么几个。可是，萧何、曹参都是文官，不会指挥打仗，而且他们自己又特别谨慎，害怕枪打出头鸟，万一将来事情办砸了，是要被诛灭九族的，所以谁都不愿领头，都坚决要求刘邦出来主事，带着大伙儿去干。为了劝说刘邦，萧何和曹参便一起给刘邦卖"老鼠药"，说他生有异征，不同凡人，完全是一副大富大贵之相，将来注定能够成就大事。而且，他俩还故意忽悠刘邦，当着刘邦的面故意占卜算卦，说卦辞显示，只有刘邦是最佳人选，只要他领头，就一定能够成就起义大业。

萧何天生一张巧嘴，能说会道，经他和曹参两人像演双簧似的一唱一和，一番表扬话把刘邦给说的心花怒放，笑逐颜开。再说刘邦从小就混混一个，胆子贼大，丝毫不像萧何、曹参那样胆小怕事，所以，既然大家这么抬举他，他也就恭敬不如从命，在又犹豫了一番之后，他便一跺脚，一发狠，心想："我是流氓我怕谁？杀头不过碗大的疤！"于是也就点点头，算是答应了。

在当时，能够做出这样的决定是需要有巨大的勇气的。都说糊涂人胆大，其实，刘邦绝对不是那种糊涂之人，他虽然明知萧何曹参他们是在存心忽悠他，但他还是做出如此重大的决定，究其原因，一方面，显然是由于他这人一贯具有赌徒心理，喜欢以小博大，拿自己的命运赌博；另一方面，也说明他在骨子里确实有着一种常人所没有的大无畏的英雄气概。

曾几何时，刘邦还在一心想当好"公务员"，希望能在仕途上有所发展，为此，他曾在沛县的官场又是请客又是送礼地到处周旋。可是，就因为秦朝那很不合理、非常荒唐的法律不仅将陈胜吴广也将他逼得先后走上了起兵抗秦的道路，这，绝对是他们以前怎么也没有意料到的。

由此，也充分说明，形势比人强，一个人的命运往往很容易受到时代的左右。

到此为止，被逼上梁山的刘邦算是正式起义了。这一年，他四十七岁。

就这样,烽烟四起的秦国境内从此又多了一支"刘家军"加盟到了"逐鹿杯"比赛中。

在当时,由于参加"逐鹿杯"赛的起义队伍太多了,所以,并没有太多的人注意到这支"刘家军",更没有人看好这支"刘家军"会成为"逐鹿杯"赛的冠军。

的确,在当时,人们都普遍看好"陈胜队",以为他们理所当然会在"逐鹿杯"赛中拔得头筹,摘取金牌。即便"陈胜队"不能获胜,人们也会看好由项梁、项羽领衔的"项家军",以为他们也颇具"冠军相",具有夺冠的实力。

可是,结果几乎出乎当时所有人的意料,没想到由刘邦带领的这支曾经很不起眼的"刘家军"到最后竟成了这次"逐鹿杯"全国对抗赛的最大一匹黑马。

挂靠项家军

起义之初,刘邦一度很想单干,自任法人,成立自己的"独资企业"。

因此,"企业"成立后,在萧何、曹参等人的竭力推荐下,刘邦成了这家"沛县起义公司"的"董事长",并很快组建了"董事会"。"董事会"的组成人员分别为:萧何为军师;曹参为参谋;卢绾为侍从官;夏侯婴、任敖、周勃、灌婴等人为部将;强悍勇猛且擅长谋略的樊哙被任命为先锋。

那时候明星大腕可以充当企业形象代言人,于是乎,经过与萧何、曹参等人商量,刘邦干脆决定由自己充当公司的形象代言人,具体由萧何、曹参等人负责对他进行形象设计与包装。

要说萧何、曹参可都是有着宰相之才的人,如今让他们干广告创意公司经理那点活儿实在是小菜一碟。很快,萧何便拿出了一整套包装宣传刘邦的具体方案,具体内容是:

第一,在刘邦的称呼上做文章,今后一律称刘邦为"沛公"。因为"名不正则言不顺",如果称刘邦为"刘县令",实在是把刘邦的身份与地位明显贬低了,气魄变小了;而如果称他为"刘司令"或者"刘邦王",气魄大是大,但很容易枪打出头鸟,过早地暴露自己的目标,会引起秦廷的特别关注与特殊照顾,这样的傻事是绝不能干的。所以想来想去,萧何觉得还是称刘邦为"沛公"比较合适,因为"沛公"既表示刘邦是沛县的领袖,又有贵族气派,而且也极具亲和力,听起来也不那么刺耳。

第二，在刘邦的生世上做文章，竭力在刘邦的头上笼罩住一层神秘的光环，也即神化刘邦。在神化领袖人物方面，这当然不是刘邦、萧何首创，陈胜、吴广就做到了前面。

诚如我们所知道的，当初陈胜在起义前就很会替自己炒作与包装。他和吴广暗中在一块帛布条上用朱砂写了"陈胜王"三字，然后把这帛条塞入鱼腹中。戍卒买鱼烹食，发现了这一帛条，甚感惊奇，于是奔走相告。同时，吴广还在夜间跑到附近神祠的丛林中，点起篝火，模仿狐狸的声音大叫："大楚兴，陈胜王！大楚兴，陈胜王！"

半梦半醒的戍卒们听了以后，感到十分惊异。于是乎，在他们眼里，陈胜已经不再是原来的屯长，而是天佑神助具有神异色彩的"王"，是自己能够誓死跟随、舍命相辅的新君。于是等陈胜吴广一号召起义，大家便都一起响应了。

对于陈胜吴广玩的这些小把戏，以刘邦和萧何、曹参的智商，当然心知肚明。故而，在对刘邦进行包装时，他们便也如法炮制，很快，用以证明刘邦不是凡人的系列神话纷纷出笼了：首先，刘邦不是他父亲生的，而是他母亲在荒郊野外与神私会而生。其次，刘邦生有异征，他的腿上密密麻麻长有七十二颗黑痣，显见不是凡人。其三，吕雉嫁给刘邦后，有次在地里干活时，一个仙风道骨的老人见到她便说她是天下贵人，待不久见到刘邦后就更是说他相貌不凡，高贵无比。说罢，这个老人却忽然不见了。其四，刘邦逃跑后躲在芒砀山里，别人怎么找都找不到他，可吕雉一找就把他找到了，连刘邦也感到奇怪，于是就问吕雉。吕雉神秘地一笑，然后说"五彩云霞空中飘"，她老公的头上总有层云气环绕着，简直就比现在的 GPS 定位还准，她怎么能找不到呢？其六，便是那则历史上著名的"刘邦斩白蛇起义"的神话，说刘邦那天带领民众向芒砀山逃跑的路上看到一条大蟒蛇横亘上他们必经的路上，别人都很害怕，但刘邦却"浑身是胆雄赳赳"，独自一人上前，挥剑将这拦路青蛇砍死了。可是没多久，一个老者见到他们便来找他要人，说他乃是白帝，说赤帝之子刚刚杀死了他的儿子，也就是白帝之子，到这时，刘邦才知道自己的真实身份，原来他乃是赤帝之子，当年那个在野外睡在他母亲身上的男子乃是赤帝他老人家……

凡此种种，不过都是些刘邦及其拥趸们精心编造出来的美丽的神话故事罢了，但在当时，社会上大多人的思想觉悟还没有那么高，还都非常迷信，所以，当这些系列神话被编造出来后，很快便一传十、十传百，在当地迅速传开了。

要说，"广告"的效应有时还真的不可小觑，经过这么一宣传，许多人相信了刘邦不是凡人，于是便都前来投奔这位有"天子气"的沛公，希望跟着他沾光。故而没多久，刘家军便发展到了两三千人。

有了这两三千人做本钱，刘邦觉得自己可以正儿八经地干一些事情了。于是，在对这些队伍稍作训练后，他便决定对自己的部队进行一次检阅。

那天，刘邦特地身着戎装，像个大元帅似的，头戴"刘氏冠"，昂首挺胸，步伐矫健，威风凛凛。他首先到大庙祷告了黄帝，以此向世人表示，他刘邦受命于危难之际，率领沛县子弟，响应陈胜的起义大军，志在诛灭暴秦，恢复天下秩序。接着，按照萧何的安排，刘邦像个男主角似的，又在广场上祭祀蚩尤，祈望得到这位战神的帮助。最后，按照事先规定的议程，刘邦下令擂响战鼓，并用牲血祭鼓。与秦朝的黑色迥异，义军的所有旗帜均采用红色。

到此为止，刘家军算是正式组建，并挂牌成立了。

随后，刘邦将自己的指挥部暂时设在自己的故乡丰邑，且立即下令攻击沛县周围的县城胡陵和方与。攻下胡陵和方与后，刘邦收编了两城的降卒，队伍一下子扩张到五六千人。稍事休整，他便又率领这支刘家军向远方开去。

有着五六千人，若是在沛县，怎么说都是一家很大的"企业"了，可是，自从陈胜吴广起义后，"一花引来百花开"，很快，燕国、赵国、齐国、魏国都纷纷发动了起义，而且，人家的起义军规模就在几万人几十万以上，几乎个个都是"大公司"，与他们比起来，刘家军实在相形见绌，只能说是一家"小微企业"。

所以，就这样一个"小微企业"若是满足于在沛县周围混混也还可以，没有谁能奈何得了它，可是，倘若要想"冲出徐州，走向全国"到大地方去就不行了。

果然，刘邦在打下沛县附近的胡陵和方与两座县城后，再要往外发展，就很困难了。要知道，瘦死的骆驼比马大，当时，靠马上得天下的秦国的军队还很强大，一支只有五六千人的军队，而且还是一支并未训练有素可谓乌合之众的农民军，对于秦朝的正规军来说真的不算什么。

所以，刘家军不仅在外面斩获不大，败多胜少，而且还因为雍齿的叛变将自己的根据地丰邑给丢失了。结果害得刘邦先后两次想重新夺回丰邑大本营都没有成功。

而当时，出身楚国旧贵族的项梁与他的侄子项羽自从发动起义后，深得人心，因而各路英雄纷纷投到项梁的麾下。因此，项家军很快便变得兵强马壮，所向披靡。

这种时候，刘邦当然也想招兵买马，发展壮大，可是，就他那样的"小公司"根本没有吸引力，天下英雄几乎都想到项家军这样的"大公司"去，几乎很少有人愿意到他刘家军这样的"小公司"来应聘。刘邦本想还利用系列神话来做广告，可是，他的那些神秘、神奇、神异的"刘邦神话"只可糊弄人于一时，时间一长，人们自然就会发现他的破绽，而他的那些"刘邦神话"就会变得一钱不值。

正是在这样一种非常尴尬的情势下，那一天，由于再次攻打丰邑仍久攻不下，无可奈何的刘邦决定留下军队继续围攻丰邑，而自己却率领百余骑至薛见项梁，表示自己愿意带着队伍投奔至项梁麾下，接受他的领导，但作为交换条件，他请求项梁派援兵帮助自己攻打丰邑。

对刘邦提出来的如此交换条件，项梁当然满口答应，于是立即派了五千人的援兵动身前去帮助刘邦攻打丰邑。

由于项梁的军队都是一些训练有素且作战勇猛的精锐之师，所以，第三次攻打丰邑，雍齿再也顶不住了，于是便弃城逃跑。

就这样，虽然丰邑终于被攻克了，可刘家军也被项家军给兼并收购了。

如此一来，刘邦的"法人资格"自然被取消，由过去沛县的一家"小微公司"也即刘家军的"董事长"变成了项家军这家全国"上市公司"的一名"副总经理"，而且顶多只能算是排名第三的"副总经理"。因为，除了名誉董事长楚怀王熊心以及实际董事长兼总经理项梁之外，在刘邦的前面，起码还有两人排在他的前面，一个是项羽，一个是宋义。

如果事情到此为止，刘邦从此算是彻底没戏了。因为，在当时项家军的主要领导成员中，刘邦已经48岁，在三个副职中，年纪最大且排名最后，而第一副总经理项羽还只有24岁，比刘邦小了整整24岁，且又那么能干，绝对称得上是优秀的年轻干部，而且又是实际的董事长兼总经理项梁的亲侄子，所以，即便是项梁有一天退位，"正职"的位子也绝对轮不上刘邦来坐，而非项羽莫属。后来的情形也真的就是这样。所以，在当时，在一般人看来，刘邦主动投靠项梁，绝对不是明智之举，而应该说是一个下下之策，认为刘邦当时纯粹是出于无奈，乃是不得已而为之的一种被迫选择，即便是刘邦自己，在事后或许心里也颇有些后悔。

但是在今天看来，刘邦主动投靠项梁、挂靠项家军却是一步好棋，一方面，他因此有效避免了自己的刘家军因为船小抗风浪能力差的弱点，及时消除了自己的小船在时代的狂风恶浪中有可能出现的船翻人亡全军覆没的危险；另一方面，他也通过挂靠项家军，使自己的刘家军这一"小微企业"借助项家军这一"大企业"得以成功"上市"，由此不仅迅速壮大了刘家军的实力，而且也一举扩大了自己的知名度和影响力。此外，更为重要的是，通过此举，刘邦获得了一个千载难逢的机遇，也就是带兵一路向西直捣秦国巢穴的机会。

可想而知，如果不是刘邦及时投靠项梁，加入到声势浩大的项家军中，而是继续经营他那家半死不活的"小公司"，带领着几千人的刘家军在沛县附近小打小闹，以他当时的实力，他绝对没有机会更没有能力带领一支起义军向西击秦，更没有可能抢在项羽前面，先入关中，攻入咸阳，由此获取他人生中一笔最为丰厚且贵重的政治资产。而且，这笔政治资产日后还会不断迅速增值，为他带来可观的政治利息。

所以，有时候，人真的要承认运气。人生在世，说来，有的人真是运气太好了，而有的人却往往运气很差，人强命不强。我们看楚汉相争，最后楚亡汉兴，项羽自刎乌江，这其中固然是项羽自身致命的弱点和缺陷所致，但从某种意义上说，最终导致项羽兵败垓下的也多少有些人强命不强的运气成分，而反观刘邦，却一次次逢凶化吉，死里逃生，也实在是运气太好了。

说刘邦运气好，可以举出这样一个实际的例子，那就是在他投奔项梁挂靠项家军后，没多久项梁就因为轻敌被夜袭定陶的秦朝猛将章邯给杀死了。而很快，项羽和宋义又产生了严重的矛盾。

事情的起因是，项羽一心想替战死沙场的叔父项梁报仇，于是和宋义带领人马去救被章邯围困的赵国。宋义领军行至安阳（今山东曹县东南），便按兵不动，滞留四十六天。项羽急欲攻打秦军，为阵亡的叔父项梁早日报仇雪恨，便催促宋义发兵。宋义不听，说要等待赵军消耗秦国兵力，反讥项羽有勇无谋，还传下命令讽刺项羽，凡是凶猛、违逆、贪功而不听号令的人，皆格杀勿论。

对此，项羽虽然很气，却也无话可说，只能忍气吞声。不久，宋义送儿子到齐国去当宰相，因为自恃有楚怀王熊心做靠山，一路上饮酒作乐，有恃无恐。项羽抓住这一把柄，故意激起将士们对宋义的仇恨，于是亲自带兵闯入宋义帐中，将宋义就地斩杀。

如此一来，鹬蚌相持的结果自然在客观上使刘邦这一渔翁白白得利，从此，他从第三副总经理一跃而成为第一副总经理，而原来的第一副总经理项羽则升格成了总经理。

由此可见，刘邦实在是一个成功的投机商，他在关键时刻投靠项羽挂靠项家军绝对是一件只赚不赔、一本万利的事情。

鸿门宴上的较量

说到鸿门宴，但凡稍有文化的人都会无人不知，无人不晓。可是，对于鸿门宴的意义，想必很多人都缺乏足够的认识。

可以说，鸿门宴乃是未来即将发生的楚汉战争的一次生动的兵棋推演，是秦末"逐鹿杯"一场惊心动魄的决赛的提前预演或彩排。事实上，历时长达五年的楚汉相争，从一开始，在鸿门宴上，通过一场虚拟的战争可以说胜负便已显出端倪，见出分晓。

也正因此，鸿门宴在中国历史上无可争议地被称为千古第一饭局，它不仅对楚汉的历史所起的作用是巨大的，而且，对后来的整个中华民族的历史所起到的作用都是巨大的。

即使时光已经过去了两千多年，在今天，我们看当年那场充满戏剧气息的鸿门宴，依然可以说是迄今为止整个世界历史上最为惊心动魄也最为扣人心弦的历史戏剧，其精彩激烈程度，即使是和那些最优秀的古希腊戏剧相比也有过之而无不及。

所以，如果说，在中国的几个大的封建王朝中，汉朝的历史就像是一部最为精彩的历史戏剧的话，那么，鸿门宴无疑是这部历史大戏中最为引人入胜，显然也是最具传奇色彩的一幕。

还是来看看这幕汉朝历史当然也是整个中华历史上最为精彩激烈的历史大戏吧。

诚如我们所知道的，这幕戏"上映"的时间是在陈胜吴广起义后的第三年，也即公元前206年，此时的秦朝刚被推翻不久。地点则是在鸿门，其地位于故秦都咸阳郊外（今陕西西安临潼新丰镇鸿门堡村）。剧中演对手戏的两位都是历史上赫赫有名的大牌人物：项羽和刘邦。其他配角也都是一些历史上的"著名演员"，其中：

项羽一方主要有军师、幕僚范增，堂弟、部将项庄，小叔、部将项伯以及都尉陈平。

刘邦一方主要有：军师、幕僚张良，妹夫、部将樊哙，部将、侍卫夏侯婴，以及靳强和纪信等将领。

此外，还有一个始终未出场但却在整个鸿门宴中扮演着不可或缺角色的一位，他就是刘邦手下左司马曹无伤。

至于整个故事则是在这样一种历史背景下展开的：

如上所述，刘邦投靠项家军后不久，主将项梁由于骄傲轻敌，被秦王朝大将章邯偷袭阵亡。楚国的将士士气因此一落千丈。而很快，章邯又乘势北上攻打赵国。

就在这危急关头，楚怀王的熊心紧急召集各路诸侯，确立了兵分两路的作战计划：一路北上救赵，一路向西直捣秦国巢穴，打入关中。同时，楚怀王还与各路将领约定，谁先攻入关中，就封他为关中王。

由于当时秦军异常强大，无论北上还是西进都会与秦军不可避免地发生遭遇战，凶多吉少，所以，其他将领都不愿去打头阵，冒风险。这种时候，只有两个人主动请战，一个是项羽，还有一个便是刘邦。

结果，楚怀王熊心让刘邦西进直捣咸阳，而让项羽去北上救赵，去啃秦朝猛将章邯这块硬骨头。

在今天看来，楚怀王熊心这样做明显是偏袒刘邦，而故意打压项羽。因为既然约定谁先攻入关中就立谁为关中王，那么，让谁先去领兵西进直捣秦国首都咸阳，谁便最有希望成为关中王。这是再简单不过的道理。可如今，他不派项羽领兵西进攻打咸阳，而让刘邦西进，其内心的动机不言自明。而且，更过分的是，他不仅让项羽北上救赵，还让宋义为上将军，担任一把手，只让项羽担任次将，做二把手，这样的人事安排，对于项羽来说，委实是太不公平了！

而且，更为狠毒的是，楚怀王做出这样的人事安排，还有他不可告人的目的，那就是，即便刘邦西进受阻，不能先入关中，而由北上的宋义、项羽军队最先踏入咸阳的话，那么，按照他的"先入关中者为王"的规定，由此成为关中王的也不可能是项羽，而是宋义。因为宋义才是北路军的一把手，而项羽不过在其帐下听命而已。由此可见，按正常情况，无论出现哪种结局，项羽都不可能成为关中王。

而之所以要这样做，很显然是楚怀王熊心内心中一直不喜欢项羽包括其叔父项梁这叔侄二人身上的那种桀骜不驯、狂妄自大的性格。而相比较起来，刘邦做人做事却很乖巧，讨人喜欢。可是，楚怀王熊心也不想想，他当初可是由项梁与项羽叔侄二人一手将他从一个牧羊人拥立为王的，而现在，他却不感恩图报，反而要过河拆桥，这就未免太不仗义了。所以，既然他无情，也就怪不得后来项羽对他无义，暗中派人将他杀死于长江之上了。

很显然，楚怀王熊心的这一明显不公的决定对刘邦能够先入关中无疑起到了重要的作用。说来，刘邦这人运气也真是好，当时，秦朝的主力部队大部分都驻扎在北地对付匈奴，剩下的次主力部队也由章邯带领着正在全力攻打赵国，所以，当时的关中，秦朝的兵力异常薄弱，秦都咸阳就更是空虚。因此，当刘邦率领自己的部队一路避实就虚，尽量以最快的速度千里挺进关中，犹如神兵天降一般突然出现在咸阳城外时，新立的秦王子婴也即秦三世，见兵临城下，大势已去，于是便接受刘邦的劝告，于公元前 206 年十月的一天，特意和妻子一同穿上通常只有参加葬礼才穿的白褂白裤，然后让人用绳索将他和妻子一同捆绑起来，坐上由白马驾驶的白色马车，并随身带上玉玺和兵符等御用之物，亲往刘邦驻扎的营地去投降。

到此为止，也就是从刘邦接受秦王子婴投降的那一刻起，曾经威势赫赫的大秦帝国正式灭亡了。

就这样，刘邦作为反秦起义军的一位将领，而且是功劳最小的一位将领，却第一个最先进入关中，双脚最先踏进了秦都咸阳。

这是刘邦的幸运，但反过来，实事求是地说，却是项羽等其他起义军将领的不幸。

因为在刘邦几乎轻而易举地进入关中时，项羽正带领他的江东子弟在山东与河北寻找秦军的主力部队决战。可以说，正是项羽的精锐之师在这里拖住了由章邯率领的秦国虎狼之师并在巨鹿之战中干净彻底地打败了秦朝的几十万正规军，才使刘邦在进入关中兵临咸阳城下时没有遇到秦军大部队的有效抵抗。

所以，一点也不夸张地说，项羽叔侄才是打败秦军并推翻秦朝的第一功臣。

可是现在，就因为刘邦轻而易举地先入了关中，按照楚怀王事先定下的"先入定关中者王之"的游戏规则就要被立为关中王，而自古"得关中者得天下"，这样的游戏规则显然很不合理，于是，很不服气的项羽便请求楚怀王主持公道，重新更改这一游戏规则，将规则改为"战功大者为关中王"，也就是理所当然地让他来当关中王。

然而，在内心中对项羽一直深恶痛疾的楚怀王却压根就不想为项羽主持公道，所以他才不管项羽的诉求正当不正当，合理不合理，只是坚持要按照事先做出的规定让刘邦当关中王。

既然不能通过正当的"打官司的方式"来解决，本就有勇无谋、武将一个的项羽便只有按照自己的方式来解决这件事了。于是，又气又恨的他先派人把明显昧着良心偏袒刘邦的楚怀王熊心给害死，然后，在大败秦军主力后，也带着自己的部队风雨兼程向关中进发。

此时，刘邦早已占据关中，一看项羽拥军前来，于是便派兵闭关自守，企图阻止项羽入关。项羽见状，一气之下，破关而入，在鸿门——离刘邦军队驻扎的灞上不过四十里的地方，安营扎寨。

当时，刘邦的军队不过区区十万人，而项羽的军队则有四十万，而且都是披坚执锐身经百战的王牌部队，对刘邦具有压倒性的优势。

可以说，到这种时候，鸿门宴这部历史大戏才正式拉开了帷幕。

大幕开启。那天傍晚，项羽与亚父范增在帷屋中正在商量军事，忽然有卫士进来通报说刘邦手下左司马曹无伤派人求见，说有要事相告。

项羽点头示意叫那人进来。那人进来后，立即向项羽报告说："沛公欲王关中，使子婴为相，珍宝尽有之。"

项羽一听就火了，顿时发怒说："明天一早好好犒劳将士们，让他们吃饱喝足后去消灭沛公军！"

对此，范增也深表同意，他认为趁大军刚到关中，士气正酣，可"急击勿失"，正好以自己的优势兵力一鼓作气消灭掉刘邦的军队，从而独占汉中，谋取天下。

没想到，项羽的叔叔项伯知道这事后，那天晚上竟骑了一匹快马偷偷跑到刘邦的军营把这一军事秘密悄悄告诉给了刘邦的军师张良，希望张良赶快趁黑夜逃走，免得到了明天惨遭杀身之祸。身为项羽的叔叔，项伯之所以会做出这种吃里爬外的事情，据说是因为当年他杀了人，犯了死罪，是张良在危难时刻救了他，而现在他乃是为了报答张良的救命之恩。

仅此可见，项伯这个人虽然很讲感情，很重道义，但却很没头脑，关键时刻掂量不出是非轻重。也许是遗传基因使然，其实，项羽和项伯是一个德行。

却说张良获悉这一绝密情报后，便立即向刘邦报告。因为事情紧急，刘邦当时非常紧张，于是便问张良该怎么办为好？

关键时刻，张良就像一个高明的中医，在为刘邦治病之前，他要仔细问诊，弄清病因。他问刘邦："当初是谁给你出的这个馊主意占据关中？"

刘邦一脸委屈地说："哎呀别提了，那是个小人。他曾劝我说：'距关，毋内诸侯，秦地可尽王也。'我也就听他的话，上当受骗了。"刘邦把责任完全推到了那个小人头上。可那小人究竟是谁？叫什么名字？刘邦没说。

由此可见刘邦的圆滑与老练。

"如果真要占据关中称王，沛公估计自己的将士能打败项王的军队吗？"张良依旧不紧不慢地继续为刘邦"坐诊"。

"哎呀，那哪里行啊？"说到这里，刘邦有些急了，于是直奔主题，再一次问道："你快说怎么办吧？"

张良这时笑了笑说："那你马上亲口对项伯说吧，就说你沛公从来没想过也不敢背叛项王！"这分明是要刘邦演戏，要刘邦在项伯面前说假话。

刘邦是何等精明之人，一听张良说这话，便立马心领神会，知道自己接下来该怎么去做了。

于是，他急忙让张良出去请项伯到自己的内室来。项伯进来后，刘邦竟以侍奉招待兄长的礼仪款待项伯，又是亲自为项伯敬酒祝寿，又是主动提出要与项伯结为儿女亲家，把个项伯弄得简直受宠若惊。也正因此，当刘邦接着在他面前表白自己是怎样对项王忠心耿耿，希望项伯为他在项羽面前实话实说，澄清是非时，头脑简单但却很要面子的项伯当即满口答应，并自作聪明地建议刘邦第二天一早亲自到鸿门去拜见项羽，说明真相，消除误会。

刘邦想了想，又和张良交换了一下眼色，于是便当场答应了。

项伯连夜赶回自己的军营，没顾上休息，便来见项羽说明天刘邦一早就会主动上门，负荆请罪，并主动充当刘邦的说客劝说项羽道："人家沛公对你一直忠心耿耿，如果不是他先攻破关中，你如今哪会这么轻易就进入关中呢？现在沛公立了这么大的功劳，你却还要去攻打他实在是不义啊！与其这样，你还不如善待他，以显示你项王的仁义。"

要说项羽也是个棉花耳朵，经项伯这么一说，竟立马回心转意，答应了项伯的请求。

可是，项羽答应，亚父范增却不答应，既然明天刘邦要来负荆请罪，他建议项羽明天干脆将计就计，到时候在宴会中乘机杀了刘邦，并连夜对明天的鸿门宴作了一番精心的安排和部署，准备明天好好招待刘邦。

第二天一早，刘邦便带着一百多位骑兵来到鸿门拜见项羽。看得出，这一百多位骑兵都是经过精心挑选的骁勇将士，特别是刘邦随身带的那几位大将张良、樊哙、夏侯婴等更是文武双全。

说来，刘邦真是一位天生的实力派"演帝"，是秦汉时期乃至中国历史上一位最优秀的"男演员"。显然从鸿门宴一开始，他便早早进入了角色，从始至终都在演戏。而他的导演，显然便是张良，一位中国历史上很是有些神秘色彩的优秀的"大导演"。

能遇上刘邦这样的天赋极强又悟性极高的中国历史上并不多见的最优秀的"男演员"，委实是张良的幸运。可是，相比较起来，虽然说，范增也很出色，然而，对他来说，非常不幸的是，与他合作的项羽却绝对称不上是一位优秀的"男演员"，在政治方面，项羽甚至连合格都谈不上。

也正因此，整个鸿门宴上，几乎只看到刘邦一个人在尽情地表演，而本应与他演对手戏的另一位"男主角"项羽却从一开始几乎就未能进入角色，自始至终都表演拙劣，与"演帝"刘邦比起来，他也真的完全就像是一个傻蛋。

不妨看看刘邦与项羽两个人在鸿门宴上的表演吧。

那天一见面，刘邦便冲着项羽说："臣与将军齐心协力攻打秦国，将军战河北，臣战河南，臣一直都把生死置之度外。臣怎么也没想到能够先入关破秦，更没想到还能活着在这里见到将军。如今，是什么小人在背后说臣的坏话，故意挑拨臣与将军之间的关系？"

很显然，从一开始，刘邦就在演戏，就在示弱，就在煽情，想很快拉近与项羽之间的关系，在感情上希望感动项羽，软化项羽。同时又不露痕迹地向项羽喊冤诉苦，想把自己"欲望关中"的罪责推卸得一干二净。

由此可见，刘邦这哪里是来请罪？分明是来向项羽辩解，为自己喊冤。即使说他是恶人先告状也不为过。

可是，反观项羽却很老实，甚至完全可以说是很傻。一看刘邦显得很无辜很委屈的样子，他便从一开始就说傻话，为了证明自己的清白，他说："此沛公左司马曹无伤言之，不然，籍何以至此？"一说话就把自己的线人曹无伤给出卖了！

不难看出，项羽这人也真是一个老实汉子，就他这样的情商，要是能斗得过狡猾奸诈的刘邦才真是咄咄怪事！

可以想见，项羽说出这句话后，刘邦和张良心里一定暗笑，而范增则心里一定会"咯噔"一声，暗暗叫苦，心想："项羽，你怎么能说出这样脑残的话来呢？"这时，他的心里一定会像突然吃了一个苍蝇一样很不是滋味。可是，为了演好这场由他一手策划并导演的"鸿门宴大戏"，这种时候他也只好不动声色，继续执导后面的戏。

后来的事情大家都知道了。宴会开始后，双方分宾主坐下。本来，按照项羽与范增事先约定，酒会只是形式，杀刘才是目的。可是，宴会当中，范增有几次用眼色示意，项羽都毫无反应，后来又好几次举起自己的玉佩暗示项羽，意思是只等项羽一声令下，他就会号令那些早已埋伏好的伏兵立即动手，将刘邦及其随行人员当场解决掉。

然而，令范增极度失望的是，项羽坐在那儿只顾喝酒，对他的频频暗示毫不理会。情急之下，范增便站起身来，干脆自己跑出去找到项羽的堂弟项庄，悄悄地嘱咐他，说现在事情紧急，要他假装舞剑为大家饮酒助兴，乘机刺杀刘邦。

项庄依计而行，跑进宴会的营帐，当即煞有介事地表演由"导演"范增临时增加的饮酒助兴节目——剑舞。没想到，这边项庄刚刚拔剑起舞，那边"项家叛徒"项伯竟也拔出剑来起舞，用身体一直故意挡在刘邦的前面，使项庄无从得手。

一看形势不妙，张良便赶忙起身走到外面，让樊哙进来保护刘邦。樊哙进来后，先是和项羽大块吃肉，大口喝酒，然后，又当着那么多人的面数落抱怨项羽不仁不义，而就在樊哙与项羽理论时，刘邦假装要去方便，乘人不备，带着一干随从偷偷地从小道溜走了，只留下张良一个人与项羽周旋。

估计刘邦他们骑着马已经逃得很远了，张良这时才去向项羽通报，说刘邦不胜酒力，喝高了，不能亲自向项王告辞，已经先走了。来之前，沛公特地为项王和亚父各自准备了一份珍贵的礼物，因为不能当面奉送，所以临走时要他代为奉送。送给项羽的礼物是一双白璧，项羽接受后什么话也没说便置之案上。可当张良将一对玉斗送给范增时，范增恨恨地接过玉斗，忽然用力将玉斗砸到地上，然后摇摇头，长叹一声说："唉，真是竖子不足与谋！日后夺取项王天下者，必定是沛公无疑！我们这些人将来都会被沛公所虏了。"

　　就这样，一场原本由范增精心安排好的"杀牛（刘）宴"，结果却变成了由项羽搭台、刘邦唱戏反客为主的"驯驴（羽）宴"。作为"导演"，范增好不容易策划了这么一场戏，结果却被项羽这个蹩脚的"男主角"给演砸了。作为这场戏的总策划与总导演，也难怪范增会那么生气，那么悲观，那么失望！

　　后来的事实充分证明，范增当时的预言是对的。仅仅只是从鸿门宴这场戏中项羽与刘邦各自的表演来看，项羽就绝对不是刘邦的对手。除了在战场上打打杀杀比较擅长，在政治上，与刘邦相比，项羽实在是差之千里！

　　可想而知，就像项羽这样一个头脑简单的人，在政治的拳击台上，他又怎么能够是刘邦的对手？

　　对此，也许到死，项羽都执迷不悟，或者很不服气，可是，诚所谓"外行看热闹，内行看门道"，鸿门宴上，不仅范增和张良看出来项羽绝对不是刘邦的对手，还有一个人也看出来了，那便是同样足智多谋的陈平。陈平当时是项羽军中的都尉，鸿门宴过后，他对项羽越来越失望，于是很快便投奔了刘邦。

　　所以，假若要对鸿门宴进行一次盘点的话，项羽的损失实在是太大了，他不仅在无意中出卖了自己的内线曹无伤，以致刘邦从鸿门逃回军营后便立马杀了他，而且，也真的是放虎归山，愚不可及地将刘邦这个可怕的对手给白白放跑了。

　　可是，就因为鸿门宴上，由于项羽性格方面的短板，本来在各方面都占上风的他竟完败给了刘邦。

　　鸿门宴，这是刘邦与项羽的第一次较量，也是他在与项羽的较量中第一次获胜。也正是在这样一次颇具传奇色彩的较量中，让刘邦充分看清了项羽那种贵族气的迂腐，从而在心理上不再惧怕对方，并从中找到了对付项羽的秘诀。

老鼠与猫的游戏

　　不知怎的，看楚汉相争这一段历史，总觉得楚霸王项羽就像一个救火队长，或者，就像动画片中的那个黑猫警长。

　　话说鸿门宴后，项羽进入关中，火烧咸阳，然后自己做主，分封天下，将天下切分成了十八块封地，并由此一一对应，分封了十八个王，算是建立了秦朝灭亡之后的新秩序。

在今天看来，项羽这人真的是很糊涂，王朝更替，旧的王朝灭亡了，必然要建立新的替代王朝，可是，秦朝败亡后，项羽却不仅没有建立一个新的统一的封建王朝，甚至，也没有建立一个象征性的犹如东周那样的至少在名义上的共主或宗主国。新封的十八个王国之间究竟是怎样一种关系？应该遵从怎样一种新秩序？这些，他都没有和那些新封的诸侯王坐下来约定，只是一封了之，以为从此便万事大吉了。

由此可见，项羽这人在政治上真的是很幼稚，虑事不周，缺少远谋。

果然，由于分封中的不公以及人性本身的贪婪，这边，项羽还才分封完毕，刚刚踏上自己的封地，那边，新封的齐、燕两国便燃起了战火，发生了战争。

既然是自己建立的战后新秩序，如今出了问题，项羽当然要去过问，可是，就在他像个救火队长那样匆匆忙忙准备要去齐、燕平叛时，很快，被他封为汉王的刘邦也闹腾了起来，并且迅速占领了关中。

所以，从某种意义上说，项羽真的是很苦命，自从当上西楚霸王后，几乎就没有一天享受过，而是被一帮原本是他分封的诸侯王牵住了鼻子，从此像个救火队长那样到处救火，忙个不停，焦头烂额，可是，到最后非但没有把火扑灭，自己反倒被这场大火给烧死了，说起来着实是个悲剧。

说来真的很有意思，在这场长达五年的楚汉相争中，刘邦与项羽之间就像是在玩一场老鼠戏猫的游戏，不用说，扮演老鼠角色的显然是刘邦，而项羽自然是扮演猫的角色，而且，还一度就像黑猫警长一样威风无比。

平心而论，楚汉相争，几乎每次都是由刘邦主动挑起事端的。就像下围棋一样，刘邦每次都是执黑先行，也不管项羽愿不愿意，便向项羽发起进攻，而项羽当然每次都是被动防守，被迫还击。

所以，开一句玩笑，假如当时他俩要到法庭打官司的话，那么，作为被告，刘邦必输无疑。

而且，还有一个很有意思的现象是，尽管每次都是由刘邦最先挑起战争，但在军事实力方面，他却远远不如项羽强大。打一个比方，在当时，刘邦只是一个轻量级的拳击手，而项羽却完全是一个重量级的拳王。

可是，就是这样一个小个子的拳击手刘邦，却有如老鼠戏猫一般，一次次地主动挑战重量级拳王项羽，确乎铁了心要去抢夺拳王的金腰带。

从某种意义上说，楚汉相争大抵就是这样一种情形，或者说是这样一种近乎老鼠戏猫的游戏。

诚如我们所知道的，刘邦第一次向项羽公然发起挑战，是在被封为汉王后不久，当时，救火队长项羽正带兵在齐国平定叛乱，刘邦这时乘人之危，突然在兄弟项羽背后捅刀子，出其不意地占领关中，然后一路东进，一口气打到了项羽的老巢彭城。仅此可见，刘邦也真的是很不厚道。要知道，鸿门宴上，项羽可是手下留情，否则，刘邦当时就会被杀。

要说刘邦也很有意思，他带兵攻占了项羽的国都彭城后，竟然在那里洋洋得意地大吃大喝，拿项羽的美酒佳肴做人情，日夜设宴请客，以致把项羽储存在彭城的美酒全都开了坛，一股脑儿给喝了。

项羽听到这一消息后，气得肺都要炸了，于是立即带领三万精兵马不停蹄地赶回来找刘邦算账。

论打仗，刘邦当然不行，当时他手下有56万军队，却愣是被项羽的三万精兵给打败了，而且还不是一般的败，而是惨败。以致刘邦的军队在渡河逃跑时，死的死伤的伤，人马相藉，血流漂杵，光河里的尸体就有十万具之多。

诚所谓兵败如山倒，危急时刻，刘邦成了"刘跑跑"，只管拼了命逃跑。他先从彭城跑到沛县，想把自己的父亲和老婆以及两个孩子带着一起逃跑。可他跑到沛县，却慌忙中没找到自己的父亲刘太公以及老婆吕雉，于是便赶忙带着他与吕雉生的一双儿女也即后来的汉惠帝以及鲁元公主逃命。

当时，项羽就像黑猫警长那样在后面紧紧追赶，而刘邦则完全就像一只老鼠没命似的在前面逃跑，俨然一场猫追老鼠的游戏。

半路上，因为觉得自己的马车坐的人太多，跑得太慢了，情急之下，刘邦甚至把自己的两个孩子推下车去只顾自己逃命。幸亏车夫夏侯婴不忍心，立即勒住马跳下车去，将两个孩子抱上车来。可是，跑了一段时间，刘邦还是觉得车速太慢，于是又将自己的两个孩子推下车去，而夏侯婴自然又停下车将这两个孩子抱回车上，如此这般，竟然重复了三次。

由此可见，当时这场猫追老鼠的游戏演得有多惊险，而老鼠刘邦表现得又是多么尴尬，多么狼狈。

应该说，这是自鸿门宴之后，刘邦与项羽玩的老鼠与猫的第二场游戏。

项羽与刘邦两人玩的第三场猫与老鼠的游戏是在这次彭城大战后不久，项羽将刘邦的父亲刘太公以及妻子吕雉俘虏后，为了引"鼠"出洞，抓获刘邦，于是便在楚寨前面做了一个大刀俎，同时将刘太公全身赤裸着绑在刀俎下面，扬言要烹杀他。

刘邦听到消息后，急忙跑到城上观望。

"老鼠"露面了。

于是，项羽派人故意在寨前大声喊话："汉王听着，项王有令，如不尽快下来决一死战，便烹杀你的父亲刘太公！"

以刘邦的精明世故，他当然知道项羽这是在故意使用激将法，想诱骗他上钩。所以，尽管他清楚，以项羽的残暴，绝对有可能说到做到，烹杀自己的父亲，但是，这种时候，他还是尽量克制自己，控制住内心紧张惶恐的情绪，而是显得满不在乎地站在城墙上扯着嗓门说："哈哈哈，我说项哥，我和你当年同时受命于楚怀王，并歃血为盟，结拜为兄弟。既是兄弟，喊，我的父亲不也就是你项王的父亲吗？"说完，哈哈大笑。

见项羽那边没回应，于是，刘邦更加表现得完全就像是个无赖，嬉皮笑脸没个正经地又大声说道："如果你项王想烹杀自己的父亲，也请分一杯羹给兄弟我喝吧，我倒很想品尝一下是什么味道呢？"

刘邦从小就是小混混一个，论耍无赖，"君子"项羽绝对不是"流氓"刘邦的对手。

所以，听到刘邦说"若烹我父，请分我一杯羹"，项羽知道再杀刘老公也没什么意义了，不仅激怒不了刘邦，反而会使自己陷于不仁不义的境地。于是，他便令人将刘老公又押回了楚寨严加看管起来。

这次的猫戏老鼠的游戏，可以说是由项羽一手策划并导演，但游戏的结果，却令项羽大失所望，丝毫没占到任何便宜。

要说刘邦与项羽的差别就在这里，项羽一味斗狠，斗勇，而刘邦则一味斗智，如果说，项羽凶猛的就像是一头狮子的话，那么，刘邦则狡猾的完全就像是一只狐狸。

之后，项羽与刘邦玩的第四次猫与老鼠的游戏是在这样一种情势下展开的。彭城大战与荥阳大战后，刘邦虽大败而归，但因为很会做人，得道多助，势力愈发壮大，而与此相反，虽然项羽屡战屡胜，但因为失道寡助，不会做人，结果却实力越来越弱。

楚汉战争的形势越来越明显地向着有利于刘邦的方向发展。

在这样一种形势下，项羽一心想和刘邦展开决战，企图速战速决，一战制胜，打败刘邦。

可是，犹如狐狸一样狡猾的刘邦当然不会孤注一掷，傻乎乎地轻易和项羽决战。因为他清楚，在军事上，自己绝对不是项羽的对手，如果与项羽会战，硬碰硬，自己必输无疑，所以，在张良等高人的指点下，刘邦决意和项羽打一场持久战，一方面，慢慢消耗楚军的实力，另一方面也渐渐削弱楚军的士气，从而最终把项羽彻底拖垮。

也正因此，有很长时间，刘邦一直与项羽在广武、成皋一线僵持着。

面对刘邦这种坚守不战的做法，项羽心急如焚却又无计可施。为了要找刘邦决战，情急之下，他不惜拿刘邦的父亲和老婆来要挟刘邦，逼他出手，可是，刘邦老谋深算，根本就不上项羽的当。没办法，项羽只好正式下战书，要求与刘邦单打独斗。他派使者来到刘邦军中向刘邦原原本本传达他的话说："天下动乱数年，争战不休，都是因为你我二人。我希望和你单独决战，来决定谁胜谁负，不要再让天下的百姓跟着我们受苦受难了！"

项羽这样说，一方面当然说明他在政治上真的还比较天真幼稚，打仗又不是举行体育比赛，谁会与你单挑？但另一方面，也确乎可以说明，项羽开始有所觉悟，已经满怀爱民之心了。

只可惜，项羽觉悟得太迟了，否则，天下人就会对他是另一种看法，而楚汉相争也会是另一种局面。而现在，说什么都晚了！

项羽提出要和他单打独斗，刘邦听了觉得好笑，他觉得项羽的智商真的不是太高，"想和我单挑？我会像你一样傻吗？"于是，他笑着请楚军使者回去转达他的话："我宁可斗智，不愿斗力！"

就像在拳击台上，刘邦老是像打太极拳似的，躲躲闪闪，消极避战，与他决斗的项羽只好主动出拳，奋力一搏了。既然几次激将，刘邦都不应战，于是，项羽便命令部下的壮士到刘邦阵前骂战，可是，不管怎么骂，刘邦仍是不出战，只是让一位善射的"狙击手"张弓搭箭，箭无虚发地一次次将前来骂阵的楚军壮士射死。

就这样一连射杀了项羽军中的三批壮士，项羽坐不住了，于是，他便亲自穿上铠甲，骑上战马，来到刘邦阵前挑战。刘邦军中那位善射的"狙击手"正要准备朝项羽射箭，没想到项羽突然朝他大喝一声，吓得他顿时浑身颤抖，不仅不敢射箭，而且连看一眼一脸怒气的重瞳子项羽的胆量也没有了，于是便只好心惊胆战地逃回营垒中。

项羽的闪亮登场无疑大长了楚军的士气，大灭了汉军的威风。

这种时候，既然人家楚军的一把手都出场了，那么，很自然的，汉军也都很希望自己的一把手也到阵前去，与楚军的一把手当面锣对面鼓地临阵对决一下。对于手下将士们的这些想法，以刘邦的精明世故，他当然会心知肚明。

于是，为了表示自己不甘示弱，同时更主要的是为了鼓舞汉军的士气，刘邦当即决定自己也去阵前登台表演一下，让汉军当然也让楚军将士们看看，他刘邦绝对不是孬种。而且，为了表现得比项羽还要勇敢，也更潇洒，刘邦甚至连盔甲也不穿，而且完全就像是到 T 台上走秀似的，只穿着便服便跑到两军阵前，和全副武装的项羽隔着广武涧对峙。

在今天看来，那天刘邦之所以表现得那么勇敢，一副浑身是胆雄赳赳的样子，乃是因为他觉得隔着一条广武涧，楚军的弓箭射不到他，所以，他才这么大胆，毫不示弱地和项羽同台对决，隔涧对骂。

汉军将士原本以为自己的主帅一定装怂，面对"力拔山兮气盖世"的项羽此时只会装聋作哑，骂不还口，没想到刘邦今天竟然表现得如此英雄，因而都大为惊讶，无不佩服，而且居然都起哄似的，几乎全都"嗷嗷"着大叫起来。

也许，男人在骨子里多半都有些人来疯，当听到手下将士发出的欢呼声，刘邦更来劲了，于是便背着双手，大摇大摆地跑到城外的一块高地上，一见到对岸的项羽便大声支持他道："项羽听着，像你这种残酷无道的人，哪有资格和我单打独斗呢？你有十大罪状，我要代表天下苍生来控诉你！"

要说刘邦打仗不行，但打嘴仗却很在行，只几句话就把对岸的项羽气得哇哇大叫。

一看项羽气成这样，刘邦心中很是得意，于是接着大声宣布项羽的十大罪状道："我与你均受命于怀王，约定谁先平定关中者，就做关中王。你违背约定，让我做汉王，这是第一罪。假借怀王的命令杀了卿子冠军宋义，而自尊为上将军，这是第二罪。已经援救了赵地，应当返回复命，而你却擅自胁迫诸侯的军队进入函谷关，这是第三罪。怀王约定，到了秦地不要残暴掠夺。而你火烧秦宫，挖掘始皇坟墓，私聚秦朝财物，这是第四罪。杀掉秦朝投降的国王，这是第五罪。在新安用欺骗的手法坑杀秦朝子弟二十万人，这是第六罪。让自己的将领都在好地方做王，而迁走原来的诸侯，使臣下争为叛逆，这是第七罪。将义帝驱逐出彭城，自己建都彭城，这是第八罪。派人到江南暗杀义帝，这是第九罪。为人臣而杀害君主，屠杀已降之人，执政不公允，主持约定不守信用，为天下人所不容，大逆不道，这是第十罪。"

要说刘邦就是会说话，一说话就狠狠击中项羽的要害。仔细想想，刘邦这哪是和项羽在吵架啊？他分明就像是一个大法官，在对项羽进行当庭宣判。经他这么一宣判，有着十大罪状的项羽完全就是一个死有余辜的犯人！

平心而论，刘邦所宣称的项羽十大罪状，有的的确是真的，但有的却不是事实，而且，即便有的是真的，然而从刘邦的口中说出来也未免有些夸大其词，不足为凭。

但是，在战争中，舆论往往具有令人意想不到的杀伤力，两军阵前，经刘邦这么亲口一说，当时，无论是汉军将士还是楚军将士，大家都听得清清楚楚，因而都情不自禁地受到刘邦的舆论诱导，从而在内心中几乎都觉得项羽委实有许多不是。

如此一来，刘邦自然也就使自己站在了道德的高地，形象一下子高大起来。

既然刘邦这么用心狠毒，妖魔化自己，按说，作为报复，这种时候项羽怎么着也要替自己辩解，或者干脆也列数几大刘邦的罪状，然而，要说项羽在政治上的低能就在这里，虽然刘邦当着两军那么多将士的面宣布了他的十大罪状以致造成了如此恶劣的影响，他竟没给自己做任何辩护，而是气急败坏，暴跳如雷，立即下令事先埋伏好的楚军弓弩手朝刘邦射击。

楚军飞弩射至，刘邦应声而倒。

幸好距离较远，飞弩虽然击中了刘邦的右胸，但还不至于让他命丧黄泉，只是断了几根肋骨。

起先刘邦真是被吓坏了，胸前重重的一击使他昏了头，他甚至不知道究竟发生了什么事。但他很快便反应过来，知道自己受了重伤。

要说刘邦真的非常具有政治头脑，天生是个非常优秀的演员，这种时候尽管胸前疼痛难忍，鲜血直流，但他知道，自己受伤的事不仅不能让楚军知道，而且也不能让汉军的将士知道，否则将会动摇军心，产生意想不到的后果。于是他强忍住疼痛，装得若无其事的样子故意撒谎说：

"蛮子射中了我的脚趾头。"

身后的护卫一看刘邦受伤，立即将他扶入城中。

当时，实际上，刘邦的伤势非常严重。

可是，为了不动摇军心，经与张良商量，刘邦只让医生给他做了简单的包扎，便又挣扎着坐起来，要去前线继续巡视，以证明自己只受了点儿轻伤，没什么大事儿。

为了把戏演得很像，这位天才的演员让亲兵把自己抬到马上，并用一根木棍支撑着自己能够坐起来，然后披上铠甲，正好把木棍罩住，等一切伪装好后，他便开始了自己的表演：到各个营寨以及汉军与楚军对峙的前线进行巡视，一边巡视还一边有说有笑。

如此一来，刘邦果然把项羽给骗了。当楚军的密探把侦察到的这一情况报告给了项羽，项羽认为刘邦确实是只受了点儿轻伤，于是便放弃了乘势攻打汉营的计划。

仅此可见，刘邦真是一只聪明狡猾到了极点的"老鼠"！

一个人能在关键时刻如此泰山崩于前而面不改色，危难时刻能如此镇定自若，应付自如，显然，这样的人绝对不是凡人，而是人中之杰，人中之龙。

所以，从某种意义上说，遇到像刘邦这样的对手，也活该项羽倒霉。试想，就项羽那样一只"傻猫"，在猫与老鼠的游戏中，他又怎么能玩的过刘邦这只极其狡猾的"老鼠"？

一个有勇无谋，一个老奸巨猾，两人的对决真的不在同一个水平线上。

刘邦，为什么是刘邦

在今天看来，秦朝末年，群雄逐鹿，刘邦最终能够取得胜利，成为唯一的胜者，的确有许多运气的成分。

诚如我们所知道的，在当年开展的"逐鹿杯"反秦对抗赛中，第一支上场攻擂的是陈胜吴广代表队。

说到陈胜，许多人都会很自然地想到他的三句名言，一句是"燕雀安知鸿鹄之志哉"，第二句是"王侯将相宁有种乎"，第三句则是"苟富贵勿相忘"。如果只是单纯"听其言"的话，那么，人们一定以为陈胜是个很有宏伟抱负和远大志向的人，一个从不相信命运天定敢于向命运挑战的人，一个很重交情很讲义气的人。

但从史书上看，陈胜有鸿鹄之志是事实，不信命也是事实，但"苟富贵勿相忘"却是一句假话，在他后来当"陈胜王"时，当年与他一起种田的老伙计记得他"苟富贵勿相忘"的话，就去找他。陈王不仅没有"勿相忘"，而且竟然把这些老伙计给杀了，"由是无亲陈王者"。

而且，陈胜起兵后，又接连犯了急于称王、偏信、专断以及滥封诸侯等错误，所以，他后来即使不被自己的车夫庄贾所害，其失败的命运也是铁定了的。

至于他的搭档吴广，此人虽然很有些谋略，但因为缺少魄力，缺少作为一把手必备的胆略与气质，所以也很难能够成事。

因此，在"逐鹿杯"赛中，陈胜吴广代表队不能最终获胜似乎也在情理之中。

再看第二支上场攻擂的项梁项羽代表队。

平心而论，这是一支在当初最被看好也是最有冠军相的代表队。事实上，如果他的主帅项梁不死，那么，十有八九，最后摘取"逐鹿杯"桂冠的肯定是这支"项家队"。之所以会做这样的推断，乃是因为，项梁绝对是一个不可小觑的人物，出身军事世家的他不仅擅长军事，很会打仗，而且，据史书上说，他还很会用人，知人善任，在为人处世方面，比项羽不知要成熟多少倍。

可以肯定的是，如果他不过早地战死，那么，由他领导项家军，后来绝对不会发生火烧咸阳、坑杀二十万秦军将士以及分封天下、暗杀义帝等一系列低级错误，而且，以他和张良的私交，张良很可能不会投靠刘邦，陈平、韩信也很有可能一直待在他的军中，为他所用，甚至刘邦也很有可能在投靠项家军后，一直待在他的旗下，不敢与他分庭抗礼……倘若真是这样的话，那么，秦亡之后，取而代之最终夺冠的一定会是项梁无疑。

然而，非常遗憾的是，由于项梁过早地战死沙场，原本非常兴旺的"项氏集团"不幸交由项羽经营，结果，由于项羽性格的缺陷，经营不善，最终无可挽回地陷入到了破产倒闭的境地。

显而，对于项氏集团来说，项梁的早逝固然是一种天大的不幸，但对于刘邦来说，却无疑是一种幸运。因为，从某种意义上说，自从"一号种子选手"项梁战死后，论综合素质，刘邦便自然成为"一号种子"，第一主力，到这种时候，群雄逐鹿，冠军已自然非他莫属。

由此可见，刘邦的运气实在不坏。

而且，在与项羽的多次对决中，刘邦的运气也很不错。比如彭城之战，项羽的三万精兵杀得刘邦的 56 万大军人仰马翻，而刘邦竟也被项羽的精兵重重围困在灵璧东面的睢水边上，眼看就要被楚军活捉，可就在这时，忽然黑云压城，狂风大作，那狂风摧折树枝，掀翻屋顶，飞沙走石，正好朝楚军迎面扑来。被大风这么一吹，楚军顿时大乱。也正是利用这一天赐良机，刘邦才侥幸在几十名骑兵的护卫下慌忙逃出了重围。

不光运气好，应该说，刘邦这人福气也好。我们看在灭秦和楚汉相争中，项羽几乎一直是在那身先士卒，冲锋陷阵，而且还总是战必胜，攻必克，完全就是一个战斗英雄。除了打仗，项羽几乎没有怎么好好享受过生活，他既不好酒，也不好色。可是，再看刘邦，他老兄在整个灭秦和楚汉战争中，几乎没有一座城池是他攻下的，没有一个计谋是他策划的，甚至连他的老婆吕雉也是他的老丈人吕公主动白送给他的。

所以，屈指算来，在我国古代的开国皇帝中，还从没有一人能有他这么好的运气和福气。

不过，话又说回来，如果仅仅只是靠运气，刘邦很显然也不会笑到最后。仔细分析起来，应该说，刘邦能够成功自然有他成功的道理，或者说，有他的成功秘籍。

诚如我们所知道的，对于自己人生与事业的成功，刘邦甚为得意，并且还曾经特意专门开了一次经验总结会。

那是在他刚当上皇帝后不久，有次在洛阳南宫设宴招待群臣，酒酣耳热，他问大家："吾所以有天下者何？项羽之所以失天下者何？"

大臣高起、王陵回答说："项羽妒贤嫉能，有功者害之，贤者疑之，战胜而不予人功，得利而不予人利，此所以失天下也。"

刘邦点点头，又摇摇头，神色中未免有些得意地说："公知其一，未知其二。夫运筹帷帐之中，决胜千里之外，吾不如子房；镇国家，扶百姓，给馈饷，不绝粮道，吾不如萧何；连百万之军，战必胜，攻必取，吾不如韩信。此三者，皆人杰也。吾能用之，此吾所以取天下也。项羽有一范增而不能用，此其所以为我擒也。"

应该说，刘邦对自己的成功总结得非常深刻，也非常生动。"刘邦成功在用人"，这应该说是刘邦成功的最大秘籍。

但是，仔细想想，刘邦之所以能够善于用人，或者，换句话说，那些天下英雄、天下人杰之所以愿意为他所用，应该说，这其中，恐怕还在于刘邦能够善于利用人性的弱点。

从心理学的角度来看，古今中外，人性最大的也可谓生而有之的弱点就是自私自利，就是对功名利禄的渴求与贪婪。

可以说，刘邦正是自觉不自觉地成功利用了这一人性的弱点，才使得韩信、英布、彭越以及陈平等一大批当时的社会精英人士像一群战马一样无不心甘情愿地供他驾驭和驱使。

说白了，刘邦之所以能够驾驭和驱使这些优秀杰出的人才，使他们成为自己奠基帝业的"功狗"，其最大的秘籍其实就是善于使用物质激励与利益驱动，而且这些还往往是没最终兑现的空头支票或政治白条。

关于这方面的例子很多，限于篇幅，仅举两例。

第一个例子就是刘邦拜韩信为大将。我们知道，韩信先在项羽手下，没得到重用，一气之下投奔刘邦。刘邦一开始也只让他做了个治粟都尉，也即负责钱粮的一个小官。因为大失所望，韩信又一次选择出逃，开小差跑了。幸亏萧何慧眼识才，所谓"萧何月下追韩信"将韩信追了回来。

即使是到这时，刘邦依然没有认识到韩信的重要性，所以，一见到追韩信回来的萧何，他便禁不住埋怨他说："将士开小差跑走是正常的事，以前跑了那么多人，你都没去追，如今为何去追韩信这个无名小卒呢？"

萧何回答说："那些人都算不得什么，再跑多少也不可惜。可是韩信却是一个难得的栋梁之材，大王如果仅仅只想当个汉王，没有韩信也就罢了，但如果要想争得天下，没有韩信万万不行。大王自己拿主意吧。"

有道是：响鼓不用重锤，明白人一点就通。经过萧何这么一点拨，刘邦顿时明白过来，为了能笼络住韩信，刘邦竟然拜原本只是一个治粟都尉的韩信为大将军，而且还选吉日，设坛场，正儿八经举行了一个极为隆重的拜将仪式。

被刘邦这么一重用，在物质激励与利益驱动下，韩信的积极性和创造性自然被完全调动了起来，其在军事上的聪明才智自然也充分得到了发挥。

事实上，不仅仅是韩信，其实张良也是被刘邦用"权力"给笼络住的。

据史料记载，在离开刘邦准备重建韩国前，张良曾建议刘邦集中全力向关中挺进，可是，张良走后，刘邦贪小便宜却去攻打洛阳，吃了亏后才后悔没有听张良的话。所以，当后来再见到张良后，他便一心想让张良留在他的身边，助他一臂之力。张良先没应允，于是刘邦就不仅以感情贿赂张良，而且还许诺把自己的军权交给张良，西征军全权由张良负责，自己则甘愿做个配角。显然，也正是由于刘邦不仅以感情留人，而且以丰厚的待遇留人，所以，张良才被他的诚心所感动，从此留在了刘邦的身边，且在心中决定，要一辈子为刘邦的知遇之恩倾尽自己的心力。

第二个例子则是给韩信、英布和彭越开空头支票，打政治白条。

却说楚汉战争到了最后关头，刘邦的军队已经打到了楚国境内，准备和项羽在垓下决战，但如果单凭刘邦的实力，要想彻底打败项羽几乎是不可能的，而这时，韩信也好，彭越也好，英布也好，尽管刘邦一一向他们发出邀请，要他们参加垓下会战，但他们却全都按兵不动。一看这情形，刘邦就知道这几个人是想和他谈条件，讲价钱，于是便和张良商量说："子房啊，看来这些人是不见兔子不撒鹰，再说这个天下也不是哪一个人的，我准备胜利以后把这天下给分了，你看分给哪些人好呀？"

刘邦一说这话，张良就知道他心里的意思，于是就说："分给彭越、英布和韩信吧。现在战争到了关键时刻，绝不能功亏一篑。如果你答应将来把土地分给他们三个人的话，他们一定会南下来帮助你合围项羽的。"

果然，当刘邦让使者带着他开的这些空头支票去游说彭越、韩信和英布时，这三个财迷果然眼睛一亮，立即就答应出兵，结果，由韩信挑头，在垓下布下了十面埋伏阵，只一战便将项羽给彻底打败了，在四面楚歌中，陷入绝望的项羽最后只好乌江自刎，饮恨而死。

仅此可见，刘邦这人真正是"欲达目的，不择手段"，为了能笼络住人才，让这些人才为己所用，他往往表现得很豪爽，很大气，甚至不惜开空头支票，打政治白条，以此满足这些杰出人才内心中显在或潜在的贪婪的欲望。

也正因此，受利益驱使，那些天下豪杰、优秀英才才会纷纷去投靠他，效忠他。

刘邦的大气与聪明也正表现在这里。

可是反观项羽，为人却显得小气和老实。韩信就曾说过，项羽这个人大处不算小处算，平时如果将士有谁受了伤，他会亲自跑来看望，送吃送喝，关心得不得了，可是每当将士立了战功，要他封一个官爵，他却抠门得不得了，一颗印捏在手上，磨过来磨过去，直到方的变成圆的，他都舍不得给人。俗话说：大丈夫不算小账。你想，就项羽这么小气的人，谁还愿意替他卖命呢？

所以，从某种意义上说，刘邦乃是一个用各种诱饵来钓取天下英才并通过这些英才为其来钓取天下的渔翁。或者说，他是一个靠经营人才来经营天下赚取江山的千古奇商。

刘邦的成功秘籍大抵如斯。

当代有学者说："刘邦的怀柔与流氓手段不仅成为后世帝王的典范，也使得中华民族的阳刚之气、高贵之风、磊落胸怀大大地打了一个折扣。一股阴柔、世俗、庸常之风逐渐弥漫开来，残酷地侵蚀了民族健康的肌体。"

仔细玩味，这话说得委实是深中肯綮，很有见地。

从史书上看，刘邦这人世故、圆滑，甚至还很阴险、奸诈、卑鄙、无赖，其德行或者说人品并不好，按古人的说法完全就是一个小人，如用现代一些历史学家的话说刘邦干脆就是一个流氓。而从某种意义上说，项羽则是一个崇尚节义、讲求道德、表里如一、光明磊落的君子。可是两人对决到最后，为什么小人刘邦能问鼎江山，奠基伟业，而君子项羽却穷途末路，自刎乌江？

按照辩证法的观点来看，问题的内因——如上所述，当然是由于他俩性格方面的差异所造成的，可是倘若从外因来看，则应该说是因为时代的变迁所导致的。

的确，如果说，在先秦时代，人们普遍崇尚和追求的乃是一种重义轻利的"君子人格"的话，那么，到了战国末期以后，世风日下，人心不古，人们已在不知不觉中普遍形成了一种重利轻义的"小人德行"，一种世俗市侩的风气渐渐在社会上占了上风。

所谓"君子人格"，其实就是古人所说的忠烈人生，义士情怀，舍生取义，烈士殉名，也即那种所谓的"宁为玉碎不为瓦全"，所表现出的乃是一种正直高尚的大我的形象；而"小人德行"的最大特点就是见利忘义，贪夫徇财，阴险狡诈，厚颜无耻，欲达目的，不择手段，所表现出来的完全是一种卑微猥琐的小我的形象。

战国末期，由于那种崇尚节义的先秦君子之风日渐式微，像李斯、赵高这样的追名逐利、见利忘义之徒渐渐浮出社会的水面，混迹官场，整个社会已经从先秦君子社会向秦末汉初的市民社会开始迅速转型。一种追名逐利、奸猾势利、讲求实际与实惠的世俗化浪潮以一种不可阻挡之势逐渐淹没了整个封建官场。

　　显然，也正是在这样一种世俗化的浪潮中，生逢其时的刘邦才成了一个幸运的时代弄潮儿。

　　所以，从某种意义上说，刘邦的胜利，标志着一个世俗化时代的来临，而与此同时，贵族化的先秦时代彻底结束了。从此，平民阶层开始登上国家的政治舞台，由此，自然使国家的整个上层建筑渐渐弥漫与风行起一股小农意识与市侩风气。

　　如此一来，先秦时期的那种贵族化的理想、精神与情操、气节没有了，在一种自觉不自觉的世俗化政治氛围中，整个官僚阶层的道德情操开始出现群体性的沦陷与滑坡，那些大大小小的官员乃至整个士人夫阶层渐渐开始日趋世俗，讲求势利，追逐实惠，自甘平庸，但却通达权变，工于心计，整个封建官场渐渐成了君臣之间、臣臣之间钩心斗角、尔虞我诈的权力角斗场。

　　是的，如果说，先秦时代，在各诸侯国封建士大夫中所弘扬与盛行的乃是一种具有理想色彩和浪漫主义的主旋律的话，那么，随着刘邦的胜利，整个上层建筑主流社会便渐渐形成了一种极具势利色彩和利己主义的市侩主义。官场的潜规则也渐渐潜滋暗长并很快流行了起来。

　　而且，不客气地说，中国后来的历代封建社会，无不受到了汉朝这一市侩主义的浸淫。特别是中国的传统文化在汉朝被一次次地整形与改造甚至是偷梁换柱后，后代的中国文化因此被固化成了一种典型的"汉文化"，这其中，固然有许多优秀的合理的成分，但也不幸感染上了许多封建专制极为有害的"病毒"。有汉以降，整个社会的"义利观"在很大程度上被颠倒和扭曲了。

　　当然，话说回来，"物竞天择，适者生存"，不管怎么说，刘邦都是一位乱世英雄。

第四章
狡兔死，走狗烹

说来，中国的历史总是充满了太多的悲剧，不说别的，就说汉朝吧，秦失其鹿，刘邦得之，这对新诞生的西汉来说，原本应该说是个喜剧。可就在楚汉相争，最后终于以刘邦的完胜而宣告结束，那一大帮跟随刘邦成功打下江山的弟兄们欢天喜地，以为从此将要和大哥刘邦有福同享时，没想到，悲剧却说来就来，就像一只死亡的幽灵忽然降临到他们的头顶上空，向他们张开了血盆大口。而在他们的脚下，善于挖坑的大哥刘邦更是早已为他们挖好了死亡的陷阱……

是的，历史就是这样的老套而雷同，总是会出现惊人的相似，想当年，"狡兔死，走狗烹"的历史悲剧在当年越国灭吴后，曾经被卧薪尝胆的勾践已经成功执导并血淋淋地上演过一次了，没想到，还只过了不到 300 年，西汉初年的大汉帝国"著名导演"刘邦又如法炮制，将这一幕悲剧重又搬上了大汉初年的政治舞台……

刘邦的伎俩

刘邦这人很有心计，很有手腕，再加上他的身后总是紧跟着像张良这样一个历史上著名的帝王师，此外还有像陈平、萧何这样在历史上也非常出类拔萃的谋臣高参，为他出谋划策，所以，可想而知，一般的政治对手根本就不是他的对手。

通常，对于一些历史大人物来说，他们的政治对手都是因时而异的，用那句非常有名的话说就是：在这个世上，没有永远的敌人，也没有永远的朋友。就拿刘邦来说吧，当初，在他还才斩白蛇起义，不久加入到项梁领导的反秦农民起义军的行列时，他曾经一度和项羽并肩作战，与项羽可谓拜把子兄弟，可是，等到大秦帝国被推翻，楚汉之争爆发后，他和项羽则很快变成了水火不容、你死我活的政治死敌。

要说刘邦真的是一个高手，不仅很善于挑拨离间，挖敌人墙脚，而且也很会收买人心，笼络人才。我们看在楚汉之争中，表面上刘项双方比拼的是军事，是战场上刀光剑影血雨腥风的军事之争，但在实际上，在军事之争的背后，他俩之间比拼较量的却是人才。

熟悉这一段历史的人都知道，项羽进入关中分封天下时，无论是军事还是人才以及同盟军等各方面都占尽了优势，而被项羽封为汉王的刘邦当时各方面的条件都远远不如项羽，与项羽根本就不可同日而语。可是，就因为"力拔山兮"的楚霸王项羽只知道单打独斗逞匹夫之勇，而不知道收买人心笼络人才，在楚汉之争中去建立最广泛的统一战线，结果导致自己众叛亲离，致使原本一度红红火火轰轰烈烈的"项氏公司"最后血本无归，不得不破产倒闭。

而反观刘邦，一开始他所经营的"刘氏集团"真的很不怎么样，以致曾主动争取被"项氏公司"兼并，但就因为有着江湖习气的刘邦很会做人，在表面上假惺惺地很有哥们儿义气，不仅把张良等许多高人都"招聘"到自己麾下，而且，还通过挑拨离间、利益引诱等手段，不断挖项羽的墙脚，最典型的例子应该说是刘邦用了陈平的离间计，不仅将项羽身边的几员非常得力的大将像英布等离间了，到最后，连一个亚父范增也弃项羽而去，致使项羽真正成了一位孤家寡人。

垓下之战，表面上看，是刘邦彻底打败了项羽，让四面楚歌的项羽最后在绝望中走上了乌江自刎的道路，但在实际上，其实是刘邦发挥统一战线的威力，让韩信和彭越以及英布联手合力打败项羽的。可以肯定地说，如果没有韩信的十面埋伏，没有彭越兵临垓下，没有英布的英勇善战，以刘邦的那点儿可怜的军事才能以及有限的军事实力，绝对不能击败项羽。

所以，一点儿也不夸张地说，从固陵一役刘邦败北，到垓下之围刘邦完胜，刘邦的天下完全是靠他的那一帮弟兄，如萧何、樊哙、周勃、张良等，以及一帮异姓诸侯王，如韩信、英布、彭越等，为他给打下来的。就是这样一个一遇到棘手问题就问张良，问陈平，问韩信的市井无赖，到最后竟然完全通过朋友帮忙，打下了江山，坐上了龙椅。

当然，这并不是说刘邦真的是毫无本事，草包一个。要真是这样，他也断然不能问鼎天下，一统江山。实际上，刘邦是个很有本事的人，他最大的本事，用我们老百姓的话说就是很会"玩人"，任你什么样的人，无论是他的敌人还是朋友，在不知不觉中都会为其所用，被他玩弄于股掌之间。

我们看项羽也好，韩信也罢，抑或还是那些异姓诸侯王，在当时，几乎没有一个人能够玩得过他，甚而至于，在他的面前，项羽和韩信简直就变成了任其玩弄的傻子或呆子，而那些异姓诸侯王也都完全变成了他争夺天下的棋子或道具……

要说刘邦的本事就正在这里，而且，这也是一般人很难具有的一种人生大本事，或曰人生大伎俩。

古往今来，在中国，做人精明的人可谓恒河沙数，但能够像刘邦这样精明异常的人即便不能说是举世无双，空前绝后，但起码也应该说是屈指可数，寥寥无几。

从一开始打江山到后来坐江山，刘邦看上去几乎都像一个甩手掌柜，除了挂个名，领个头，他本人几乎从来不干什么实事。在刘家军内部，平时出谋划策的事都由张良主管，陈平协助；招兵买卖、筹备钱粮的事则完全由萧何、曹参等人负责去办；至于打仗，冲锋陷阵，当然是让韩信、樊哙他们去干。而刘邦要做的事似乎只是将他们协调好，笼络好，让他们每个人都能心甘情愿死心塌地地为自己效力，为自己卖命，从而形成一个强大的合力或者说是向心力。

除了在内部能够将自己的手下一帮人凝聚到一块，充分利用他们，发挥他们每个人的聪明才智之外，在做汉王时，如前所述，刘邦还很善于建立广泛的统一战线，通过玩弄伎俩忽悠那些异姓诸侯王尽量为己所用。

据史料记载，在楚汉战争中，刘邦曾先后加封了八个异姓诸侯王，他们分别是：赵王张耳、淮南王英布、长沙王吴芮、燕王臧荼、韩王信、楚王韩信、梁王彭越以及闽越王无诸（也称亡诸）。这其中，实际上前四个异姓诸侯王都是当年项羽所封的，只有后面的四个异姓诸侯王才完全是由刘邦后来新封的。

在今天看来，在楚汉战争中，刘邦之所以要改封或新封这八个异姓诸侯王，完全就是一种策略，一种出于政治需要而不得已而为之的权宜之计，或者干脆称之为是刘邦的伎俩。

还是来举两个例子吧。

先来看看韩信是怎样被封王的。

诚如我们所知道的，韩信在带兵攻下齐国后，就立即派人送了一封信给刘邦。在信中，韩信对刘邦说，齐国这个地方很麻烦，这里的人反复无常，一会儿投降汉国，一会儿又归顺楚国，简直就是反复之国。所以，如今不能再让齐国人自己来做齐王了，否则还会靠不住。既然这样，我韩信想请大王您封我韩信不妨做个假齐王，所谓假齐王也就是代理齐王，让我代理一下齐王这个职位，我保证能把这个地方治理好。

当时，刘邦正与项羽在荥阳这个地方大战，而且被项羽暗箭所伤，被迫困守广武，形势对刘邦非常不利。

危急时刻，刘邦非常渴望韩信能够立即带兵前来救他，没想到这种时刻，韩信不仅不急不躁，而且还竟然伸手要官，希望刘邦能够封他为假齐王！在刘邦看来，韩信这样做简直是趁火打劫，敲诈勒索，公然与自己讨价还价。

因此，在看了信后，刘邦勃然大怒，破口大骂道："我困在此地，日夜盼望着韩信能来救我，可他倒好，这种时候竟然来信要求我封他为假齐王，真是混蛋！"

显然，以刘邦原先的意思，他是绝对不会封韩信为假齐王，更不会封他为齐王的。

但关键时刻，刘邦的两个超一流的谋士张良与陈平却不谋而合，与刘邦有着不同的看法。就在刘邦冲着韩信派来送信的使者大发雷霆时，两人不约而同地朝刘邦递了个眼色。刘邦一看这两位高参使眼色，赶忙跑过去与他两人商议，想听听张良、陈平的高见。

这时，张良悄悄对刘邦说："大王，您这个时候可不能得罪韩信呀！您想想看，我们现在被项羽困在这里，韩信真要想做齐王的话，不买您的账，您能阻止得了吗？如果阻止他，很有可能会和他闹翻了，这对大王您有什么好处呢？臣以为，大王还不如痛痛快快地答应他，立他为齐王，使他守住领地，这对大王不也很有利吗？"

经张良、陈平这么一点拨，刘邦顿时反应过来，于是，他便重又走到那个韩信派来的使者身边，继续刚才的话骂骂咧咧说："我说这韩信也真是混蛋！男子汉大丈夫，要当齐王干脆痛痛快快就当个真的齐王，为什么要当'假齐王'呀？真是混蛋！没出息！"

然后，刘邦不仅当即答应封韩信为齐王，而且还立即派张良将齐王的王印送到韩信那里，让韩信成了真正的齐王。

由此可见，韩信的齐王王位乃是在这样一种背景下由刘邦分封的。说白了，刘邦分封韩信为齐王实在是出于无奈，真正是不得已而为之，而绝对不是刘邦心甘情愿要封的。

下面，不妨再来看一看彭越当初被刘邦封王时的情景。

据《史记·魏豹彭越列传》记载，固陵（今河南太康南）之战，刘邦被项羽打败，于是便派使者火速赶往魏地，要彭越率军立即前来救援自己。可是，彭越却不愿执行刘邦的命令，于是便婉言推脱说："魏地刚刚平定，还畏惧楚军，不能前往。"

当时，齐王韩信在接到刘邦要求救援的信后也按兵不动，不愿派兵前往救援。

危急时刻，刘邦无可奈何，不知所措，于是便愁眉不展地对张良说："诸侯的军队都不愿来参战，这可怎么办呢？"

张良对此显然已经深思熟虑，成竹在胸，于是他便向刘邦建议说："齐王韩信自立，不是您的本意，韩信自己也一直很不放心。彭越本来平定了梁地，战功累累，当初您因为魏豹的缘由，只任命彭越做魏国的国相，实在是太委屈他了。如今，魏豹死后又没有留下后代，何况彭越心中也打算称王，而您却没有分封他为王。现在，既然事情到了今天这个地步，您还不如和两国约定：假如战胜楚国，睢阳以北到各城的土地，都分封给彭相国，且分封他为王；从陈以东的沿海地区，则全都分封给齐王韩信。齐王韩信的家乡在楚国，他的本意是想再得到自己的故乡。您如果能拿出这些土地答应分给他俩，相信这两个人很快就可以带兵前来增援，即使不能来，事情发展也不致完全绝望。"

于是，刘邦便按照张良的计策行事，派使者到彭越那里，把自己许诺的这些条件一说，彭越立即就率领着自己的全部人马到垓下和刘邦的军队会师，并很快大败楚军，最后迫使项羽自刎而死。

战斗胜利后，刘邦当即兑现自己的诺言，封彭越为梁王，建都定陶。

显然，与当年封韩信为齐王一样，刘邦封彭越为梁王也不是心甘情愿，而只是作为一种政治的或军事的筹码，抑或说是一种诱饵，其目的是要诱使彭越能够助自己一臂之力，以便合力对付当时自己最大的敌人——项羽。也正因此，能屈能伸的刘邦才会委曲求全，尽管在内心中心不甘情不愿，但还是在外表上装得很乐意的样子，先后封韩信和彭越为齐王与梁王。

要说刘邦的精明、手腕与伎俩就体现在这里。为了能取得楚汉之争的胜利，他不得不对那些异姓诸侯王经常予以迁就和妥协，如同做买卖一样，"以封王换胜利"，并最终换来自己能够顺利登上皇位。

所以，从某种意义上说，刘邦的天下，完全是靠他耍手腕、玩伎俩，让他的那些拜把子兄弟以及那些异姓诸侯王为他打来的。因而，要说感恩的话，于情于理，刘邦都应该对这些人心存感激、知恩图报才是。

可是，从后来的结局看，对那些曾经为他立过大功、帮了他大忙的朋友，特别是那些异姓诸侯王，刘邦非但没有感恩图报，反而恩将仇报，将他们一个个杀戮殆尽。

民间有句谚语，叫作"过河拆桥，卸磨杀驴"，很显然，刘邦就是这样一个厉害的角色。

韩信其人

韩信这个人在历史上是很出名的，有关他的传奇故事诸如"胯下之辱""韩信将兵""十面埋伏"以及"萧何月下追韩信"等千百年来一直为人们津津乐道，即使是到今天，也依然是家喻户晓，妇孺皆知。

诚如我们所知道的，韩信这个人很有军事天才，他之所以无论在当时还是在后世都那样出名，很显然就是因为他的杰出的超一流的军事天才使然。不妨这样说吧，项羽这人应该说在军事上也很有天才，很会打仗了吧？但是，韩信却完全可以称得上是他的克星。和韩信比起来，项羽要差很多，两人显然不在一个重量级上。

这样说，绝对没有故意贬项褒韩的意思，因为，楚汉相争，表面上看项羽最后是输在了刘邦的手上，但在实际上，则是败在了韩信的手下。

所以，一点儿也不夸张地说，如果没有韩信，楚汉相争很可能就会是另外一种结局，到最后刘邦能不能够取得胜利还要打上一个大大的问号。

就因此，韩信绝对称得上是西汉的第一功臣。对此，即便是在当时，人们多半也并不否认，认为韩信"功高无二，略无世出"。这应该说是对韩信的非常崇高的评价。

可是，就是这样一个"功高无二，略无世出"的韩信，到最后却惨死在刘邦和吕后的手上，成了西汉第一个被杀的功臣。

韩信的死，被称为西汉的第一大冤案，但仔细想来，其实，冤案不冤，韩信的被杀，从某种意义上说，乃是从西汉建立那天起就注定了的，或者，换句话说，只要刘邦做皇帝，韩信就必须死。

的确，在今天看来，被杀——应该说是韩信别无选择的选择。究其原因，乃是因为韩信"勇略震主"，只要他活在世上，对刘邦来说就会始终是个威胁，是个隐患。

所以，千百年来，人们一直都说"成也萧何，败也萧何"，但在事实上，更恰切地说，对韩信来说，乃是"成也军事，败也军事"，韩信之所以能够成为韩信，能够封王封侯，显然是因为他在军事上太杰出，而导致他最后被杀身亡，不用说，也是因为他在军事上太有才了！

有道是：冰冻三尺，非一日之寒。仔细想来，导致韩信最后被杀，显然并不是一日之功，不是一朝一夕之事，只要大致看一看韩信一生所走过的路程，便会约略知道韩信的结局何以会是那样一个悲剧。

说来，韩信这人也真的很有意思，说到他早年的经历则更是饶有趣味。据《史记·淮阴侯列传》记载，韩信乃是淮阴（今江苏淮安）人，后来又被刘邦将他从楚王贬为淮阴侯，所以，后人一般都称他为淮阴侯韩信，以便与他同时代的另一个"韩信"也即韩王信相区别。

据说韩信出身布衣，儿时家里很穷，也许他的祖上是一个贵族只是到他的爷爷或父亲的时候因为种种原因已经破落衰败了吧。所以，儿时的韩信尽管是一个彻头彻尾的穷孩子，但他还是与真正的农村穷人家的孩子很不一样，当时他的一个最大特点就是不管春夏秋冬，身上总佩着一把不知道是不是祖传的宝剑。而在当时那个时代，通常只有那些贵族身份的人才有资格佩剑，以此显示他们与一般平民不一样的贵族身份。

一个衣衫褴褛的乡村少年，一年到头身上总是佩着一把明显与他的身份很不相称的宝剑，这使年轻时的韩信让人看起来总显得很滑稽，很搞笑，其外表给人看起来既像是一个穷愁潦倒的贵族，又像是一个走江湖耍把式卖艺的艺人。

而且，更搞笑的是，甭看他天天肩上背着把剑，但却似乎并没有什么高超的剑术或过人的武功，甚至连三脚猫的功夫也没有，平时背着把剑原来只是装装样子而已。要说他不会武功也就罢了，可是，让人纳闷的是，整天剑不离身的他还出奇的胆小，以至有一天，他被人欺负了，他非但不去反抗，反而若无其事地从那人的胯下钻过去了。

事情说起来其实也很简单，有一天，韩信背着把剑在淮阴街上经过，正好被街上有个泼皮看见了。那泼皮显然是闲得无聊，存心要拿韩信取乐，于是便又着腰跑过来挡住了韩信的去路。韩信不想惹事，于是便想从旁边绕过去，可是，无论韩信怎么绕，那泼皮就是不给他让路。不仅不让，还拿话取笑韩信说："韩信你那么大的个人，还成天挎着把剑，外表看起来蛮吓人的。老子今天倒要看看你有什么武功，有本事你就出手和老子比试比试！"

韩信涨红了脸，却始终一句话不说，这时一门心思只是想从那泼皮身边穿过，好继续赶路，但一心想寻开心的泼皮却执意要将对他的侮辱进行到底。

一看韩信不敢与他比试，那泼皮便又流里流气地说："韩信你个孬种，胆小鬼，你要不敢和我比试武功，你就从老子的两腿之间钻过去，否则，今天老子就不让你走！"

这时，街上围观看热闹的人渐渐多了起来。许多人起哄着，想看韩信的笑话。

有道是：困兽犹斗，更何况中国有句古话叫作"士可杀而不可辱"，若是换成一般人，此时此刻一定会气得要死，即便是不和那泼皮决斗，也一定会和他理论。可是，要说韩信真的是不同凡人，这种时刻，尽管无端遭到这样的欺侮，他却不急不恼。当那泼皮要他从自己的胯下钻过，否则不让他离开，这时的他依然并不生气，只是平静地看了看那泼皮，用史书上的话说就是"孰视之"，然后便一声不吭地弯下腰，匍匐到地上，从那泼皮的两腿之间爬了过去。

这就是历史上有名的韩信遭受胯下之辱的故事。

一个大男子，竟然逆来顺受，遭受胯下之辱，这使原本名声就不大好的韩信从此在乡里更加声名狼藉。就因此，年轻时的韩信在家乡混得很差，因为当时的规定"无行不得推择为吏"，像韩信这样名声很臭的人当然不能被"推择为吏"，不能进官府当一名小吏。

既然不能从政，那就退而从商吧，可是，像韩信这样"文不像秀才武不像丁"的人，做生意显然也不行。也正因此，年轻时的韩信一直无所事事，游手好闲。因为穷，家里没饭吃，于是他便只好厚着脸皮经常到外面蹭饭吃。

据说他先到南昌亭长家去蹭饭，因为不自觉，老跑人家去蹭饭，南昌亭长老婆不待见了，于是，夫妻俩想了个办法，就是深更半夜地在家里做饭，在天没亮时一家人把饭全部吃光，等到白天韩信来蹭饭时，对不起，饭早吃完了。就这样，总算把个韩信给打发走了。

说来，还真多亏漂母，也就是在河边洗棉絮的老大娘看韩信可怜，在韩信饿得要死的时候把自己吃的饭省一半给韩信吃。韩信感动万分，有一天便心情激动地对漂母说："谢谢大娘，将来我一定报答您的大恩！"

谁知漂母却摇摇头说："大丈夫尚且不能自食其力，还说什么厚报？我不过是同情你罢了，你还说这种大话？"

由此可见，年轻时的韩信混到连漂母都可怜他的地步，也真的是落魄到家了。所以，如果不是后来遭逢乱世，像韩信这样的人根本不可能荣华富贵，只能永远生活在社会的最底层，过着近乎乞丐一般的生活。

但是，就因为秦朝末年，天下大乱，诚所谓"乱世出英雄"，曾经穷困潦倒的韩信才会时来运转，并很快就成为一位叱咤风云的大人物。

诚如我们所知道的，秦末起义时，韩信最先投靠的是项羽，但没被重用，于是便又去投靠刘邦，可仍然还是没被重用。失望之余，他便逃离汉营，想另做打算。这时多亏萧何慧眼识英雄，知道韩信是个奇才，于是便"月下追韩信"，硬是将他追了回来，并力劝刘邦将韩信拜为大将，由此使韩信脱颖而出，并迅速崭露了他那无与伦比的军事天才。

如果说，反秦起义，项羽乃是当之无愧的第一主力，居功至伟的话，那么，在楚汉战争中，韩信却后来居上，无论其能力还是风头都很快盖过了项羽，一跃而成为第一主力，让项羽不得不甘拜下风，屈居第二。

论军事才能，既然连项羽在韩信面前都甘拜下风，很显然，刘邦就更是自叹不如。我们看楚汉战争中，每当刘邦离开韩信，亲自指挥，独自与项羽作战，即便他的幕后总有张良、陈平为他出谋划策，也无论战前汉军有多么大的优势，但到最后几乎都无一例外，不仅不能转化成胜势，反而会被项羽打得一塌糊涂。

由此可见，无论是刘邦也还是张良抑或陈平，虽然他们都很有政治才能，情商奇高，但在指挥打仗方面几乎都小儿科，水平真的都不怎么样，都远远不是项羽的对手。

而反观韩信，自从被刘邦拜为大将以后，他几乎就从没打过败仗。屈指算来，他先是率领汉军平定三秦，"初出茅庐第一功"，取得了汉军对楚军的第一次胜利，然后又降服韩魏，俘虏魏王，擒获夏说，东进灭赵，妙计灭齐，平定四国，真正是所向披靡，战无不胜，而且几次在刘邦领着张良、陈平被项羽围困无法脱身之际前来救援，力挽狂澜，使刘邦一次次化险为夷，转危为安。

所以，一点儿也不夸张地说，不仅刘邦的天下完全是由韩信帮助他打来的，而且即便是刘邦的性命也是由韩信一次次救活的。可是，对这样一个功比天高的救命恩人，做了皇帝后的刘邦不仅不思图报，反而恩将仇报，在"鸟尽弓藏，兔死狗烹"的杀戮功臣行动中，竟然第一个就拿韩信开刀。

在今天看来，韩信首当其冲，第一个被刘邦杀戮，有一半显然是死在了"不听话"上，而另一半则是死在了"功太高"上。

首先来说说韩信的"不听话"。

原来，韩信在灭了赵国打了一个历史上堪称经典的漂亮战后，本想按照刘邦的指示，趁热打铁，一鼓作气去攻打燕国和齐国，可这时，有个名叫李左车的人却劝他休兵，不要打了，而是分别给燕国和齐国写信，劝他们投降汉国。李左车是个历史上有名的军事家，很有谋略，在军事上连韩信都对他很佩服，所以，当时韩信便打算采纳他的建议，希望"不战而屈人之兵"。

然而，韩信这样做，刘邦却很不愿意，他说，仗打到这种份上，你韩信怎么能突然停下来按兵不动呢？不行，你得给我连续作战，乘胜去打燕国和齐国。

但"将在外，军令有所不受"，韩信当时有独立的兵权，所以就犹豫着，对刘邦的命令就没有立即服从。这种时候，刘邦急了，于是有一天他便让太仆夏侯婴驾着自己的"专车"，谎称是汉国的使臣于那天天不亮的时候冲进了韩信的军营，出其不意地"夺其印符"，也就是韩信指挥打仗的官印和兵符，一下子把韩信的兵权给夺了。然后，刘邦自己调兵，把韩信的兵很快都调完了。等韩信和他的副帅张耳从梦中醒来，慌慌张张地跑来面见刘邦时，刘邦满脸不悦地对他说："韩信，给我快去攻打齐国吧！"

没办法，韩信只好领兵去攻打齐国。

这，应该说是韩信第一次"不听话"，没有立即服从命令听指挥，结果被刘邦第一次出其不意地闯进他的军营，夺了他的兵权。

韩信的第二次"不听话"发生在他去攻打齐国的途中。当时，刘邦一方面命令他去攻打齐国，另一方面却又让郦食其暗中去齐国劝降。郦食其铁嘴一个，再说当时齐国也自知不敌汉国，所以，郦食其跑去一游说，齐王也就答应投降汉国了。

齐国降汉，这对刘邦来说自然是好事，可是，韩信当时率大军已到达齐国的边境，如此一来势必就要无功而返，白跑一趟。于是乎，范阳辩士蒯通便给韩信出馊主意，要他继续对齐国用兵，以便能够再立新功。

听了蒯通的话，韩信便去攻打齐国，如此一来，齐王当然很生气，觉得郦食其欺骗了他，于是便将郦食其扔进油锅里烹死了。结果，韩信虽然把齐国给灭了，但是，他却自作主张，没有听刘邦的话，使刘邦很生气。

韩信的第三次"不听话"仍然与齐国有关，如前所述，在攻下齐国后，韩信很想做假齐王，刘邦当时气得要死，可在张良与陈平的劝说下，从大局考虑，才忍气吞声，很不情愿地封韩信做了齐王。

至于韩信的第四次"不听话"则是在垓下之战前，刘邦当时命令他和彭越等各路诸侯前来救驾，可是，接连发出许多道命令，韩信与彭越就是按兵不动，见死不救，结果，刘邦只好许诺给他们封地封王，在巨大的利益驱使下，韩信和彭越才同意出兵，并在垓下一举将项羽击败。

由此可见，在刘邦看来，韩信一直是个不听话的下属，这样的下属很显然是靠不住的。因而，不用说，在内心中，刘邦对韩信这样不听话的下属肯定非常厌恶，很不喜欢。

不过，话说回来，韩信如果只是个一般的下属，没什么本事，那么，可以肯定的是，刘邦对他顶多也就是不喜欢，不重用罢了，而绝对不会想到要去结束韩信的性命。

要命的是，韩信这人不仅不听话，而且还非常有本事，这就使他不死不行了。

因此，刘邦杀韩信的第二个理由显而也是最主要的原因便是韩信太有才了，这样的人在这世上多活一天，便对刘邦多一天威胁。如此一来，刘邦又怎能容得了他？

说来，真的是很令人悲哀，仔细审视中国古代的历史文化，会发现它其实是一种"反智"的文化，历史上，但凡那些越是优秀的人才，越是杰出的人物，就越是会无端受到种种人为的打击与迫害。也正因此，诚所谓"物竞天择，适者生存"，中国的封建官场，经过几千年的"官场逆淘汰"，几乎很少有富国安民心忧天下的大智慧，而司空见惯的都是一些尔虞我诈阿谀逢迎的小聪明。

很显然，韩信就是这样一个有着运筹帷幄决胜千里的大智慧但却鲜少有着希旨承颜卑谄足恭等诸如此类小聪明的人。像这样的人，在太平年间，像官运亨通青云直上这样的好事虽然估计与他风马牛不相及，绝对没他什么事，但毕竟还没有性命之忧，尚能够"苟全性命于治世"，然而，若是在乱世，在战争年代，虽然"沧海横流，方显出英雄本色"，能够使他英雄有用武之地，但到最后，一旦"飞鸟尽""狡兔死"，等待他的多半却是"良弓藏""走狗烹"这样一种悲惨的结局。所以，从某种意义上说，"英雄"即那些有本事的人，最好能生活在乱世；而"小人"即那些没什么本事但拍马屁耍阴谋的人则适宜生活在太平年代。也确实，我们看中国古代，在乱世，英雄们好不容易打下了江山，赢得了和平，但到了太平年间，却往往总是小人得志。

这，的确是一种令人深思发人深省的现象。

从史书上看，韩信虽然为刘邦打了许多胜仗，立了许多汗马功劳，但是，刘邦却始终并不信任他，对他一直心存猜忌。每当韩信的实力壮大到一定程度，刘邦便不声不响地突然对他实施"外科手术"，给他放血"消肿"，如前面所述的刘邦两次突然闯入韩信的军营，褫夺他的兵权，便是最好的铁证。

的确，对于韩信，刘邦只是一味地利用他，而几乎从不信任他。从种种情形推测，刘邦其实早有杀韩信之心，之所以一直没杀，完全是因为当时韩信对他还非常有用，暂时还想杀不能杀，想杀不敢杀，这才使韩信好歹多活了些时日。

首先说"想杀不能杀"。

很有可能，在韩信攻下齐国，并写信要求刘邦封他为假齐王时，刘邦就恨不得杀了韩信。但在当时，刘邦正被项羽围困着，形势非常危急，迫切需要韩信施以援手，或者干脆说，离开了韩信，刘邦根本就不是项羽的对手，所以，在这种时刻，刘邦虽然对韩信恨得牙根痒痒，但诚所谓"小不忍则乱大谋"，杀韩信无异于自寻死路，于是乎，在张良与陈平的劝说下，刘邦便只好忍气吞声，委曲求全，姑且先放韩信一马，但这笔账却被他牢牢地记在了心里，只待秋后算账。

垓下之战前，在刘邦迫切需要他与其他诸侯一起合围项羽时，韩信又按兵不动，待价而沽，故意与刘邦讨价还价，这种时候，在内心中，刘邦无疑也恨不得立即杀了韩信，以解心头之恨。但这种时候，对韩信刘邦依然还是想杀不能杀，于是乎，刘邦便又对韩信欲擒故纵，以退为进，决定以封地为诱饵，骗韩信上钩，帮自己先去打败项羽再说。

再说"想杀不敢杀"。

那是在刘邦第二次出其不意地闯进韩信的军营夺了韩信的兵权并将他由齐王改封为楚王后的第二年，有人不知道是出于刘邦的授意还是想以此邀功，竟然举报说韩信谋反。刘邦接到这封举报信后便乘机大做文章，在早朝时故意把这封举报信拿给群臣看，说有人举报韩信谋反，问大家怎么办？

要说韩信这人虽然有本事，却不会处人，人际关系极差。这种时候，虽然横遭诬陷，但却没有一个人站出来为他说话，而是墙倒众人推，众口一词说："请皇上立即派兵，灭了他，将那小子逮住后活埋了！"用史书上的话说就是"击而坑之"，完全把韩信当成了一个过街老鼠。

幸亏这时陈平站出来阻止，不过，他不同意这样做的目的却全然不是为了要救韩信，帮韩信说话，而是完全替刘邦着想。

陈平劝刘邦不要贸然行事，说："请陛下想一想，您的兵比韩信的兵强吗？"

刘邦摇摇头答："不如他。"

陈平说："那么，您的将比韩信的将强吗？"

刘邦说："也不如。"

"那么，既然您的兵不比人家强，将也没有人家强，凭什么去发兵攻打韩信？况且，开弓没有回头箭，您这一打，不就等于硬逼着韩信造反吗？如此一来，韩信即使本来不想造反，到时候不反也得反了啊！"

刘邦想了想说："的确是这样。"不过，刘邦当时实在是太想杀韩信了，所以，又有些不甘心道："那总不能就这样不了了之吧？"

于是，腹有奇谋、喜欢用计的陈平便悄悄对刘邦说："秘密逮捕。"见刘邦一脸困惑，他便将整个计谋和盘托出。

结果，按照陈平的计策，刘邦假装南下到楚国来"天子巡狩"，趁韩信到楚国边境迎接时，突然将韩信逮捕，然后再把他五花大绑后带回长安。

不过，即使是到了这种时候，刘邦也还是心存顾忌，想杀但还不敢杀韩信，怕因此会引起其他诸侯的叛乱，只是将韩信由楚王降为淮阴侯，而且还不允许他到封地去，而是将他留在京城听候差遣，实际上也就等于从此将韩信软禁了起来。

如果说，以前，韩信乃是一只猛虎的话，那么，如今，他已完全变成了一只病猫。

到了这种地步，刘邦便渐渐对韩信不再忌惮了。但即便这样，刘邦也还是没有亲手去杀韩信，不是不想，乃是不愿背上杀韩信的骂名，于是便把这种缺德事让给自己的老婆吕后去干，让吕后去做恶人。仅此可见，刘邦这人真的是十分狡猾。

再说韩信这人简直和项羽半斤八两，虽然都很会打仗，但却情商超低。自从被刘邦连降两级，从楚王降为淮阴侯后，韩信的心里非常郁闷，一气之下，就干脆长期请病假，始终不去上朝。

不上朝就不上朝呗，反正，现在刘邦江山打下来了，离开韩信已经完全没事了，谁还会稀罕他去上朝？可是，称病不上朝的韩信却不省事，在家里经常生闷气，发牢骚，而这些牢骚话自然很快就会传到刘邦的耳朵里。

刘邦这人表面上总显得大大咧咧，对韩信的这些牢骚话似乎并不在乎，不仅不在乎，有时候，他还跑来看望称病在家的韩信，显得很亲热地和韩信唠嗑，谈心。这就是刘邦的过人之处，所谓大丈夫喜怒不形于色，让人猜不透他的心思。

有次，刘邦好像很随便地问韩信，说："韩信，你看我要是带兵打仗能带多少人马？"

这时，韩信情商太低的短板便暴露出来了。听了刘邦的话，他想都没想，就实话实说道："最多也就十万吧。"

刘邦依旧笑着说："那要是你带兵打仗能带多少人马呢？"

要是其他机灵的人，这时肯定会回答五万、六万、七万、八万，估计最多只会说九万，反正一定得比刘邦带的兵马少才对。可是韩信却很是有些"缺心眼"，关键时候头脑少根弦，这种时候他却很不谦虚地回答道："多多益善。"

成语"多多益善"就是这么来的。那意思是说，我韩信带的兵越多越好。这就明显把刘邦给贬低了。

刘邦听了一阵哈哈大笑，说："韩信，你真有意思，你说我只能带十万兵马，而你却是多多益善。哈哈！那你这样的大将军，怎么现在却被我抓起来了呢？"

到这种时候，在政治上反应迟钝的韩信才后悔自己刚才话说得太放肆了，于是便赶忙说："陛下虽不善将兵，但却非常善于将将。"

刘邦听了，又是一阵哈哈大笑，然后没再说话，便扬长而去。

估计那些天里，刘邦一直在想着如何去杀韩信，也许是因为想到韩信替自己卖命这么多年，劳苦功高，无人能及，因而自己实在是下不了手，于是就乘自己那次带兵去平叛离开京城时暗中授意自己的老婆吕后将韩信给杀了。

那是高祖十年，巨鹿郡守陈豨发动反叛，刘邦亲自带兵前去平叛。这时又有人举报说韩信准备谋反。从种种迹象看，这很可能又是一次政治诬陷，属于子虚乌有的政治栽赃。于是，当收到也许是早已就伪造好的那封举报信后，吕后便与萧何密商大计，将一直装病不上朝的韩信骗入宫中，然后让早已埋伏好的许多壮士将韩信按倒在地捆了起来，且没等刘邦回来，吕后便下令将韩信斩杀于长乐钟室，然后又"夷信三族"，即将韩信父族、母族以及妻族这三族人都斩草除根，全部杀光。

在今天看来，当时没有手机，也没有电报，如果没有事先刘邦的授意，吕后是断然不敢擅作主张，擅杀大将的，而且这大将还不是一般的大将，而是功高盖世的韩信。

只可怜韩信为刘邦夫妻俩卖命，立下了那么大的功劳，到最后不仅什么好处没落到，反而落得如此下场！不仅害了自己，也害了他的三族。

据说，当刘邦得知吕后杀了韩信时，"且喜且怜之"。"喜"当然是因为韩信死了，从此少了一个足以威胁自己皇权的隐患；"怜"则说明就连刘邦自己也感到韩信死得确实冤枉，确实可怜。

史载，当初刘邦假借巡狩在楚国边境突然将前来迎驾的韩信逮捕时，韩信在绝望中曾仰天长叹道："狡兔死，走狗烹；高鸟尽，良弓藏；敌国破，谋臣亡。如今帝国已破，我固当烹矣！"

由此看来，韩信这人固然情商不高，但还不完全糊涂，对当年越王勾践在灭掉吴国之后斩杀功臣文种之事显然并不陌生。

但就是这样一个人，还是明知故犯，结果仍然重蹈了文种的覆辙。前车之辙，竟然没有能够成为后车之鉴，不知道这是韩信的糊涂还是历史的错误？

反正，不管怎么说，在这场充满黑色幽默的政治游戏中，"狡兔死尽韩信烹"，韩信的死是铁定了的。

对此，就连韩信自己也清楚地知道。

只是，他醒悟得太迟了！

在今天看来，韩信的死，从内因来说，无疑是死于他自己对功名利禄的贪婪，但从外因来说，韩信的死显然是死于封建社会家天下的专制与独裁。

下一个是彭越

与韩信比起来，彭越这个人的情商显然不低，但从史书上看，他仍然不懂政治。如果硬要说他稍微懂点儿政治的话，那么，与刘邦比起来，他也只能算是小巫见大巫。所以，在与刘邦的博弈中，可想而知，他不仅会输，而且会输得家破人亡，一败涂地。

从史书上看，彭越是个老江湖。他是昌邑（今山东巨野）人，原本是个渔民，常在巨野湖泽中打鱼为生，后因聚众抗拒官府，从此落草为寇，伙同一帮人时常干些强盗勾当。

仅此可见，彭越绝对称得上是后来宋朝年间梁山泊好汉的老祖宗，端的也是一个"大碗喝酒，大块吃肉"且"该出手时就出手，你有我有全都有"的"梁山好汉"。

从性格上看，彭越显然不是那种有勇无谋犹如《三国演义》中的张飞似的人物，而是粗中有细，有勇有谋，很有军事头脑，这也正是他之所以后来能够成为与韩信、英布并称的汉初三大名将的最重要的原因。

彭越为人比较沉稳，做事喜欢三思后行，不像项羽那样性格冲动，不计后果。据说，当年在陈胜吴广揭竿而起后，一时多少英雄豪杰都蜂起响应，这种时候，有人就劝说彭越说："如今天下大乱，很多豪杰都争相树起旗号，背叛秦朝，你老兄这么能干，干脆也站出来举起义旗，反叛秦朝，领着我们大家伙儿一起干吧。"

诚所谓"每逢大事有静气"，这种时候彭越显得特别冷静。他对那些人说："现在两条龙还才刚刚搏斗，形势还不明朗，还是耐心等一等再说吧。"

彭越的老成持重由此可见一斑。

后来，又过了一年多，他手下的人越来越多，足有一百多人，都愿追随他这个老大，且都希望彭越能够领着他们一起起义，然而彭越依旧还是拒绝说："我不愿和你们一块干。"

可是，他的手下不依不饶，仍是执意请求，确乎不达目的决不罢休。这种时候，由于实在架不住大家的鼓动，彭越权衡再三，想到如今群雄逐鹿，狼烟蜂起，秦朝灭亡已是迟早之事，于是便勉强答应了手下的请求。不过，为了检验一下手下人的诚意，同时也为了从一开始就树立自己的威信，确保能够做到令行禁止，他郑重宣布了一条军令：约定所有参加起义者在第二天日出之时一起到指定地点集合，迟到者斩。

第二天日出时分，绝大多数人都准时来了。但有十几个人到得晚了些，其中有一个人甚至快到中午了才不急不慢地赶到集合地。彭越一开始没说话，只是一直在那儿耐心地等着，等所有人都到齐了，他才站起来，正色说道："大家选我做首领，是因为我年纪大。可是做首领说了话就一定要算数，否则以后说话还有谁愿意听？既然事先我们已有约定，逾时者斩，那就要兑现。当然，今天有那么多人超过了规定的时限，不可能全杀了，要杀就杀最后到的那个人吧。"于是他当即下令把最后到的那个人推到前面来斩首。

大家起先没当真，都笑着劝他："今天是集合的头一天，以后大家守时就是了，总不能为了这样一丁点儿小事就杀人吧？"

没想到彭越却很认真，铁青着脸说："咱们既然是一支军队了，就得有军队的规矩。没有军纪，大家都想怎么样就怎么样，这以后还怎么打仗？既然你们要我当头领，这事就得听我的。君无戏言，言出必行。"

说罢，彭越竟亲自到队伍里拉出那个人，把他的头砍了，然后设立祭坛，就用这颗头做祭品，并向大家郑重宣布了军令。

见此情景，所有的人都害怕了。从此，他所带的这支队伍真正可谓纪律严明，令行禁止，再没有一个人敢违犯军纪。

起义后，周围有许多人都来投奔他的队伍，很快，彭越的义军便发展到一千多人。不过，为了保存自己的实力，在陈胜、项羽等起义军不断攻城略地连续征战时，彭越却常常按兵不动。就像是一个习惯于潜伏的猎人一样，只是在看准了机会的时候，他才迅速出猎一下，等把猎物猎获，他便又潜伏下来，静待时机。

秦二世三年（公元前207年），刘邦奉楚怀王之命率部西进入关，从砀地出发，北攻昌邑。彭越领着他的人马也前来相助，因昌邑易守难攻，无法攻克，刘邦不愿死战，于是便绕道栗县（今河南夏邑），继续西进。彭越审时度势，没有跟随刘邦西进，只是不断收编魏国逃散的士兵，迅速壮大自己的队伍。到了项羽分封各路诸侯的时候，尽管彭越也已有了一万多人的队伍，但因他一直驻扎在巨野泽中，没有投靠任何一路反秦义军，完全就是一个"独立大队"，所以，彭越什么王也没有封上，只能算是一个草头王。

在今天看来，没有给彭越封王绝对是项羽的一大致命失误，尽管，这事也不能完全怪项羽，因为当时处事小心谨慎的彭越独来独往，几乎不与任何人结盟，但也正因为如此，使项羽在不知不觉中少了一个朋友，却多了一个潜在的劲敌。不用说，刘邦却正好相反。

汉王元年（公元前206年）七月，因为觉得项羽分封不公，田荣自立为齐王，起兵反抗项羽，并派人赐给彭越将军印信，让他进军济阴攻打楚军。项羽命令萧公角率兵迎击彭越，却被彭越打得大败。

也就是从这时开始，彭越开始公然反对项羽。但这时候，他还没有投靠刘邦，与刘邦结盟。

汉王二年（公元前205年）春，汉王刘邦率魏王豹和各路诸侯向东攻打楚国，彭越率领他的部队三万多人前去投靠刘邦，从此正式归附汉王。

当时，因为彭越在攻下魏地十多个城邑后，刘邦急于立魏国的后代为王，而魏豹是魏王魏咎的堂弟，是真正的魏国后代，于是刘邦便任命魏豹为魏王，而让彭越任魏国相国，专掌兵权，平定梁地。其时，彭越的部队已经逐渐发展到了四五万人。

可以想见，由于彭越治军有方，他的部队训练有素，非常英勇善战，所以，彭越归顺了刘邦后，立即成为刘邦在楚汉之争中的一支重要的力量。

而且，更为重要的是，彭越这个人还是个彻头彻尾的游击队长，打仗从不硬拼，而是善于智取。在当时楚强汉弱的情况下，彭越常率领自己的军队神出鬼没，机动作战，以游击战的战术与楚军巧妙周旋，像一把锋利的匕首不时地插入楚军的腹部，在梁地经常断绝楚军的粮草补给线，消耗了楚军的大量人力与物力，给楚军以沉重打击。

从史书上看，在楚汉战争中，彭越全力支持刘邦与项羽作战，在消灭项羽集团的战争中曾为刘邦做了以下四件大事。

其一，汉王三年五月，彭越攻打楚将项声、薛公于下邳，大破楚军，断绝楚军粮道，迫使项羽回援，致使刘邦腾出手来，乘机一夺成皋。

其二，汉王四年冬，项羽与刘邦在荥阳相持不下，彭越乘机攻下了睢阳、外黄等十七座城邑，扰乱了楚国后方。项羽只得派曹咎坚守成皋，自己亲率军队来收复失地。彭越虽然丢掉了些城邑，但却打乱了项羽的计划，有利于整个战局。这便是史书上所说的"彭越挠楚"。

其三，汉王五年秋，彭越率军攻下昌邑四周二十几个城邑，致使项羽败退到阳夏。彭越得十余万斛谷物，犹如雪中送炭一般，供给当时严重缺衣少粮的刘邦做军粮，在关键时刻有力地打击了楚军，支持了刘邦。

其四，汉王五年十二月，彭越与刘邦、韩信会合，于垓下与项羽展开最后决战。韩信十面埋伏，楚军四面楚歌，最后，彭、刘、韩联手战败项羽，致使霸王别姬，项羽在乌江自刎。楚汉战争自此以刘邦完胜宣告结束。

所以，对刘邦来说，彭越不仅是楚汉战争的功臣，而且，从在战争中的战略重要性以及所取得的战功来说，也完全能够称得上是位居韩信之后的汉初第二大开国功臣。

彭越这人做事喜欢瞻前顾后，犹豫再三，但是，说也奇怪，他对刘邦却很爽快，当年，在反秦起义时，他就自告奋勇地支持刘邦，后来，楚汉战争一开始，在刘邦还非常弱势处于不利局面的境况下，他便旗帜鲜明地站到了刘邦一边，而且从此就一直没有背叛过刘邦。以彭越的为人和性格，应该说，这真的是非常难能可贵的。

然而，尽管彭越对刘邦那么慷慨，为他立了那么多那么大的战功，但反观刘邦对彭越却并不慷慨，也很不大方。如上所述，刘邦最先封魏豹为魏王，但不久魏豹看到楚强汉弱，因错误地估计了楚汉之争的形势，认为楚必胜，汉必败，于是叛汉降楚。

尽管这样，在大是大非面前，彭越还是头脑清醒，坚定立场，毫不动摇地站在了刘邦这边，尽力帮助刘邦攻打楚军。

后来，彭越帮助刘邦打败魏豹。魏豹献城降汉，举家被俘，于汉王四年（公元前203年）被杀后，虽然这期间魏王王位一直空缺，而彭越理所当然又可谓新魏王的最合适人选，但一直到垓下之战前，刘邦都一直没有封彭越为魏王。因此，彭越一直屈居魏相之位。

从种种实际情形看，彭越显然对此是有想法也很有意见的。垓下之战前，之所以刘邦几次督促他和韩信出兵，以形成对项羽的合围之势，而彭越却始终按兵不动，毫无反应，其实就是对刘邦久久不封自己为魏王很有意见，感到委屈，因而闹情绪故意不听命令，以此和刘邦讨价还价。

很显然，足智多谋的张良对彭越心里打的这个小算盘是一清二楚。

最终，刘邦采纳了张良的计策，以"魏王"的头衔为诱饵诱使彭越出兵。彭越果然率领自己的全部人马到垓下与刘邦及韩信会师，帮助刘邦彻底消灭了项羽。

垓下之战胜利后，刘邦虽然没有封彭越为魏王，但还是将他封为梁王，也算是了却了彭越的一大心愿。

被封为梁王后，彭越定都定陶（今山东菏泽），心满意足地做他的梁王，而且，为了表示对刘邦的尊崇，这以后每年他都要亲自来长安朝见已成为大汉天子的刘邦，而且，每次带的贡品都很丰盛。

彭越大老粗一个，原本只是一个渔夫，靠打鱼谋生，如今能当上梁王，也真的可以说是他家祖坟上冒烟，也不知是哪辈子修来的福气了。从史书上看，彭越这个人并没有太大的野心，而且为人一贯小心谨慎，能够被封为梁王，他真的已经很满足了，完全可以说是既登此位别无他求了。所以，假如日子就这么过下去的话，身为梁王的彭越一定会感到幸福无比，而且也一定会就这么太太平平地安享晚年的。

可是，令他怎么也没想到的是，还才仅仅只做了五年的梁王，他便大祸临头，属于他的好日子便到头了。

那是高祖十年（公元前197年）秋，赵相国陈豨在代地造反，刘邦亲自率领部队前去讨伐。大军到达邯郸后，刘邦诏令彭越带兵随他一同前去平叛。

这种时候，彭越做事不爽快的缺点又暴露出来了，他假装自己有病，耍了个滑头待在家里，只让手下大将带兵跟随刘邦出征前去平叛，结果刘邦大为生气。

按说，彭越自己出不出征，其实都只是小事一桩，并不重要，根本不值得小题大做，上纲上线，但问题是刘邦却对此事却非常在乎，很是生气。彭越生性谨慎，胆子很小，一看如今高高在上的大汉天子动怒了，吓得不得了，于是便想亲自前去向刘邦谢罪。

可是，彭越的部将扈辄却不同意，他对彭越说："大王您既然对皇上说自己有病不能随从平叛，如今受到责备后再去谢罪，这不等于不打自招，承认自己是在装病，犯有欺君之罪吗？真要那样，您到了那里，肯定会被当场逮捕，有去无回。"

彭越想想，觉得扈辄言之有理，就没说话。

这时，扈辄又劝彭越，说事到如今，您还不如起兵反汉。一听扈辄说这话，彭越顿时吓了一跳，以他的性格，他是绝对不愿也不敢玩火，做这种凶多吉少的事情的，所以，他当时想都没想便一口拒绝了。

的确，彭越不想也绝对不敢谋反，他只想安安稳稳太太平平地做他的梁王。

可是，彭越虽然这样想，但刘邦却并不这样相信。

说来也真的是命中注定彭越在劫难逃，当时他的太仆有罪，彭越打算杀了他，那太仆赶忙逃到刘邦那儿告彭越的黑状，说彭越与扈辄要谋反。

刘邦早就想要整彭越，只是没有借口，如今他的太仆告发他要谋反，刘邦岂能容得了他？于是，刘邦立即派使臣出其不意地袭击彭越，彭越毫无防备，因此被逮捕。刘邦把他囚禁在洛阳，对他严加审讯。

在古代，对那些所谓的政治犯，审判其实只是走过场而已，真正的罪名实际上是早就定了的。对彭越的审讯无疑也是这样。经主管官吏审理，认为彭越谋反的罪证确凿，请求刘邦依法判其死罪。

这个时候，刘邦又开始自编自导，并和他的吕后分别担任男女主角，一起演起了双簧。

说来，刘邦夫妻俩真是天生一对，配合默契，两人一个唱红脸，一个唱白脸，夫妻俩的政治戏演得真是太精彩了。

为了显示自己的宽大与仁慈，刘邦当时没有判彭越的死刑，而是高抬贵手，免其一死，只是将彭越削去王号，贬为庶人，并发配到蜀郡青衣（今四川邛崃西南）。

可怜彭越戎马一生，出生入死，原本想功成名就，不仅自己能够荣华富贵，而且也能光宗耀祖，可是到头来，"是非成败转头空"，如今又变得一无所有。彭越当时胸中的恐惧、悲哀与绝望可想而知。

刘邦的戏演完了，这时，该轮到吕后出场了。

在今天看来，对于吕后的为人，彭越显然并不了解，对于这个历史上出了名的妇人的蛇蝎心肠，彭越确乎更不了解。所以，当彭越以一个罪犯之身戴着枷锁被人押送着前往蜀郡青衣，行到郑县（今陕西华县）时，仿佛是事先安排好了似的，正好碰到从长安要去洛阳的吕后。

忽然见到吕后，彭越悲喜交集。说来真是"男儿有泪不轻弹，只因未到伤心处"，乍一看到吕后，彭越顿时涕泪交流，号啕大哭，一边哭着，一边述说自己实在是很冤枉。他说自己打了这么多年仗，身上多处有伤，身体不好，经常生病，实在是很正常的事，自己绝对没有欺骗过皇上；他说自己年纪这么大了，皇上和皇后又对他这么恩重如山，封自己为梁王，自己这些年一直感恩图报，绝对没有谋反之心……哭诉到最后，彭越干脆跪下来，哀求吕后说："事到如今，老臣不求别的，只求皇后能为老臣在皇帝面前求情，让我能回到老家昌邑，以免客死他乡，老臣也就心满意足了！"

彭越拿吕后不当外人，说明彭越世故不深，不会看人，并不知道人心惟危，更何况像吕后这样狠毒的妇人？所以，彭越向她求情，无异于与虎谋皮。

甭看吕后一个妇道人家，但却城府很深，很会演戏，从始至终，她表现得都好像对彭越很是同情。当彭越在她面前跪下来时，她甚至还跑过去紧紧拉住彭越的手，将他扶起来，并点头表示答应他的请求，让彭越折转身和她一起回洛阳，她一定要为彭越做主，为他讨个说法。

"多谢皇后！"彭越当时感动得又热泪盈眶。而在他的内心，风雨过后，未免升起了一丝暖融融的希望。

可是，他哪里知道，希望过后，等待他的竟然是彻底的绝望。

在当时，彭越怎么也不会想到，吕后让他和她一起重回洛阳，原来竟然是一个她甚或由刘邦早已设计好的圈套。当吕后把彭越带到洛阳，见到刘邦，她说的第一句话竟然不是为彭越求情，而是劝刘邦斩草除根，立即处死彭越，免得将来夜长梦多，徒生祸患。史载，吕后当时是这样对刘邦说的，她说："像彭越这样的人，他能由一个草莽盗贼而成为诸侯王，证明他有过人的能力，你把他流放到蜀地去，等于是放虎归山，将来一有机会，他会东山再起。不如索性把他杀了，不留后患。"

结果，夫妻俩一合计，由吕后再一次威逼利诱彭越的门客，让他再次诬告彭越谋反，而让廷尉王恬开去审讯彭越谋反的案子，故意走一个过场，由此完整地制造一起冤案，然后让王恬开上书奏请皇上以灭族罪处死彭越，到这种时候，刘邦再显得自己已经仁至义尽，实在是彭越罪该万死后，便当即同意了廷尉王恬开的奏请，不仅将彭越枭首示众，而且还杀光了彭越的三族。更为残忍可怖的是，刘邦夫妻俩还让人将彭越的尸体剁碎成肉酱，然后分成许多份分别送给各诸侯，想以此起到杀一儆百震慑诸侯的作用。

可怜彭越一生处事持重，小心谨慎，以前曾一直暗自庆幸自己早早归顺刘邦，站对了队伍，但极具讽刺意味的是，到了最后，他竟然会落得这样一种可怜而又可悲的下场。

英布谋反

有个成语叫"兔死狐悲"，是说兔子被人杀了，狐狸也会因此感到悲哀。

其实，仔细想想，兔子被杀，狐狸不只是感到悲哀，还应该感到恐惧。

不用说，随着韩信与彭越相继被杀，很快便在异姓诸侯王中引起了一片恐慌，尤其是淮南王英布更像是成语"兔死狐悲"中所说的那只狐狸，惶恐不安。

据史书记载，高祖十一年（公元前196年），吕后捕杀韩信，消息传来，英布不寒而栗，十分恐惧。仅仅过了几个月，吕后又设计陷害并杀死彭越，将他的尸体剁成肉酱分给各诸侯。当时英布正在打猎，当见到彭越的碎尸，英布的两眼发黑，全身战栗，那种兔死狐悲的感觉真的难以言喻。直觉让他敏感地意识到，随着韩信与彭越的相继被杀，下一个被杀的，将轮到自己了！

所以，当那天，在打猎返回的途中，由于意识到刘邦要杀的下一个异姓诸侯王很可能就是自己，英布觉得自己已经别无选择，不得不反了！

在今天看来，做出这样一个大胆的决定，很符合英布一贯的性格。因为，从史书上看，英布与韩信、彭越三人虽然都被称为"汉初三大名将"，但是，他们三人的性格却有着很大的不同，韩信这人很有忍耐性，遇事不急不躁，比较能够忍让；彭越性格非常稳重，行事比较谨慎；而英布性格却比较刚烈，乃至有些桀骜不驯，绝对不是那种能够忍气吞声逆来顺受的人。

诚如我们所知道的，英布是秦末六县（今安徽六安）人，"英布"很可能并不是他的真名是姓，而是他的绰号，只是因为当年因受秦法被黥（刺面），人称"黥布"。由于"黥布"乃是对人的一种大不敬的蔑称，很有一种侮辱人的意味，故而后来人们才称他为"英布"。

《史记·黥布列传》中曾记载了这么一个故事，说是英布年轻的时候，曾有个算命的人给他算命，说在他受刑之后就会时来运转，封王赐爵。到了壮年，英布果然因犯了秦法遭黥刑，脸上被刺了字。若是一般人，肯定会感到羞辱万分，可英布却不以为耻，反以为荣，几乎逢人便说："有人给我看了相，说我当在受刑之后称王，现在，大概就是这种情形了吧？"

英布当时平民一个，而且脸上又刺了字，正在服刑，可他竟然痴人说梦一般说自己日后一定会大富大贵，因而听他这么说的人无不讥笑他，说他肯定是想荣华富贵想疯了。

说来真是"乱世出英雄"，英布因犯罪被送到骊山服刑当役徒，修筑秦始皇陵墓。当时骊山刑徒有几十万人，英布平时暗中结交其中的一些豪杰之士，然后又率领这批人逃出骊山，占山为王，成了强盗。

陈胜、吴广起义后，与刘邦、彭越等许多当时为寇为盗之徒一样，英布也遥相呼应，公开举起了反秦大旗，并投靠了番君吴芮，也就是后来八大异姓诸侯王中的长沙王，且成了吴芮的女婿。秦将章邯灭掉陈胜，打败吕臣军后，英布率军攻打秦左右校，在清波（今河南新蔡西南）大获全胜，于是引兵向东。当听说项梁已平定江东、会稽，正渡江向西，队伍不断壮大，众多将领都已归附项梁，英布便也去投靠了他。

英布英勇善战，在项梁军中最为勇敢，几乎每次作战，他都作为先锋，冲在最前方。当时楚兵常胜，功冠诸侯。而诸侯之军都愿意归楚的原因，多半是因为英布能以少胜多，镇服诸侯军。

项梁战死后，英布又深得项羽器重。当年项羽北上抗秦，曾命英布先渡河击秦。英布屡击章邯之军，切断秦军粮道，项羽遂与英布会合，大破秦军，收降章邯等人。后来，在项羽进入关中时，因刘邦派兵驻守，不能入关。项羽又派英布等人从闲道破关而入，攻到咸阳。

显然，正是由于英布英勇善战，屡立战功，故而当项羽进入关中分封天下时，便立英布为九江王，都六安。

所以，论资历，英布比韩信和彭越都老。英布封王时，韩信在项羽军营里还是一个默默无闻的小军官，而彭越还只是一个流落江湖的游击队长。

汉王元年（公元前206年）四月，项羽表面上尊与自己格格不入的楚怀王熊心为义帝，迁都长沙，暗中则派自己的心腹大将英布在路上实施暗杀计划。这年八月，英布追到郴县把楚怀王杀死。

英布骁勇善战，常常以少胜多。汉王三年，刘邦攻楚，大战于彭城，由于英布屡战屡胜，汉军大败，不得不退却。刘邦对左右说："像你们这班人，实在不值得共商天下事。"一听刘邦话里有话，谋士隋何忙问其故。这时，刘邦叹口气说："有谁能替我出使九江，让九江王发兵背叛楚国，牵制在齐地的项王数月，我便可以稳获天下了。"

为了使九江王英布背叛项羽，于是，陈平向刘邦献了历史上著名的离间计，而随何便是在这种背景下主动请缨，前去游说英布，最后让英布不得不背叛项羽，投奔刘邦的。

在今天看来，从某种意义上说，英布一生最大的错误莫过于他后来做了自己人生中这一最大的无疑也是最错误的决定：背楚投汉。而之所以会做出这样一个如此错误的决定，显然并不是由于项羽对他不够重视与尊重，而是由于中了刘邦与陈平的这一离间计，受到了刘邦暗中派来的使者或曰奸细随何的挑拨与蛊惑所致。

也许是小时候实在是穷怕了，从史书上看，英布对荣华富贵委实表现得非常贪恋。如《史记·黥布列传》中有这么一个细节就很能说明这一问题：

说是在随何的挑拨下，英布叛变项羽被项羽打败后，投奔了刘邦。第一次去见刘邦时，刘邦对他很是怠慢，表现得确乎一点儿也不尊重。当英布恭恭敬敬地进到刘邦营帐中时，刘邦正坐在床上洗脚，见了面，刘邦显得一点儿也不热情，既没吩咐手下人为他沏茶，甚至也没招呼他坐下，只是一直让他站在那里。

此情此景，不由得使英布怒火中烧，心中禁不住非常后悔自己背楚投汉，自取其辱，但事已至此，悔也无用，于是他便只好强忍住心中的愤怒。

可是，要说刘邦的确是一个玩人高手。对于英布，他虽然真的是求贤若渴，甚至不择手段要得到他，可当英布真的投靠他而在双方初次见面时，他却对英布显得很不客气。而之所以要这样做，乃是刘邦想先在精神上故意杀一杀英布的傲气，挫一挫他的锐气，以此让英布在心理上不要自我感觉太好。

不过，尽管在心理上故意对英布先抑，但在物质上却又对英布采取了后扬的利诱办法，从而极大地满足英布虚荣贪婪的欲望。果然，当英布从刘邦营帐中几乎绝望地退出来，当时连自杀的心都有时，可是来到刘邦事先为他准备好的"高级宾馆"，忽然见到里面帐幔、用器、饮食、侍从官员以及美丽女仆一如刘邦住处那样毫无差别，刚才还满面怒容的他竟转怒为喜，大喜过望，对在刘邦那里受到的怠慢完全释然了。

从后来的史实看，英布背楚投汉，乃是项羽由胜转败、刘邦由败转胜的转折点和分水岭。

的确，如果英布不背叛项羽，能够一直站在项羽一边，以英布的骁勇善战，在楚汉战争中，刘邦绝对不会占到便宜，想要打败项羽更是几无可能。

然而，由于中了刘邦与陈平的离间计，项羽可谓众叛亲离，最后连一直追随他的亚父都愤而离去了，而与之相反，刘邦的帐下却越来越兵众将广，势力日增。

却说项羽得知英布反叛的消息后，大为震怒，于是急令楚军猛攻九江国，两军相持数月，结果非但没有打败英布，反而因为分散了楚军追击汉军的兵力，使连遭败绩的刘邦得以缓过劲来，重新部署对楚军的抵抗。

所以，一点儿也不夸张地说，英布在关键时刻背楚投汉，不仅挽救了刘邦因彭城战败而导致的危局，为刘邦立下了大功，而且，无疑是戳死楚霸王项羽的最致命的一剑。

投靠刘邦后，英布以数千淮南士卒为骨干，加上刘邦调拨给他的部分军队，很快便组成了一支劲旅，在成皋一线同楚军作战。汉四年七月，为了酬赏同时也是为了笼络英布，刘邦改封英布为淮南王。

由此可见，对韩信、彭越以及英布这"汉初三大名将"，刘邦对英布可谓情有独钟，格外看中。因为，韩信、彭越的王位都完全是他俩硬要的，是刘邦在不得已时才被迫分封的，而对英布，刘邦则显得很大方，很主动，竟然没要英布自己开口，他便将"淮南王"这个王位很慷慨地送给了英布。

诚所谓投桃报李，英布叛楚后，应该说也很对得起自己的新主子刘邦。在被立为淮南王之后的第二年，他便率九江兵北上，参加了在垓下聚歼楚军的最后战斗，与韩信、彭越一起"三英战项羽"，结果，硬是将楚霸王项羽彻底送上了绝路。

从史书上看，虽然是一员叛将，但归顺汉王后，英布对刘邦却一直是忠心耿耿，从汉六年到汉九年，英布曾三次朝见刘邦于陈、洛阳和长安，丝毫没有表现出对刘邦的不忠。

可是，就因为刘邦夫妻俩开始了"兔死狗烹"谋杀异姓诸侯王的行动，连续杀害了韩信与彭越，并将彭越的尸体剁成肉酱送到淮南国时，英布这时才忽然意识到：自己不反不行了！

的确，与其坐而待毙，白白等死，等着刘邦夫妻俩再来拿自己开刀，还不如奋起反抗。如此一想，英布便开始秘密部署兵马，有意将重兵调集到淮南国一些重要关口布控，以防不测。

说来，与韩信、彭越的被告发真是惊人的相似，在危难的时刻，英布也是被小人出卖的。出卖他的人名叫贲赫。

贲赫乃是英布手下的一个中大夫，因为英布怀疑他与自己的爱姬有暧昧关系，打算将贲赫逮捕治罪。因消息泄露，贲赫便提前逃到长安向刘邦告密，举报英布正在秘密调动兵马准备谋反。

听说英布要谋反，刘邦赶忙找来萧何商议对策，萧何建议立即派人到淮南国进行调查，等查清真相后再做决断。刘邦于是暗中派人前去淮南国查证，英布得知消息后，索性一不做二不休，干脆公开起兵造反。

所以，英布的反叛，完全是逼上梁山，不得不反。

获悉英布反叛后，刘邦很害怕，因为在这之前，韩信、彭越虽然也都很厉害，与英布一起堪称"三只猛虎"，但韩信、彭越都是被用计逮捕的，所谓的谋反只不过是一个借口，而在实际上，他俩其实并没有真的谋反，到最后都是被刘邦"瓮中捉鳖"般地给逮住后轻而易举地便杀了。对于像英布这样很会打仗的猛将，刘邦心里一直都很含糊，可是现在，英布却是真的谋反了，真刀真枪地与他干上了，试想，刘邦能不心存忌惮吗？

好在，刘邦这人一遇到困难就喜欢求助，他那句著名的口头禅便是"为之奈何"。这次，他自然又向大臣们求助了。

那天，刘邦把一帮大臣们叫来，召开紧急会议。他开口说的第一句话就是问大家："英布反叛了，为之奈何？"

大臣们众口一词说："这还不好办吗？乱臣贼子，发兵灭了他就是了。"

刘邦笑了笑，说："灭了他？朕也知道灭了他，可是，怎么才能灭了他呢？"

这一问，许多大臣都答不上来了。中国的封建官场历来都是这样，那些当官的耍嘴皮子纸上谈兵坐而论道可以，但你若要他动真格儿地拿出真本事他可就抓瞎了，没辙了。

可就在刘邦与一帮文武大臣不知所措时，刘邦的结拜兄弟夏侯婴却向他推荐了一个高人。那天会后，看刘邦愁眉不展的样子，夏侯婴对他说："我的门客原是楚国宰相薛公，此人很有韬略，皇上可问他。"

刘邦一听，当即叫来薛公，向他问计。薛公很有见识，也很会玩噱头，卖关子。他说："英布造反，势所必然。若英布计出上策，山东就不归皇上所有了；计出中策，谁胜谁败还很难说；计出下策，陛下就可高枕无忧矣。"

听薛公说得很玄乎，刘邦便又问他："何谓上策？"

薛公说："向东夺取吴国，向西夺取楚国，吞并齐国，占领鲁国，传一纸檄文，叫燕国、赵国保持中立，山东地区就不再归皇上所有了。"

"那什么叫中策？"

"向东攻占吴国，向西攻占楚国，吞并韩国占领魏国，占有敖庾的粮食，封锁成皋的要道，谁胜谁负就很难预料了。"

"那下策呢？"

"向东夺取吴国，向西夺取下蔡，把辎重财宝迁到越国，自身跑到长沙，陛下便可高枕无忧。"

薛公对答如流。

"照你看来，英布会选哪种计策？"

"肯定是下策。"

"噢，何以见得？"

"英布目光短浅，他本是骊山刑徒，自己奋力做到万乘之主，这都是为自身的富贵，而不顾及天下百姓，也不为子孙后代着想，所以，他必选下策。"

话说到这个份上，刘邦明白了，于是，他点点头道："说得好。"然后立即做出三项决策：一、赐封薛公为千户侯；二、册封皇子刘长为淮南王；三、自己御驾亲征，讨伐英布。

再说英布反叛后，首先灭了荆国，荆王战败而死。之后，英布将剩余荆军将士全部收编，随后北渡淮河，进攻楚国，楚王被迫逃走。这样一来，长江以北的江苏、安徽大部分地区很快便为英布所有。

不过，正如薛公所料，刑徒出身的英布有勇无谋，虽然很会打仗，但却没有战略眼光，更不知道战争宣传，争取民心。当初，在起兵反叛时，他对淮南国将领说："上老矣，厌兵，必不能来。使诸将，诸将独患淮阴、彭越，今皆已死，余不足畏也。"

然而，英布进军至蕲（今安徽宿县东南）时，没想到竟遭遇了刘邦亲自统率的汉军。两军相遇，刘邦高声问他何故造反，头脑简单的英布这时候不是去申讨刘邦诛杀功臣、欺骗天下的罪过，而是非常愚蠢地回答："造反，当然是想当皇帝。"如此一来，把一场原本很值得天下人同情的诚所谓"哪里有压迫哪里就有反抗"的"正义战"说成是一场企图抢夺皇位的"不义战"，战争的性质变了，人心的向背自然也就一下子起了很大的变化。再加上经过多年的战争，无论是普通百姓还是那些士兵，大家都早已厌倦了战争，所以，很快，英布的反叛便理所当然地被御驾亲征且占据了道德高地的刘邦给镇压了。

英布失败后，没有像项羽那样兵败自刎，而是带着百余名亲信逃到江南，想去投靠他的老岳父长沙王吴芮。可是这种时候，长沙王吴芮才不想受英布的牵连，虽然是自己的女婿，但关键时刻为求自保，吴芮还是大义灭亲，他派人诱骗英布，说要和他一同逃亡。结果英布逃到南越，又与他一起到了番阳（今江西景德镇西南）。那天夜里，英布藏在一家农户家里睡觉，睡到半夜，竟突然被人给杀了。

正史说，杀害英布的凶手乃是当地百姓，仔细想想，其中疑点颇多，实在令人难以置信。但究竟凶手是谁，又是谁在幕后主使？不得而知，应该说是一桩千年谜案。

死亡的恐惧

不妨想象一下，在被刘邦通缉逃亡的日子里，英布心里一定非常非常后悔，后悔当初中了刘邦的离间计背叛了项羽。如果不背叛项羽，而是和项羽站在一起，他刘邦就很难能够取得战争的胜利；如果不背叛项羽，而且项羽又取得了楚汉战争的胜利的话，那么，只是想当楚霸王而毫无称帝之心的项羽一定不会滥杀功臣，如此不择手段地杀戮异姓诸侯王。

可是，历史没有后悔药，就因为选择占到了刘邦一边，虽然表面上看等于站到了胜利者的一边，但胜利其实只是刘邦一个人的胜利，而对于英布，对于所有异姓诸侯王自身来说，则无异于选择了死亡。

据记载，在刘邦先后所分封的八个异姓诸侯王中，除了赵王张敖虽然一度被诬陷为谋反但由于是鲁元公主的丈夫，故而最终只被降为宣平侯，但好歹总算保住了一条小命，还有就是长沙王吴芮以及闽粤王无诸势力太小不足为虑因而没被剪除外，其余五个异姓诸侯王在刘邦建立汉朝后的头七年内都先后被以谋反罪处死，如楚王韩信、梁王彭越、淮南王英布以及燕王臧荼；或被逼叛逃匈奴，如韩王信、燕王卢绾。

可以说，"狡兔"死尽后，这些异姓诸侯王无一善终，都无一例外成了被烹杀的"走狗"。

除了上面所说的韩信、彭越、英布外，下面，不妨再简要介绍一下臧荼和卢绾。

臧荼本是燕王韩广手下将领，公元前207年时，受韩广派遣南下救赵于巨鹿。后随项羽西入关。项羽封他为燕王，徙故燕王韩广去往偏远的辽东当王。韩广一肚子火，不愿走，臧荼攻杀之，并占据了燕地和辽东。

由此可见，臧荼的燕王和刘邦的汉王一样都是由项羽当初封王时封的，所以，论资历，臧荼和刘邦可谓平起平坐。

　　但从史书上看，臧荼这个人不像刘邦，他没有太大的野心，只想待在燕地，舒舒服服地一辈子当他的燕王足矣。

　　也正因此，楚汉战争初期，燕王臧荼偏安一隅，既不助项，也不帮刘，只是骑墙居中，保持中立。但是到了后期，特别是汉四年（公元前203年）十月，韩信势如破竹荡平赵国，眼看项羽大势已去，燕王臧荼这才"识时务者为俊杰"，在韩信所派的使者的威逼利诱下，投降了刘邦。

　　当时，刘邦与项羽激战正酣，为了多一个朋友，少一个敌人，于是便对燕王臧荼采取笼络怀柔政策，让他继续当他的燕王。而且，刘邦在称帝后，一开始，也既没重新任命臧荼为燕王，也没有把他的"燕王"帽子给拿掉。于是乎，臧荼便这么不明不白地继续当他的燕王。

　　然而，由于臧荼所管辖的燕国，是合并了项羽分封时的燕地与韩广的辽东之地，相当于战国时期燕国的全境，疆域相当大，而且，燕国与匈奴毗邻，战略位置非常重要。所以，由臧荼去管辖燕国，做燕王，刘邦心里当然很不放心，也很不情愿。

　　关于燕王臧荼谋反一事，像《史记》《汉书》中都言之凿凿，众口一词，说汉王五年十月（或七月），燕王臧荼反，攻下代地，高祖自将击之。似乎燕王谋反一事真的实有其事，但对于臧荼是有预谋地造反还是被逼而反却又都语焉不详，甚至讳莫如深，这就难免会令人生疑。

　　而且，更令人生疑的是，《史记》中竟然说燕王臧荼乃是因为觉得刘邦对项羽残余势力的追杀过于凶狠，而他当年毕竟是项羽一手提拔为燕王的，心中总觉得愧对项羽，故而当看到韩信被刘邦逮捕后一贬再贬，不由得在心中产生了强烈的危机感与恐惧感，所以才决定造反的。

　　这样的理由显然难以令人信服，因为，在楚汉战争中后期，燕王一直是站在汉阵营这边帮助刘邦的，比如燕曾出兵助汉击灭楚大司马曹咎；在劝刘邦登基的诸侯"劝进表"中也赫然写有臧荼的名字。由此说明，燕王臧荼这人虽然很爱吹牛，但还是很识时务的。那么，既然在刘项胜负未定之时因为畏汉而降汉，并进而助汉，那为何到天下归汉时汉无疑更强大了却反而不畏汉了，并胆敢叛汉了呢？

　　这在情理上实在很难能说得通。

　　还有就是，燕王臧荼的造反行为也很令人费解。一般人造反都是偷偷的，突然发兵打对手个措手不及。但臧荼造反却与不同，他既不去攻城，也不做其他的军事部署，只是每天大张旗鼓地说："我要造反，我要造反！"生怕全世界都不知道他要造反似的。

要知道，造反不是儿戏，不是小孩子玩过家家，燕王臧荼怎么可能把造反当成儿歌似的成天挂在嘴上去唱呢？除非是燕王臧荼头脑坏了，否则，纵然是借给他十个胆子，谅他也不敢这么大胆公开说自己要造反，却又并不采取实际行动。

所以，综合以上分析，可以推测，很有可能，燕王臧荼完全是被逼而反的。想必是刘邦言而无信或是以谋反之罪要废掉臧荼的燕王之位，并亲自带兵去攻伐燕国，在走投无路的情况下，燕王臧荼才不得不奋起反抗，与兵临城下的刘邦兵戎相见的。

在当时，燕王臧荼肯定知道，以自己的力量去与刘邦的大军对抗，无异于以卵击石，还没开战，其实胜败早已见出分晓。果然，双方刚一开打，还仅仅只是第一回合，因为慑于汉军的强大，那些早已厌倦了战争的燕军将士便临阵倒戈，背叛了燕王臧荼。于是，在叛军的帮助下，刘邦很快就活捉了燕王臧荼。

臧荼被擒获后，据说还在一个劲地高喊"我要造反，我要造反"！刘邦哪里容得下他这般放肆？于是命人直接把他的头砍了，然后挂到城墙之上示众。

这便是燕王臧荼的下场，是"正史"告诉我们这些后人的关于燕王臧荼被杀的故事。

仔细想想，这故事怎么看都很有些虚假。

当然，话说回来，不管燕王臧荼究竟是为什么被杀，到最后都是被刘邦杀害的。

杀了燕王臧荼后，刘邦很快于汉五年九月又立了一个新的燕王，这个人不是别人，乃是他的发小卢绾。

关于卢绾，我们在前面已经介绍过，他和刘邦可谓"六同"，即他俩不仅同年、同月、同日生，而且还是同村、同学以及"同事"。

仅此可见，两人的关系实在是非同一般。

然而，令人难以置信的是，就是这样一个铁哥们的卢绾，在当了六年燕王后，竟然也谋反了！

事情的大致经过是这样的，汉十一年（公元前196年）秋，陈豨在代地反。刘邦亲率大军至邯郸（今河北邯郸），自南面进讨陈豨。因为对自己的老朋友、老领导刘邦绝对忠诚，燕王卢绾当时亦率兵自东北击陈豨。因自感势单力薄，难以抵挡，陈豨派王黄向匈奴求救。当时，卢绾也派张胜出使匈奴，声言陈豨兵败在即，试图让匈奴保持局外中立，不要介入战事。张胜到达匈奴后，见到逃亡到这里的原燕王臧荼的儿子臧衍。臧衍煽惑说，燕王所以器重张胜，是因为他熟悉匈奴事务；而燕国之所以能多年以来平安无事，是因为诸侯纷纷起兵反汉、兵连祸结的缘故；如果陈豨失败，唇亡齿寒，下一步就会轮到燕国倒霉。

不久，张胜回来后，原原本本将这些话告诉了卢绾。卢绾觉得这些话确实很有道理，于是心态便发生了很大的变化，对刘邦不再像往常那样愚忠了，而是与陈豨暗地勾结，支持陈豨抗拒刘邦，同时，又与匈奴暗地联络，互为声援。

到了第二年，由于刘邦击杀陈豨，得知卢绾与陈豨通好，于是刘邦便派辟阳侯审食其（也是卢绾的同乡好友）和御史大夫赵尧前往燕国诏令卢绾入朝对质，顺便也在燕地进行调查取证。

卢绾当时非常恐惧，他对左右亲信说："不姓刘的王国，独剩下我与长沙王两家了。去年春天，朝廷将韩信灭族；夏天，又将彭越剁成肉酱，这都是吕后的主意。现在皇上有病，凡事都是吕后做主。吕后这个女人，心狠手辣，就爱跟异姓诸王和各位大功臣过不去，巴不得把他们全都杀了才称心！"于是卢绾便谎称自己有病，拒不应召。

刘邦当时因为在征讨英布时受了箭伤，伤口感染，病情很重，但当获悉自己儿时最要好的朋友燕王卢绾也背叛自己后，大为恼怒，立即派大将樊哙统领汉军征讨燕国。

汉军很快便攻下蓟，虏燕大将抵、丞相偃、太尉弱、御史大夫施等，并接连攻下了上谷、渔阳、右北平、辽西、辽东等郡。这种时候，燕王卢绾特地把全部宫人和家属转移到长城脚下，用数千亲信骑兵进行保护，期待皇上病愈时，自己再去入朝请罪。谁知战事刚刚展开，刘邦就驾崩了。

卢绾听到刘邦驾崩的消息后死了心，因为他觉得以吕后的性格绝对不会轻饶他，于是便率领部属逃入匈奴。匈奴冒顿单于封他为东胡卢王。

因为在匈奴过得很不开心，虽然也被匈奴封为王，但当叛徒的滋味也很不好受，所以，一年后，卢绾便在抑郁中死于匈奴。

表面上看，刘邦称帝后所"烹"的只是那些异姓诸侯王，而对那些真正跟他从一开始就在一起的弟兄如萧何、曹参、周勃、樊哙等并没有实行"狡兔死，走狗烹"的血腥政策，赶尽杀绝。但在实际上，在他当了皇帝后，他的这帮弟兄的处境也很微妙，日子也很难过，特别是萧何，在被刘邦封为相国后，几乎一直都活在死亡的恐惧中。

对于萧何，我们显然并不陌生。从史书上看，他无疑是个国家级人才，秦二世元年（公元前 209 年），他随同刘邦起兵，攻克咸阳后，诸将皆争夺金银财宝，他却忙于收取秦丞相、御史府所藏的律令、图书，掌握了全国的山川险要、郡县户口，对日后制定政策和取得楚汉战争胜利起到了重要作用。刘邦为汉王，以萧何为丞相，萧何推荐韩信为大将军。楚汉战争时，他留守关中，不断地输送士卒粮饷支援作战，使关中成为汉军的巩固后方，对刘邦战胜项羽，建立汉朝起了重要作用。所以，刘邦称帝后，以萧何功劳最大，位列第一。

然而，即便是对萧何这样的"汉初第一功臣"，刘邦也仍时时提防，对其很不放心。

据记载，汉高祖刘邦在平定了陈豨的叛乱回朝后，获悉萧何协助吕后设计杀了韩信，即所谓"成也萧何，败也萧何"后，便派使者传旨封萧何为相国，加封萧何 5000 户，并派 500 名士兵日夜保卫萧何。

萧何加官晋爵，朝中诸臣都前往相府庆贺。可是，原秦朝时的东陵侯，现在却以种瓜卖瓜为生的，绰号叫"东陵瓜"的召平，却跑来狠狠泼了萧何一盆冷水。他对萧何说："君之祸，自此始也。"

萧何一头雾水，惊问其故。

召平说："皇上暴露于外，君相守职于内，无披矢石之难，而增封置卫，其因即在淮阴侯新反于内，上有疑君之心……愿君让封勿受，悉以家产佐军。"萧何听后，出了一身冷汗，于是便按召平的计策行事，谢绝了刘邦的封赏，并捐出全部家产充作军资，以表示对刘邦的忠心，刘邦果然十分高兴。

公元前 195 年，英布谋反。刘邦带兵征讨。出征期间，刘邦不放心萧何，怕他在京城搞政变，就数次派人打探京城的相国都在做些什么？

这显然是对一向忠心耿耿竭忠尽职的萧何的极端不信任，但萧何闻知其事，并没有表现出半点儿委屈和气愤，而是听从门客劝告，从此干脆自毁清誉，自污其身，大肆购买田地，广掠财物，收受贿赂，让外界对他多有议论，故意让刘邦抓住自己的把柄，以致将他逮捕下狱，以为他只不过是个贪财好利之徒，在政治上并没有什么太大的野心，因而渐渐对他放松警惕，不再防范，更不去加害于他。

因为深知功高震主易杀身，自古伴君如伴虎，萧何晚年更是处事谨慎，小心做人，虽功高位尊，但从不炫耀自己的名望和权势，对自己的子孙也管教甚严。《汉书·萧何传》

记载有这么一则故事，说"何买田宅必居穷辟处，为家不治垣屋。曰：'今后世贤，师吾俭；不贤，毋为势家所夺。'"意思是说，萧何置买田地房屋总是选在穷乡僻壤，建造住宅也不修高墙大院，他曾对人说："我的后代子孙如果贤能，就一定会效法我的简朴，要那么多钱才又有何用？如果不成器，是个败家子，留给他再多的钱财也没有用。真要到那种时候，这种地处偏僻又不华丽的房屋对于那些有权有势的人家来说也看不上眼，一定不会强取豪夺。"

显然，在西汉建立后，功高第一的萧何也一直受到刘邦的猜忌，始终面临着死亡的威胁。只不过，萧何很懂得以退为进的道理，他始终夹着尾巴做人，才使自己得以善终，生荣死哀。

还有樊哙，诚如我们所知道的，樊哙与刘邦可谓拜把子兄弟，当年，刘邦还是一个小混混时就与杀狗卖狗肉的樊哙在一起称兄道弟，交情深厚。后来，樊哙又娶了吕后的亲妹妹，和刘邦成了连襟。而且，鸿门宴上，危急时刻樊哙又挺身而出救了刘邦，后来又帮助刘邦平定了燕王臧荼、卢绾、陈豨、韩信等，可谓刘邦的心腹爱将。

按说，刘邦再怎么疑心，也不会疑心樊哙会背叛他。但事实却恰好相反，想不到，刘邦在临终前竟然也对樊哙动了杀机，决定要把他杀掉。

那是公元前195年，刘邦在征讨英布时，被流矢所伤，回来后便病倒了。可是不久，又听说燕王卢绾谋反，于是便让樊哙以相国身份率军去讨伐卢绾。樊哙走后，有人在高祖刘邦面前打小报告说："樊哙跟吕后串通一气，想等皇上百年之后图谋不轨。皇上不能不早加提防。"刘邦对吕后干预朝政早就有所不满，现在一听这话，顿时有所警觉，觉得情况确实严重。于是，他便决意临阵换将，想让陈平前往樊哙军中传诏，而在车中暗载大将周勃，等到了军营里，让陈平突然宣布他的圣旨"平至军中，立斩哙头"，并由周勃夺印代替樊哙出征。

陈平临行前，刘邦还暗中叮嘱陈平，叫他尽快把樊哙的人头取来，由他亲自验明正身。好在，陈平是个人精，在路上，他越想越不对劲，觉得樊哙是吕后的妹夫，两人关系很好，如果由自己亲手杀了樊哙，将来吕后把账算到他的头上，那他陈平就会吃不了兜着走。于是，到了军中，他只是用计把樊哙逮捕，然后钉入囚车，押回长安，想让刘邦自己动手杀了樊哙。

说来，也算樊哙命大，结果，等他被押解到了长安，刘邦已经死了，而吕后自然不会杀他，樊哙这才算侥幸捡回了一条老命。

由此可见，假如不是陈平多了个心眼，假如刘邦没有早死，哪怕多活半年，樊哙的人头也会被砍了。而假如刘邦再多活几年，那么，后面势必还会有更多的开国功臣的人头落地。

所以，高祖刘邦的早逝，对于那些汉初的开国功臣来说，委实是一桩非常幸运的事情。因为，从此，那把始终高悬在他们头顶让他们人人自危感到一种巨大威胁的死亡之剑没有了。

又一个范蠡

历史上，功高盖世而惨遭杀戮的例子可谓举不胜举，比如曾帮助越王勾践报仇雪恨灭了吴国的大将文种，曾帮助秦孝公变法图强的商鞅，为秦始皇统一中国立下赫赫战功的干城之将白起，等等，但凡是功高震主而不知身退者，几乎少有例外，结果都不得善终。

所以，早在两千多年前的春秋末期，洞明世事人情、参透人生玄机、为人绝顶聪明的老子就极其深刻地指出："富贵而骄，自遗其咎。功遂身退，天之道。"而精于老庄之道的清朝中兴大臣曾国藩也主张："功成身退，愈急愈好"。

有鉴于历朝历代君臣间"同患难易，共荣华难"，为了不至于惨遭兔死狗烹的厄运，死于非命，在我国古代，一些睿智通达的文臣武将在功成之后，都毅然选择了身退的道路。

在历史的长河中，功成身退最为著名的，也最为彻底和最为成功的，当数范蠡。

范蠡，字少伯，又称范伯，生卒年不详，春秋末期楚国人。相传其年少时家境贫寒，然而却用功苦读，学艺精湛，才可敌国。可是，由于长期以来，在楚国入仕完全依靠世袭、荫任（即指贵族官僚的子弟凭借父祖的官爵而享有做官的特权），用魏晋诗人左思的诗句来说就是"世胄蹑高位，英俊沉下僚"，一般平民子弟纵有天大的本事，如果没有特殊的背景，也不为所用。

所以，年轻时的范蠡虽学富五车，才识超群，但一直怀才不遇，潦倒失意。然而越是有才的人，在其不得志时，越是很容易表现得放浪形骸，狂放不羁。据说落魄时的范蠡"佯狂、倜傥、负俗"。多亏文种任宛令时，慧眼识才，与之交友，惺惺相惜。由于深感楚国这地方过于任人唯亲，仕风不正，于是，两个人商量好了，不久后一起离开楚国来到越国做官，并都很快得到了越王勾践的重用。范蠡先任大夫后为重要谋臣，文种为相。

公元前 494 年，勾践伐吴，范蠡谏阻。勾践不听劝阻，执意攻打吴国，反被吴国打得大败，结果"含垢忍辱，卑辞厚赂"，范蠡也因此随勾践到吴国做了人质。在做人质的三年中，夫差几次劝范蠡弃越投吴，许诺将提拔重用他，但范蠡不为所动，始终对勾践忠心耿耿，最终出谋划策使勾践化险为夷。

回到越国后，勾践卧薪尝胆，发愤图强，范蠡与文种鼎力辅佐。经过二十多年的苦心戮力奋斗，终于兴越灭吴，帮助勾践完成了称霸大业，使小小越国竟然一跃成了中原霸主。

勾践灭吴兴越后，一帮文武大臣都欢欣鼓舞，兴高采烈，等着勾践开庆功大会，论功行赏，给自己加官晋爵。范蠡劳苦功高，可谓辅政复国第一功臣，按理当受第一重赏。可是，范蠡以为大名之下，难以久居，且勾践为人，只能与之共患难，难以与其同安乐，这时，他竟反而主动向勾践辞官。

《国语》卷二十《范蠡辞越王》记载范蠡向越王勾践辞职时，君臣之间有一段精彩的对话，即使在今天看来也很有意思。

在灭吴返越的路上，已打定主意脱身的范蠡找了个冠冕堂皇的理由对越王说："君王您以后好自为之吧，为臣我不打算再回越国了！"

勾践显然意想不到，听了一愣，就说："范爱卿，你怎么说这话？我真不知道你说这话是什么意思？"

范蠡从容以对，一脸诚恳地说："臣听说'主辱臣死'，从前，大王受辱，臣所以不死，是想忍辱负重，帮助大王东山再起，完成大王复仇的大业。现在，吴国已灭，大王如果肯原谅臣当年忍辱偷生的罪过，请允许我这把老骨头退居江湖。"

勾践当即严词拒绝，假装情词恳切地说："我是由于你的辅佐，才有了今天，如今我正想报答你，你怎么倒要离我远去？你听我的话，不要走，我与你共享荣华富贵，你如果非要走，我就杀掉你的妻子儿女！"

范蠡对勾践这个人太清楚不过，知道他惯于虚情假意，言不由衷，就表现得非常惶恐，但又无可奈何地说："处死我倒是罪有应得，可我的妻子儿女有什么错呀？不过，他们是生是死也只有完全听大王您的决定了，我也顾不了这么多了！"于是，当天夜里他便驾了一叶扁舟，涉三江，过五湖，传说他还带着美人西施，隐姓埋名跑到别国隐居去了。

范蠡功成身退，乘舟浮海，实在是极为明智之举，因为在他走后不久，与他一齐入越为官同样功勋卓著的文种就被勾践赐剑令其自杀死了。

与范蠡一样，张良很显然也是一位功成身退免遭杀身之祸的智者。

说到张良，我们显然并不陌生，在中国历史上，张良绝对是个超重量级的智囊型人物，和姜子牙、管仲、范蠡、诸葛亮一起，完全可以称得上中国古代最优秀最杰出的"五大谋臣"。

当初，刘邦打天下靠张良为他出谋划策，天下初定，政权未稳时，依然要仰仗张良的计谋治国安邦。所以，一点也不夸张地说，如果没有张良，很可能就没有刘邦的最先进入关中；如果没有张良，攻入咸阳，进入秦宫的刘邦很有可能就会被那里的珍宝美女弄昏了头脑，从此倒行逆施，失去民心；如果没有张良，刘邦很可能真的会老老实实待在汉中当他的汉王；如果没有张良，楚汉之争中，刘邦很可能早就一败涂地，溃不成军，甚至会兵败身死；如果没有张良，刘邦很可能在与项羽鸿沟议和后，不会很快毁约，穷追项羽；如果没有张良，很可能也不会迅速形成刘邦、韩信与彭越三方联手对项羽的铁壁合围之势，垓下之战很可能就会是另外一种结局……

也正因此，称帝后，在一次总结会上，刘邦深有感触，还算实事求是地说了一段在历史上比较有名的话，那天，他很是激动地对大臣们说："夫运筹帷帐之中，决胜千里之外，吾不如子房；镇国家，扶百姓，给馈饷，不绝粮道，吾不如萧何；连百万之军，战必胜，攻必取，吾不如韩信。此三者，皆人杰也。吾能用之，此吾所以取天下也。"一语道破了自己之所以能够赢得天下的制胜秘籍。

从史书上看，胜利后，刘邦对张良的感恩图报不仅只是说在口头上，而且也落实到了行动上。

首先，从一个很小的细节就可以看出，刘邦对张良一直非常恭敬，不敢怠慢。

众所周知，刘邦这人原本只是一个地痞无赖，平时说话做事自觉不自觉地总显得有些痞里痞气，平时对下属几乎都是想骂就骂，很不客气，至于对读书人就更是一直很轻慢,当年甚至还拿儒生戴的帽子做尿壶,在里面撒尿,以示对天下读书人的侮辱。

可是,对于张良,刘邦却一直非常恭敬,和张良说话,不仅从来不说脏话,骂骂咧咧,而且还言必称子房。"子房"是张良的字,在古代,唤人称字,是表示尊敬的意思。这对说话喜欢爆粗口的刘邦来说,真的是相当不易。

其次,从胜利后的封侯来说,刘邦对张良也显得格外大方,特别惠顾。

高帝六年(公元前201年)正月,刘邦先后封了19位列侯。其中,张良与萧何同时被封侯。然而,虽然同时封侯,但对萧何与张良的分封却很不一样,可谓厚此薄彼。当时,刘邦封萧何为酂侯,食邑8000户,可是在封张良时,刘邦却主动提出要张良"自择齐三万户"。这是高帝六年前两批所封列侯中,唯一一位得到刘邦特批,可以自行择地而封的列侯,所封户"三万"也是列侯中最多的。

可是,对于高祖刘邦如此特殊的厚爱,张良并没有显得受宠若惊,对于"三万户"的封赏他也没有照单全收。据《史记·留侯世家》记载,当刘邦特意提出要张良自己"自择齐三万户"时,张良显然没有被喜悦冲昏头脑,而是很冷静地婉言谢绝道:"我起兵后能在留(今江苏沛县东南)遇见皇上,这是天意。皇上愿意采纳我的意见和建议,最终能够获得成功,这是我人生的幸运!我希望将留这个地方赐封给我就足够了,不敢受封三万户。"于是刘邦便尊重张良的意见,封张良为留侯。所以,后来人们便常常用"留侯"来称谓张良。

在今天看来,张良这样做无疑是非常明智的,因为,他如果不知深浅,真的很不懂事地"自择齐三万户",先不说刘邦心里会怎样想,单说那些封赏远远不如他的列侯们就会顿时心生嫉妒,从此很可能就会明里暗里孤立他,排斥他,甚至会想尽一切办法对他群起而攻之,如此一来,他今后就会成为众矢之的。

再说刘邦,如果张良真的不知趣,贪财好利,"自择齐三万户",那么,以刘邦的那种性格,他就会觉得张良是个很贪婪的人,从此在心里就会猜忌张良。

要说张良真的是个智者,他当然不想因接受封赏而引火烧身,乃至自寻死路,所以,他只求刘邦封他为留侯,只象征性地要了点封地与封户意思意思就够了。

想当年,越国灭了吴国,还在回国途中,范蠡就像勾践辞职,辞职不成,干脆深夜出逃,从此隐姓埋名,浪迹天涯,犹如人间蒸发了似的,永远离开了官场。

张良当然没有像范蠡那样在刘邦获胜后辞职,更没有从此远离官场,隐身江湖,但是，从史书上看，刘邦称帝后，张良就经常抱病，"杜门不出"，几乎完全退居到了二线，很少去过问政事，只是在不得已时，也即在刘邦或吕后找上门来向他求教时，实在推诿不过，他才偶尔当一下顾问，为皇上或皇后出谋划策，指点一二，然后，便又长时间待在家里，"道引，不食谷"。所谓"道引，不食谷"，据说是汉朝的一种气功，大约就相当于道家所说的"辟谷"，在辟谷期间，不吃用火烹制的食物，只喝水和吃一些天然的食物，如桑葚、草莓、黄精等。

之所以要"道引，不食谷"，其一是因为张良是道家人物，很信奉道家的这一套做法；其二自然是想通过"道引，不食谷"，来强身健体，抑或追求长生不老；至于其三，则显然是想向刘汉政权证明自己既不求富贵，也无意仕途，用他自己的话说就是，只想扔下世间俗事，追随赤松子游仙，学习道引辟谷。因此，《汉书·张陈王周传》中有这样的记载："良从入关，性多疾，即道引不食谷，闭门不出岁余。"

古人有言："小隐隐于野，中隐隐于市，大隐隐于朝。"很显然，张良在汉朝建立后，由于种种原因，便成了这样一位"大隐隐于朝"的隐士。

在今天看来，张良之所以要为自己选择这样一种"大隐隐于朝"的生活或生存方式，显然有他自己难以言说的苦衷。

从表面上看，刘邦称帝后，张良跟随刘邦来到长安，从此"杜门不出"的原因乃是"抱病在身，在家养病"，可是，从种种迹象看，张良也许身体确实不大好，患有某种慢性病，但其实病情并不严重。因为，张良尽管一直"生病"，没有"痊愈"，但是，即使是在刘邦死后，他仍然还活了将近十年，这就说明张良的病既不是绝症，也不是那种让他丧失工作能力的大病。否则，他绝对不会活那么久。

所以，很有可能，张良晚年一直都在故意装病，退一步说，即便是有病，也很可能没有那么严重，其病情有明显被他夸大的成分。

而之所以要这样煞费苦心地装病或者故意夸大自己的病情，很显然是为了功成身退，并进而实现全身免祸以求自保的目的。

的确，张良是个智者，而且还不是一般的智者，而是一个在中国历史上屈指可数的有着大智慧的人，以他的聪明与睿智，他当然不仅清楚地知道中国历史上所发生的那些"飞鸟尽，良弓藏；狡兔死，走狗烹"的悲剧故事，而且对这种过河拆桥、卸磨杀驴的事件研究得很深很透。特别是勾践灭吴后，范蠡与文种的不同结局，一定会在他的心中刻下深深的烙印。

　　既然读懂了历史这本沉甸甸的大书，知道了历史上许多统治者只可与其共患难，很难与其同富贵，以张良的世事洞明，人情练达，他当然会毫不犹豫地选择走范蠡的道路，做"范蠡第二"，功成不居，以求自保。

　　当然，由于时代的变化，汉朝已经完全不是昔日的越国，想当年，范蠡功成身退，可以从越国逃到其他诸侯国，从此隐姓埋名，和美人西施过那种神仙一般自在逍遥的生活，然而到了汉朝，中国已经再次统一，"普天之下，莫非王土"，只要在汉朝，无论在哪里，都会是刘邦掌控统御的天下，因而在事实上张良已逃无可逃，更何况像张良这样一个几乎无人不知无人不晓的政治明星，无论逃到哪里想从此隐姓埋名浪迹江湖都是不可能的，既然这样，所以，张良虽然学习范蠡，功成不居，但却没有远离庙堂，隐身江湖，而是继续居庙堂之高，大隐于朝。

　　可以想见，晚年的张良一定会遭受严重的人格分裂之痛，性格分裂之苦。因为，诚如我们所知道的，张良其实是一个对政治非常热衷、功名欲非常强烈的人，且年轻时敢爱敢恨，是个充满血性义无反顾的豪侠之士。当年，秦灭汉时，出身贵族"五世相韩"的张良曾倾尽全部家财寻求刺客刺杀秦始皇，立志要为韩国报仇。后乘秦始皇东游之际，与刺客在博浪沙（今河南原阳东南）刺杀秦始皇，虽然最终刺杀未遂，他与刺客抛掷的大铁锥并未能扎中秦始皇所乘的专车，而只是"误中副车"，但也因此生动展示了张良那种勇敢坚毅快意恩仇的侠义性格。

　　可是，晚年的张子房与年轻时的张良比起来，简直判若两人，如果说，年轻时的张良做事敢作敢当，侠肝义胆，甚至不计后果，轻率孟浪，可是，晚年的张良却是去尽火气，谨小慎微，老成持重，犹如看破红尘的出家人一般，与世无争，与世无求，性格中已经完全没有了年轻时的棱角与锋芒。这样的变化真的是很巨大，也很惊人。

　　细究起来，变化的很有可能只是张良的外表，而在内心中，诚所谓"江山易改，本性难移"，张良的那种快意恩仇愤世疾邪的性格其实并没有多大的改变。也正因此，可以想见到晚年的张良功成身退，在家没病装病，内心中一定会时常遭受着严重的人格分裂之痛、性格分裂之苦。

　　也确实，以张良的性格与对政治的那种几乎与生俱来的热情，他又何尝真的想功成身退，又哪里会真的喜欢在家里"杜门不出""道引不食谷"呢？

可是，为了免遭杀身之祸，避免重蹈历史上兔死狗烹的覆辙，刘邦称帝后，聪明的张良只有也只能功成身退，"闭门不出岁余"，没事待在家里练练道法了。

事实证明，张良的这种做法绝对是英明正确的。因为很快，像韩信、彭越、英布等许多西汉开国大臣因为执迷不悟，至死都看不破功名，看不淡富贵，非要去与开国君主利益均沾，有福同享，最后都落得身首异地，不能善终。

也正因此，司马光在写《资治通鉴》时对张良的这种做法大加称道，认为他是"等功名于物外，置荣利于不顾"。明人更写出"张良范蠡笑人痴"的诗句，将张良和范蠡相提并论，认为"功成身退是良谋"，是有人生大智慧的范蠡与张良们最明智也是最好的选择。

不过，话说回来，当范蠡乘夜出逃，从此隐姓埋名，当张良常年装病，常常言不由衷地说自己"愿弃人间事，欲从赤松子游耳"，在他们表面潇洒若无其事的背后，可以想见，一定会隐藏着许多别无选择的酸涩、苦痛与无奈。

最后的遗嘱

古代封建专制王朝的一个最主要，无疑也是最不公平和最为可怕的特点，就是家天下。在一开始，打天下乃是大家也即天下人的事，可是，坐天下却变成了皇帝一家人的事了。这就是一代又一代封建王朝在改朝换代后所上演的几乎如出一辙的戏剧。

很显然，刘邦也不例外。而且，在中国的封建皇帝中，他是继秦始皇之后，第二个将天下变成"家天下"的人。

公元前202年，在最终打下了江山之后，有一天，刘邦在洛阳南宫大摆酒席和群臣畅饮。席间，他让群臣实话实说，畅所欲言，分析总结一下为什么项羽会失天下而他刘邦能够得天下？

当时，大臣高起、王陵回答说："陛下使人攻城略地，攻下来的城池就赏给攻打的将领，这种做法是与天下人一起分享利益；而项羽对打了胜仗的将领，不但没有给予奖赏，反而嫉贤妒能，有功者害之，贤者疑之，所以失天下。"

高起、王陵的话虽然不无溢美之词，但是，基本上说的还是事实。在打江山时，刘邦也确实一度显得很仗义，很大方，经常将攻下的土地分封给异姓诸侯王，对手下的将士不吝封赏，即在与大家有难同当的同时，也基本做到了有福同享。

显然，也正是因为这样，当时才会有那么多的天下英雄豪杰纷纷投奔到他的麾下，且心甘情愿地为他效力疆场，出生入死。

从史书上看，刘邦不仅在打江山时不吝赏赐，分封异姓诸王，以此调动大家跟他一起打江山的积极性，而且，在取得胜利后，也曾一度论功行赏，大封群臣。

据史料记载，除了分封了八个异姓诸侯王，高帝六年，刘邦还先后两次封侯，共封了十九个列侯。尽管这样，当时大臣们还是意见很大，并为此差一点儿酿成了宫廷政变。

事情大致是这样的，刘邦封侯后，当年跟他出生入死征战多年的三十多位将官，除了萧何、张良等有大功的，以及第一批跟他起事的元老，其余绝大部分都没有得到封赏。这些人愤愤不平，经常在一起议论纷纷，大发牢骚。有的甚至还担心高祖记仇，会拿自己过去的错误问罪。

有一天，高祖坐在皇宫的高台上，看见群臣三三两两坐在下面的沙地上交头接耳，好像在商量什么重要的事情。刘邦心中狐疑，凭他的直觉，他预感到一定会有什么事情将要发生。但现在当了皇帝，他又不好下去直接去问。于是，他便派人把张良找来，让他去了解一下，看看这些过去的将帅如今的大臣们究竟想干什么？哪知道张良来了，听了高祖的话，不假思索，就直截了当地回答说："您还不知道？他们是在商议谋反呢！"

高祖大吃一惊，连忙问道："如今天下已定，他们为什么谋反？"张良说："陛下起自布衣，原先跟这些将士并没有什么区别，后来他们拥戴您，为您四处转战，出生入死，终于取得了天下。如今您当了天子了，所封赏的都是自家子弟、亲朋好友，所诛杀的都是一些过去与您有私怨的人。现在朝廷说按照功劳，汉朝所有的天下资财不足以遍封功臣，所以这些人既担心有功不得封赏，又畏惧因过去小有过失反而被陛下杀头，所以都想图谋造反！"

刘邦听了，甚为惊恐，情急之中，就问张良："事已至此，你说现在怎么办好？"

张良沉思片刻，方才答话说："您平生所最憎恨而大家又都知道的部将是谁？"

高祖说："那就是雍齿了。我刚起兵的时候，曾派他留守丰邑，我刚离开那里，他就莫名其妙地投降了魏国。后来抛开魏国到赵国，时间不长，又背叛赵王投降张耳。

后来张耳派他帮助我进攻楚兵，我只是急需用人才，才勉强忍耐着，至今没找他算账罢了！"

张良继续问道："您说的这些事大家都知道吗？"

高祖说："怎么不知道？连雍齿自己也清楚，我对他非常讨厌、憎恨！"张良这时点点头，说："那就好。现在情势危急，还是先封雍齿吧。群臣见雍齿这样的人都能得以封侯，则人人自安，皇上您也可以免除祸患了。"

对张良的话，刘邦一向言听计从，于是，第二天高祖在南宫摆下丰盛酒宴，大宴群臣，席间，他颁发诏书，封雍齿为什方侯，并急招丞相御史定功行封。群臣皆喜，说："连雍齿都能得到封侯，我们还担心什么呢？"于是便都打消了反叛之心。

就这样，一起很可能一触即发的宫廷政变流血事件终于因刘邦的大封功臣而胎死腹中。史载，为了平息事端，刘邦当时一口气又分封了一百二十多个功臣。

据说，刘邦当年在分封功臣为王时，曾在丹书上写下如此誓言："使河如带，泰山若厉。国以永宁，爰及苗裔。"意思是说，除非等到黄河水干了变成像衣带那么宽，泰山崩塌后像磨刀石那样小，否则，这些诸侯王的封国永远不会被收回。

都说君无戏言，一言九鼎。可是，称帝后还才只有几年，刘邦便自食其言，开始接二连三诛杀那些异姓诸侯王，从头至尾，前后不过七年的时间，八个异姓诸侯王就被他杀了五个，贬了一个，剩下的两个小得不能再小的异姓诸侯王也几乎名存实亡。

在逐一杀害异姓诸侯王的同时，刘邦也不忘记册立同姓诸侯王，据统计，刘邦生前，边杀边立，前后共立了九个同姓诸侯王。这些诸侯王，绝大多数是他的儿子，也有少数是他的兄弟或侄子，其具体名单如下：

高祖六年（公元前201年）正月，立弟弟刘交为楚元王。

高祖六年正月，立从父兄刘贾为荆王。刘贾被杀后，高祖十二年（公元前195年）十月，改荆为吴国，立兄子刘濞为吴王。

高祖六年正月，栗子刘肥为齐悼惠王。

高祖六年正月，立兄刘喜为代王。七年，刘喜弃国自归，贬为郃阳侯，改立皇子刘如意为代王。高祖十一年（公元前196年）正月，又改立子刘恒（即后来的汉文帝）为代王。

高祖九年（公元前198年）春正月，原赵王张敖被废为宣平侯，徙代王刘如意为赵王。

高祖十一年三月，立皇子刘恢为梁王。

高祖十一年三月，立皇子刘友为淮阳王。

高祖十二年二月，立皇子刘建为燕王。

高祖十二年十月，立皇子刘长为淮南王。

从某种意义上说，刘邦称帝后，主要干了三件大事：第一件就是杀功臣，当然主要是杀那些异姓诸侯王；第二件就是回故乡，也就是所谓的"高祖还乡"；至于第三件则是立遗嘱，以此将大封同姓王制度化、合法化，使之一下子上升到了祖宗家法的地步。

关于第一件"杀功臣"前面已经说过，这里只说第二件和第三件。

想当年，项羽占领了咸阳，成了首屈一指的楚霸王后，有人劝他称王关中，成就霸业，可是，一心想回到家乡炫耀的项羽却说："富贵不回故乡，就像穿了锦绣衣裳而在黑夜中行走，别人谁知道呢？"这句话无疑成了项羽在历史中留下的千古笑柄。

相比较起来，应该说，刘邦的城府和眼光显然要比项羽深得多，但是，那种富贵了不忘回到家乡去光宗耀祖显摆炫耀的心情和项羽几乎都是一模一样的。

关于汉高祖刘邦做了皇帝后衣锦还乡的故事，《史记·汉高祖本纪》与《汉书·高帝纪》都做了较为详细的记载，刘邦当皇帝第十二年（公元前 195 年）冬，在平定淮南王英布反叛、胜利回朝途中，曾返故乡沛县，逗留十余天。

尽管，在平定英布叛乱时他被流矢所伤，有伤在身，但是，在回到家乡后，他还是兴高采烈，把家乡的所有父老乡亲都召集起来，大摆宴席，以显示自己衣锦还乡的尊荣。酒过三巡，心情异常激动的刘邦一边拔剑起舞，一边引吭高歌："大风起兮云飞扬，威加海内兮归故乡，安得猛士兮守四方……"

当他放声歌唱的时候，故乡的子弟们都异口同声不约而同地应和着他，很快形成了大合唱，唱着唱着，刘邦忽然情不自禁地流下了一行行热泪……

这是刘邦称帝后第一次回到故乡，也是他最后一次"高祖还乡"。这次回乡，无疑是刘邦一生中在家乡的一次最精彩的演出，不幸的是，也是他一生中在家乡的告别演出。因为在他从家乡回到京城后，由于箭伤发作，伤口感染，很快便病倒了，而且，这一病，竟再也没能痊愈。

"高祖还乡"可以说了却了刘邦生前的一大心愿：一方面，通过衣锦还乡，充分证明了他刘邦——曾经的乡村小混混绝对不是一个池中之物，凡夫俗子；另一方面，也通过此次还乡，向自己的列祖列宗，也向世人宣告如今的天下已经完全变成了他刘家的天下！

这是何等的荣耀？何等的骄傲？何等的自豪？

人生若此，夫复何求？

高祖还乡，让刘邦的虚荣心获得了极大的满足。

从史书上看，在刘邦病重期间，也许是预感到自己来日不多，将不久于人世，那些天里，他几乎一直都在朝思暮想，筹划安排自己的后事。

想当年，秦王嬴政在扫平六合统一中国成为"秦始皇"之后，一心想使自己的后代子孙能够成为"秦二世""秦三世""秦四世"，以致世代相传，江山永固。

对此，刘邦当然也不例外。为了使自己的刘家后代能够永保江山，不改刘姓，除了将异姓诸侯王几乎斩尽杀绝，同时大封刘姓诸侯王外，病重期间，他又想出了一个绝妙的办法，以此想使"非刘姓不得封王"固化下来，成为一项万古不变的长效机制。

在去世前不久，有一天，刘邦安排举行了一个庄严而盛大的仪式，他让人在祭坛上宰杀了一匹白马作为牺牲，并让在场的每一位大臣都用手指蘸着马血涂到嘴上，然后一起对天发誓，由此共同订立了一个盟约，这便是历史上所称的白马之盟或曰刑白之盟。

盟约的全文是这样的："非刘氏不得王，非有功不得侯。不如约，天下共击之。"

可别小看这短短一小段话，它可真是字字千钧，完全称得上是刘汉王朝的祖宗家法。而这乃是由刘邦在行将就木前可谓挖空心思亲自拍板定调的。

为了使这一祖宗家法更加深入人心，让天下人都能够去心甘情愿地遵守，白马之盟后，他又特意下诏告示天下说："吾于天下贤士可谓亡（无）负矣！其有不义背天子擅起兵者，与天下共伐之。布告天下，使明朕意。"意思是说，我刘邦对天下贤士已经仁至义尽，很够意思了，做人不能不知足。因而，假如将来有敢起兵谋反的，天下豪杰都要共同讨伐他！

这应该说是汉高祖刘邦最后的遗嘱。

仅此可见，即使是在临终前，缠绵病榻生命垂危的刘邦都还在一直念念不忘"非刘氏不得王"，还在担心"天下贤士"会起来谋反，害怕危及刘汉王朝的统治。也难怪在此以前，他会不遗余力，对那些异姓诸侯王大肆屠戮，痛下杀手了。

在今天看来，白马之盟所订立的"非刘氏而王，天下共击之"，完全是一种霸王条款，但在当年，他却是汉高祖刘邦与他的核心层军功大臣之间共同商定的一种政治契约。作为刘邦的最后的遗嘱，白马之盟一方面保证了刘氏宗室的皇权以及分封同姓为王的特权；另一方面，也确保了军功大臣阶层可以因功封侯，并在汉皇朝政治中保持其政治核心支柱的地位。

从某种意义上说，这就是家天下的最核心的内容，我们不妨称之为"汉朝模式"。显然，后来的封建王朝在建立后无不依样画葫芦，复制了这种"汉朝模式"。

高祖十二年的四月二十五日，也即公元前 195 年的 6 月 1 日，病了还只不到三个月时间的汉高祖刘邦便忽然一命呜呼，在长乐宫驾崩，永远永远结束了他那极富传奇色彩的一生，享年 62 岁。

第五章
费尽心机为立储

历史上，西汉王朝自从刘邦建国后，国家政权一直还算比较稳定。在外患方面，虽然不断遭到匈奴的侵扰，但其对西汉帝国却一直并没有构成什么大的威胁。在国际上，几乎从始至终，西汉都以强汉的面目屹立于当时的世界之林，有着一种凌凌然不可侵犯的大国霸气，令外敌从不敢小觑。

但在内忧方面，整个帝国却一直麻烦不断。这里且不说什么外戚专权、宦官之祸，单就立储来说，就一直是潜流涌动，漩涡丛生。国家最高权力"接力棒"打从高皇帝刘邦第一棒开始就交接得不那么顺畅，后来第二棒、第三棒，以致到后来汉文帝、汉景帝、汉武帝这祖孙三代，虽然皇权的传承几乎都有惊无险，没有出现大的波澜，但皇权的交接却几乎都磕磕巴巴，费尽周折。这些在历史上还算比较贤能的皇帝，在立储问题上也几乎都煞费了苦心。

天上掉下个大馅饼

说来，这世上还真有天上掉馅饼的好事儿。

公元前 180 年，也即汉高后八年，具体时间大约是九月的某天下午，当时，刘邦的第四个儿子、被封为代王的刘恒正在他的封地的晋阳宫里无所事事昏昏沉沉地晒着太阳，没想到，一块天大的馅饼不偏不倚正好砸在了他的面前。

原来，事情的大致情节是这样的，刘邦死后，刘盈称帝，史称汉惠帝。刘盈虽然16 岁即位，已经成年，但因为性格仁弱，故而登基后一直是个傀儡皇帝，国家的军政大权实际被他的老妈也就是皇太后吕雉掌控着。尽管刘邦临终前立有遗嘱"非刘氏而王，天下共击之"，一厢情愿地希望从此以后天下永远是他刘氏子孙后代的天下，那些被封为王的清一色的都是他刘氏的子孙后代，但吕后专权后却全然不把他的这一政治遗嘱当一回事，不仅大封自己的娘家人吕氏为王，而且对刘氏子孙恣意杀戮，大有以吕代刘鸠占鹊巢之势。如此一来，自然遭到刘氏宗室和诸大臣的强烈反对。

汉高后八年（前180年）三月，吕后得病，并于当年七月去世。

要说在古代的封建帝王之家真的很少有亲情。即便是在自己的亲生儿子汉惠帝去世的时候，因为担心自己的地位不保，吕后在汉惠帝灵前也没有流泪，而是一心想着怎样尽快控制局势，执掌权柄。就这样，等到掌权七年之后，吕氏势力总算培植起来，名义上的刘家王朝实际上早已经成了"吕家王朝"。

说来，为了巩固吕氏势力，吕后也真是费尽了心机。在她临终前，她特意任命自己的二哥吕释之子赵王吕禄为上将军，统领北军；同时又任命自己的大哥吕泽之子吕产统领南军，将汉帝国的军权牢牢地掌控在吕氏家族的手中。为了以防万一，吕后临终前，将自己的这两个侄子召到自己的病床前，告诫他们在她死后千万不要去送葬，一定要据兵保卫皇宫以免被反对吕氏集团的皇族及大臣挟持控制。

吕后去世后，因为担心忠于刘汉皇室的灌婴和周勃等大臣对吕氏势力不利，手握兵权的吕禄与吕产等吕氏子孙暗中密谋，准备发动宫廷政变，进一步夺取政权。可是，令他们怎么也没想到的是，就在这重要关头，吕氏家族内部竟出了叛徒，而且这叛徒还不是别人，而是吕禄的二女儿。

当时，吕禄的这位二女儿已经嫁给了朱虚侯刘章，也就是刘邦的长子齐悼惠王刘肥的次子。当听说自己的父亲吕禄与吕氏宗亲密谋准备要发动宫廷政变时，这位女子不帮娘家帮婆家，立即把吕氏将要作乱的消息告诉了自己的丈夫朱虚侯刘章。

因为事情紧急，刘章于是立即联络齐王刘襄，让他从齐国发兵，发难于外，而让周勃则作为内应夺取北军于内，果断采取先发制人的手段。就这样，刘襄等人突然发难，杀尽了诸吕的所有男女成员，由吕后生前好不容易经营积累起来且权倾朝野很长时间的"吕氏王朝"从此宣告覆灭。

这一发生在汉初的重大政治事件便是历史上所说的"周勃安刘"。

诸吕被灭后，有人提议立齐王刘襄为皇帝，因为他不仅是高祖刘邦的长孙，又有首先起兵反诸吕之功，按说最有理由承继大统。但由于刘襄这人能力太强了，不好控制，再加上经过吕氏专权之后，朝中文武大臣都对外戚存有戒心，偏偏齐王的母舅家族势力又非常强大，其母舅驷钧非常厉害，大臣们害怕"前门驱虎，后门进狼"，担心日后弄不好驷氏又会成为第二个吕氏，到时再来一个"驷氏专权"，所以一说到他，大家多半都表示反对。至于反对的理由，大家自然都心照不宣，觉得无论是刘襄本人还是他的母舅家族势力都太强了！

既然齐王刘襄不合适，那就选立淮南王刘长吧。可是，经过周勃等大臣在一起商议认为，淮南王刘长虽然也很不错，但因其"家母恶"，也就是他的母亲不贤惠，为人比较刁蛮，母老虎一个，故而自然也被否决掉了。

那么，到底立谁为皇帝好呢？当时，刘邦的子孙很多，倘若论资历，论能力，其中有许多人都可谓年富力强，具备当皇帝的资格和条件，可大臣们商议来商议去，觉得还是应该找个脾气比较好、母亲娘家也没什么势力的人当皇帝为好。

仅此可见，在我国古代封建人治社会，即便是选立国家最高领导人也多半不是选贤任能，而往往受很多非正常的因素制约，从史书上看，在很多的时候，国家接班人的选立其结果往往不是选优，而是选庸；不是选强，而是选弱。也正因此，我们看一部"二十五史"，林林总总记载有那么多的封建帝王，但其中真正能够揽辔澄清安国富民量能授官求贤治世的明君实在是寥寥无几，而那些昏庸无能龙蛇不辨却又高高在上自以为是乃至荒淫无道的昏君以及暴君则比比皆是，不胜枚举。

却说铲除吕氏集团之后，由于周勃等大臣乃是按照选弱的标准去选立帝国的接班人的，结果按图索骥，顺藤摸瓜，也就出人意料地把当时正在山西封地自得其乐的代王刘恒给选上了。

之所以要选代王刘恒为皇帝，乃是因为大家都觉得他的外戚势力最为弱小，而且刘恒本人一贯以孝顺知名，为人又比较谦和，处事低调，且又是刘邦的亲骨肉，应该说是最合适的人选，所以便决定迎代王继位，承继大统，是谓汉文帝。

在今天看来，代王刘恒之所以能够当上皇帝，完全是因祸得福。

诚如我们所知道的，刘邦共有八个儿子，由于吕后篡权后，对刘邦的儿子大开杀戒，所以到吕后去世时，刘邦的八个儿子中只剩下了庶长子淮南王刘长以及同为庶子的代王刘恒还在世。

说来，刘恒之所以能够大难不死，完全应该归功于他的母亲薄姬。因为他的母亲薄姬原本是项羽所封的魏国王宫的宫女。在刘邦打败魏国后，便顺便将许多魏国的宫女选进自己的后宫供自己享用。很显然，薄姬也在其列，并由此成了刘邦的女人。

要说这薄姬还真的很有故事。史称薄姬年少时，长得亭亭玉立，后来魏国复国时，她的母亲魏媪将她送进魏宫，成了魏王的姬妾。有一天，母亲魏媪暗中请来一位著名的星象家、相面人为女儿看相。那相面人一见到薄姬便大为吃惊，冲着魏媪说："多么富贵的面相！何止是在小小王宫出人头地那么平常？她日后还要生下天子，成为世间第一贵妇人！"

可是，薄姬在后宫的道路走得不仅并不顺坦，而且可以说还非常坎坷。

据说薄姬年少时曾和自己的两个闺蜜管氏和赵氏相约，说将来不管谁富裕了，都不要忘记彼此的友情。可是，非常巧合的是，结果她们三人不仅先后都入了魏宫，而且后来又都一起被选入汉宫。如此一来，年少时的闺蜜自然变成了宫中的情敌。

进入汉宫后，由于姿色平平，并不出众，薄姬一度没有得到刘邦的宠幸，而且还一直是最下等的仆妇，而管氏和赵氏却因为容貌秀美受到刘邦的宠爱，已经被册封为姬。一来二去，三人之间的地位出现了明显的差距，关系自然也变得非常微妙。

要说女人之间最喜欢飞短流长，一次，管氏与赵氏在一起嘲笑薄姬，话说得很刻薄，很难听，没承想她们在说这些话时恰巧被刘邦听到了，情不自禁地，立志要"日行一善"的刘邦便大发慈悲，很是同情起薄姬这个自己还不太熟悉的宫女来。于是乎，第二天，他便点名要宠幸这个可怜的被自己的好友嘲笑的宫女，并将她册封为姬。

从事后看，刘邦的这次宠幸薄姬完全是出于同情，出于对薄姬的怜悯，自从那一次与薄姬"一夜情"后便再没宠幸过薄姬，甚至把她忘得一干二净。也难怪，后宫中的佳丽实在是太多了，而皇帝却只有一个，一个人长年累月地忙活，实在是忙不过来。

说来薄姬真是一个很有福气的女人，在宫中，尽管有许多妃嫔宫女不止一次地被皇帝怜香惜玉过，但却始终没有生下一男半女，可是，仅仅只是被刘邦宠幸过一次，薄姬的小腹便很快渐渐隆起，而且十月怀胎一朝分娩的结果竟然还是一个龙种，于公元前202年为刘邦生下了他的第四个儿子刘恒。

由此可见，人这一生，有时运气的成分还是非常重要的。

刘恒出生后，母亲薄姬一直并不见宠，地位一直是"姬"，没有升到"夫人"，所以人微言轻，在宫里完全就是个可有可无默默无闻的角色。受其母亲的影响，在最为势利的后宫之中，刘恒当然也很少受人关注，更不被人疼爱。

事后想来，这其实反倒是一件好事，因为从小没受到娇生惯养，这使刘恒从小就不仅生活朴素，而且为人低调，处事谨慎，不像其他一些皇子因为锦衣玉食，被人过分溺爱和娇宠，因而变得恣意妄为，飞扬跋扈，为非作歹。就因为刘恒从小对人恭敬，做事小心，从不惹是生非，一点儿也没有皇子的那种傲慢与张狂劲，所以宫内宫外，大家对他的印象都很不错，在他八岁时，居然有三十多位大臣共同保举他做了代王。

因为代王的封地在山西，当时属于穷乡僻壤的边疆，地位没其他王子那样显赫，后来吕后专权后，觉得刘恒并不能对自己构成威胁，所以从始至终都没太把他放在眼里，没想要去排除他。而且，他的母亲薄姬因为一直没得到刘邦的宠爱，没资格成为吕后的情敌，故而在吕后专权的时候，也没有像那些当年深受刘邦宠幸的诸如戚夫人等嫔妃那样遭到吕后的迫害。

在吕后专权，刘邦的子孙以及他生前宠爱过的女人惨遭杀戮乃至像戚夫人那样变成人彘的情况下，原本并不幸运的代王刘恒与他的母亲薄姬却最终不仅能够平安无事，极其幸运地躲过吕后的迫害，而且母子两人后来又更为幸运地一个当上了皇太后，一个当上了皇帝。这在某种意义上，真的不能不说是因祸得福。

所以，假如吕后在地下有知，一定会气得要死，心想自己那么精明那么算计，可算计来算计去，反倒把整个吕氏子孙给算计得无一善终，全部被斩，而原本自己最看不起的薄姬母子反倒有如此的运气，真正是让人怎么也不会想到。

记得老子在《道德经》中说过这样一则寓言，说是有两个小猪，其中一个笑话另一个长得太慢。长得太慢的小猪很不服气，于是便反唇相讥说："你长得快也不是什么值得高兴的事情，这意味着你将早些被吃掉。"

可以说，代王刘恒就是这样一头长得慢的小猪。他之所以能够当上皇帝，而且几乎不费吹灰之力，完全就是老子以弱胜强、以柔克刚观点的生动例证。由此，人们也就不难理解后来汉文帝为何终其一生都对黄老哲学深信不疑，推崇无为而治。

的确，在这世上，对于许多人来说，有许多东西真是强求不到的。而对于那些极少数人来说，那些许多人强求不到的东西，他（她）们却往往能够"踏破铁鞋无觅处，得来全不费功夫"，真正可以说是易如反掌。

很显然，皇位的取得，对于代王刘恒来说，不仅可以说是易如反掌，而且简直就是送货上门。

由于事情来得太突然，在这以前，刘恒恐怕连做梦也没想过自己有朝一日能当上皇帝，所以，当迎请的使者来到晋阳（今山西太原），恭请他去长安（今陕西西安）

去坐龙椅，刘恒听了眨巴眨巴眼睛，老半天时间怎么也不相信，心想："到底有没有搞错？……这世上哪会有这等天上掉馅饼的好事？而且还是主动送上门来？"

就因此，当使者再次向他说这事的时候，他仍旧以为是自己的耳朵出了问题，或是自己在做白日梦，后来虽然听清了，又觉得这其中肯定有什么阴谋，以为是朝中什么人存了心要害他。

那时消息闭塞，通信不畅，为了弄清虚实，他便举行卜筮的仪式，可是占卜来占卜去，仍然不知道真假。直到他让自己的亲舅舅也是唯一的舅舅薄昭去打前站，骑上快马一路飞奔到长安去见太尉周勃，周勃向薄昭讲明大臣们立刘恒为皇帝的事情后，刘恒这才信以为真，打消疑虑，然后高高兴兴地启程进京，并于这年的九月三十日，即了天子位，由此成了西汉的第三位皇帝，也即历史上有名的汉文帝。

从公元前180年即位，到公元前157年病逝，享年46岁的文帝共在位23年。

立储何必太匆忙

要说汉文帝还真是个有福之人，从史书上看，不仅他的皇位来得相当容易，简直就是天上掉下的大馅饼，而且，他的接班人问题解决得也比较顺当，从始至终几乎没有生出任何枝节，完全可以说是波澜不惊。

那是汉文帝二年（公元前178年）正月，有大臣上书：希望皇帝为了宗庙社稷考虑，早立太子。

诚如我们所知道的，在我国古代，无论是封建大臣还是帝王本人，对于究竟是早立太子还是迟立太子一直是众说纷纭，莫衷一是，而之所以会是这样，乃是因为无论是早立太子还是迟立太子其实都各有利弊。

细究起来，早立太子虽然有利于国家政局稳定，能有利于皇储的长久历练，并为其打牢稳固的政治基础，而且，一旦老皇帝有什么意外，太子能够迅速补位，稳住阵脚，从而避免政局出现动荡。但是，早立太子的弊端也很明显，一方面，早立太子会导致很多大臣、皇子乃至后宫嫔妃依附太子，自觉不自觉地会在太子身边形成一个太子集团，如果一旦谋逆，抢班夺权，会对皇帝构成非常大的威胁，给国家造成很大的危害，其后果不堪设想，另一方面，因为太子早立，很容易恃宠而骄，胡作非为，就因此，历史上许多早立的太子到最后都很难能坐上皇位，成为新君。

可是，如果晚立太子，又会造成众多皇子乃至皇叔因为想夺嫡而蠢蠢欲动，明里暗里与大臣之间结党营私，拉帮结派，相互倾轧，因而很容易产生宫廷内乱，甚至发生血腥政变……

所以，在我国古代，对于那些封建帝王来说，立储其实是一件最让他们头疼也最让他们难以解决的事情。在这方面，即使是那些历史上著名的皇帝像秦始皇、刘邦、刘秀、李世民、朱元璋乃至康熙等都未能交上令人满意的答卷。对于立储问题，要么是犹豫再三，久拖不决，要么是出尔反尔，一错再错，最后全都留下了不同程度的历史遗憾。

相比较起来，应该说，汉文帝在处理立储问题时还算是比较沉稳和比较老练，对立储这一关乎国本的大事考虑得还是比较周全的。究其原因，很显然与他的性格以及成长经历有关。

从史书上看，虽然生在皇宫，贵为皇子，但因为母亲薄姬并不见宠，受其母亲影响，汉文帝刘恒从小受尽冷落，看惯别人冷眼，这就使他很小就显得老气横秋，过于早熟，在待人接物方面处处显得谨慎而又稳重，不像其他皇子那样表现得骄矜而又轻浮。

汉文帝这人虑事周全，很有主见，但却喜欢成竹在胸，含而不露。很显然，对于立储大事，他也早有打算，心中有数，只是在条件未成熟时绝不轻易开口，过早地暴露心中的意图。这应该说是一个优秀领导者必备的素质之一，很显然，汉文帝就具备这样的素质。

究竟是主张早立太子还是倾向于晚立太子？从种种实际情形看，汉文帝显然是个"早立太子派"，而且，对于册立太子之事，他显然早就想过，而且还是深思熟虑。但他是个虽然明智但却遇事谨慎凡事喜欢三思而后行的人，这从他即位前的那番一辞再辞的政治秀表演中就可看出端倪。所以，看到那份大臣奏请早立太子的奏折，尽管他也深表赞同，很想马上就立太子，但他还是故作姿态，显得很是谦逊地婉言谢绝道：

"朕自己的德行本来就不配当皇帝，如今自己虽然不能推选天下贤圣有德之人，将自己的皇位禅让给他，但如果再把自己的儿子立为太子，那不无异于在向天下人彰显自己的自私与不仁德吗？"

文帝的话说得冠冕堂皇，也非常谦虚，但其实，他的真实想法是怕自己很意外地夺得皇位后不久就立太子，天下人当然主要是刘氏宗室和许多大臣会对他有看法，说闲话，不服气，弄不好会生出事端。因为，文帝知道，自己在朝廷并无雄厚的政治根基，因此有的宗室认为他仅仅是依靠一批老臣的拥戴才登上皇位的，因而明里暗里都对他很不服气。所以，在这种时候，事关册立太子之事，以他一向谨慎持重的性格，当然不会贸然行事，轻率决定。

然而，大臣们却对此非常上劲，第一次上书被文帝否决后，很快，一些大臣又再次上书，请求皇帝早立太子。

这次，文帝依然没有同意，他向大臣们耐心解释说，他的叔父、楚王刘交年岁大、阅历广，明了国家大体；他的堂兄、吴王刘濞惠仁好德；他们二人以及他的亲弟弟淮南王等都是宗室中的贤德之人，完全可以选出来做皇帝。现在如果不举行推选，直接就让他的儿子当太子，别人会觉得他不选贤德之人，只一心想着自己的儿子，而不能心忧天下。所以，文帝在诏书中最后强调说："朕甚不取。"意思是说，我绝对不会干这种事！

文帝说这种话一方面说明他确实比较仁厚，另一方面也说明他做人做事比较精明，很有分寸，因为当时他的心里仍然存有顾虑，害怕他的叔父楚王刘交、堂兄吴王刘濞以及亲弟弟淮南王等宗室之人会觊觎皇位，出来争夺，所以，他便故意放出口风，投石问路，想借此试探一下刘氏这些宗室之人对立储之事的反应。

应该说，文帝的顾虑是很有道理的，他的担忧绝对不是庸人自扰，杞人忧天。因为在此期间也真的发生了一件不大不小的事情，一时搅得汉文帝心绪不宁，很是头疼。

原来，就在他登基不久，他的同父异母弟淮南王刘长就杀死了吕后时期的红人、辟阳侯审食其，犯了杀人罪。

刘长之所以要杀审食其，其实理由很简单，那就是为母亲当然也为自己报仇。

事情的原委大抵是这样的。当年因为赵王张敖犯了谋反之罪，赵王献给刘邦的美人也因此被抓了起来，这位美人当时已身怀六甲，也就是刘长的母亲正怀着刘长。

因为不堪狱中的折磨，刘长的母亲告诉狱吏，自己已经怀上刘邦的骨肉。狱吏立即把这一情况如实上报。可刘邦当时正在生赵王的气，没有理会。于是，刘长的母亲又托吕后身边的红人审食其在吕后面前说情，希望吕后能帮助她在刘邦面前说好话。审食其把刘长母亲的意思跟吕后说了，可吕后很嫉妒刘长母亲怀孕，丝毫不愿意为她在刘邦面前说情，审食其自然也不好强争。结果，刘长的母亲在狱中生下刘长之后，因为不甘受辱，一时心中愤怒便自杀了。

也正因此，刘长长大后一直对审食其恨之入骨，伺机报仇。汉文帝三年（公元前177 年），淮南王刘长恨审食其没有帮他母亲，在审食其访问淮南来到刘长的封地的时候，刘长觉得自己的报仇时机到了，于是便将审食其杀害，算是解了心头之恨。

杀死审食其后，性格刚烈的刘长从淮南封地来到京城袒胸露背主动向汉文帝请罪。也许是因为觉得审食其是当年吕后的同党，死有余辜，也或许是因为觉得刘长自小缺少母爱，孤苦伶仃，对他很是同情，反正，汉文帝没有因此治刘长的罪，而是让他依旧回到封地，继续做他的淮南王。

可是，也许从小就一直生活在仇恨之中，不仅恨趋炎附势为虎作伥的审食其，恨对他母亲充满嫉妒见死不救的吕后，而且也恨对他的母亲缺少最起码的怜悯之心与关爱的父亲刘邦，乃至对整个汉家王朝都充满了一种刻骨仇恨，杀死审食其后，尽管汉文帝对他高抬贵手，无罪释放，但是，刘长却并没有对汉文帝这位同父异母的兄长心存感激，而是依旧恨意难消，怒火满腔，其叛逆的性格几乎没有任何的改变。

汉文帝六年（公元前 174 年），性格刚烈桀骜不驯的刘长竟然勾结匈奴谋反，事情败露之后，他被逮捕并押解到了长安。

这种时候，朝中丞相、御史大夫等官员都认为应将刘长处以弃市之刑，但汉文帝却念及手足之情，不忍对刘长处以极刑，只是决定废除刘长的王号，把他流放到蜀地安置。

对于文帝的这一决定，大臣袁盎一再表示反对。他说淮南王性情刚烈，可能会在途中出现变故，这样一来皇上到时就可能会背上杀弟之名。袁盎个性耿直，很有才干，当时被人称为"国士无双"。他经常为文帝出谋划策，文帝对他也很尊敬。可是，在这件事上，文帝却执意不听袁盎的劝告，坚持要把刘长流放到蜀地。文帝对袁盎说："我只是苦一苦他，到时还会善待他的。"

就这样，刘长被押上了囚车，被关在了囚车里，为了防止刘长逃跑，囚车又被钉上了封条。于是乎，刘长便像被关在笼子里的野兽一样被押着上路了。

谁知，囚车还才到了陕西的雍州，押送的差官却发现，刘长已经死了。

关于刘长的死，正史也即官方的结论说他是在路上绝食而死，也自杀而死，但后代也有人怀疑他是被谋杀而死，也即死于他杀。

在今天看来，刘长的死，很有可能是死于他杀，而杀死他的主谋其实就是汉文帝本人。文帝之所以要杀刘长，很显然是因为刘长力能扛鼎，善于骑射，且又性格暴躁，桀骜不驯，对文帝的皇权统治威胁很大，若不尽早除去，始终会是一颗定时炸弹。

但文帝又不能公开杀他，即便是刘长犯了勾结匈奴谋反这样大逆不道的罪过，一心想扮演仁君角色的文帝也不愿杀气腾腾判他的死刑，以免天下人说他残害手足。

可是，刘长不除，对文帝来说，又始终是块心病，这可怎么办呢？于是，思来想去，文帝便想到了将刘长流放蜀地这一妙计。毕竟，从京师到蜀地千里迢迢，路途险恶，途中发生什么事情都很正常，于是乎，在流放的途中，刘长便这样不明不白地死去了。当然，对于刘长的死因，官方宣布的结论是死于绝食，也即自杀。

史载，当闻知刘长死讯后，汉文帝"哭甚悲"，在今天看来，这很可能是一种作秀，是一种"猫哭耗子假慈悲"。哭过之后，文帝又立即分封刘长的几个儿子为王侯。刘长的长子刘安，也就是《淮南子》的"主编"，正是在这种时候子承父业被封为下一任淮南王的。

一方面对死者刘长表示沉痛哀悼，对刘长的后代大肆分封，另一方面，文帝又对相关官员严格实行责任追究制。当时，袁盎劝文帝杀了丞相和御史大夫向天下人谢罪，可文帝没有采纳，而是追究了一路上玩忽职守致使刘长绝食而死的各县相关人员的责任，毫不留情地将他们弃市。

从种种情形看，汉文帝这样做，很有可能是在演戏，因为如果没有他的暗示或默许，那些押送刘长上路的差官想必绝对不会那么糊涂胆大，竟然对一个王爷如此疏于照看，竟然连他死了多日也不知道。

也许，当时有许多大臣都知道文帝这是在演戏，但大家都一个比一个会装糊涂，谁也不愿去捅破这层窗户纸。可是，大臣们不去捅破，民间却七嘴八舌，议论蜂起，且很快有一首歌谣这样唱道："一尺布，尚可缝；一斗粟，尚可舂；兄弟二人不相容。"

据说，汉文帝听了以后，心里很不是滋味。

但不管怎么说，刘长这颗定时炸弹算是彻底给排除了，从此再也没有谁能够对他的皇位产生直接的威胁了，这让一向行事谨慎的文帝在内心中未免长长地舒了一口气，连晚上睡觉也觉得踏实多了。

也许是文帝这个人一向处事低调，为人谦和谨慎，在刘氏宗室中关系还不错，且由于人们才从吕后专政的阴霾中走出来，人心思定，再说，淮南王刘长这个人脾气暴躁，平时在朝中关系并不好，所以，尽管他在流放途中非正常死亡，但朝中大臣对此却并没有任何异常反应，对刘长的死似乎并不关心。

仔细想想也是，自古以来，官场从来都是一个名利场、势利场，平时，大臣们对一个背时背运地活着的王爷都尚且不感兴趣，有谁还会傻乎乎地对一个已经死去的毫无利用价值的王爷给予同情和关心呢？

要说关心，大臣们关心最多的其实还是立储，因为立储不仅关乎国本，关乎国运，而且也与大臣们各自的升迁进退、前途命运有关。

也正因此，淮南王刘长这边刚死，那边，就有好几位大臣旧话重提，又一次迫不及待地向文帝提起了立储之事。

如果说，以前总觉得自己根基太浅、皇位不稳，立储之事不宜操之过急，免得节外生枝，授人以柄，而现在，淮南王刘长已死，高祖的八个儿子只剩下他一个人还活在世上，自己已成了父皇唯一合法的继承人，这种时候，一向性格谨慎、虑事周全的文帝觉得自己在立储一事上再也没必要畏首畏尾瞻前顾后了。

所以，当大臣们第三次义正词严地向他上书说："高祖已经将宗室分封为各诸侯国的国王，这些国王的子弟也是封国的接班人，立嗣必立子由来已久；如果现在不立自己的儿子而从封国宗室中选举，这不符合高祖的意思。"汉文帝一听，觉得时机已经成熟，也就不再有所顾忌，于是便在这年的二月毫无悬念地将自己的长子刘启立为太子，也就是后来的汉景帝。

如果说，汉文帝立储得到了大臣们的一致拥护，宫内宫外，几乎没听到任何不同的声音，那么，与汉文帝立储比较起来，他的儿子汉景帝立储显然要麻烦得多，头疼得多。为这事，一向城府很深的汉景帝还真颇费了一番周折和心机。

第一位储君的诞生

汉景帝刘启这个人，历史上对他评价很高，著名的"文景之治"就是他和他的父亲汉文帝共同创造的中国历史上不多的几个太平盛世之一。

　　不过，虽然在治国理政兴国安邦方面，汉景帝像他的父亲汉文帝一样垂拱而治，颇多政绩，但他在立储方面却不像文帝那样一心一意，始终如一。

　　相传，在接班人问题上，景帝最初曾经许诺要将皇位传给自己的亲弟弟梁王刘武。

　　刘武是汉景帝的胞弟，而且是唯一的亲弟弟。史载，汉景帝的母亲窦太后一共生有三个孩子：女儿刘嫖，后来被封为馆陶长公主；长子刘启，也就是景帝；还有小儿子刘武，被封为梁王。

　　也许是女儿刘嫖和景帝刘启平时都生活在自己身边，随时都可以见到，唯独只有小儿子刘武，长年在梁国封地里待着，一年母子俩也难得见上一面，所以，虽说对自己的三个孩子个个都很疼爱，但要说窦太后最喜欢的还是小儿子刘武。特别是后来因为生病，双目失明后，她对小儿子梁王刘武就更是挂念与疼爱，恨不得让他每天都陪伴在自己身边。可是，因为文帝在世的时候，为了巩固皇权统治，曾经专门颁发过一道诏书，严禁各诸侯王在京城逗留，要求他们没事就在自己的封地里待着，除非得到圣上的允许，否则，哪也别去，更不得随便进京，要不然就视为图谋不轨，蓄意谋反。所以，尽管上面有母亲窦太后宠着，而且，梁王与景帝兄弟俩感情也非常不错，但平时他也不敢轻易进京。

　　说来真是"智者千虑，必有一失"，虽说汉景帝这人心机颇深，可谓对帝王权谋之术很是精通，可他有时说话也颇欠考虑，信口开河。

　　据《史记·梁孝王世家》记载，初元三年（前154年），一次刘武入朝，景帝特地设家宴款待他，同时也把母亲窦太后请来。酒过三巡，菜过五味，不知是一时情绪激动，酒后失言，还是为了讨母亲窦太后的欢心，他竟然头脑发热，许诺说等自己死后要把皇位传给弟弟梁王，用史书上的话说就是："（景帝）尝从容言曰：'千秋万岁后传于王。'"

　　虽说这只是景帝酒后之言，但双目失明的窦太后听了这话，顿时眉开眼笑，欣喜万分，而梁王刘武虽然表面上谦让推辞，内心中却是喜出望外，喜不自禁。

　　据说，景帝在说这话时，正好有个名叫窦婴的人也在场。窦婴是窦太后的侄子，与景帝和梁王是表亲。窦婴当时的职位是詹事，所谓詹事，也叫给事、执事，主要负责皇后、太子家中之事，大约也就是个管家。詹事虽然职位不高，也无实权，但因平时能经常见到皇帝，接触太子，所以地位非常重要。从史书上看，这窦婴可不是一般的詹事，而是一位足智多谋的策士。所以当时他一听皇帝竟然酒后失言，许诺将来要把皇位传给梁王，猜想景帝肯定是一时头脑发热，感情冲动才会说出这种没有轻重的话来，于是，他也不顾自己的侍从身份，很是贸然地当即跑上前来阻止道：

"天下是皇帝的天下。皇位传给皇子是天经地义，不能更改，怎么能随便传位给梁王呢？皇上说错了话，请罚一杯。"说罢，窦婴也不管景帝愿意不愿意，径自斟了一杯酒，硬是端给景帝，要他喝下。

窦婴这样做，显然是太失礼也太放肆了。他以为他是谁啊？竟然要罚皇帝喝酒？也真是不知天高地厚。

若是换成平时，景帝肯定会毫不犹豫地治窦婴的罪，让这个不知深浅且又胆大妄为的家伙得到应有的惩罚，从此长点记性。可是这天，景帝非但不生窦婴的气，没有怪罪他，反而在内心中对窦婴这家伙很是感激。

原来，景帝在说了上述那句话后，自知酒后失言，恨不得自己打自己两个嘴巴，当时正暗自后悔，可又不好当场反悔，一时不知如何是好，一看窦婴这时主动上前为自己解围，心存感激，于是便什么话也不说，只是干笑两声，竟真的接过窦婴斟的那杯罚酒，一饮而尽，以此表示自己承认错误，甘愿受罚，然后岔开话题，再也不提这事。

立梁王为储的事虽然就这样不了了之，但经由此事，景帝感觉到，册立皇储之事已经不容耽搁，否则，很可能会夜长梦多。

据史料记载，因奉薄太皇太后之命，景帝曾娶薄太皇太后的内侄孙女薄氏为太子妃，并在登基后封其为皇后。然而，虽有薄太皇太后撑腰，但薄氏入主后宫后，也不知是命运不济，本人不能生育，还是原本就不爱薄氏的景帝偏偏不给她生儿育女的机会，总之，苦命的薄氏一直未能给景帝生个一男半女。

因为没有嫡子，所以，从一开始，在选立自己的接班人时，无嫡可立的汉景帝就把目光投到了几个庶出的儿子身上。

汉景帝一生共生有14个儿子，其中，皇长子刘荣、二皇子刘德和三皇子刘阏皆为栗姬所生；四皇子刘余、五皇子刘非以及八皇子刘端为妃子程姬所生；而六皇子刘发则是唐姬所生。唐姬原来是程姬的侍女，据说，有一次，当时还是太子的汉景帝要宠幸程姬，程姬恰好来了例假，不能房事，于是就将自己的侍女作为替身送进寝宫，而唐姬竟然因这"一夜情"怀孕生子，所生之子被汉景帝起名为刘发。

至于七皇子刘彭祖和九皇子刘胜乃为贾夫人所生。而皇十子刘彘（后被景帝更名为刘彻）也即后来的汉武帝则是王美人所生。皇十一子刘越、皇十二子刘寄、皇十三子刘乘和皇十三子刘舜的母亲乃是王美人的妹妹王息姁。

这些儿子，大多数都是在他当年于东宫做太子也即在他32岁前所生。

在这些儿子中，究竟选谁作为自己的接班人好呢？

景帝思虑再三，最终还是决定立皇长子刘荣为太子。

今天来看，立刘荣为太子不仅仅是因为遵从"有嫡立嫡，无嫡立长"的传统，而且还因为，刘荣的母亲栗姬在当时乃是汉景帝的宠妃。

栗姬是齐地人，也就是出生在今山东半岛地区。古往今来，山东因为兼具我国南北之优势，又集聚了海洋陆地之灵气，因而一直物华天宝，人杰地灵，不仅出英雄也出美女。不用说，这栗姬就长得相当漂亮，是个美人胚子。据说，汉景帝还没做太子时，就对她非常宠爱，让她接二连三为自己生下了三个儿子：刘荣、刘德、刘阏，便足以说明景帝曾经对栗姬宠爱到了何种程度！

就因为栗姬一度深得景帝的宠爱，子凭母贵，所以，刘荣才在景帝四年夏天被立为皇太子。

可是，谁能料到，在太子之位上还仅仅只坐了不到四年，刘荣便被他的父亲给废黜了！

有关刘荣的生平事迹，史书上记载很少，至于他在太子位上的表现，更是无从查考，但从种种迹象来看，他的被废，显然是后宫钩心斗角的结果，与他本人的优劣几乎全然无关。

众所周知，在封建时代，后宫一直是一个没有硝烟的战场。这里的杀伐争斗，其凶狠惨烈程度，丝毫不亚于刀枪剑戟搴旗斩将的沙场。而且，如果说，沙场征战，更多的都是敌我双方真刀真枪之间的公开较量的话，那么在后宫，伤人乃至置人于死地的更多的却是来自于背后的暗箭。

据史料推测，刘荣的母亲栗姬应该说是个花瓶似的女人，虽然外表美艳，但却心地单纯，缺少心计和城府。很显然，这样的女人，在后宫这样波诡云谲、齿牙为祸的是非之地，想要出人头地而且始终能够站稳脚跟，几乎是不可能的，其结局只会也只能是一个铁定了的悲剧。

女人之间的战争

从史书上看，栗姬的失宠显然不是因为自己的年老色衰，也很难说是因为汉景帝喜新厌旧，最主要的原因，应该说，还是由于她没有处理好后宫错综复杂的人际关系，确切地说，就是因为她太过于单纯与任性，缺乏必要的政治权谋，结果，把一个宫中政治重量级人物——馆陶长公主给得罪了，由此，不仅使自己一步步陷入了绝境，也把自己的儿子——栗太子刘荣的美好前程给彻底葬送了。

这里，有必要介绍一下，所谓的馆陶长公主，也就是汉景帝的同母姐姐刘嫖。在汉代，皇帝的女儿称为公主，皇帝的姐妹称为长公主，而皇帝的姑母则称为大长公主。长公主刘嫖因为封地在馆陶（今河北邯郸馆陶县），所以人称馆陶长公主。

读西汉的历史，千万可别小看了这个馆陶长公主，应该说，这是一个对西汉历史的走向起过重要作用的女人。事实上，如果不是因为她的暗中活动与密谋策划，非嫡非长的刘彘（即刘彻）恐怕很难能够成为西汉的第五代皇帝，中国历史上也许根本就不可能出现赫赫有名的汉武大帝！

所以，栗姬也好，栗太子刘荣也罢，客观地说，这一对母子的命运在很大程度上最后都毁在了馆陶长公主刘嫖的手里。由此也可以看出，古往今来，有许多人的命运往往不是被自己掌握着，而是被一个或几个你所知道或至死也不知道的人所掌控着。

的确，对于栗姬以及栗太子刘荣来说，决定她们母子命运的显然就是馆陶长公主。

事情的经过大致是这样的：

栗姬的儿子刘荣当上太子后，馆陶长公主刘嫖很想把自己的女儿阿娇许配给他，让这一对表兄妹亲上加亲，结为伉俪，以便阿娇将来能顺理成章成为皇后。

要知道，刘嫖是景帝的亲姐姐，不仅深得母亲窦太后的疼爱，而且与景帝关系也特别好，平时无论是在母亲窦太后还是在景帝面前说话一向都很有分量。

就因为有这样一种特殊背景，性格泼辣的馆陶长公主刘嫖一向自视甚高，所以，当她托人去向栗姬提亲，她满心以为栗姬一定会为结上她这门亲事而喜出望外，很爽快地就答应下来。也确实，在当时，能够与馆陶长公主结为亲家，可以说是许多大臣嫔妃求之不得的事情。

可是，令她意想不到的是，当媒人见到栗姬向她提起这事后，栗姬几乎想都没想，当即就拒绝了这门亲事！

栗姬之所以会断然拒绝这门亲事？现在想来，很有可能是出于对馆陶长公主的憎恨与报复，因为，长公主刘嫖在宫内宫外都很有势力，当时后宫的姬妾大都想方设法去巴结她，都企图通过走她的后门来得到皇帝的宠爱。而刘嫖为了笼络讨好自己那当皇帝的弟弟，也经常对景帝进行色情贿赂，不时将一些后宫美女送给景帝宠幸。一心想得到景帝专宠的栗姬对此当然大为不满，并极为愤恨，所以，出于报复，便一口回绝了她的这位大姑子主动提出来的婚事。

还有一种可能，就是栗姬自恃有景帝宠爱，抑或自己的儿子已经做了太子，总之，并没太把这位平时喜欢颐指气使的大姑子放在眼里，并不想什么事都依顺着她，娶她的女儿阿娇为媳，但不管怎么说，栗姬做出这样一种决定都是一种极不明智也非常愚蠢的选择。

身为皇帝的姐姐，刘嫖在宫中一直说一不二，可谓颐指气使，没想到这次却在栗姬面前结结实实地碰了这么大个钉子，可想而知，她的心里肯定非常窝火。

因为联姻不成，馆陶长公主自然恼羞成怒，反目成仇，从此对栗姬恨之入骨。

与全然不知深浅、政治上非常糊涂的栗姬形成鲜明对比的是王美人，这是一个很有心计也非常精明的女人。据《汉书·外戚传》记载，王美人名叫王娡，她的母亲臧儿乃是汉初八个异姓诸侯王之一的燕王臧荼的孙女。虽然当年燕王臧荼因谋反罪被杀，但王娡好歹也算是名门之后。

在入宫之前，王娡曾嫁给一个名叫金王孙的平民为妻，并生有一女名叫金俗。古人很重视节义贞操，有"忠臣不事二主，好女不嫁二夫"之说，但王美人却全然不顾及这些。而且，话说回来，汉朝对女人再嫁也并不十分忌讳，其中有好几个皇帝都曾娶改嫁之女为妃。由于嫌贫爱富，贪图荣华，结婚没两年，一次，正好逢上东宫到民间采选美女，颇有些姿色的王娡便不顾名节，抛夫弃女，嫌贫爱富，从此私奔来到东宫，重婚再嫁给了当时还是太子的刘启。

以王娡的秀色可餐、机敏圆滑、老于世故，再加上她又是一个结过婚的女人，对房中之术甚是精通，所以，入宫不久便将刘启迷得神魂颠倒，而她也由普通宫女很快便晋升为美人，被人称为王美人，且一口气为景帝生下了四个孩子，一龙三凤，前三个均是女孩儿，分别被封为平阳公主、南宫公主和隆虑公主，而男孩儿则是生于景帝即位不久的前元年（公元前 156 年）七月初七的刘彘，也就是中国历史上的明星皇帝汉武帝刘彻。

皇权时代，后妃们最大的愿望就是自己有朝一日能够登上皇后的宝座，或是让自己的儿子能够被册立为太子，以便将来能够当上皇帝。身为后妃，王美人当然也不例外。

说来，王美人真的是一个天生的阴谋家。在古代后宫，后妃中不乏这样的阴谋家，她们无师自通，工于心计，长于权谋，说句不恰当的话，在妻菲贝锦、暗室欺心方面完全可以说是巾帼不让须眉。

应该说，作为阴谋家，王美人的一个最大特点就是很善于利用舆论来为自己服务。因为深感自己进宫很晚，在景帝一大群妃子中明显属于后来者，而自己所生的儿子又按序齿排列第十，依照长幼有序的封建立储传统，正常情况下根本无缘成为储君，所以，她便竭力在儿子的出生上做文章。

由于深知皇家是相信皇权神授的，于是，在儿子刘彘呱呱落地后，她便对汉景帝说："妾在怀上彘儿的时候，梦见一轮红日直入怀中。"这使景帝觉得刘彘生有贵征，因而怎么看都觉得这个儿子不同凡人。

很快，很有心计且很有手腕的王美人又把这个梦的内容通过自己身边的宫女广而告之，传遍宫中，使得刘彘一出生，头上便笼罩上了一轮神秘的光环。

虽然，由于种种原因，景帝最先立的太子是皇长子刘荣，但王美人所编的这番神话却在他心目中起了很大作用，以致在以后的日子里经常在他的头脑中缠绕，让景帝老觉得生有贵征的刘彘想必是神授的真命天子，因而心里时常萌生出想立刘彘为太子的欲念。

就像一个精明的猎人一样，一心想出人头地的王美人无时无刻不在窥伺着宫中的动静，寻找着时机。在为自己的儿子将来争夺皇太子的席位大造舆论，展开皇位争夺战的同时，她也不遗余力，投身到第二战场，与一群后妃展开了一场更为激烈的后位争夺战。

与一般妃子比起来，王美人的精明过人之处就在于，她不但知道自己需要什么，而且更清楚自己应该如何去做。

很显然，王美人最需要攻击的对象无疑就是栗姬，因为，在当时，景帝从未真心爱过的薄氏虽然还是皇后，但其实不过是徒有虚名罢了，而且被废已是早晚的事情，自然不足为虑。在王美人看来，真正挡在自己前面、离皇后之位只有一步之遥能够抢在自己前面捷足先登的应该是景帝一直宠爱的栗姬。所以，在她觉得，只有扳倒了栗姬，她才有可能取而代之，后来居上。

然而，尽管王美人要攻击的对象是栗姬，但以她的老练与阴险，她却并不单刀直入，直奔主题，而是一心想迂回进攻，借刀杀人。

就因此，王美人一直就像是一个埋伏在后宫的猎人，她那黑洞洞的枪口一直朝着栗姬瞄准，准备一有机会，就迅速朝栗姬射击。

这天，当她听说了刘嫖联姻遭拒的事后，很有政治嗅觉的她立即预感到自己朝栗姬射击的机会来了。

那天，长公主刘嫖到宫中看望母亲窦皇太后。王美人知道后，便特意把她请到自己的寝宫。一番寒暄过后，王美人先是打听自己的女儿，问自己的女儿隆虑公主近况如何？原来，为了巴结长公主刘嫖，王美人曾将自己的三女儿嫁给了长公主的儿子隆虑侯陈娇，女儿也因此被袭封为隆虑公主。然后，她又好像很随意地提到长公主的爱女阿娇。

一提到阿娇，刘嫖的脸上霎时没了笑容。

王美人装作什么都不知道似的，继续说道："阿娇这闺女又乖巧，又漂亮，长公主您有这么个女儿，真是好福气哦！"

这边，一提到女儿阿娇，馆陶长公主便情不自禁地想到为阿娇提亲遭拒的事，于是她便忍不住又怒火中烧，那边，王美人却装作什么都不知情却偏要哪壶不开提哪壶，拼命把话题往阿娇身上扯，故意往长公主尚在滴血的伤口上撒盐，只几句话，便把刘嫖激怒得耸眉张目，破口大骂起来："栗姬这贱人，自以为儿子立了太子，便千稳万当，目中无人，哪知还有我在，管教她儿子立储不成！"

一听刘嫖发下如此毒誓，王美人心中暗自高兴，但却依然揣着明白装糊涂，好像很吃惊地问道："怎么，什么事让栗姬惹得长公主您这么生气呀？在这宫中，真想不到竟还有人敢惹长公主生气。自以为有皇上宠着，栗姬也太狂妄了！"

"谁说不是？这贱人真是太不识好歹了！"刘嫖于是竹筒倒豆子一般将想与栗姬

结亲结果遭拒的事说了一遍。说罢，他依旧怒气未消地说："我见皇后被废是迟早之事，心想皇上很喜欢栗姬，她的儿子又已经立为太子，很想为她说话，立她为皇后。谁知她竟是这么一个不识抬举的人，她既不识好歹，也就休怪我对她不客气了！"

王美人知道一向敢说敢做的长公主这次是真的跟栗姬干上了。为了让刘嫖更坚定决心，这时她便又火上浇油地说："我看还是算了吧，立储是国家大事，哪能随意改变呢？再说，栗姬是皇上身边的红人，长公主最好还是别得罪她，免得引火烧身！"

这话不说还好，一说，脾气火爆且极爱面子的馆陶长公主刘嫖更是铁了心要与栗姬对着干了。

说来，真是有其母必有其子。母亲王美人为人精明，儿子刘彘更是个小人精，还只六岁，便是个很会虚情假意甜言蜜语说谎话、假话的小祖宗。

据说，不久后的一天，馆陶长公主带着女儿陈阿娇进宫又来看望王美人，正好胶东王刘彘待在母亲王美人身边戏要。馆陶长公主见了，便将他顺手抱住，拥在怀里，并用手抚摸着他的头，与他戏言道："儿愿娶媳妇否？"

刘彘生性聪明，虽然还只有六岁，但听了姑姑馆陶长公主的话后只是嘻嘻笑着不说话。

长公主故意一一指着几名宫女，问他可否愿意？刘彘都接连摇头。这时，长公主便指向阿娇，问道："将阿娇给你做媳妇，你愿意吗？"

刘彘人小鬼大，当即回答道："若得阿娇为妇，当筑黄金屋贮之！"

成语"金屋藏娇"便是这么来的。

长公主一听，立即笑得合不拢嘴，当即冲着王美人说："怎么样，把我家阿娇许配给你的彘儿吧，虽说阿娇比彘儿大了几岁，但也不妨事！"

长公主的话正中王美人的下怀，王美人听了禁不住心中一阵窃喜，如同吃了一颗定心丸，于是便话里有话地说："好当然是好，我是求之不得的。只是彘儿不是太子，岂不委屈了阿娇？"

刘嫖"嗤"的一声冷笑，不以为然地说："事在人为，彘儿虽然现在不是太子，以后却不一定不是太子。只要你愿意，这事就这么定了。"

就这样，馆陶长公主刘嫖当下便同王美人私下议定了这门儿女亲事。

自从将阿娇许配给刘彘后，两个女人因一个想报私仇，一个想夺取太子及皇后的宝座，便一起联起手来，明里暗里共同对付栗姬起来，从此一有机会便在景帝面前说栗姬的坏话，或明或暗展开了倒栗运动。

对此，栗姬虽渐渐有所察觉，但因为自恃有景帝宠着，一开始对这两个长舌妇也不太在乎。她心想："等我将来当了皇后，主持后宫，有你们俩贱妇好果子吃的！"

但栗姬的致命缺陷就是太过于自负，无论在战略上还是战术上都犯了麻痹大意骄傲轻敌的错误，以致遇事轻率、考虑不周，大大低估了馆陶长公主与王美人的力量。俗话说，明枪易躲，暗箭难防，以栗姬的涉世未深，过于单纯，她哪里会是王美人的对手？又怎么能抵挡得住擅长权谋的王美人和咄咄逼人的馆陶长公主上下其手，两面夹击呢？

果然，景帝七年秋九月，因薄老太皇太后去世忽然失去靠山的皇后薄氏被废，就在人们多半以为栗姬很快便会顺理成章地成为皇后，栗姬也自以为皇后的位置非己莫属，且已经唾手可得时，一件意外的事件却突然发生了。

当时，汉景帝正在犹豫着是否将栗姬册立为皇后，关键时刻，阴谋家王美人开始朝栗姬施放起了一支毒箭。

一天，后宫里忽然在一夜间起了谣言，说栗姬崇信邪术，日夜诅咒其他妃嫔，每与其他妃子相见，表面虽然有说有笑，很是亲热，但转过身便朝人家后背吐唾沫，戳人家脊梁骨。

谣言就像长了一双隐形的翅膀一般，很快便从王美人的寝宫悄悄出笼，迅速飞落到宫中的每一个角落。而几乎是在同时，馆陶长公主刘嫖急匆匆来到宫中，说是有要事要面见景帝。

来到未央宫，一见到景帝，二话不说，刘嫖劈头就问：

"听说皇上欲立栗姬为后，可是真的？"

"朕正要与御姐商议此事，不知御姐意下如何？"

"皇上难道没听说吗？"于是，迫不及待地，刘嫖便把宫中传播的这一谣言和盘托出，且添油加醋地上报景帝，并直言不讳地告诫景帝，千万不能立栗姬为皇后，理由是栗姬的心胸十分狭隘，这样的人一旦为后，恐怕有一天当年吕后人彘的惨剧又会重演！

原来，汉高祖当年因宠爱戚夫人，晚年很想立戚夫人的儿子也即那位办事精明干练的赵王如意为太子，只是因为吕后的百般阻挠未能施行。后来，吕后的儿子刘盈登上皇位，是谓孝惠帝。由于"孝惠为人仁弱"，吕后专权，垂帘听政后，为了报仇雪恨，同时也为了斩草除根，不留后患，她不仅残忍地用毒药毒死了幼小的赵王如意，还残忍地斩断了戚夫人的手足，挖去了她的眼睛，毒聋了她的耳朵，让戚夫人变成了哑巴，然后把她丢弃在厕所中，还让人称呼戚夫人为人彘。

想到当年吕后"人彘"之事，景帝顿时神情变得凝重起来，于是沉思了片刻后便说："既然如此，朕再从长计议！"

对于长公主所说的宫中这些传言，汉景帝且信且疑，但一听到"人彘"二字，他禁不住下意识地打了一个冷战，想到几十年前那段令人不寒而栗的凄惨往事，想到当年高祖爷爷立储不慎所留下的无穷后患，于是便多了一个心眼，将册立皇后的事暂且搁置了下来，想等过一段时间对栗姬考察一番后再说。

这以后，长公主一有空儿便跑到景帝面前来说栗姬的坏话，与此同时，她又总是称赞王美人是如何贤惠，如何温柔，其子胶东王刘彻是如何聪颖，如何孝顺。王美人当然不会像长公主那样在景帝面前说话放肆，而是处处曲意承欢，但有时与景帝一番男欢女爱后，也显得可怜兮兮的样子躺在景帝的怀里，蛾眉紧锁，珠泪涟涟，哀求景帝一定要想出日后救她母子的万全之策，千万不能让她母子有朝一日也步当年戚夫人母子的后尘，惨遭人彘那样的悲剧。

两个女人狼狈为奸，不断在景帝耳边吹风，吹得景帝对栗姬也渐渐有些感冒。一日，景帝偶感风寒，身体有些不适，再加上老是为栗姬的事生闷气，好生烦躁，于是有意踱到栗姬宫中，想对她进行一番考察。待见到栗姬，他便用言语故意试探她道：

"后宫诸姬，已得生子。我百年后，汝应善为待遇，幸勿忘怀！"

今天来看，不管景帝在说这话时是何用意，但起码有一点，就是说明景帝此时对栗姬尚还没有完全失望。

说来，也怪栗姬，这种时候，她若是宅心仁厚，雅量豁然，听了景帝这番郑重其事满含期待的嘱托——起码从表面看来是这样，当然会义不容辞，颔首答应。即使心胸不宽，但若是为人狡黠，多长个心眼儿，听出景帝的言外之意、弦外之音，知道景帝话里有话，当时从容应对，只是说两句言不由衷口是心非的话蒙混一下也好。若是栗姬善于演戏则更好，这种时刻，听了景帝的话，她只要当即显得很伤心的样子，泪水在眼眶里打转，然后扑到景帝的怀里，抽抽噎噎地说："臣妾愿生生世世侍奉皇上，谨听皇上吩咐！……"然后只管梨花带雨，无语凝噎，准会把景帝感动得一塌糊涂，从此回心转意，与栗姬重修旧好。说不定一激动，容易感情冲动的汉景帝立马就会颁发圣旨，册立栗姬为后。

可是，就因为栗姬既缺少宽阔胸怀，又缺少政治智慧，在景帝面前不知道掩饰，在听了景帝的话后，只知道像个乡下媳妇，使小性子，生闷气，脸上的表情极为难看，半天不说一句话，结果把事情硬是给搞砸了。

有道是：百闻不如一见。见栗姬这副表情，景帝这时是真的生气了，觉得她确如自己的姐姐馆陶长公主所说的那样心胸狭窄，对宫中那些有关栗姬的谣传，从此也就自然信以为真了。这时，再想起长公主、王美人所说的人彘的事，景帝哪里还会打算再去立栗姬为后呢？

当然，如果事情到此为止，对栗姬来说，尚且还有一丝可以挽回的希望，因为此时景帝虽说对她已很失望，但还没有彻底绝望。

可是，接下来所发生的事情却把本已不知不觉站到立后悬崖边上的栗姬彻底推入到了万劫不复的深渊。

废黜太子风波

很显然，临门一脚，最后从背后用"太极推手"暗中将栗姬彻底推下万丈悬崖的不是别人，正是阴险狡诈且心狠手辣的王美人。

从史书上看，王美人做人很有手腕，极为阴险，在宫里，她不仅对汉景帝谦恭温顺，无限体贴，对其他姬妾，她也处处示好，广结善缘，时常用小恩小惠笼络人心。因此，王美人在后宫中口碑极好。而相形之下，栗姬却孤傲清高，人缘不好。一来二去，就连景帝也渐渐觉得王美人非常贤惠，颇有皇后风范。

可是，真要立王美人为皇后，景帝左思右想，心里一直也下不了决心，因为，立皇后毕竟不是一件小事，何况立皇后便自然要牵涉到立太子的问题，而太子关乎国家根本，轻易是不能更改的。再说，太子刘荣自入主东宫以来并没有犯下什么差错，如果硬要把他废黜掉，景帝不仅有些于心不忍，而且，心里也委实有些顾忌。

谁知，就在景帝为此犹豫不决的时候，宫中忽然又发生了一件事情，一下子把他给惹火了，让他终于下定了决心。

那是在一次朝会上，负责掌管宾客之礼的大行官冷不丁地奏请景帝册立栗姬为后。那大行官在汇报完其他事后，忽然话锋一转，显得很是有些突兀地说："'子以母贵，母以子贵'，今太子母无号，宜立为皇后。"

要知道，那些天，景帝正生栗姬的气，所以，一听大行官要他册立栗姬为皇后，顿时勃然大怒，当即厉声斥责这位大行官说：

"放肆！立后之事，岂是你这种人随便议论的？"

景帝原以为大行官的所作所为其背后的指使人一定是栗姬，故此非常恼火，可是，令他怎么也没有想到的是，这幕后的总策划与总导演竟是王美人！

原来，由于深知景帝这个人一向性格执拗，很有主见，平时不喜欢别人对他指手画脚，，所以，看到馆陶长公主的谗言渐渐起了作用，景帝对栗姬已日渐怨恨，王美人自觉火候已到，于是，宛如一个棋力深厚的棋手，为了形成对栗姬的政治绝杀，她便想出了这样一条毒计：她暗中让人给栗姬的哥哥栗卿出馊主意，忽悠栗卿去买通大行官，再叫大行官去向皇帝奏请立栗姬为皇后，以此激怒景帝。

栗姬的哥哥栗卿当然不知道这是王美人的毒计，还以为别人好心给他出了一个好主意，于是便言听计从，结果，没想到好心干坏事，竟给妹妹栗姬帮了倒忙。当那天，大行官冷不丁提出要立栗姬为后，没想到一下子就把景帝给激怒了。

盛怒之下，景帝不分青红皂白，小题大做，立即喝令手下将大行官拉出去斩首，随后，又不容分说，立即下诏废黜刘荣的太子之位，将其贬为临江王。

想当年，因为自觉皇太子性格懦弱，高祖刘邦也曾想废立太子，后因吕后以及张良等众大臣的反对而作罢。如今，景帝忽然下诏，要废黜并无任何劣迹恶行的太子，大臣们自然也深表反对。

首先站出来公开表示反对废黜太子的是丞相周亚夫，当时朝中一位重量级的大臣。

周亚夫是汉初开国功臣绛侯周勃之子，是我国西汉初年的一代名将。要知道，千百年来，"细柳整军"作为中国历史上治军的佳话，一直脍炙人口，广为传颂。而这一故事的主角，便是周亚夫。

因为周亚夫治军严整，很有才干，当年文帝对他非常器重。临终前，文帝曾嘱托景帝说:"即有缓急,周亚夫真可任将兵。"以文帝的眼力,当然不会看错人,后来,在平定"七国之乱"时,周亚夫果然立下赫赫功勋。

周亚夫这个人很有才干,为人也非常正直,这应该说是他的优点,但从某种意义上说,这些又正好是他的缺点。因为,大凡有才能的人,在别人看来,都往往比较自负,而为人正直,遇事不会耍滑头,不能睁一只眼闭一只眼,更不会见风使舵,在做人方面特别是在封建官场很容易吃亏,容易遭到别人的嫉恨与暗算。

闲话少说,却说景帝一怒之下,当场下诏要废太子。这时,周亚夫初登相位,尽管他与栗姬母子并无多少交情,但他认为太子并无过失,随意废立,会引起混乱,当即表示反对。对于这事,《史记·绛侯周勃世家》有一段记载:"景帝废栗太子,丞相固争之,不得。"因为反对废黜太子,周亚夫不惜面折廷争,大庭广众之下,竟然与景帝一再发生争执。由此可见,周亚夫当时的态度是多么坚决!这里,顺便说一句,后来,景帝以谋反罪逼迫周亚夫自杀,应该说,和周亚夫在太子废立上与景帝"固争之"有着非常大的关系。

与周亚夫一样旗帜鲜明反对废黜太子的另一个重要人物是窦婴。

当年,景帝酒后许诺将皇位传给梁王,窦婴站出来发对,由此得罪了自己的姑母窦太后,窦婴此后干脆辞官不做,隐居在家。后来,"七国之乱"时,经景帝再三劝说,他才重又出山,辅佐景帝,并因在平叛中立了大功,被封为魏其侯。

窦婴这个人淡泊名利,做人大气,真正是名士风度。史载他在担任大将军时,有一次因为战功得到赏金千斤,大丈夫气概十足的他视金钱如粪土,竟然分文不要,而是把赐金放在廊庑,让军吏随用随取。

因为窦婴通晓古今,知识渊博,刘荣被立为太子后,景帝便任命他做了太子太傅,也就是太子的老师。和周亚夫一样,窦婴也是个虽懂权术但却并不卑鄙无耻卖主求荣的人,诚所谓"智商高情商低",一辈子只精于做事,不善于谋人,虽然身在官场,却从不知道也不屑于阿谀奉承,见风使舵,更不知道趋炎附势,落井下石。

太子被废的时候,作为太子太傅,窦婴当然坚决反对,但性格固执的景帝一意孤行,根本不听大臣们的劝谏。窦婴一气之下,索性又一次借口有病,辞官不做,跑到长安郊外的蓝田境内的南山脚下闲居下来,而且一住就是好几个月,以此向景帝表示抗议。

在当时,宁愿得罪皇帝,也要坚持为失势的栗太子说话,于此可见,周亚夫、窦婴们绝对不是那种见风使舵、落井下石的卑鄙小人。他们的高尚人格与纯净的灵魂不知道会让多少滚滚红尘特别是古今官场中那些见利忘义、猥琐卑微的人自惭形秽！

但从另一个方面来说，也足以说明栗太子刘荣一定有他的过人之处，起码，做人做事不是太差，方才能够得到像周亚夫、窦婴这样正身直行、爱憎分明的高洁之士的坚定支持与拥护；而且，这也从一个侧面反映出，景帝废立太子，绝对是馆陶长公主与王美人在他的面前不断煽风点火、玩弄阴谋诡计的结果。

附带再说一下，在这场废黜太子的重大政治风波中，有一个人也旗帜鲜明地表示反对，他便是栗姬的哥哥栗卿。

因为深感自己弄巧成拙，闯了大祸，这种时候，身为栗姬的兄弟、栗太子刘荣的舅舅，栗卿当然会竭力表示反对，应该说，这既理所当然，也情有可原。可是，如果说，景帝对两位重臣周亚夫、窦婴的公然反对还算客气，没有当场翻脸、格杀勿论的话，那么，对自己昔日宠妃的哥哥也就是自己的大舅子栗卿却翻脸不认人，立即将他送到监狱办成死罪。

就这样，这场由王美人一手暗中策划与导演的政治小品，不仅彻底葬送了栗姬成为皇后的希望，而且，也使栗太子刘荣无端遭到废黜，栗姬的兄弟栗卿丢了性命。据《汉书·卫绾传》记载，在这场斗争中，"栗卿之属"并遭诛戮。栗姬被汉景帝打入冷宫，从此就连想与汉景帝见上一面都不可能了。

由宠妃而被打入冷宫，无异于由天堂而被打入地狱，一向心高气傲的栗姬哪里能受得了这种突如其来的打击与欺辱？于是很快，这位头脑简单却又心高气傲的女人便在冷宫里香消玉殒，悲恨而死。

如此一来，仅仅只是略施小计，王美人便很轻易地一箭双雕，不仅将自己的主要对手栗姬给彻底打倒了，也把太子刘荣给完全推翻了。

政治上的清道夫

事实上，栗太子被废后，即将取而代之的新太子人选已成了公开的秘密，起码，在景帝等少数人心目中已经非常明朗，呼之欲出。

可是，说来也真是可怜天下父母心，为了能让王美人之子也即刘彻顺利当上太子，并承继大统，汉景帝当然还有王美人真是费尽了心机。

尤其是汉景帝，更是计虑周全，煞费苦心，为了给新太子册立扫清障碍，他竟不遗余力地扮演了一个政治清道夫的角色。

由于史无所载，今天已很难能够知道，当初，王美人在策划这一旨在彻底推倒栗姬一家的阴谋时，景帝是否参与其中，与她同谋？即便不是同谋，从种种迹象看，也很有可能，景帝对王美人导演的这一阴谋是心领神会、心照不宣的，因而在处理大行官奏请立栗姬为皇后这一事件时，故意小题大做，硬是把一桩原本很小的事情上纲上线，定性为一桩非常严重的政治事件，致使"栗卿之属"并遭诛戮，在"诛晁错"之后，又亲手制造了西汉初年的另一大冤案。

说来，景帝与王美人真的是很般配，在玩弄权术方面堪称一对黄金搭档。景帝老谋深算，王美人工于心计，就像演双簧一样，夫妻俩在立储方面的表演真可谓配合默契。

废黜栗太子后，景帝没有马上重新册立太子，让人感到他似乎只是出于一时之气愤，并没有想好下一步棋该怎么走。可事实上，对废立太子之事，因为长期受馆陶长公主和王美人的蛊惑，景帝在心里其实早有主张，彻底铲除栗姬一家的目的就是要为王美人母子腾出正宫与东宫之位。而之所以不急着当即宣布册立皇后与太子的决定，很可能连景帝自己都觉得倘若这样做，于情于理都颇有些说不过去，更难以服众！

因为，西汉从建国开始，皇位传承一向都是非嫡即长，而刘彘非嫡非长，在众皇子中按序齿排行第十，即便是栗太子被废，论资排辈，太子之位怎么也轮不到他。如果硬要让他入主东宫，则不仅明显有违祖制，而且也很难服众。这是其一。

其二，即便是立储唯贤，也同样轮不到皇十子刘彘。因为，除了栗太子，当时景帝诸子中还有一位颇有贤名，史称"有雅材""修学好古，实事求是"的河间献王刘德。纵然因为河间献王乃栗姬所生，子以母废而不去考虑的话，也还有程姬的儿子江都王刘非和贾夫人生的儿子赵王刘彭祖，比较起来，这两位皇子也都非常优秀。如果汉景帝真要立储唯贤，则应该从他兄弟二人中间优选才是，而十皇子刘彘当时还不过是个孩子，又哪里能看得出贤愚好坏？

所以，无论是遵从嫡长制还是唯贤制，景帝心里清楚，自己都没有任何令人信服的理由将十皇子刘彻立为太子。

也许正是基于如上的考虑，景帝才决定将重新册立太子一事先放一放再说。

说来，真的是树欲静而风不止。这边，立储之事，虽说景帝一心想等废黜太子的事态平息一段时间后再说，可是，那边，梁王刘武早已迫不及待，暗中唆使母亲窦太后又来对他苦苦相逼。

对于储位，梁王显然觊觎已久。虽然身在封国，这些年，他却始终"心在京师"，暗中几乎一直都在窥视着未央宫的一举一动。当刘荣被废去太子的消息一传到梁国，他手下的食客羊胜和公孙诡就竭力怂恿他去谋取皇帝继承人的位置。

于是，很快，梁王便带着羊胜和公孙诡几名谋士从自己的封国来到京城，而且第一站就是去看望母亲窦太后，请母亲大人帮忙从中斡旋。

相传，对景帝废黜栗太子一事，窦太后先前也曾表示反对，但如今既然太子已废，储位已经空缺，对小儿子的请求她也就一口答应。那天，她把景帝叫到自己寝宫，要他兑现当初他自己亲口许下的兄终弟及的诺言。

对景帝，窦太后并不以势压人，而是动之以情。在与景帝寒暄了几句后，她忽然未语泪先流，哽咽着对景帝说："我已老了，活不了几年了，等我走了以后，梁王就全靠你这做哥哥的照顾了！"

望着双目失明的母亲，景帝大为感动，慌忙避席跪到窦太后膝下说："母后不必担忧，儿臣遵命就是了！"

窦太后这时叹口气，又说："我听说殷道亲亲，周道尊尊，它们的意思都是一样的。"

景帝一时不知母亲所说何意，但又不敢拂逆母后的意思，便赶忙附和道："母后所言极是！"

等回到未央宫，景帝立即召来袁盎等大臣，问他们何谓"殷道亲亲，周道尊尊"？

太常袁盎学富五车，满腹经纶，当即回答道："殷道亲亲，就是要将皇位传给弟弟；周道尊尊，就是要将皇位传给儿子。"见景帝一脸茫然的样子，袁盎又进一步解释说："商朝崇尚质朴，因此敬天，对自己的亲人友好，因此要立弟弟；周朝重文，因此敬地，于是讲究一脉相承，注重香火传承，要立长子。按照周朝的规矩，太子死后就要立长孙；而按照商朝的规矩，太子死后就要立皇帝的弟弟。"

"啊，原来如此！"景帝点点头，他已明白母后那天特意找他谈话的意思了。同时，他也忽然发现原来梁王对皇位一直心存觊觎。

对梁王的这种狼子野心，景帝当然非常恼火，可是因为有母后在前面挡着，他当然不可能像对待栗姬那样，可以毫无顾忌地痛下杀手。无奈下，他只好耐着性子，对母亲晓之以理。因为不想和母亲当面理论，他便让袁盎等大臣去劝说太后。

袁盎一张铁嘴，能说会道，很会忽悠，当年，诛杀晁错就是他给景帝出的馊主意。他去拜见窦太后，引经据典道：

"太后听说过宋宣公的故事吗？从前宋国国君子力，不传位给儿子殇公，而传位给弟弟穆公，后来，这两个人的儿子们互相争斗，宋国大乱，三个国君连续死于非命。小小仁心，会伤及大义。故微臣以为，春秋要义，在大居正，传子不传弟，免得乱统。"

窦太后毕竟不是糊涂人，听袁盎这么一忽悠，觉得他说的确实在理，所以虽然心里仍然向着自己的小儿子梁王，心有不甘，但为了大汉王朝的江山社稷能够长治久安，颇识大体的老太后倒也很讲政治，不再固执己见。

梁王见一计不成，便又生出一计，他上书请求准许他从梁国修一条甬道直达长安长乐宫皇太后的住处，也就相当于现在修一条直达京城的高速公路，以便随时能朝觐孝敬太后。

诚如我们所知道的，汉朝的治国纲领一向是以孝治天下，梁王提出这样的理由当然非常冠冕堂皇，由此也说明他的智商和情商都着实不低。

但梁王虽精，他的哥哥汉景帝刘启却也不傻，更何况景帝的后面还有一大群智囊，要想糊弄景帝显然不是那么容易的事。

对于梁王心里的那点儿小九九，心机颇深的景帝当然心知肚明，他知道梁王要修甬道表面是为了孝敬母后，但其真实的用心是，如果时机成熟，他可以在这条高速公路上迅速进兵长安夺取政权。

但为了不触怒母后，景帝便又将自己退到幕后，做老好人，而把一帮心腹大臣推到前台，去做恶人，让他们去得罪梁王，对梁王说不。

于是，当梁王的提案呈上来后，景帝不置可否，只是把梁王的请求交由大臣们讨论。

这次，对于梁王的"修路提案"，又是袁盎带头第一个明确表示反对。

可想而知，经过大臣们的"广泛讨论""民主表决"，最后梁王的阴谋当然没有得逞。但由于痛恨袁盎等一帮大臣老是与自己作对，恼羞成怒的梁王在与羊胜、公孙诡密谋后，便秘密派出一些武艺高强的刺客来到京城，把袁盎等十余位一直反对他的大臣都给暗杀了。

很有可能，对这次暗杀事件，景帝事先一定有所察觉，但是，他却没有采取任何防范措施，而是故意要让梁王上钩。而等到朝中十多位高级官员一夜之间都横尸皇城，这个血腥的大案一时间震动了长安城，也就是说，等到梁王已经犯下滔天大罪铸成大错而无可挽回之后，景帝这才下令追查此事。

血案真相大白后，身为元凶，梁王当然罪该万死，可是，景帝这时却故意放梁王一马，饶他不死，算是卖给母后一份天大的人情。这种时候，甭说梁王，就是窦太后都觉得自己的小儿子这事做得太过分了，这种时候能保住性命就算万幸，至于皇位，从今往后，则连想都甭去想了。

将梁王的夺嫡野心彻底粉碎后，景帝七年四月，也就是在废黜栗太子刘荣三个月后，见时机已经成熟，景帝便正式册立王美人为皇后。又过了十二天，立王美人的儿子刘彘为皇太子，当时，刘彘还才刚满七岁。

将刘彘立为太子后，景帝觉得"彘"这个名字用在未来的接班人身上似乎有些不雅。那天，他偶尔看到《庄子·外物篇》里有一句"心知为彻"的话。"彘"和"知"正好同音，于是，他便将刘彘改名为"刘彻"，希望他将来承继大统后能够聪明圣彻，做个抚育万民的明君。

按说，刘彻入住东宫，上面又有父母和岳母馆陶长公主等那么多重量级的人物罩着，完全可以高枕无忧了。可是，不知怎的，做父亲的景帝还是不放心。想必是担心新太子刘彻还小，而他的大哥——也即栗太子刘荣虽然已被贬离京城，但毕竟"人还在，心不死"，而且，又一直受到周亚夫、窦婴等一帮重臣的拥戴，说不定哪一天还会东山再起，所以，为了防患未然，景帝决定对栗太子痛下杀手，斩草除根，免得将来夜长梦多。

景帝的惯用伎俩就是小题大做，借刀杀人。

中元二年，也即公元前 148 年，被贬到临江（今湖北洪湖以西、长江南北一带）此时已是临江王的刘荣因为在京城住惯了，嫌那临江的宫殿太小，便想扩建宫殿，好使自己住得宽敞点。但苦于宫外没有余地，只有文帝的太庙近在咫尺，于是他便擅自做主，占用了太庙空地边上的一面墙。谁知宫殿还没建成，就有人上京告发他"坐侵太宗庙地"。

由于皇庙与皇权的特殊关系，皇庙成了一块特殊的领地，按西汉的法律，任何人都不得侵犯，这是一项严格的禁令。但话又说回来，"坐侵太宗庙地"对于一个皇子来说，其实也并不是什么不可饶恕的死罪，想当年，晁错在任内史时，也曾私自凿通了太上庙（刘邦父亲的庙）外空地的围墙，被人告发，丞相申屠嘉要求把晁错送交廷尉处死，但那时景帝正器重晁错，非但不去治晁错的罪，反而竭力替他开脱。

可是，如今自己的长子临江王刘荣也犯了与晁错当年同样的罪，景帝非但不去帮他开脱，反而小题大做，不依不饶，立即下旨将他从江陵（今属湖北）押送到京城，交给中尉郅都严加看管、审讯。

据《史记·酷吏列传》记载，郅都在当时是出了名的酷吏，曾经担任宫廷禁卫官的中郎将一职，实际上也就是景帝的警卫员。郅都办案心狠手辣，不避贵戚，凡经他手审过的犯人，不死都会塌几层皮。据说当时权贵们都很怕他，并给他起了个外号叫苍鹰。

对于郅都的狠毒，景帝当然非常了解，然而，他却偏要将自己的儿子临江王刘荣交给郅都审讯，由此可见，景帝其实是存心要将自己的这位长子往死里整，由于自己不便下手，所以才借助酷吏郅都的手，借刀杀子罢了。

的确，从实际情形看，郅都之所以敢凶神恶煞般对待图圄中的废太子刘荣，对他百般虐待与摧残，很可能是事先暗中得到了汉景帝的授意或默许，否则，纵然郅都身为酷吏，纵然借他一百个胆子，也不敢胆大妄为到虐待和折磨皇帝的长子！

由于不堪虐待，抑或意识到自己的父亲景帝以及继母王皇后已容不得自己再活在世上，那天，在与前来看望自己的老师魏其侯窦婴抱头痛哭一场后，刘荣——这位生于帝王家的苦命王子便恳求老师偷偷为他送来纸笔，让他给自己的皇帝父亲写了一封绝命信。在写完这封绝命信后，他便在狱中绝望地自杀了！

据说，当得知自己的大孙子刘荣惨死狱中后，窦太后哭得死去活来，由于对郅都充满了刻骨的怨恨，她把儿子汉景帝召来，一定要他严惩郅都。

可是，景帝当然不会严惩郅都，因为，用他自己的话说："郅都是个忠臣。"是啊，郅都不过是个会说话的木偶罢了，真正在幕后牵线操纵驱使他的人很显然是景帝自己。说白了，郅都不过是个执行者，真正的决策人乃是景帝自己。

就这样，前太子刘荣死了，而迫害置他于死地的人竟是他的亲生父亲——汉景帝本人！

说来，真是天家无父子，为了让刘彻也即后来的汉武帝将来能顺利登上皇位，可以说，汉景帝不仅费尽了心机，而且，也灭绝了人性。

所以，从某种意义上说，汉武帝刘彻其实是踩着用他的同父异母的哥哥刘荣的鲜血染成的红地毯才登上皇帝的宝座并最终成为历史上赫赫有名的汉武大帝的。但仔细想想，这当然不是汉武帝之罪，而是由他的父亲汉景帝以及他的母亲王美人当然也包括他的岳母馆陶长公主一手策划与导演的结果。

也正因此，如果仅仅只是单纯从立储这件事来看，可以肯定地说，在历史上，汉景帝其实并不能算是一个贤君。

第六章
骗局中的骗局

汉武帝在历史上比他的父亲汉景帝要出名得多，但父子俩在婚姻问题以及立储问题上却颇多异曲同工之处。我们知道，汉景帝的第一位皇后是她的祖母薄太皇太后的娘家孙女薄氏薄皇后，汉武帝的第一位皇后则是他的姑母馆陶长公主的女儿陈阿娇。父子俩虽然都贵为皇子，但他们的第一次婚姻却都明显属于政治婚姻，有着浓厚的政治色彩。而且，说来颇有些奇怪的是，他们这父子俩的第一位皇后都不能生育，没有子嗣，到最后也都全被废黜。

而在立储问题上，汉景帝所立的第一位太子——栗太子刘荣、汉武帝所立的第一位太子——戾太子刘据，都是这父子俩所生的长子，并且也都是由他俩起初最宠爱的女人所生，毫无疑问，当初都是爱情的信物，或者说是爱屋及乌的产物，可是，栗太子也好，戾太子也罢，这两位到头来却都无一例外死于非命，而且还都是自杀。皇长子不能继位，第一任接班人都不得善终，最终，真正接班承继大统问鼎神器的却是非嫡非长的其他皇子。

有关汉景帝废立太子的故事前面已经说过，这里，还是让我们翻检有关史料，去看一下汉武帝在立储问题上的所作所为，是是非非。

话，自然还得从头说起。

"灰姑娘"的传奇

众所周知，汉武帝刘彻（刘彘）之所以能当上皇帝，除了应感谢他的结婚再嫁的母亲王娡王太后，感谢他的老爹汉景帝之外，最需要感谢的应该说还有他的岳母大人——馆陶长公主，想当年，如果不是馆陶长公主一心想使自己的女婿将来能够荣登龙庭，御宇天下，而自己的宝贝女儿陈阿娇届时也能顺理成章宠冠后宫，母仪天下，因而为他夺嫡继位不遗余力、不择手段地扫清障碍、铺平道路的话，非嫡非长且排行老十的刘彻恐怕很难能够成为西汉帝国的第七位皇帝，中国历史上也许根本就不可能出现赫赫有名的汉武大帝！

可是，当汉武帝即位后，却并没有或者说没有完全兑现当初他在岳母面前曾信誓旦旦亲口许下的金屋藏娇的诺言。尽管，从表面上看，出于种种考虑，他也曾在即位前后将这桩政治婚姻竭力维持了一段时间，而且，也真的为阿娇建构了一座金碧辉煌的宫殿，将皇后的桂冠在相当长一段时间内一直戴在这位比自己大了好几岁的亲表姐陈阿娇头上，但是，在内心中，武帝很有可能很少或者从未真正爱过这个由于出身显贵、自幼荣宠至极、擅宠娇贵的女人。

没有爱情的婚姻就像无根无茎的花朵，即使外表看起来再怎么美艳，也会很快凋谢、枯萎。元光五年，也即公元前130年，由于祖母窦太皇太后早已过世，时年27岁且已渐渐独掌大权因而对自己曾经在宫中威势赫赫的岳母馆陶长公主不再有所忌惮的刘彻终于扬眉吐气，将陈皇后废黜，令皇后失序的陈阿娇"罢退居长门宫"，一桩长时间依靠政治的强心剂勉强维持的婚姻就此寿终正寝。

陈皇后之失位，其罪名是"惑于巫祝"，也就是她犯了用巫蛊之妖术害人之罪。据《汉书·外戚传》记载，元光五年，"女子楚服等坐为皇后巫蛊祠祭祝诅，大逆无道"，事情败露后，陈皇后被武帝所废。

这里，需要解释的是，所谓巫蛊，也称巫鬼之术或巫诅（咒）之术，具体包括诅咒、射偶人和毒蛊等，在古代被认为是一种加害仇敌的巫术。由于古人迷信，认为让巫师、祭司等人把桐木偶人暗中埋于地下，再诅咒所怨者，被诅咒者就会厄运来临，遭受灾难。

这种巫术相传在我国尚处原始社会时就很盛行，而到了汉代，特别是在汉武帝一朝，巫蛊简直就成了一直四处游荡祸害宫廷的幽灵，不断生出祸端。

平心而论，身为女人，陈阿娇的婚姻生活其实非常不幸。虽贵为皇后，且从小锦衣玉食，娇生惯养，但其实她只不过是母亲馆陶长公主一手包办的这桩政治婚姻的牺牲品。只要稍加分析，就会知道，她之所以用巫蛊害人，乃是由于长期得不到爱情，不被自己的小丈夫汉武帝宠幸，出于嫉妒与报复，于是便找来巫师，企图用巫蛊之术诅咒那些受汉武帝宠幸的嫔妃们。仔细想想，这原本也是没有办法的办法，可是，令陈阿娇始料未及的是，巫诅（咒）之术非但没能害到别人，成为暗中杀害情敌的凶器，反而为汉武帝废黜她主动提供了一个冠冕堂皇的借口，结果殃及自身，害了自己。

　　事实上，可以想见，即使是没有这起巫蛊事件，阿娇的被废也是情势所趋，在所难免，因为，在内心中，武帝其实早已厌倦并急于要摆脱这样一桩名存实亡的政治婚姻，不想老是背着这样一个有名无实的婚姻包袱，更何况，陈阿娇婚后一直不孕，按古人的传统，在道义上她也失去了做皇后的资格。当然，如果再进一步深究的话，显然还由于此时武帝正与一个名叫卫子夫的美女处于如火如荼的热恋当中。

　　于是，被废后一直幽禁于长门宫内的陈阿娇不惜重金请来当时的大才子司马相如代笔，为她写了篇后来传诵千古的《长门赋》送给武帝，也即历史上所谓的"千金买赋"，异常天真地想以此来打动这位曾经许诺要金屋藏娇的年轻帝王，企图使他回心转意，幻想夫妻从此能够破镜重圆，重归于好。据说，武帝看了这篇赋后，对这位"童年的阿娇"早已心如止水，无动于衷，而仅仅只是对《长门赋》这篇文辞优美的文章表示了称赞。

　　因此，阿娇的那张"旧船票"此后再也没能登上汉武帝的"爱情客船"，只几年便抑郁而死。

　　"君不见咫尺长门闭阿娇，人生失意无南北"，曾经令人啧啧称赞艳羡不已的金屋藏娇的爱情戏剧最终却只能以如此凄惨的悲剧谢幕。

　　如果说武帝与陈阿娇的婚配纯然是父母包办使然的话，那么，他与卫子夫的结合则完全是自由恋爱的结果。

　　有关武帝与卫子夫的爱情，相传最早起始于他登基后的第二年，当时，武帝刚刚17岁。那年的上巳节，也即民间所称的"三月三"，年轻的汉武帝亲往灞上举行除邪仪式，回来时顺道去看望姐姐平阳公主。没想到，在这里，他竟与出身微贱的卫子夫一见钟情。

　　事情说起来其实也很简单，由于皇后陈阿娇久婚不育，不能为年轻的皇帝传宗接代，平阳公主很是担忧，于是就有意把当地一些良家美女买入府中，准备有一天送入后宫，让弟弟汉武帝从中选妃，繁衍子嗣。没想到她还没来得及将这些美女送入京城，汉武帝这天就突然不请自来。

　　对于弟弟武帝一行，平阳公主当然盛情款待。为了能讨得武帝的欢心，席间，公主有意将这些美女打扮起来，让她们一个个花枝招展楚楚动人地围着武帝劝酒奉觞，好让皇上选美。谁知，武帝对这些过于殷勤也过于浓妆艳抹的美女竟然毫无兴趣，都不满意，这让平阳公主颇有些失望。

说来，也真是"有心栽花花不发，无心插柳柳成荫"，对于姐姐平阳公主为他精心挑选的数十名美女，阅红无数的汉武帝虽然一个也看不上眼，但却对在一旁为他喝酒助兴的一名歌妓顿生爱恋，一见倾心。

那位歌妓名叫卫子夫，正值豆蔻年华，不仅歌声甜美，千娇百媚，婉转动人，而且人也长得明眸皓齿，花容月貌，楚楚动人。按说，平时在后宫看惯了美人佳丽的武帝也算是曾经沧海，可是，哪里想到，自看到卫子夫第一眼，武帝便两眼发直，魂驰魄荡，脸上竟流露出一种异样的神情。

说也难怪，用现在的话说，那卫子夫整个一个"歌舞演员"出身，天生丽质，能歌善舞，不仅弱柳扶风，身材颀长，曲线优美，而且气质出众，眉目传情，与那些普通良家美女比较，简直鹤立鸡群，美若天仙。武帝见了，又岂能不魄然心动？所以，还只听罢两曲，这位少年天子便颇有些自持不住，心跳耳热，意乱神迷。于是，他佯称天气闷热，要去内厢房更衣。

平阳公主何等聪明，见此情景，顿时心领神会，当即便让卫子夫退场，悄悄叮嘱她随侍武帝，引武帝到尚衣轩去更衣小憩。

约莫过了一个多时辰，只见武帝笑容满面地从那尚衣轩中缓步踱了出来，又过了片时，又见卫子夫袅袅婷婷地也从尚衣轩款款而出，但见她星眼微惺，云鬟凌乱，低眉敛翠，晕脸生红。一看这情景，便知她已是蓓蕾初绽，梅香暗度，显然与武帝已经有了云雨私情，枕席之欢。

这以后，卫子夫很快便被武帝纳入宫中，虽由于陈皇后的妒忌，入宫后卫子夫曾经一度被贬为宫婢，锢置冷宫，有一段时间再也没有得到汉武帝的宠幸，但因为风情万种，姿色撩人卫子夫终于还是时来运转，重又拥入到武帝多情的怀抱，成为武帝的新宠。

元朔元年（公元前128年）三月，汉武帝立接连为他生了三个女儿，而此时又刚刚为他生下一个儿子也即皇长子刘据的卫子夫为皇后。此时，距离陈皇后被废已经过了两年。

转眼，时间又过了6年，也即元狩元年（公元前122年），已做了6年皇后的卫子夫所生之子刘据被立为太子。时年汉武帝35岁，太子也即后来谥号为"戾"被后人称之为戾太子的皇长子刘据当时还才只有 7 岁。

中年得子，史载汉武帝对皇长子刘据非常喜爱，在他还很小的时候就专门指派当时天下最有学问的东方朔、枚皋等学富五车的饱学之士做他的老师，辅导他学习《穀梁春秋》《公羊春秋》，让他知晓一些春秋大义，教他懂得经世致用、治国理政的道理。及至太子年少，"及冠就宫"，武帝又为他建了一座博望苑，让他在那里学习接待宾客，增广见识，以此加强对太子的实践锻炼。

如果事情就这么顺风顺水一路平铺直叙地发展下去的话，那么，汉武帝百年之后，太子刘据自然就会灵前即位，执掌国柄。

可是，世事如棋，人生难料，想不到，大汉王朝进入到征和二年（公元前 91 年）时，一场巫蛊之祸竟将太子刘据的生命无端夺去，而皇后卫子夫也因此饮恨自尽！

想当年，卫子夫由一个地位卑贱的歌妓一步登天而贵为皇后，可以说简直就是一则东方版的灰姑娘传奇，比西方童话中的那个灰姑娘最终苦尽甘来嫁给心爱的王子还要惹人羡慕，以致当时民间曾一直流传着这样的歌谣："生男无喜，生女无怒，独不见卫子夫霸天下。"而其子刘据也因子以母贵，年仅 7 岁便正位东宫，成为皇储。然而，当时有谁能预料得到，到头来，昔日的山盟海誓荣华富贵竟灰飞烟灭，转眼成空，美丽的爱情童话竟像冰山雪崩那样令人惨不忍睹无可挽回地坍塌了，破碎了！

太子死于巫蛊之祸，一场突如其来的政治祸患，不仅彻底剥夺了戾太子刘据的政治生命，也让这位其实极具政治才能的戾太子永远告别了人世。

巫蛊之祸

虽然已经时隔两千余年，但至今回溯这段早已尘封的历史，当年发生的那一场巫蛊之祸仍让我们触目惊心。

史载，公元前 91 年的某个夏日，时年已 67 岁的汉武帝在夜晚做了一个噩梦，梦见成千上万的木头人手持木棍"噼里啪啦"地朝他打来，等惊醒后发觉自己全身已被汗水浸得透湿，并从此老是感到身体不舒服，精神恍惚，记忆力也严重衰退。

汉武帝身边有个近臣名叫江充，此人是个卖主求荣的奸佞小人。他原是赵王彭祖的一个门客，当年，为了巴结赵王一家，曾将自己的妹妹嫁给赵太子丹，也即汉武帝同父异母的哥哥刘彭祖的儿子。后来因和太子丹产生了矛盾，他便跑到长安诬告太子丹其实也就是自己的妹夫。本就对自己的这些同父异母的兄弟及其子嗣猜忌颇多、处处设防的汉武帝一听正好以此借口，痛下杀手。太子丹因此获罪死于狱中，而江充却凭借自己的三寸不烂之舌善于讨好卖乖阿谀奉承骗取了武帝的信任，从此开始飞黄腾达，成了武帝身边的红人。武帝委任他担任钦差"直指绣衣使者"，负责京师治安，"督三辅盗贼，禁察逾制"，实际上也就相当于明朝的锦衣卫总头目。

那天，当武帝亲口对江充说起梦中之事，阴险奸诈且一心想立功邀宠的江充不假思索，便一口咬定此乃巫蛊作祟所致。一向迷信鬼神的汉武帝先前也一直疑心宫中有人在暗中诅咒他，因而，当即命江充全权负责查处巫蛊之事。

这一年的夏天，得了"尚方宝剑"的江充率领士卒与胡人巫师在整个长安城中到处兴风作浪，追查巫蛊。他们肆无忌惮，为所欲为，肆意闯入官宅民居挖掘搜寻用于巫蛊的木偶人，缉捕他们认为利用巫蛊作乱的人。江充甚至还栽赃害人，动辄便派人事先在某些地方洒上血污埋上木偶人，然后对被逮捕的人进行严酷的审讯，并对他们动用铁钳烧灼等酷刑，强迫他们认罪并招供所谓的同谋。而一些别有用心的小人——这其中既有百姓，也有官吏，出于种种不可告人的目的，趁机诬告他人，而被诬告的人则根本没有任何辩解申诉的机会即被严加治罪。

就这样，严查巫蛊之风很快便蔓延到了京师周边，泛滥成灾。为了以查获巫蛊案件的数量作为邀功请赏平步青云的政绩，各级官吏上行下效，无不积极表现，唯恐落后于他人。一时间，从京师长安、三辅地区到各个郡、国，因受巫蛊一案牵连而死者先后有数万人。

从种种迹象看，这么兴师动众声势浩大的"查处巫蛊运动"很可能从始至终都是一场骗局，是一场由江充等人在暗中蓄谋已久的政治骗局，其不可告人的政治目的显然是要借此整倒皇后与太子，也即卫子夫与太子刘据母子两人，但又不能表现得太明显、太露骨。于是乎，在"查处巫蛊运动"一开始，江充等人故意使用障眼法，故意在民间和宫外先查，而到了最后，才终于图穷匕见，进入正题，把查处的矛头对准了皇后与太子。

事实也真的是这样。由于深知武帝晚年体弱多病，疑神疑鬼，江充便暗中指使胡人巫师檀何对汉武帝说："后宫之中有邪气，如果不将其驱除，皇帝的龙体就不会康复。"

　　经巫师这么一说，武帝自然更是信以为真，于是便立刻下诏指派江充入宫掘地求蛊，并责令按道侯韩说、御史章赣、黄门苏文予以协助，成立了一个"巫蛊专项治理小组"，而其组长，自然非江充莫属。

　　如此一来，手持尚方宝剑的江充益发气焰嚣张，有恃无恐，立即在宫内展开了一场旷古未闻的"掘地运动"，昔日戒备森严的宫闱禁地顿时陷入了一片混乱。搜查首先从失宠嫔妃的寝宫开始，这当然还是障眼法，然后范围逐步缩小，最终，搜查的重点被圈定到皇后所住的未央宫与太子刘据居住的博望苑。

　　到此为止，狐狸的尾巴终于不可避免地露出来了。

　　如果说，在对其她的妃嫔的搜查不过是走走过场做做样子以此掩人耳目罢了，那么，在真正进入正题，在对皇后与太子的住处进行搜查时，江充的搜查才真正可谓掘地三尺，未央宫与博望苑内几乎每一寸土地和每一间殿堂都无一幸免地被他反复刨开，以寻找所谓巫蛊邪气的根源。

　　搜查在混乱中开始，又在混乱中结束，结果，在未央宫与博望苑什么也没挖到，只留下满院的残砖破瓦。

　　按说，事情到此为止，这场原本就很荒唐完全就是无事生非的政治闹剧也该彻底收场了。而倘若真是这样的话，对于皇后卫子夫以及太子刘据母子来说，也还算是不幸中的万幸，虽然经此事故受到了很大的侮辱，面子上很有些过不去，但退一步说，也还无伤大雅，更不会危及他们的政治前途乃至母子性命。

　　可是，由于这场"查处巫蛊运动"原本就是一场别有用心的政治骗局，可以说是专门为皇后卫子夫以及太子刘据设的政治陷阱，是有人存了心要去陷害他们母子两人的，所以，尽管事实证明，他们母子是清白的，与巫蛊一事毫无干系，然而，江充却无中生有，血口喷人，硬是派人事先将木头人暗中埋入未央宫与博望苑内，然后再派人在大庭广众之下从未央宫与博望苑中一件件挖出来，以此栽赃诬陷皇后与太子，并对外四处散布谣言说："在太子宫中找出的木头人最多，上面还附有书写着咒语的绸缎，内容大逆不道，我将如实上奏给皇上。"如此一来，太子刘据便可谓跳进黄河也洗不清了。

　　却说太子刘据压根就未在宫中埋藏任何木偶，现在无端遭到江充陷害，又气又怕，他本想去找正在甘泉宫养病的父皇澄清事实，可是，谁知道少傅石德也即他的老师却自作聪明，这种时候竟这样劝他说："如今皇上在甘泉宫养病，皇后和太子派家吏去问安，一直得不到回复。皇上的病情到底如何也不知道。眼下奸臣如此猖獗，太子可以想想秦始皇时候的扶苏。"

诚如我们所知道的，当年秦始皇在出巡途中驾崩，留下遗诏传令远在北部边防的太子扶苏回咸阳即位，而宦官赵高却与丞相李斯合谋拥立胡亥即位，矫诏赐死远在边关从军督师的扶苏。很显然，石德的最后一句话，就是要太子刘据以史为鉴，汲取当年秦公子扶苏的教训，不要再步扶苏的后尘。

在今天看来，少傅石德给太子刘据出的完全是一个馊主意，这样做，不仅不是在帮太子，反而是在害太子，是在用力把太子往死亡的深渊里推。

就这样，经不住少傅石德的劝说，头脑很不冷静的太子刘据很快便做出了一个令他后悔终生的错误决定，于仓促中竟然假传圣旨，征调武士，在被逼无奈中决定先下手为强，去诛杀江充等一帮奸佞之徒。

结果，罄竹难书罪大恶极的江充和胡人巫师虽然被他很快抓住并将之处死了，可是，江充的另一助手苏文却逃到武帝处，向武帝控告说太子谋反。当时缠绵病榻的武帝开始还并不相信此说，只是派使者去传唤太子，但使者不敢到太子那里，跑到半路上便返回去对武帝谎报说："太子反已成，欲斩臣，臣逃归。"

事情到了这步田地，太子的退路已经算是被人给彻底堵死了。

如果说在此之前，武帝还多少有些将信将疑的话，而现在，在听说太子真的已经发动叛乱，这位性格一直非常强悍的大汉天子顿时极为愤怒，于是立即下令丞相刘屈氂率兵平乱。

就这样，武帝与太子之间的父子之战正式打响了。

既然父子兵戎相见，太子刘据当然不会束手就擒，坐以待毙，于是他纠集了数万人，负隅顽抗，与丞相军激战五日，结果，太子党与保皇党都伤亡惨重，双方共死伤了数万人，但却一直难分胜负。

关键时刻，汉武帝从甘泉宫来到长安城西的建章宫亲自坐镇指挥，而长安城中也到处都在流传说太子谋反。由于汉朝乃是以孝治天下，太子谋反首先在道义上就不占上风，为人诟病，所以最终，太子刘据因势孤力弱失道寡助而兵败，于惊慌中逃离长安。而皇后卫子夫在汉武帝派人去没收她的皇后的印玺和绶带时大哭一场，投缳自尽。

受此株连，卫氏一门，自然惨遭灭族。至于其他东宫属吏、太子宾客，包括不肯出兵帮助太子刘据的任安（他曾经是卫青的旧部，武帝认为他在事变中首鼠两端）都全被抄家杀头，数万人因此死于非命。

史载，太子刘据逃到湖县的泉鸠里（今河南灵宝西部与陕西交界处的泉里村）后，躲藏到一户家境贫寒的人家。在那些日子里，老实忠厚的户主只有依靠织卖草鞋来维持太子等一行人的生活所需。

危难时刻，太子记得有一位旧友住在湖县附近，听说很富有，为解燃眉之急，他便派人去找他，想请他雪中送炭，危难时刻接济自己一下。

在这种时刻，太子居然想出这样的主意来，足以说明他世故不深，由于从小长在深宫，缺少历练，在政治上更是非常幼稚。要知道，世态炎凉，人心惟危，当年他当太子时，前途无量，炙手可热，许多非富即贵的名利之徒都千方百计地巴结他，无不以能够结识他为荣。而现在，他已沦落到这步田地，成了朝廷通缉的政治犯，大难来临，穷途末路，一般人避之如同瘟疫，躲他还来不及，有谁还会不识时务，竟然愿意冒着生命风险，与他扯上关系，救他性命？

果然，那位旧友一接到刘据的求助信后想都没想，便向本县官府告发，将自己昔日曾竭力讨好巴结的太子给出卖了。

当官兵前来围捕时，刘据悔恨交加，因自觉无法逃脱，又不愿被捕受辱，已做了31年太子的他便关紧门窗，上吊自杀了。

在今天看来，当朝太子和皇后竟然平白无故遭人陷害，在走投无路时不惜以死抗争，一死了之，怎么说都是一桩历史罕见的千古冤案！

长期以来，人们对这一千古冤案发生的原因众说纷纭，一般的说法认为制造这起巫蛊之祸的罪魁祸首乃是江充这个奸佞小人。而江充之所以要陷害太子，乃是因为狗仗人势狐假虎威的他曾经查处过违禁的太子家人，并且在汉武帝面前告过太子的状，由此与太子有了过节。眼看武帝日薄西山，来日无多，江充难免惶恐不安，害怕有朝一日太子一旦登基，一定会对自己实施报复，因而起了歹心，设法蒙骗武帝，嫁祸太子，并最终陷太子于死地，酿成了这起政治惨案。

在这场巫蛊之祸中，照一般人看来，汉武帝其实也是受害者。因为汉武帝一生迷信鬼神，信用方士，由于晚年多病、多疑，且又长年深居宫中，与世隔绝，以致被江充等一帮奸佞之臣蒙蔽和利用，由此酿成了太子受害、皇后自杀的惨祸。

然而，追根溯源，仔细检视这桩冤案发生的前后经过，我们就会发现，其实，这一千古冤案的始作俑者，应该说就是汉武帝自己，或者，换句话说，是汉武帝自己亲手导演了这样一出人间悲剧。

而悲剧的根源，应该说，最主要的还是因为武帝晚年在接班人问题上的态度暧昧，犹疑不决，以及外戚集团和一些别有用心的大臣在国本问题上用心险恶、各怀鬼胎、设计陷害、借刀杀人的结果。

以色事君难久长

众所周知，在我国古代，许多封建帝王在太子废立问题上往往是母宠子立、母厌子废，可谓"一荣俱荣，一损俱损"。

在这方面，汉武帝的老爹汉景帝便是最典型的例子。因为当初宠爱栗姬，便立栗姬的儿子刘荣为太子，而等到对栗姬感情渐渐冷淡甚至由爱生恨的时候，则不问青红皂白，随便找个借口便将栗太子废除并最终将之害死。

说来真的是有其父必有其子，在许多方面，汉武帝都酷似他的父亲。

我们知道，汉武帝当初是因为宠爱卫子夫才立他的儿子刘据为太子的，可等到卫子夫年老色衰，汉武帝另有新欢的时候，刘据的太子之位便也因此发生了动摇。

所以，从某种意义上说，巫蛊之祸只是导致卫氏家族包括皇后与太子惨死的外在形式，而汉武帝在爱情方面的喜新厌旧、始乱终弃才是酿成这一政治惨祸的最主要的原因。

汉武帝有句垂于史册的名言："可以三日不食，不可以一夕无妇人。"这句话，如果事先不告诉你是汉武帝所说，恐怕你怎么也不会猜到如此充满色欲的话竟然会出自这位历史上赫赫有名的大汉天子之口。

但事实上，这位还在童年就许诺要金屋藏娇的大汉皇帝，在个人生活上，绝对可以称得上是一位风流成性的登徒子。

从史书上看，除了征讨匈奴，好大喜功，在私生活上，汉武帝一生最喜欢做的事情不外乎这么两件：一是执迷不悟痴心不改地迷信鬼神，是谓贪生；再就是乐此不疲地贪恋女色，也即贪色。据说，汉武帝的后宫里美女如云，人数最多时大约在六七千人，而且，这些宫女还常换常新，以始终保持"宫女队伍的年轻化与美丽化"。

虽然，这位大汉天子一生乐此不疲地贪恋女色，但是，对自己的第二任皇后卫子夫，相对来说，汉武帝应该还算情深意长。屈指算来，从公元前128年被立为皇后，到公元前91年饮恨自尽，在皇后位上一共坐了38年，卫子夫无疑是汉武帝几个皇后中"任期"最长的一位，即使是与历代众多皇后比较，这一"任期"也不算短，估计也应该排在前列。

但在事实上，即使是在卫子夫刚刚被立为皇后时，汉武帝对她的爱情也并不专一，其时也还在宠爱着另一个女人——王夫人，并且让她在公元前127年为自己生下了第二个儿子，也即齐王刘闳。这之后，他又陆续爱上了李姬和尹夫人，或许还有许多不知名的美人。而等到那位"一顾倾人城，再顾倾人国"的李夫人出现后，很有可能，人老珠黄的卫子夫其时已经完全失宠。

掐指算来，李夫人来到汉武帝身边，大约是在公元前110年，其时卫子夫早已年逾不惑，青春不再，而天生丽质的王夫人又不幸早逝，后宫佳丽虽多，但自从王夫人死后，却没有一个能得到武帝专宠的。这期间，武帝很想再访求绝色佳人以慰床笫之欢，可是一直不能如愿。

而就在好色成性的汉武帝处于苦闷之中且无法排遣时，据《汉书·外戚传》记载，有一天，宫廷乐师李延年将自己长得国色天香的妹妹仿佛大旱甘霖般地进献给了汉武帝，由此成就了一桩美妙因缘。

相传，在给汉武帝推荐自己的妹妹时，"性知音，善歌舞"的李延年先是在汉武帝面前卖关子，用自己作词作曲的美妙歌声赞美自己的妹妹，说是"北方有佳人，绝世而独立，一顾倾人城，再顾倾人国。宁不知倾城与倾国，佳人难再得"，以此吊足了汉武帝的胃口。

汉武帝听后还不信，对李延年说："世岂有此人乎？"可等到他急不可耐地让李延年将其妹召到宫中一看，发现李氏果然有倾国倾城之貌，不仅沉鱼落雁，精妙无双，而且精通音律，擅长歌舞，较之当年的卫子夫，无论才貌都有过之而无不及。

惊艳之余，汉武帝大喜过望，立即将其纳为爱妃。李氏由此宠冠后宫，号为李夫人，且很快怀孕生育，生下一个男婴刘髆，被武帝封为昌邑王。

可以想见，如果不是李夫人红颜薄命，少而蚤卒，在武帝的生活中只是昙花一现，十有八九，想必等不到征和二年，也即卫子夫与太子刘据丧命那年，或许早在八九年前，汉武帝就会像当年废黜陈阿娇那样废掉卫子夫，而去改立李夫人为皇后，而且，不用说，当然也会连带废掉戾太子刘据，而改立李夫人之子刘髆为太子。

可是，李夫人的早逝，虽然一度延缓了卫子夫母子被废的时间，但却终究改变不了她们母子乃至整个卫氏家族盛极而衰或曰色尽而衰的悲剧结局。

史载，卫子夫当初被立为皇后，武帝爱屋及乌，不仅立其子刘据为太子，而且还召其兄卫长君及弟卫青为侍中。说来真是一人得道，全家沾光。那期间，整个卫氏家族荣宠无比。卫子夫的大姐卫君孺嫁胡人大仆公孙贺。二姐卫少儿嫁陈平的曾孙詹事陈掌。随后，卫青由侍中而大中大夫直至升迁为车骑将军，赐爵关内侯。他的三个儿子还在襁褓之中，就都被封为列侯。而其外甥即卫少儿的儿子霍去病也因军功卓著，18岁便带领骑兵八百斩匈奴两千有余，被封为冠军侯，做到大司马骠骑将军这么高的位置。

由于卫氏家族迅速崛起，声势赫赫，当时，就连武帝的姐姐平阳公主新寡，也主动要求嫁与自己昔日的家奴、如今的大将军卫青。这样，武帝娶卫青的姐姐，卫青娶武帝的姐姐，一时间，昔日为人家奴的卫氏家族荣宠至极，卫氏满门将相侯，"卫氏支属侯者五人"，可以说是贵震天下，举世无双。

应该说，卫子夫是个非常贤惠也非常明智的女人，因为深知伴君如伴虎，即使是在自己最得势的时候，她也总是谨言慎行，知荣守辱，从不得意忘形，忘乎所以。平时，不仅自己恭谨谦和，待人宽厚，而且，她还经常教育太子"宜留取上意，不应擅有所纵舍"。因为深感弟弟卫青的几个儿子都不成器，她曾流着眼泪向武帝报告，请求武帝削夺卫氏子弟的封赏。

也许正因为后宫复杂的环境，卫子夫一直处处小心，谨小慎微。在后来的日子里，即使自己美艳不再，汉武帝移情别恋，已经多年不去她的寝宫过夜，纵然贵为皇后，卫子夫连想见武帝一面都很困难，但对她，武帝还是一直非常信任，以礼相待。史载，武帝每次出行，都把后宫事务托付给卫后。

当然，这种托付，对于武帝来说，已经根本无所谓爱情。

木偶不会自己跳

如果说，失去了爱的光环的皇后卫子夫的寝宫虽然日渐清冷，门可罗雀，但到巫蛊之祸前夕，一直还算风平浪静的话，那么，太子刘据所住的博望苑却一直暗流涌动，漩涡多多，常常是一波未平，一波又起。

据《资治通鉴·世宗孝武皇帝》记载，一次，太子进宫拜见皇后，太阳都快下山了，才从宫中出来。黄门苏文向汉武帝报告说"太子与宫人戏"，诬告太子调戏宫女。

又有一次，汉武帝感到身体有点儿不舒服，派另一个名叫常融的小黄门去召太子。常融回来报告说："太子有喜色。"意思是说太子获悉汉武帝圣体有恙而面露喜色，幸灾乐祸。

据说，汉武帝当时默然无语。

太子，亦称皇太子，是承袭帝位将来要成为皇帝的储君。而黄门，不过是皇帝的近侍宦官。显然，太子与宦官，其两者间的身份与地位，无论在什么时候，都存在着严重的不对称，根本就不是一个重量级。

可是，为什么苏文、常融这些小宦官不仅不把太子刘据放在眼里，不怕得罪这位有一天即将要成为皇帝的储君，而且，竟然无中生有，对他一再进行诬陷和诽谤？莫非这些小宦官都是二五眼，一个个都糊涂胆大，不知道天高地厚，不为自己将来的生死荣辱着想？

答案显然不是。

那究竟是什么原因，使这些小太监竟然公开与太子作对，昧着良心去诬陷太子？

比较合乎情理的答案应该是：

其一，这些成天在皇帝身边形影不离而且非常善于察言观色的小黄门因为对武帝的喜怒哀乐知道得一清二楚，可能通过武帝平时的言行举止，早已预感到武帝准备易储，窥知他想要废黜太子刘据的欲念或打算。

武帝与太子之间的分歧与隔阂由来已久，人所共知，主要原因当然是两人性格上的差异，虽说是嫡亲父子，但从性格上看，汉武帝是一个性格张扬颇有些狂放气质的人。他生性敏感，易于激动，喜欢冒险，行事专断，往往凭个人好恶而由着性子干事。相传，汉武帝刚继位时，这位少年天子精力过人，初生牛犊，但当时由于他根基不深，他的祖母窦太皇太后实际掌控着朝政大权，再加上他的母后——那位工于心计城府颇深的王太后时时提醒他要注意收敛，他还多少能够注意检点，尽量不去与力佐三朝的老祖母争雄。既然不能把精力发泄到国家大事上，这位精力充沛不甘寂寞的天纵之子便想着法子一味地胡闹。

据说，年轻时的汉武帝常常微服夜出，自称平阳侯，半夜三更跑到终老山下打猎，纵马奔驰于庄稼地里。当地百姓深受其害，大骂不止，县令闻讯大怒，派人前来抓他，迫不得已，他只得说出自己的真实身份，并以其乘舆之物作为佐证。

可想而知，得知所抓之人乃当今大汉天子，县令等人自然吓得惊慌失措目瞪口呆，而年轻的汉武帝却感到了一种从未有过的刺激与快乐。

所以，如果单就从这方面而言，这位过于喜爱新奇刺激的大汉天子完全可以称得上是千余年后明朝那位专爱瞎胡闹的正德皇帝的祖师爷。

比较起来，太子刘据则是一个性格内敛不喜张扬心胸宽厚比较务实的人。从 7 岁被立为太子，到巫蛊之祸死于非命的 30 多年间，这位为人沉静循规蹈矩的戾太子一生中几乎没有干过任何一件出格的事件。

显然，也正是由于性格方面的差异，导致父子俩在大到治国方略、内政外交方面，小到为人处世、待人接物等一些小节上都存在着明显的分歧。史载，武帝"用法严，多任深刻吏；太子宽厚，多所平反"。武帝坚持以武力讨伐四夷的方针，太子则主张用怀柔之策缓和外交关系。仅此可见，武帝很像是一个大刀阔斧的开国皇帝，太子则更像是一个与民休养生息的守成之君。

也许正是因为性格与政治理念方面的分歧，致使汉武帝对太子渐渐心有不满，并在私下开始重新考虑立储问题。于是，经常待在他的身边，对这一内幕多少有所了解，且又惯于见风使舵具有投机之心的苏文、常融乃至江充等一帮奸佞小人才会投其所好，落井下石，沆瀣一气，想方设法要扳倒为人宽厚正直的太子。

其二，很有可能，在苏文、常融们的后面，一定有一个很硬的后台，这些小宦官只是受人唆使，被人利用，所以才会见利忘义，有恃无恐，否则，以这些惯于见风使舵的阉竖的精明和势利，一定不会只是单纯为了一心想讨好年老多病的老皇帝而轻易得罪当朝太子，把自己的荣华富贵乃至身家性命赌徒般只押到明显已经衰朽苍老来日不多的老皇帝一条船上。

的确，木偶不会自己跳。尽管史无所载，但从种种情形推测，在苏文、常融这些小宦官以及酷吏江充的背后，确乎潜藏着一个颇有实力且自以为胜算很大的政治集团，以致江充、苏文这些极其精明非常势利的奸佞之徒都把自己的政治赌注乃至身家性命毫不含糊地压到这边，纷纷卖身投靠，甘愿为其爪牙。而这个政治小集团的行动纲领或主要目的，很显然就是一心要削弱和推翻现任皇后与太子，以便取而代之。

显而易见，不是什么人都有能力组成一个势力很大能够对决现任皇后与太子的政治集团，也不是什么人都有资格在推翻现任皇后与太子后能够取而代之。在当时，真正具备这两方面能力与资格的，屈指数来，应该说只有两个人，一个就是李夫人，再一个就是钩弋夫人，也称拳夫人。

不过，倘若进一步推理，就会感到，江充、苏文背后的黑后台是李夫人的可能性不大，因为，如前所述，尽管李夫人自从来到后宫便集三千宠爱于一身，可是，倾国倾城、美若天仙的李夫人毕竟红颜薄命，宠冠后宫还只几年便香消玉殒。

李夫人死后，汉武帝虽然悲痛异常，甚为怀念，"图画其行于甘泉宫"，而且对她的儿子刘髆非常疼爱，封其为昌邑王，且对李夫人的三个兄弟非常眷顾，将其兄李广利提拔为贰师将军，但是，一个死去的爱妃所生的儿子在正常情况下是怎么也不可能被册立为太子的，对此，具有敏感的政治嗅觉和投机心理的江充、苏文之流绝对掂量得清，再怎么说也不会糊涂到去投靠一个死去的宠妃，去捧死人的臭脚，为李夫人的亡灵卖命。

所以，仔细分析，江充、苏文背后的后台老板只能是钩弋夫人，或者说，这些人本身就是围绕在钩弋夫人身边的诈骗团伙无疑。这里，我们不妨将他们称为"钩弋集团"。

之所以得出这样一个结论，绝对不是信口雌黄，无稽之谈。

因为，从史书上看，钩弋夫人的父亲赵氏与江充、苏文三人是同乡，都是赵国人。据史料记载："赵氏，河间人，以胡巫之术置人死，处宫刑，服役宫中充黄门，后返家。"从种种迹象推测，当年，赵父因胡巫之术杀死人，被处宫刑，在宫中充当黄门的时候，苏文还只是个小太监，由于是同乡，而且又臭味相投，赵父当时很可能对这个小老乡苏文非常关照，俩人私交因而极为深厚。由于一直想让自己的女儿也能成为卫子夫、李夫人那样"霸天下"的人物，有朝一日进入宫中，被汉皇宠爱，胡巫出身的赵父在返家前，便与苏文等自己的死党在一起密谋，如此如此，这般这般，于是才有了后来汉武帝巡视到河间，忽然有"望气者"也即方士声称此地有祥云瑞蔼，显示必有奇女生长于斯这样蹊跷的情节或传奇故事出现。

从江充后来推荐进宫的都是胡巫，而且想方设法陷害太子甚至公然与太子作对来看，这位来自赵国邯郸的奸佞小人、地痞流氓，也毫无疑问是赵父从宫中返乡后结交的又一死党。赵父、江充、苏文三个人串通一气，狼狈为奸，因同乡关系形成了一个生死攸关休戚与共的"钩弋集团"，在宫中共同策划并导演了一系列连环大骗局。

而在他们三人策划与导演的这一骗局中的骗局中担任女主角的便是赵氏的漂亮女儿，也即后来的钩弋夫人。

这个女人不寻常

用京剧《沙家浜》中的一句唱词说，钩弋夫人"这个女人真是不寻常"，从一开始登上政治舞台，一开始进入人们的视野，她的身上就有着很多神神鬼鬼扑朔迷离的历史疑点。这些历史的疑点，如果用今天科学的方法来观察和分析，人们很容易就会看出，其实不过是一个个看似精心设计、其实破绽百出的连环大骗局。

骗局首先是从对她的包装开始的。

据《汉书·外戚传》记载："孝武钩弋赵婕妤，昭帝母也，家在河间。武帝巡狩过河间，望气者言此有奇女，天子亟使使召之。既至，女两手皆拳，上自披之，手即时伸。由是得幸，号曰拳夫人。"

以上这段话的意思是说，汉昭帝的生母钩弋夫人出身河间。汉武帝巡狩经过河间的时候，有一个望气者也即武帝一向信任的方士说，此地有祥云瑞蔼，必有奇女生长于斯。生性风流好色的汉武帝于是急令使者去寻找，果然在这里找到了一个美丽的赵氏少女。更为离奇的是，有当地人告知武帝，这姑娘自打从娘胎里出生，就两手蜷曲着不能伸开，多少年了，谁也没法将她蜷曲的十指掰开。

武帝心中好奇，就自己亲自去掰这姑娘的手，谁知，武帝刚一握住这姑娘的手，奇迹便出现了，只见那美丽的赵氏少女一直蜷曲的手指竟如花瓣般迅捷伸展开来，而且，手心里还一直紧紧握着一只金光闪闪的小金钩。

对这一奇迹，一向非常迷信的武帝大为惊异，随行的大臣立刻跪下，山呼万岁，说皇上天赋圣明，与这奇女子有缘。其中，有一位大臣更是趋步上前向汉武帝贺喜道："奇女定是只金凤，万岁乃真龙天子，如我帝与奇女配成夫妻，岂不龙凤呈祥，天赐良姻？"这句恭维话让汉武帝顿时龙心大悦，于是当即将这个美丽异常的奇女子纳入后宫，称作拳夫人。

拳夫人美丽温柔，入宫后，老夫少妻从此如胶似漆，爱得不行。

很快，宠冠后宫的拳夫人便进为婕妤，居于钩弋宫，大受皇上宠爱，故拳夫人又被称为钩弋夫人。

一个女子，如果真是从出生时两手就蜷曲不开，生理残疾，怎么可能在十几年后被汉武帝用手一摸，就一下子自然张开，那天生残疾的双手怎么可能会突然变得完全正常？

在今天看来，这显然是苏文与赵氏父女等事先串通好了，联手蒙骗武帝所设计的圈套。

对这一不啻哄骗小孩子的骗人把戏，甭说是在今天，即使是在当时，恐怕也有许多人一眼就会看穿，可是，就因为汉武帝鬼迷心窍，非常迷信，一如当年秦始皇那样为追求长生不老走火入魔，一而再再而三地上当受骗，弱智般地，被一帮方士骗子们骗得团团转，因而不仅没有识破骗子们的这一拙劣的骗人把戏，反而信以为真，以为拳夫人真的是有什么神灵附体，是一个异于常人的奇女子。

可以想见，初次行骗，骗子们一定心有余悸，生怕露馅后会因犯了欺君之罪而丢了脑袋，可是，没想到这么轻易就会得逞，这让骗子们尝到甜头，益发胆大妄为。于是，在赵氏女也即所谓的拳夫人如愿成为皇帝的新宠后，紧接着，这些骗子又在钩弋夫人怀孕生子上大做文章，有计划有步骤地精心策划上演了又一个骗局。

诚如我们所知道的，中国自古就有圣人因神奇受孕而生的说法。如《春秋公羊传》里说："圣人皆无父，感天而应。"传说，远古时期的三皇五帝之中的尧，就是由他的母亲庆都在怀孕14个月后才生下来的。《封神演义》里的哪吒三太子则是被他母亲怀了三年零六个月后才呱呱坠地，来到人间。这种种传说和附会，倘若用今天理性的视角来看，都是毫无科学根据、经不起仔细推敲地，然而在古代社会，人们却对此执迷不悟，深信不疑。

从种种情形推测，汉武帝将钩弋夫人纳为新宠后，虽说洞房宴尔，云雨不断，但毕竟武帝其时已经年过花甲，六十有三，由于不再龙精虎猛，一开始并未能立即让正值豆蔻年华的钩弋夫人怀上六甲，大约等了将近半年左右，方才让她怀上了龙种。

怀孕生子其实犹如种瓜得瓜一样乃是很正常不过的事情，可是，骗子们为了要让钩弋夫人将来所生之子不同凡人，便在钩弋夫人的怀孕期上做手脚，将她的怀孕期故意提前了四个月。如此一来，一般女人"十月怀胎，一朝分娩"，而钩弋夫人则变成了十四个月怀胎，所生之子当然也就异于常人。

老年得子，汉武帝本就乐不可支，再一听说自己心爱的钩弋夫人乃是怀孕十四个月后才生下龙种，更是大喜过望，故而满心喜悦地说："听说唐尧帝在娘胎中怀孕十四个月才生。而今吾钩弋子也是如此！"于是龙心大悦，皇恩浩荡，乃命将钩弋夫人的宫门改名为尧母门，将生具异征、并非凡体的刘弗陵称为钩弋子。

真没想到，皇帝竟是这般的容易糊弄，骗子们所设的骗局就这样又一次轻而易举地得逞了！

西汉沿袭秦朝的宫廷制度，妾皆称为夫人。汉武帝将一个嫔妃尊称为尧母，意味着他望子成龙，期望刚出生的弗陵日后能成为尧帝，这就无疑向外界透露了一个信息：即老皇帝在内心中已有了易储的念头，想要改立弗陵也即钩弋子为太子。

当然，如果事情只发展到这一步，还并不能真正足以构成对卫太子与皇后卫子夫的威胁，并不能从根本上撼动卫子夫母子的地位。对此，"钩弋集团"当然心知肚明，于是，他们不遗余力，不择手段，不断向卫氏集团发起了一轮又一轮进攻。

如前所述，"钩弋集团"先是诬蔑诽谤太子，一会儿说太子调戏宫女，一会儿又说太子听到父亲汉武帝生病面露喜色，又是说太子的家人乘着车马在专供天子行走的驰道上奔驰，总之，一次次在汉武帝面前告太子的黑状，他们原以为这样就会把为太子告倒。可是，没想到，汉武帝虽然心中不悦，但却并没有对太子采取任何制裁措施。

于是，见此计不成，江充、苏文等"钩弋集团"的骗子们便又及时调整战略，利用武帝迷信鬼神这一弱点，暗暗祭起巫蛊这把鬼头刀，朝着卫氏集团的要害部位捅去，直至最终捅入了"卫氏集团"的心脏……

诚如我们所知道的，公孙贺是出身少数民族的将领，曾随霍去病、卫青征战过，是能征善战的将军，但做丞相却不是其所长。公孙贺是在汉武帝连续杀了三个丞相之后就任丞相的。他原本不想去任丞相，为此甚至痛哭流涕向汉武帝求情，可是，汉武帝却硬逼着非要让他就任丞相。公孙贺就任丞相后，谨小慎微，对武帝一直唯命是从，希望以此保全性命，避祸免灾。

可是，令他怎么也没想到的是，到最后他还是因巫蛊之祸被武帝给杀了。而之所以被杀，究其原因，乃是因为公孙贺是皇后卫子夫的姐夫。

征和二年（公元前 91 年），有人举报他的儿子公孙敬声与阳石公主私通，并暗中用巫术诅咒汉武帝，在汉武帝经常经过的甘泉宫驰道埋偶人，用史书上的话说就是"祝诅上，有恶言"。公孙贺的儿子公孙敬声在父亲拜为丞相后，升为太仆，父子两人并居公卿位，曾煊赫一时，广受称赞。可是，一旦被人告发，汉武帝立即将其父子二人投入牢狱，经酷吏们严加审讯，结果所有罪名全部成立。于是乎，公孙贺父子被处死在牢狱中，他的家族，包括卫子夫的姐姐也全部被杀。

一个丞相和一个太仆，就这样不明不白地身死族灭，昔日宾客如流的丞相府第刹那间变得死一般寂静，只剩下鸟雀哀鸣，凄风呜咽。

这说明，"钩弋集团"已经开始在暗中对"卫氏集团"展开了血淋淋的暗害行动。

数月之后，卫子夫的两个女儿阳石公主和诸邑公主，以及卫子夫的侄子、卫青的儿子长平侯卫伉都被指控与公孙敬声诬蛊案有关而被杀，还有多达数百的大臣、嫔妃、宫女也都因巫蛊罪被处死。

当时，卫青与霍去病这两个历史上声名显赫的"卫氏集团"重要成员已在几年前病逝。公孙敬声案件结束后，整个卫氏家族的势力几乎已被剪除殆尽。

可是，事情到此并没有结束。仅仅隔了一年，一场明显针对皇后与太子的巫蛊之祸又来势汹汹不可避免地爆发了，而且很快，太子与皇后也相继自杀，整个卫氏家族遭到了灭门之灾。

从史书上看，在整个巫蛊之祸前后，一直待在武帝身边不离左右的钩弋夫人始终不动声色，隐藏得很深，好像对宫中所发生的这一切变故漠不关心，但在实际上，太子与皇后的相继自杀很可能还是让她心中窃喜，欣喜若狂。

因为，设计陷害皇后卫子夫与太子的幕后主谋很可能就是她钩弋夫人。要知道，只有把皇后卫子夫与太子刘据给害了，整倒了，她和自己的儿子才有可能取而代之，成为新的皇后与太子。而现在，皇后卫子夫与太子都已相继自杀，她的目的很轻易地便达到了，这让她的内心当然会心花怒放，欣喜万分。

尽管，在巫蛊之祸中，所谓"伤人一千，自损八百"，"钩弋集团"自己也付出了较大的代价，其党羽江充被太子杀死，大约一年后，晚年丧子的汉武帝痛定思痛，在派人查清了巫蛊之祸的真相后，盛怒之下，又将宦官苏文活活烧死，钩弋集团的羽翼几乎被剪除殆尽，但对于钩弋夫人来说，只要能让皇后卫子夫与太子刘据死掉，达到预期的目的，就是她梦寐以求的最大胜利。

接下来，她觉得，一切将会顺理成章，水到渠成，皇后与太子的桂冠很快就会戴在她和她的儿子刘弗陵的头上。

可是，就在年轻美貌的钩弋夫人心中窃喜，暗自得意，这以后几乎一直都在没事偷着乐，满心以为皇后的凤冠霞帔很快就会非她莫属，以致一度都在美滋滋地做着皇后梦的时候，令她怎么也没想到的是，有一天，对她一直娇宠恩爱的汉武帝却突然宣判了她的死刑。

据《资治通鉴·世宗孝武皇帝下之下》记载：武帝后元元年（公元前88年）七月，"后数日，帝谴责钩弋夫人；夫人脱簪珥叩头。帝曰：'引持去，送掖庭狱！'夫人还顾，帝曰：'趣行（快走），汝不得活！'卒赐死。"

说来真是平地一声惊雷，事情发生得竟会如此突然，在这之前，几乎没有任何征兆，对自己晚年一直宠爱的钩弋夫人，想不到武帝说翻脸就翻脸，突然把她给杀了！

别无选择的选择

汉武帝为什么要杀钩弋夫人？千百年来，一直是一个令人猜不透的谜。后世大多数历史学家都基本同意汉武帝自己的说法，即所谓的主少母壮。据《资治通鉴·世宗孝武皇帝下之下》记载，钩弋夫人被赐死后，汉武帝问宫外对此事有什么反应。侍从们都回答说："人们都说既然要立她的儿子当太子了，为什么还要杀他的母亲呢？"

当时，几乎所有人都不知道汉武帝这是唱的哪出戏。

汉武帝说，这正是你们这些见识低下的人所不懂得的，"往古国家所以乱，由主少、母壮也。女主独居骄蹇，淫乱自恣，莫能禁也。汝不闻吕后邪！故不得不先去之也。"

由此可见，吕后专权乱政所留下的阴影几乎一直都笼罩在大汉帝国的上空，以致后来的汉朝历代统治者都对后宫干政以及外戚专权非常忌讳，高度警惕，严加防范。

不用说，汉武帝在这方面就是一个最典型的例子。

因为担心自己死后，继位的太子还小，不能治理国家，国家大权势必会落到正值壮年的皇太后以及皇太后的娘家人也即所谓的外戚之手，如此一来，汉初时的吕后乱政现象又会重演，正是基于这样的考虑，所以，汉武帝才痛下杀手，将自己花容月貌的娇妻赵钩弋赐死。

这当然是汉武帝冠冕堂皇的解释，也显然是他的一面之词，事实上，很有可能，汉武帝没有也不愿说出赐死钩弋夫人的真实原因。

那么，这一真实原因到底是什么？时隔千年，已经很难考证。但从汉武帝赐死钩弋夫人的细节来看，很有可能就是，在巫蛊之祸之后，汉武帝派心腹调查后发现，太子刘据完全是被人陷害而死，而这设计陷害他的真正罪魁祸首既不是江充，也不是苏文，这些奸佞小人只不过是受人指使为虎作伥而已，真正的幕后黑手原来竟是外表美艳、内心阴毒的赵钩弋，只是这个蛇一样的女人平时隐藏得太深了，自己才一直被她蒙蔽，受她欺骗，但纸终究包不住火，最终，他还是看清了她的狐狸精一样的真面目。

也许，正是因为看穿了钩弋夫人从一开始遇见他就上演的种种骗局，掌握了钩弋夫人害死皇后与太子的罪证，所以，当汉武帝那天怒不可遏，厉声谴责钩弋夫人时，一看自己的真面目已完全被揭穿，罪证确凿，做贼心虚的钩弋夫人情知抵赖不过，惊恐万状的她才会"脱簪珥叩头"，即拨下头上的簪珥饰物，披头散发地向武帝磕头求饶。而武帝也才会铁石心肠，面对钩弋夫人的百般求饶，毫不心软，而是铁石心肠，痛下杀手，疾言厉色地对近侍群臣下令："将她带走，送掖庭狱问罪！"

所谓掖庭狱，在西汉时，那是犯了重罪的后宫女子才被送去的地方，有点儿像后代的死牢。据说，钩弋夫人被囚入掖庭狱后，很快忧郁而死。死后，她的尸体仅被装入小棺材中，草草地埋到长安近郊。

由此可以想见，如果钩弋夫人不是因为生前罪大恶极，罪不可恕，阴谋害死了皇后与太子，而仅仅只是由于主少母壮，担心她将来会效仿吕后，牝鸡司晨，擅权乱政，那么，即使赐死，让她充当政治的牺牲品，对她一直非常宠爱的汉武帝也绝对不会这么绝情，将她的葬礼安排得如此草率，如此简陋。

因为毕竟，钩弋夫人不是一般的嫔妃，更不是地位卑贱的宫女，如果生前没有犯有重罪，再怎么说，汉武帝都不会如此薄情，而会把她的葬礼办得体面体面，风风光光。

但汉武帝毕竟是一个政治家，他虽然对钩弋夫人的罪行严惩不贷，绝不姑息，然而，对外界却绝不公开钩弋夫人的真实罪行，更不去揭穿钩弋夫人所策划与导演的那些骗局中的骗局。

仔细想想，这正是汉武帝的高明之处。要知道，一旦将"钩弋集团"所策划与导演的那些骗局全部揭穿，将钩弋夫人的罪行公之于众，让人看到钩弋夫人原来是个十恶不赦就连汉武帝本人也一度被她蒙骗的女骗子，那么，不仅会有损汉武帝自身的形象，而且也会因母害子，从此毁了钩弋夫人的儿子刘弗陵，如此一来，将会造成自己的这位最小的皇子不能继位的严重后果，而这，是汉武帝怎么也不愿看到的。因为，在深思熟虑过后，他已经在内心中选定钩弋夫人的儿子刘弗陵作为自己的接班人。

之所以要选当时还很年幼的刘弗陵作为自己的接班人，从史书上看，不仅仅是因为这孩子像传说中的尧一样，在母腹中呆了 14 个月才出生，而且还由于小弗陵自幼聪明伶俐，又长得身高体壮，很受武帝宠爱，武帝常赞他说"类我"，也就是觉得儿子刘弗陵在很多方面都很像他自己。

其实，从实际情形看，选择刘弗陵作为自己的接班人，也是汉武帝别无选择的选择。

因为，武帝一生虽然宠幸美女无数，但播下的龙种却很少，屈指算来，拢共只生有 6 个儿子，这在古代的皇帝中，显然算是比较少的。而且，即便是这区区 6 个儿子，也死的死，亡的亡，到汉武帝晚年，已所剩无几。

诚如我们所知道的，太子刘据死于巫蛊之祸，齐怀王刘闳 18 岁驾薨，等到巫蛊之祸后，武帝实际上只剩下 4 个儿子。他们分别是：燕王刘旦、广陵王刘胥、昌邑王刘髆、少子刘弗陵。

刘旦与刘胥的母亲是李姬，元狩六年（前 117 年），两人同时受封为王。可是，李姬始终就没有受到过汉武帝的宠爱，在子以母贵的帝制时代，刘旦与刘胥两人根本就不被汉武帝所重视。正是由于觉得自己这辈子没有当皇帝的命，压根儿没有想要当皇帝的理想，所以他两人在分封国时就骄纵不法，破罐子破摔，很不得人心。在汉武帝心中，两人自然都不是守成之君。

刘据刚死，刘旦就上疏汉武帝，请求入京随侍父皇左右，实际上就是要求汉武帝立他为太子。

对于刘旦的这一不自量力、痴心妄想的做法，汉武帝大为恼火，下诏狠狠责骂了他一通，从此对他更加疏远。

而在这之前，最有可能成为太子接班人的也许还有昌邑王刘髆，也就是已故的李夫人的儿子。事实上，昌邑王刘髆以及他的舅舅李广利也曾有过夺嫡的幻想，据史书记载，"卫氏集团"灭亡后，李广利还有他的死党丞相刘屈氂曾欣喜若狂，巫蛊之祸发生后的第二年三月（公元前 90 年），武帝再次任命李广利为大将军出击匈奴。临行前，李广利拉着刘屈氂的手，暗中叮嘱他要加紧行动，想办法立自己的外甥、姐姐李夫人的儿子昌邑王刘髆为太子。

然而，由于丞相刘屈氂太过心急，又一次玩起巫蛊之术，却不慎走漏了风声，被武帝知晓，立即派人彻查此事。由于发现李广利和丞相刘屈氂在巫蛊之祸中趁火打劫，落井下石，参与了陷害诛杀戾太子的阴谋，汉武帝痛下杀手，对"李氏集团"彻底清算，将丞相刘屈氂腰斩于市，而李广利在带兵与匈奴交战时获悉此事后再也不敢回到中原，于是便投降了匈奴。由此，昌邑王刘髆入主东宫的希望也完全成了泡影。

所以，巫蛊之祸后，在接班人问题上，汉武帝事实上已经别无选择，最后能接班的，只有也只有他的最后一个儿子也即少子刘弗陵。

后元二年（公元前 87 年），汉武帝一病不起，自知命在旦夕，回天无力，弥留之际的他在病榻前立刘弗陵为太子，并拜奉车都尉霍光为大司马大将军，实际上也就是托孤大臣。

仅仅过了 4 天后，汉武帝便与世长辞，终年 71 岁。一代雄主在接班人问题上经过了一番煞费苦心的选择之后，最终还是带着几分悔恨、几分担忧、几分无奈在自己临终前选立了自己的政治接班人，然后龙驭上宾，永远退出了大汉帝国的政治舞台。

从此，年仅 8 岁的刘弗陵于灵柩前即位，是谓汉昭帝。历史也由此进入了后汉武帝时代。

第七章
千古风流汉武帝

在中国历史上，汉武帝绝对是一位最光彩夺目的明星皇帝，在我国古代最著名的皇帝排行榜中，他无疑应该排在前三强的位置。倘若开展一次中国历史上最有影响的十大著名人物评选，相信他也应该赫然在列，而且还会名列前茅。

的确，对于汉武帝，有历史学家给予了他"百代一帝"的崇高评价。而当代著名学者何新先生则说，中国历史上有两位开天辟地的帝王，一是秦始皇，一是汉武帝。

这里，秦始皇嬴政姑且不去说他，就说汉武帝刘彻吧，虽然"金无足赤，人无完人"，特别是他所进行的改革，可谓瑕瑜互见，"独尊儒术"也使他成为封建专制的集大成者，因此，后人对他的评价一直是毁誉参半、莫衷一是，但是，毫无疑问，他绝对称得上是中国历史上最有影响力的皇帝之一。

皇位是这样炼成的

通常，从遗传学的角度来说，一般女儿在相貌、身高以及性格等方面受父亲的遗传较多，而儿子则多半受到母亲的遗传较大。这是完全有事实根据的。

从史书上看，在性格上，汉武帝刘彻受其母王娡的影响很大，不仅很有心计，很有手腕，而且心狠手辣，似乎与生俱来就有着强烈的权力欲和统治欲。

说来真是有其母必有其子，不知道是由于受先天遗传基因的影响，还是由于后天从小耳濡目染，得其母亲的真传？或者也许兼而有之？反正，汉武帝从小就人小鬼大，很不简单，像他的母亲一样很有心机，很有权谋，也很会忽悠。想当年，还才仅仅只有4岁，连走路尚没走稳的他就表现得很是早熟，竟然忽悠当时汉宫中的实权派人物也即他后来的岳母馆陶长公主，说自己如果能够有福气娶其女阿娇为妻，将来一定要金屋藏娇。

结果，馆陶长公主硬是被他给忽悠了，不仅心甘情愿地将她的宝贝女儿嫁给了他，而且，也明里暗里为他这位自己的宝贝女婿能够当上太子乃至皇帝而不遗余力。

但后来的事实证明，汉武帝早年娶比自己大了好多岁的表姐阿娇为妻，其实完全不是为了爱情，而完全是为了自己的政治前程。娶阿娇后，他虽然表面上或者说在外在形式上兑现了当初金屋藏娇的诺言，然而，对于自己这位有着非常强大的政治背景的表姐，他却几乎一点儿也没产生过爱情，他与她的关系从始至终几乎完全就是一种政治上的利用与被利用的关系，而且，一旦她的利用价值失去了，他便立即过河拆桥，将他俩之间那种有名无实的婚姻给彻底终止了。

仅此可见，在内心中，像他的母亲一样，武帝是多么爱用心计，爱耍手腕，又是多么冷血和无情。

其实，不仅仅是他的岳母馆陶长公主硬是生生被他给忽悠了，至死都没有觉悟过来，即便是他的父亲汉景帝，也曾被童年时的他给狠狠忽悠过一把。

事情据说是这样的，有一天，景帝闲着没事，来到王美人的宫中，与自己的爱妃一番如胶似漆枕席之欢后，便又和自己的儿子刘彘在一起玩耍。景帝把当时还只有6岁的小刘彘抱到自己怀里，用自己长长的胡须亲他，然后故意逗他说："儿子，你想不想当皇帝？"

也许景帝当时在心里并不当真，只是随口说说罢了，但是，对于景帝的话，没想到时年还只有6岁的小刘彘却很当一回事，听了父皇的话，他很郑重其事地说："当不当皇帝由天不由人，不是儿臣能够做得了主的，儿臣也不愿去想。儿臣只希望每天都居住宫里，在父亲面前游戏。"

一个6岁的孩子竟然能老头老脸说出这种有情有义的话，硬是一句话就把个汉景帝给忽悠了，可见汉武帝这人从小就很不简单，属于那种情商奇高的政治神童！

很显然，像王美人和刘彘这样一对很有手腕情商奇高的母子组合，当时的栗太子刘荣和他的母亲栗姬又哪里能是他们的对手？所以很快，王美人用计便将她们母子二人给害死了。

就这样，通过其母王美人以及岳母馆陶长公主的暗中运作，在汉景帝前元七年（公元前150年），时年还只有7岁的刘彻，终于通过"不正当竞争"战胜了所有对手，顺利地登上了太子的宝座。

从7岁到16岁，汉武帝刘彻一共做了9年太子。在这期间，身为储君的他由于还没有成为帝国政治舞台的主角，很多的时候，他都一直待在后台，所以，关于他实在并没有多少大事可记。如果硬要说这期间有什么事情多少和他有些瓜葛的话，那么，有这样两件事似乎倒也还勉强值得一说。

一件是他疑似参与了父皇汉景帝对丞相周亚夫的陷害与谋杀，在杀害周亚夫的案件中扮演了从案犯的角色。

为了便于记忆，此事不妨名之曰"谋害周亚夫"。

说到周亚夫，我们显然并不陌生。有关汉文帝"细柳阅兵"的千古佳话就与周亚夫有关。

与他的父亲周勃一样，周亚夫也是汉初一代名将，而且，和当年他的父亲周勃"诛吕安刘"一样，周亚夫曾帮助汉景帝平定了"七国之乱"，对汉室也可谓有着再造之功。但是，遗憾的是，这一对汉初的父子名将到最后的结局几乎都如出一辙，无奈只能也只能以悲剧谢幕。

有道是：性格决定命运。在今天看来，一代名将且曾出将入相的周亚夫之所以最后以悲剧谢幕，究其原因就是他太正直了，管得也太宽了，结果好心没好报，忠心耿耿的结果却给自己招来了杀身之祸。

事情的大致经过是这样的，当初，汉景帝想要废黜栗太子，身为丞相的周亚夫明确表示反对，这使景帝心里很不爽。不久，景帝要立自己心爱的王美人为皇后，周亚夫又坚决表示反对，景帝自然对他更加恼火，心想："周亚夫，你烦不烦啊？你以为你是谁啊？朕无论做什么事难道你都要去管？都要反对？"

所以，在封后一事上，周亚夫虽然反对，但反对无效。身为一把手，景帝当然不会听他的。

后来，为了王皇后哥哥封侯的事，周亚夫依然不知道吃一堑长一智，硬是不识时务地站出来阻止，结果自然又是空做恶人，白白把皇上和皇后给得罪了。

可想而知，如此三番五次地与景帝唱对台戏，对于周亚夫来说，这无异于自己把自己逼上了绝路。

不知道究竟是为了报复他还是要以此警告他，有一天，景帝一手策划并导演了一场历史上有名的恶作剧。

那天，他请周亚夫吃饭，请的客人只有周亚夫一人，而作陪的却是他和太子刘彻也就是皇帝与皇储两人。如此高规格的饭局，在历史上也并不多见。

皇帝请他吃饭，周亚夫当然如约而至，而且看到皇帝与太子刘彻两人作陪，周亚夫先还很是感激，以为皇帝对他这位有着再造皇室之功的老臣还算不薄。

可是，很快他便发觉自己上当受骗了，皇帝请他吃饭原来是要戏弄他，侮辱他，这让他的内心中感受到了一种从未有过的奇耻大辱。

原来，饭局开始后，他和景帝以及太子刘彻按宾主尊卑之位一一落座，这时他才发现席上只有一大块肉，肉四四方方，足有两块城砖大小，而且，自己的座位上竟然没有筷子。刚开始，他也没多想，以为是侍者疏忽了，他想，没有筷子吃什么饭啊？于是便叫在场的太监给他拿一双筷子。

可是，在场的太监却好像没听到他说的话似的，站在那里一动不动。

"喂，请给我拿双筷子好不好？！"武将出身的周亚夫本就直脾气，平时说话大嗓门，现在就更是心里有些冒火，说话的声音也禁不住更大了。

没想到，在场的太监依然置若罔闻，对他爱理不理。

周亚夫心里的气更大了，气呼呼地正要冲太监发火，没想到这时景帝却拉下脸来没好气地说："朕请你，你还发这么大的脾气？难道给你这么一大块肉你还不满足吗？"

一听景帝话里有话，周亚夫顿时明白了，心想："原来这是皇上故意设好的局，要给自己难看呐。"于是他赶紧摘下帽子，当即跪下向皇帝谢罪。

汉景帝这时挥挥手，很不耐烦地说："起来吧，既然你不习惯这样吃肉，那就算了。到此为止吧。"

一听景帝说这话，周亚夫赶紧站起身朝皇帝拜了拜，然后扭过身就告辞了。

汉景帝这时叹了口气，冲着周亚夫的背影说："这种人哪是将来辅佐少主的人啊？"

当时，太子刘彻坐在那里一声不吭，只是一直目不转睛地打量着周亚夫的一举一动，仿佛以前不认识他似的。

等周亚夫走了，景帝便问他："你刚才为什么老盯着他看？"

刘彻这时也叹了口气，话里有话地说："回父皇，这人可了不得。父皇您请客，他还这样呢！要是儿臣我请客，他还不把我给吃了？"

这说明，身为太子，刘彻对周亚夫也很不待见，非常反感，与父皇景帝有着许多共识。

听了太子的话，景帝意味深长地笑了笑说："放心吧，他不会成为你的臣子的。"

景帝说这样的话，就等于在谈笑间彻底宣判了周亚夫的死刑。

于是乎，接下来所发生的事情可想而知，实在是自然而然再正常不过的事情了。

原来，还在周亚夫生前，他的儿子为表示孝顺，就提前给他准备了一口上好的楠木棺材，同时，因为觉得父亲乃一代名将，生前带兵打仗，死后也应带兵打仗，于是便从兵器库里买了些旧兵器想到时作为殉葬品。没想到这事被人告发，景帝抓到把柄，顿时上纲上线，说周亚夫"私藏兵器，图谋造反"，然后不分青红皂白，立即给他定了个谋反罪！

在审讯时，廷尉与周亚夫之间有一段对话在今天看来特别有意思。廷尉当时疾言厉色地审问道："你为什么要造反？"

周亚夫替自己辩护道："我买的是我陪葬用的东西，怎么能说是造反？"

没想到廷尉这时忽然冷笑一声，然后冷不丁说出了一句流传千古且令人无语的"法律名言"："这么说你是生前不造反，死后也要造反了？"

呜呼哀哉！如此一来，周亚夫算是彻底死定了。

因为知道自己这次必死无疑，在狱中，一代名将周亚夫最后绝食而亡，算是为自己保存了最后一点儿做人的尊严。

这就是这位忠臣的下场。

据说，听说周亚夫绝食而死后，也许是未免有些良心发现，汉景帝当时若有所失，但想到自己总算为太子日后嗣位扫除了一个政治地雷，心里很快便释然了。

至于当时还是太子的汉武帝的心情怎样？因为史无所载，不得而知，但可以想见，他和母亲王皇后心里一定也很高兴和欣慰，至少觉得这位曾经一直和他们母子过不去的人死了绝对不是什么坏事。

第二件事不妨称之为"太子断狱"。

宋人桂万荣所撰的《棠阴比事》中记载了一则名为"汉武明经"的案例，说是汉景帝时，有个小伙子名叫防年，由于母亲早逝，老爸娶了后妈。那后妈不守妇道，趁防年的老爸经常外出做生意便经常在家与人通奸。

古往今来，大凡被戴绿帽子的人十有八九总是别人看到他自己却很难看到，即使看到自己也是最后一个看到。

防年的老爸无疑也是一个最后看到自己戴了绿帽子的人。

有一天，这位老实的生意人在外面赚了几个钱喜滋滋地跑回家，想哄老婆开心，没承想一推门却撞见自己的妻子赤身裸体地在家里偷野男人，顿时气愤交加。可是，还没等他上去找那两个奸夫淫妇算账，谁知，那两个奸夫淫妇这时反倒跑上来把他活活给害死了。

知道事情真相后，防年怒不可遏，为了替父报仇，他就把这位谋杀亲夫的继母给杀了。

按照大汉法律，杀母死罪。所以，当这一案件呈报到朝廷之后，廷尉准备以杀母律论处，判防年大逆罪，也即死罪。

古代对死刑非常慎重，汉朝的死刑都一律由皇帝钦定。当这桩杀人案最后送呈景帝终审定夺时，景帝总觉得判防年大逆罪好像有些不妥，但又说不清是为什么。于是，他便把案卷交给太子，很想听听太子刘彻对此的意见，同时也想以此考察太子在治国理政特别是在处理一些疑难问题方面的能力。

结果，刘彻没有让景帝失望，在仔细看了案卷后，他对景帝说："廷尉判得不对，防年杀人有罪，但罪不当死。这继母，最多只是假母，因为防年并非她的亲生骨血，而仅仅是由于与防年父亲有情爱。但是其继母已经杀死其父，这就表明这种情爱已绝，而且对防年来说，这女人乃是杀死其父亲的仇人，防年为父复仇，只应以杀人罪追究，而不应以杀母大逆论。"

刘彻的一席话说得景帝顿开茅塞，拍案叫好。

史载，时为太子的汉武帝还才只有12岁，一个12岁的孩子就能够这么条分缕析，明辨是非，以普通杀人罪而不是杀母大逆罪定案，也难怪赢得了两千年后著名法学家吴经熊"富有法律头脑"之赞。

显然，有这样一个颇为精明能干的儿子在自己百年之后承继大统，汉景帝当然甚是放心，倍感欣慰。

后元三年（公元前141年）正月，景帝驾崩。就在这一年，时年16岁的太子刘彻即皇帝位，是谓汉武帝，尊皇太后窦氏为太皇太后，尊皇后王氏为皇太后。而那位大他好几岁的表姐陈阿娇，则自然成了他的第一任皇后。

后权的紧箍咒

从史书上看，汉武帝虽然 16 岁即位，但一直到他 21 岁，也就是从公元前 141 年到公元前 135 年，在这 6 年中，国家的实际大权其实并不掌控在他的手里，他其实只是一个"名誉皇帝"，真正的皇帝应该说是他的老祖母窦太皇太后，当时帝国的最高权力都全然操控在她的手中。当然，汉武帝的母亲王太后手中也很有一些实权。

之所以会是这样，乃是因为汉朝一直是以孝治天下。在宫中，后权一直很大，在许多时候，由于太后或太皇太后的干预，两汉的皇权常常受制于后权，居于后权之下，特别是汉景帝，在位期间几乎一直都被他的母亲窦太后管束着，母亲窦太后无异于在他的头上戴上了一道政治紧箍咒。

汉景帝死后，很自然地，这一后权的政治紧箍咒又一度戴到了汉武帝的头上。

诚如我们所知道的，汉武帝的老祖母窦太皇太后传说名叫窦漪房，自幼家境贫寒，父母早逝，当年在吕后篡权时被选入宫中。不久，吕后为了笼络刘氏子弟，从宫中选择一批宫女准备分赐给刘姓诸王，每一家各五个宫女。窦漪房无疑也在被奉送的行列。

窦漪房的家乡在赵地的清河。当时，窦氏很想被分到赵地，这样便能够离自己娘家近一些。于是她便主动跑去找到那位主管宫女分配工作的宦官，恳求他说："请您务必把我安排到去赵地的那五个人中。"那宦官主管当时答应得很干脆，可是，也不知道是窦氏没有向他行贿，还是因为他把这事给忘了，结果，他竟把窦氏"分配"嫁给了远在山西的代王。

当听说了这样一个结果后，窦漪房当时非常伤心失望，竟忍不住痛哭了一场。可是，想不到后来她却因祸得福，嫁给代王后，不仅得到了代王刘恒的宠爱，一口气生下了两个儿子、一个女儿，而且也因为后来代王意外做了皇帝（也即汉文帝），并选立她的大儿子刘启（也即后来的汉景帝）为太子，母凭子贵，她也因此有幸成了皇后。

由于出身贫寒，儿时受过磨难，做了皇后之后，窦漪房仍然持重不骄，本色不改，和夫君文帝一样生活节俭，从不奢华。

丈夫文帝去世后，儿子景帝刘启即位。窦皇后被尊为窦太后，他的弟弟也即景帝的舅舅窦广国被封为章武侯。同时被封侯的还有她已故哥哥的儿子窦彭祖，被封为南皮侯，还有就是她的侄儿窦婴。窦婴这人很有才干，在平定吴楚七国之乱时，他以大将军一职参加平叛立有战功，被封为魏其侯。

当时，窦氏家族中，有窦太后作后盾，共有三人被封侯，其势力之显赫，由此可见一斑。

但尽管这样，窦太后从不得意忘形，骄横跋扈，她是一个非常知足的人，一生崇尚黄老学说，因此，她不仅自己平时不富贵骄人，骄奢淫逸，而且，还一直要求她的儿子和窦家子弟必须学习《老子》这本书，要他们清静无为，知足不辱，知止不殆，不要心怀奢欲，欲壑难填，贪得无厌。

所以，平心而论，窦太后不是一个权力欲很强的人，她对政治没有野心，甚至不感兴趣，完全不像她的婆婆吕后那样嗜权如命，丧心病狂。

但这样说并不表示她对政治一点儿都不关心，一点儿都不过问，事实上，从景帝到武帝前期，每每在关键时刻，遇到一些重大问题，她总是主动站出来，发表"窦氏讲话"，以此影响政局。

如此一来，皇权与后权之间便难免会形成矛盾。

景帝时期，窦太后动辄发表"窦氏讲话"对国家大政方针进行干预这里姑且不去说它，就说武帝初期吧，"汉武初政"就曾遭到了窦太皇太后的"飘泼冷水"乃至"当头棒喝"。

要说清这事的来龙去脉，首先还得从汉武帝与他的老祖母窦太皇太后两人的不同世界观说起。

原来，由于时代的原因，历史的限制，从汉高祖一直到汉景帝，西汉初年的皇帝都崇尚黄老思想，在治国方面都一直主张和实行无为而治，很显然，生活在那样一个时代的窦太皇太后无疑也是这样一个黄老思想的拥趸。可是，汉武帝却不是这样，由于他从小就受到儒家思想的影响，他的老师卫绾和王臧都是儒家学派，因此，汉武帝对儒学有一种发自内心的偏爱。

也正因此，他即位之后，就立即着手"组阁"，很快形成了一个以儒者为宫廷和军政辅弼的高级领导层。其中，他将自己的老师卫绾任命为丞相，而将自己的舅舅、专好儒术的田蚡封为武安侯。田蚡志趣广泛，欲望很多，是个积极进取型的人物，这与汉武帝的性格极其相像。

新官上任，满腔热情，初登皇位的汉武帝很想励精图治，大有作为，即位伊始，他便征召贤良，选贤任能。在此之前，由于汉初的皇帝都是一些黄老学说的崇尚者，诚所谓"文帝好刑名""景帝不任儒"，故而满朝几乎清一色的都是一些黄老学派的大臣。可是，汉武帝崇尚儒学，喜爱儒生，因而一朝天子一朝臣，他便很自然地想选用一些儒家学派的大臣。如此一来，朝中的大臣势必就要重新洗牌。

汉武帝是个说话做事雷厉风行的人，很快，在丞相卫绾以及武安侯田蚡的极力推荐下，一批又一批儒生开始陆续进入到朝廷内中高级官僚的行列。譬如像《诗经》方面的专家申公的学生赵绾就被拜为御史大夫。汉武帝的另外一个老师王臧，这时也经田蚡的推荐，担任了郎中令一职，掌握了宫廷中的重要职务。

就这样，由于儒家人物相继担任重要职务，整个汉帝国从中央到地方出现了尊儒的趋势。"春江水暖鸭先知"，一时间，全国各地的儒家学者无不欣喜若狂，有着一种翻身农奴把歌唱的感觉。"朝为田舍郎，暮登天子堂"，已经不再仅仅只是那些儒生们的梦想，而是渐渐变成了一种令各地的儒生们欢欣鼓舞、喜出望外的美丽现实。

可是，儒生们高兴得太早了，就在他们群情激昂，跃跃欲试，摩拳擦掌，准备大干一场，实现自己人生抱负的时候，没想到却忽然遭到了窦太皇太后的当头棒喝。当时，窦太皇太后已经 66 岁，年近古稀，但她的一记漂亮的政治组合拳不仅打得儒生们晕头转向，乃至七死八活，即便是汉武帝本人也招架不住，俯首认输。

从史书上看，对于孙子汉武帝即位后准备实行的"汉武新政"，尽管在内心中，窦太皇太后显然并不赞成，但在一开始，她并没有指手画脚，予以干预，而只是待在幕后静观默察，暗中打量。也正因此，汉武帝才顺利走出了第一步棋，他的征召贤良、重用儒生才能够得以成功实施。

可是，在接下来汉武帝在一帮儒生的鼓动下开始继续走第二步棋的时候，窦太皇太后终于忍不住了，于是乎，窦老太太很不客气地朝汉武帝兜头泼了满满一大盆凉水。

在今天看来，窦太皇太后与汉武帝之争完全可以说是两条路线的斗争。窦老太太是个思想保守墨守成规的黄老派，而且极其顽固，可是，年轻的汉武帝却是一个思想活跃不折不扣的儒家派，这就使得新即位的汉武帝很难能与窦太皇太后在思想上进而在行动上保持一致。如此一来，两人之间的冲突便在所难免了。

很显然，窦太皇太后与汉武帝两人的祖孙之争首先是路线之争、用人之争。窦老太太希望汉武帝按既定方针办，继续尊崇黄老思想，实行无为而治，可是，年轻的汉武帝却认为经过前几代君王无为而治的铺垫与积累，帝国的政治、经济都已经发展到了一个相当繁荣的程度，时代的发展已经不需要过去那种黄老思想，不需要实行"无为而治"了。

而且，从性格上说，汉武帝本人也很有思想，很有抱负，而且也很有才干，如果再实行过去那种无为而治的方针政策，那就无异于严重束缚住了他自己的手脚，就会使他虚度年华，一事无成，这当然是雄心勃勃的汉武帝所无法忍受的。也正因此，儒家那种"天行健，君子以自强不息"的积极进取奋发有为的思想才会如此深得汉武帝的欢心。而即位后的汉武帝也才会对那些儒家学派的大臣有求必应，言听计从，同时也才会大批量地选用那些儒家学派的大臣。

可是，古代中国的封建政治总是很容易从一个极端走向另一个极端，统治者之间的斗争也总是容易陷入一种党同伐异、排斥异己的派性与权力之争的泥潭之中。就因此，中国的历代统治者总是显得极端的小肚鸡肠，总是缺少政治雅量，不能善待与自己观点相左的反对派。

这，或许正是中国的封建政治几千年如一日，总是不能脱离封建专制之轨道的症结之所在。

平心而论，汉武帝重用儒生为官没有什么不好，但问题是，当年他的父亲"景帝不任儒"，而他现在却又"武帝只任儒"，矫枉过正，完全是从一个极端走向了另一个极端，这就未免有些过分了。

第一个给他出馊主意的是他的老师卫绾。卫绾在奏章中说："那些专学申不害、商鞅和韩非子学说的法家和苏秦、张仪学派的纵横家到处搬弄是非，扰乱国政，请求陛下将这些专学法家、纵横家的贤良罢免回去。"

汉武帝基本同意了丞相卫绾的意见，在选拔任用官员时，他没有任用儒家以外的贤良。

不久，在听了赵绾和王臧的建议后，汉武帝又立即吩咐这两个儒臣按照古代礼仪制度去起草和设计明堂的计划。王臧和赵绾乘机向汉武帝推荐他们的老师申公。

汉武帝早就听说申公是当时数一数二的儒学泰斗，于是，他又立即吩咐使者用驷马安车的高级礼节去聘请申公入朝。

驷马安车是一种高规格的待遇。一般安车都只用一匹马，而汉武帝命使者用四匹马，并且用蒲草包裹好安车的轮子，防止颠簸。这样做主要表示对德高望重的申公的尊崇。

成语"安车蒲轮"典故即源于此。

在汉武帝的盛情邀请下，时年已经八十多岁的儒学泰斗申公被请到了京城，像一位被汉武帝高薪聘请的坐堂老中医，准备为汉武帝即将推行的"汉武新政"把脉问诊，开列处方。

这应该说是汉武帝即位后"执黑先行"所走的第二步棋。

到这时候，他的祖母窦太皇太后依然没有执白应对，仍旧只是在后宫一声不吭，默然观望。

可是接下来，当田蚡、赵绾、王臧等人组成儒家集团向汉武帝提出两条新政：一是检举和贬谪行为不轨的皇亲国戚，二是使留住京城的王侯回封地去。其宗旨主要是在于打击黄老势力，并且把矛头暗中指向窦太皇太后娘家的诸窦势力时，窦老太太终于按捺不住开始出手了。

原来，诸窦势力集团仗着窦太皇太后在朝中的地位，恃宠怙势，为非作歹，因而遭到检举和贬谪的人很多。而那些居住在长安的列侯们，有的是娶了皇室的公主才被封侯。这些从小就被娇生惯养的公主们由于过惯了京城里的奢华生活，当然是说什么也不愿意回到那偏远的封地里去。

就这样，这两条新政一下子惹翻了这些权贵们，于是乎，他们便一齐向窦太皇太后告状，希望窦老太太能为他们做主。

窦太皇太后自然不愿看到自己娘家诸窦势力集团的利益受损，于是就把汉武帝召入宫中，对于他和儒生们的所作所为提出了警告。当然，为了起到震慑那些未免有些得意忘形的儒生，让他们不要太过于放肆，她便故意拿丞相卫绾开刀。

想当年，卫绾在任皇太子刘彻的老师时，窦太后就不太满意。但景帝认为卫绾正派持重，窦太后也不好太过分干预这事。

卫绾当上丞相后，招来一批儒生，又把别的学派的贤良、文学都打发回家去了。尽管卫绾并没怎么为难黄老学派的人，但却让窦太皇太后心里感到很不爽。所以，她决定首先拿这个尊儒术退百家的实际推行者开刀。

建元元年（公元前140年）六月，窦太皇太后以年纪太大为理由，让卫绾回家养老去了。

如果说这次窦太皇太后还算客气，态度也还比较温和只是点到为止并未大动干戈的话，那么，到了建元二年（公元前139年），也就是汉武帝即位的第二年，祖孙之争却忽然激化了。

那是建元二年的冬天，御史大夫赵绾对于窦太皇太后的屡次阻挠感到很不以为然，于是便向汉武帝上疏，建议以后朝廷决定大政方针，不要再向东宫报告。

这里，需要说明的是，东宫一般是指太子居住的地方，故有时也用东宫指代太子。但在汉代，由于太后所住的长乐宫在未央宫东面，所以汉代的东宫则是专指太后。

赵绾建议汉武帝不要向东宫报告，这样去做，无疑是想夺窦太皇太后的权，让窦太皇太后从此不问政事。这就无疑突破了窦太皇太后的政治底线。如此一来，窦老太太当然是说什么也不会答应了。于是乎，到了这种时候，她开始毫不客气地朝一帮汉武改革的主力队员下手了。

老太太首先把汉武帝叫到东宫臭骂了一顿，怒不可遏地指着他的鼻子骂道："你这个不孝之孙，看看你即位后都做了些什么？用的又都是些什么人？赵绾和王臧是什么东西？他们只懂得挑拨离间，自己目无长辈还不够，还要诱惑你藐视孝道，教唆你去做那些大逆不道的事情！"

汉武帝这时赶忙辩解说："太皇太后息怒，赵绾和王臧没有挑拨孙儿，孙儿也绝不敢做出什么大逆不道的事。"

"莫非我说错了？事到如今，你难道还要包庇他们吗？"

看着太皇太后怒容满面，全身发抖，汉武帝赶紧跪下替自己开脱道："孙儿不敢，孙儿没有包庇他们。只是由于窦丞相和田太尉都说他们有才能，所以才用了他们。"

"窦婴、田蚡也都不是东西，也都不能用。你要是我的子孙，还知道孝顺二字，就去赶紧把赵绾、王臧下监狱治罪，将窦婴、田蚡马上革职！"

窦太皇太后很不客气，当即给汉武帝下达命令，由于担心汉武帝会包庇赵绾和王臧，她便立即派人去调查和告发赵绾和王臧的贪污受贿等行为。然后，窦太皇太后又亲自将这些证据交到汉武帝手里。老太太的意思很明显，那就是："你看着办吧。"

因为年轻，汉武帝虽然不敢与窦太皇太后硬抗，但却企图对祖母的命令一拖了之，可是，事到如今，一看形势不妙，他的母亲王太后也沉不住气了，于是急忙把汉武帝叫到自己宫中，警告他说："当初若是没有太皇太后点头，你是不可能坐上皇位的。如今你的皇位还不稳固，要是太过任性，不守孝道，太皇太后可以随时让别人来代替你。你不要执迷不悟，真和太皇太后把关系闹僵了，到时候你就什么都没有了！"

经母亲这么一点拨，汉武帝未免有些心虚胆寒了，于是他便不再固执己见，在无可奈何中只好革去赵绾和王臧的官职，把他们下了监狱。起先，他还心存侥幸，想等到窦太皇太后火气下去之后，再把这两人放出来。

可是窦太皇太后却非要痛打落水狗，非要汉武帝将这两个唆使汉武帝夺自己权的儒生大臣杀了不可。赵绾和王臧一看已无活路，于绝望中在狱中自杀了。

随后，遵照太皇太后的懿旨，汉武帝又把窦婴和田蚡革了职。一看形势不妙，那个被汉武帝"安车蒲轮"请到京城来的申公赶紧"三十六计走为上计"，借口年老而告老还乡。

就像下围棋一样，执黑先行的汉武帝好不容易形成了一条大龙，可是，执白后行的窦太皇太后只是很轻易地这么一紧气，一提子，汉武帝的"一条大龙"很快就没了。

犹如昙花一现一般，汉武帝即位后，由儒生掌控朝政大权的局面很快被窦太皇太后给彻底推翻了。窦婴和田蚡被革职以后，继任的新丞相是许昌，新御史大夫是庄青翟，新郎中令则是深受窦太皇太后器重的石建。除了主管全国军事的太尉一职暂缺，担任朝廷重要职务的全是窦太皇太后的人，而且均不是儒家。

到此为止，由于帝国的实际大权基本上又完全操纵在了窦太皇太后的手中，汉武帝实行的一系列新政措施被迫搁浅了。

就这样，仅仅只是浅尝辄止，第一次"汉武改革"不得不以失败而告终。

可以想见，"汉武改革"失败后，汉武帝的内心一定很郁闷，很纠结。既然无所作为，又无力反抗，那就只好任由祖母窦太皇太后把持朝政，任由黄老思想复辟回潮。无可奈何中的汉武帝，便只有选择逃避，选择出逃。

为了排遣心中的苦闷，以便自己能够眼不见，心不烦，于是，被戴上政治紧箍咒却又无法解脱的汉武帝干脆把朝政抛开不管，只管去做个富贵闲人，到外面去游猎散心自在逍遥去了。

年轻的汉武帝风流好色，这期间，在外游猎时，他不仅猎获了许多野兽，也猎获了一个让他一见倾心的美女歌星并很快成了他的第二任皇后的卫子夫……

对话董仲舒

说来，在汉武帝与其祖母窦太皇太后的祖孙之争或曰政治博弈中，形势无疑最终对年轻的汉武帝有利。

建元六年（公元前135年），曾经经历了四朝、辅佐了三代帝王的传奇女子窦太皇太后在长乐宫安详去世，享年71岁（也有说75岁，待考）。

虽然老祖母的死让汉武帝涕泪交流，非常悲痛，但他的心里却像久雨后的天空忽然一下子变得亮堂了。那个曾经一直戴在他的头上的后权紧箍咒随着祖母窦太皇太后的去世也自然而然地被解除了。

对窦太皇太后的葬礼，汉武帝举办得很隆重，他将窦太皇太后安葬在霸陵，和文帝合葬在一起。同时，又按照窦太皇太后的遗诏，把东宫中的所有金钱财物都赐给了窦太皇太后心爱的女儿也就是自己的老岳母馆陶长公主。

可是，在物质上，汉武帝可以对祖母窦太皇太后百依百顺，把窦太皇太后的葬礼办得极其隆重而风光，但是，在政治上他却没有按窦太皇太后的既定方针办。这边，祖母窦太皇太后刚死，他便立即找个借口将窦太皇太后生前任用的信奉黄老学说的丞相许昌和御使大夫严青翟两人的官给罢了，而将自己的舅父田蚡立为丞相，封韩安国为御史大夫。而窦太皇太后的侄子魏其侯窦婴虽然也崇尚儒家学说但由于一个人所共知的原因却被汉武帝完全遗忘了。

重新亲政后，汉武帝立即更改年号，将建元改为元光。诚如我们所知道的，古代皇帝一直没有年号，改元的时候也就是以某年改作元年。但到了汉武帝时代，他却创设了年号。也正是从他开始，以后的皇帝动不动就喜欢更改年号，沉浸在一种自我夸耀、自我陶醉乃至自欺欺人的虚幻之中，但却因此给历史平添了一份人为的繁杂。

在更改年号的同时，汉武帝又下诏要求开展一次全国大讨论，就如何实行一番对内对外的综合治理在全国广泛征求那些社会精英的意见和建议。

通常，后人都以为汉武帝是个极为专制的封建君王，甚至有人把他称之为中国封建专制皇帝的祖师爷，但在如何对汉帝国实行有效的综合治理一事上，汉武帝却能够充分发扬民主，真正能够做到问计于民，集思广益。

和第一次刚刚即位时一样，第二次亲政后，汉武帝那鹰隼般的目光很快又投向全国，再一次向全国征召贤良，让他们出谋划策，辅佐君王治国，这就在事实上不仅在全国开展了一次集思广益的改革大讨论，同时，也使得天下英雄"尽入彀中"，为国家发现和网罗了一大批社会精英和有用人才，以致在汉武帝时代出现了一个世所罕见的人才盛世。像董仲舒、主父偃、儿宽、公孙弘、朱买臣、东方朔等人，就是在汉武帝征召贤良时被发现的。

关于汉武帝发现和重用人才的故事，有必要说一说董仲舒其人其事。

董仲舒是汉武帝再次亲政时于第二次征召贤良所发现的一个儒学大家、人才大鳄。

据《汉书·董仲舒传》记载，董仲舒是广川（今河北景县）人，"少治《春秋》，孝景时为博士"，是汉代著名的思想家、哲学家、政治家和教育家。相传，董仲舒在儒学方面有着很深的童子功，成年后又在家潜心著书讲学，"专精于述古，年至六十余，不窥原种菜"，是个心无旁骛、一门心思读书做学问的人。

可是，尽管董仲舒一心只读圣贤书，但他却并没有两耳不闻窗外事，如果说，他的一只眼睛始终关注着学问，那么，他的另一只眼睛却总是时不时地打量着朝廷，关注着功名。

正所谓"学成文武艺，货于帝王家"，读书人寒窗苦读的最大理想大多是为了做官。也正因此，中国的官本位思想可谓由来已久，根深蒂固。

很显然，董仲舒也不能免俗，他的内心中也有着很深的做官情结。

汉武帝初次征召贤良时，董仲舒正游学四方，当时正在河间王刘德处与他切磋学问。由于他人居河间王国，而户籍却在赵国，因此在初次"射策"举贤的贤良之士中并没有他的名字。董仲舒失去了一次做官的机会，但从事后看，却也幸运地逃过了一劫。因为，如果初次被朝廷征召任用，所谓出头的椽子先烂，以董仲舒的才能和性格，将很有可能遭到窦太皇太后的无情打击，像郎中令王臧、御史大夫赵绾那样被罢官，乃至坐牢，进而自杀身亡。真要是那样的话，其最后的结局也许就是一个悲剧。

幸运的是，董仲舒是在汉武帝第二次征召贤良时被朝廷征召任用的，当时，窦太皇太后已薨，由汉武帝完全主政的朝廷内外春风骀荡，在经过了不久前的那次倒春寒后，一个真正属于儒学的春天来临了。

汉武帝再次征召贤良那一年，董仲舒已经 63 岁，甭说是在"人生七十古来稀"的古代，即使是在"人生七十还年轻"的今天，63 岁，也已到了退休年龄。可是，由于古代官员任职没有年龄限制，所以，63 岁的董仲舒在仕途上尽管赶了一个晚集，但他还是老骥伏枥，满心欢喜，怀着一颗达则兼济天下的勃勃雄心，积极加入到了汉武帝发动的这场全国大讨论的行列之中，而且很快便在这场全国大讨论中崭露头角，吸引了当时正求才若渴的汉武帝的眼球。

来得早不如来得巧，对于董仲舒来说，虽然只是搭上了他仕途上末班车，但是，当他以贤良的身份欣欣然地来到京城长安，他却"寒窗多年无人问，一举成名天下惊"，几乎在一夜间便名动朝野，成了一位儒学达人。

原来，在这次在全国征召的 10 多位贤良中，董仲舒的排名位居第一，考试结果出人意料地令人满意。汉武帝先还不大相信，于是又特意对他加试两场，以虚心的态度向他垂询较为系统、较为完备的治国之策，结果证明，皓首穷经的董仲舒绝对不是一介只会引经据典的腐儒，而是一位学富五车、经世致用，有着真知灼见的学术大师。

在今天看来，能遇到汉武帝委实是董仲舒的幸运，但反过来说，能遇上董仲舒，无疑也是汉武帝的幸运。

说来，人是有光芒的，不同的人有着不同的光芒。人的光芒千差万别，且有强有弱。如果说，中国古代四大美女乃是以美丽的光芒名垂史册的话，那么，董仲舒则无疑是以思想的光芒彪炳千秋。

对于董仲舒，汉武帝可谓"一见钟情"。当董仲舒这位其貌不扬的老头出现在他的面前的时候，汉武帝先还不大重视，可是，当他与董仲舒交谈的时候，汉武帝却忽然发现，虽已年过花甲，可董仲舒身上却蕴藏着巨大的能量。

于是乎，喜出望外的汉武帝情不自禁地连续三次召见董仲舒，三次策问，三次对话，董仲舒三次答对，这便是历史上有名的"天人三策"。

在今天看来，"天人三策"的意义与作用绝不亚于当年秦孝公与商鞅的三次高端对话。

在与汉武帝的对话中，据《董仲舒传》记载，董仲舒首先强调国家的当务之急是必须实行改革。他对年轻的汉武帝说："形势到了应该改革的时候而不改革，即使有最英明的人在位，这个国家也治理不好。汉朝建国后想把国家变得强大但却没有真正治理好，真正的原因是应当改革的时候没有推行改革。"

所以，董仲舒认为，现在汉武帝当政必须抓住机遇立即实行改革，否则，不改革要想让国家达到强盛的局面是根本不可能的。

在汉武帝面前，董仲舒旗帜鲜明地鼓吹改革，也即他所说的"更化"。那么，身为一国之君，汉武帝本人对此是怎么看的呢？

很显然，对于改革，汉武帝当时也是非常赞同的，否则，即便董仲舒的答对再好，他所说的"更化"也只能是纸上谈兵。

对于由董仲舒提出而又由汉武帝实行的"汉武改革"，无论是当时还是后世都有人心存疑问，甚或不以为然，觉得汉初所实行的"无为而治，与民休息"的基本政策已被实践证明是对的，没有什么不好。那么，既然这一基本路线被实践证明是对的，那就应该一以贯之地执行下去，为什么到了汉武帝，这一基本路线也还才只执行了七十多年，就要突然去改变它呢？这不是吃饱了没事干，非要无事生非，没事找事吗？

那么，汉武帝何以会和董仲舒达成共识，主张改革？

究其原因，显然是年轻的汉武帝也已经敏感地认识到，大汉帝国在经过了前几代君王的无为而治，如今也确实已经到了非改革不可的程度。

事实也真的就是这样。

诚如我们所知道的，汉高祖刘邦经过5年多的楚汉之争建立了大汉政权，但由于长期战乱，整个国家在建国初期非常贫困，甭说中原地区的许多地方真正是"白骨露于野，千里无鸡鸣"，即便是京城长安城内也是一片萧条。一个常被人提起的例子就是，汉高祖虽然贵为天子，但他的马车却没有办法配备四匹同样颜色的马，至于那些将相，则是连马车也乘不上，只能乘坐牛车。也正是因为这样，汉高祖建国后只能与民休息，无为而治，像对待一个大病初愈的病人那样，只能让它慢慢调理休养。

惠帝即位后，国家仍然很穷，于是只能萧规曹随。等到了文帝与景帝时，国家的元气还没有完全恢复，于是当然也只能继续实行无为而的国策。

可是，老是实行无为而治，统治者对很多事情都坐视不管，放任自流，时间久了，矛盾和问题便渐渐暴露出来，其中最大的问题就是国家对内对外的控制力都明显偏弱。

首先，对内来说，由于无为而治，政策过于宽松，中央对于地方诸侯王和地方政权乃至一些地方豪强的管束控制能力明显偏弱，由此导致一些诸侯王势力越来越大，对中央政权产生越来越大的威胁；一些地方豪强横行不法，恃强凌弱，欺压鱼肉百姓，贫富差距越来越大，社会矛盾越集越多。

其次，对外来说，西汉政权一直处于弱势地位，特别是在处理与匈奴之间的关系时一直是采取一种委曲求全、息事宁人的态度。但这样做的结果却是姑息养奸，由此导致匈奴对西汉毫不在乎，动辄挑起事端，侵犯汉朝。

可以想见，以汉武帝的性格，无论是对内还是对外，他当然都不甘示弱，像汉初前几代帝王那样忍气吞声，逆来顺受，继续实行那种无为而治的方针政策。

可想而知，这也正是董仲舒的改革呼声能够在汉武帝的心中迅速引起共鸣的最主要原因。

君臣两人不谋而合，都觉得大汉王朝的当务之急是必须痛下决心进行改革。

可是，既然要改革，那么，怎么样去进行改革呢？董仲舒显然不是那种只会装腔作势、坐而论道、夸夸其谈之人，他的"天人三策"也无疑不是那种华而不实、哗众取宠、自欺欺人的"高头讲章"。从史书上看，董仲舒显然是那种有着真知灼见的饱学之士，诚所谓"没有金刚钻别揽瓷器活"，他既然敢于来到京城，面见天子，鼓吹改革，那就说明他对改革早已是深思熟虑，胸有成竹。

果然，当年轻的天子对他所说的改革表示很感兴趣，并问他当务之急该如何去推行改革时，有备而来的董仲舒立即向武帝和盘托出了他的一揽子改革计划，也即历史书上所说的"天人三策"的主要内容：

其一，君权虽为神授，但上天总是警告、谴责、威胁人间君王的恶劣行径。因此，君王要努力实施德教，贬抑刑罚，更化旧的陋习。

其二，"小材虽累日，不离于小官；贤才虽未久，不害为宰辅"，因此，君王应该任人唯贤，而不应论资排辈，同时，要兴办太学，培养贤士，知人善任。

其三，凡是不在儒家经典之内的其他各家各派学说，以及与儒家思想相违背的各种学说，都应该断绝，不得与儒家学派并存。把那些邪恶荒唐的思想消灭后，道德和纲纪才可以统治，法令才可以明白，人民才会遵从正道，这样百姓也就好统治了。

董仲舒所阐述的这一思想，就是后来史称"罢黜百家，独尊儒术"的先河。

毫无疑问，"天人三策"是董仲舒改革理论的一个总纲，而其核心思想则是他的"罢黜百家，独尊儒术"，其具体设想都充分反映在他此后的主要著作《春秋繁露》之中。

在今天看来，董仲舒和汉武帝简直就像是一对高山流水的知音。如果说，从民间进入宫廷的董仲舒就像传说中的那个能够弹出人间绝妙好曲的琴师俞伯牙的话，那么，汉武帝就是那个能够听懂并赞美俞伯牙弹奏的音乐"巍巍乎高山，荡荡乎流水"的知音钟子期。

在对话董仲舒，仔细审阅了董仲舒的"天人三策"后，汉武帝觉得"正合朕意"，禁不住对董仲舒大为称赏，于是对他的改革建议几乎照单全收，全部采纳。

所以，从某种意义上说，"汉武改革"的总策划与总设计师应该说是董仲舒，而汉武帝则毫无疑问是"汉武改革"的总导演与制片人。

不用说，历史上著名的并在中华民族历史上产生深远历史影响的"汉武改革"显然正是汉武帝与董仲舒君臣两人共同完成的一部政治杰作。

在今天看来，早在两千多年前，在整个人类的思想意识还处在启蒙阶段，特别是对大一统的国家治理还处在探索试验阶段的时候，董仲舒和汉武帝就能英雄所见略同，大力倡导改革，实在是一件很了不起的事情。

所以，平心而论，无论是汉武帝还是董仲舒，都当之无愧称得上是我们这个民族的英雄甚或说是伟人，理所当然应该受到后人的崇敬。

的确，对于历史上那些曾为我们这个国家、这个民族做出过巨大贡献的人，任何社会、任何时代都不应该忘记他们，作为后代，每一个炎黄子孙都应该对他们心存感激，满怀崇敬，尽管，由于受到时代的局限，在这些先贤的身上无可避免地存在着这样或那样的缺点。

"汉武改革"的药方

从性格上看，汉武帝显然是那种雷厉风行、敢作敢为的人，既然是他认定了的事，他便会不遗余力、大刀阔斧地去干。

通过征召贤良，开展全国大讨论，在与董仲舒、公孙弘以及主父偃等一帮儒生进行对话达成共识后，汉武帝便集思广益，果断开列了一副改革的药方。

"汉武改革"的第一味药，首先是削弱地方政权，加强中央集权。

　　诚如我们所知道的，西汉建立后，刘邦汲取秦朝实行郡县制度从而缺少诸侯拱卫中央的教训，在政治上恢复了分封同姓诸侯王制度。然而，如何正确处理好中央和地方的关系，一直是一个令汉初统治者十分头疼的问题。如果诸侯王势力太小势必起不到有效保卫中央的作用，如果诸侯王的实力太大又容易使诸侯王自大，与中央分庭抗礼，甚至会威胁中央的统治。显然，汉景帝时，正是考虑诸侯王的势力太大，在晁错的建议下，汉景帝才开始削藩的，结果无异于捅了马蜂窝，导致了吴楚七国大乱。

　　最后，虽然经过三个月的时间，在周亚夫等将领的指挥下，总算平定了叛乱，但诸侯势力尾大不掉的问题并没有从根本上得以解决，依然像脓疮一样危害着大汉王朝的肌体。

　　汉武帝即位后，中央与诸侯的矛盾已经更加尖锐了，如果坐视不管，任其泛滥，有一天势必会像火山爆发一样，一发不可收拾，可是，如果要像当年景帝那样强行削藩，则又很有可能会再度酿成当年"七国之乱"那样的惨剧。

　　就在汉武帝左右为难之际，有一个名叫主父偃的人为他献了一条锦囊妙计。

　　关于主父偃的生平事迹，我们后面再去说，这里不妨先说一说他的推恩令。

　　当时，主父偃主动上书汉武帝，就诸侯分封一事发表自己的看法，他说："上古诸侯的封地面积不超过百里，他们与中央朝廷的强弱形势很容易控制，因为朝廷直辖的地区广大，远远超过了各诸侯封国。现在诸侯与朝廷的强弱关系不够明显，如有的诸侯的封地竟然大到有几十个城市，土地上千里。这样，天下形势宽松时，他们就容易骄奢淫乱；形势紧张时，他们就会依仗自己的强势，联合起来反叛朝廷。如果制定法律强行削减他们的封地，又会发生叛乱，以前晁错的做法就是这样。如今，诸侯的子弟有的多达十几个，只有嫡长子可以承袭爵位，其余的子弟虽然也是他们的亲骨肉，却无尺寸之地为封土。如此，朝廷倡导的儒家的'仁、孝'之道就没有真正得到落实。"

　　那么，如何才能有效地解决好这一老大难的问题呢？主父偃向汉武帝献计说："现在，我希望陛下颁布法令：诸侯王有愿意推广恩德，把封国分割给自己的子弟者，就封他们的子弟为侯。这些子弟肯定会人人高兴，热烈拥护朝廷的政策。皇上用这种办法，既对同姓子弟们施了恩德，又事实上分割了他们的封国；诸侯王的封地名义上没削减，而实际却已被削弱，他们的势力也由此变小，再无力同中央分庭抗礼了。"

　　这便是历史上有名的推恩令。

后来的实践证明，推恩令的确是削弱藩国的灵丹妙药，它不是靠简单的行政命令公开削藩，而是用制度的手段在无形中削弱诸侯王的势力，而且，采取推恩的形式，表面上朝廷讲的是亲情，说的都是维护亲情伦理，但在实际上却非常有效地把诸侯王国的封地一分再分，结果不用削藩而藩国自弱。

要说汉武帝在加强自己的封建统治方面真的是很有手段，除了推恩令，他还建立并严格实行阿党法，以此对各地方诸侯王严密进行监视，严防他们结党营私，搞独立王国。

所谓阿党法就是如果诸侯王有罪而王国的重要官员没有及时向朝廷举报就是犯了阿党之罪，而一旦犯了阿党之罪，便要被罢官、下狱甚至得到更严重的处罚。

所以，阿党法的实质就是要诸侯王国内的两个重要官职"傅"和"相"，必须严密监视诸侯王的一举一动，而决不能对诸侯王包庇纵容，与他们同流合污。如此一来，那些出任诸侯王国的"傅"和"相"自然不敢掉以轻心，从此达成对诸侯王的严密监视。这就无异于又给那些诸侯王们捆上了一道制度的绳索，从此把他们的手脚捆得更紧了，以致有些诸侯王因为害怕受到"傅"和"相"的监视和举报，干脆畏罪自杀了。

"汉武改革"的第二味药则是严厉整肃地方豪强和游侠。

汉初，巨乱初息，政权草创，种种不安定的因素蛰伏四野，并没有受到摧毁性的打击。其中侯门豪族逞势与"侠以武犯禁"为最，事实上成了西汉社会治安日趋恶化的两大毒瘤。

游侠原是从后期墨家中分化出来的一个阶层。这部分人尚武轻死，不服管束，到了后来，特别是到了汉初，由于受无为而治这一基本国策的影响，汉帝国的地方政府几乎一直处于一种不作为的状态。由于纪律松弛，放任自流，这些游侠往往称霸一方，博谬作恶，不仅给地方治安也给整个汉朝的社会稳定带来了极为不利的影响。于是，汉武帝痛下杀手，决心对那些为非作歹的地方豪强和游侠予以严惩。

有感于用正常的手段，通过普通的官僚体系来整治地方豪强和游侠很难，效果不佳，汉武帝便起用酷吏，想用酷吏之手狠狠打击那些势力很大、气焰嚣张的地方豪强与游侠。

结果，一个名叫郭杰的人便成了这次打击行动的最大牺牲品。

郭杰是当时全国最有名的游侠。据说，当时汉朝有个政策，就是资产达到一定程度必须迁徙，异地居住。这是一种非常巧妙的办法，通过强制离开原居住地到异地居住的办法来削弱那些地方豪强的势力。按此标准，郭杰应该属于迁徙之列。

可是，郭杰不想迁徙，于是他便找到大司马大将军同时也是汉武帝的小舅子卫青，让卫青去找汉武帝替他说情，希望汉武帝能网开一面让他仍在原地居住。仅此可见，游侠郭杰的能量该有多大！

受郭杰的请求，卫青果然跑去找汉武帝为郭杰说情。他对汉武帝说，郭杰的家庭财产没有达到迁徙的标准，不应该迁徙。

卫青不来说情还好，一说情反而坏事。要知道，郭杰不过是民间一个游侠，现在竟然能够活动到连大司马大将军卫青都来特意为他说情，汉武帝心想，就冲这便说明这郭杰手眼通天，肯定不是等闲之辈。结果一查，果不其然，游侠郭杰竟然劣迹斑斑，完全就是一个黑社会的老大。

原来，郭杰在民间有许多马仔和打手，平时如果有人得罪他，得罪他的人就会被他的那些马仔和打手杀害，这样的事情已经出现过好几次。郭杰被迁徙到关中以后，他的仇人想到长安来举报他，希望国家能够为民除害，惩治郭杰。然而，报仇者刚到长安还没来得及举报，便被郭杰的手下给杀害了。当时郭杰已被官府控制，所以案件告破后，有人替郭杰求情，说已被关起来的郭杰对此并不知情，因而不是他的罪过，但丞相却坚持要判郭杰的死刑，说郭杰不知情都有人为他杀人，比郭杰知情亲自派人杀人更为可怕也更为可恶，必须将之处死。结果，汉武帝同意丞相的建议，最终杀死了郭杰。

应该说，郭杰的死对当时的黑社会组织起到了巨大的震慑作用，此后，那些"武以犯禁"的游侠便逐渐销声匿迹，不敢再公然与政府对抗，曾经猖獗多年的游侠时代终于在汉武帝一朝得以终结。

"汉武改革"的第三味药便是削弱丞相的权力。

在封建社会，如果说皇帝乃是帝国的董事长的话，那么，丞相（宰相）便是这一特大公司的CEO。如果这两人能够团结合作的话，那么，对整个帝国无疑是非常有利的。

但在事实上，自从中国第一位皇帝开始，秦始皇嬴政与他的丞相李斯就互相猜疑，相互提防，始终处于一种互不信任的状态。到了西汉，即便是丞相萧何那么忠心耿耿，高祖刘邦对他也还是不放心，也曾经把他给抓到监狱里进行过"思想改造"。

　　仅此可见，皇权与相权从一开始就存在着难以避免也无法消除的矛盾。皇帝与丞相（宰相）在很多时候都面和心不和，双方的博弈几乎没有消停的时候。

　　从史书上看，汉武帝与丞相之间就更是这样。

　　诚如我们所知道的，秦朝把一切权力都集中在皇帝手里，汉朝却规定丞相有较高的威望、地位和实权。但丞相越是有实权，皇帝就越是不放心、不痛快，对丞相的疑忌与不满也就更多。

　　汉武帝曾用他的舅舅田蚡为丞相，而且田蚡这人也确实很有政治才干。但丞相也就相当于副职，太有才了不好，因为太有才不仅会声高盖主，而且还会对皇帝的权力形成一定的冲击，乃至构成一定的威胁，作为皇帝当然很不爽。

　　据史料记载，一开始丞相田蚡相当有权，只要他喜欢，他便可以把一个普通百姓一下子任命为二千石级别的高级官吏。由于握有如此大的官员任用权，当时到他那里跑官要官的人很多，而田蚡往往也很乐于助人，成人之美。久而久之，汉武帝自然不高兴了。

　　据说有一次，田蚡跑到汉武帝那里，汇报官员任用一事，他从上午开始就在谈论准备任用的官员，一直谈到下午太阳偏西也还没谈完。

　　起先汉武帝还算克制，虽然满脸不悦但却没有发火，可到后来，他实在忍不住了，于是便怒气冲天地说："你任命官员还有完没完？我自己也要任命官员。"

　　有感于丞相的权力太大，这以后汉武帝便想方设法削弱丞相的权力。汉武帝非常懂得帝王御人之术，懂得治国之道，他知道丞相之所以有那么大的权力，就是因为丞相参与重大决策，有一定的决策权。于是，他决定要将丞相从决策圈里挤出去，让丞相只有执行的权力而没有决策的权力。

　　为达此目的，汉武帝逐步探索并实行了一种制度，他先是让自己身边的文学家即汉武帝喜欢的亲信秘书来取代丞相来参与决策，用这批人把丞相从决策圈里排斥出去，到后来更是设立了一种专门的官职叫"中朝官"，而以丞相为首的大臣则叫"外朝官"。中朝官最先由皇帝的秘书担任，后来渐渐由一些太监任职。所以，从某种意义上说，后来汉朝危害甚烈的宦祸，最先便是由汉武帝一手培育而成的，或者，换句话说，其始作俑者便是汉武帝。

　　既然决策由"中朝官"负责，丞相只是负责去执行，丞相的权力自然被大大削弱了。

　　不仅如此，为了起到震慑百官的作用，汉武帝还曾连续杀了三个丞相，以诛杀丞相的方式让百官意识到丞相不仅没有多少权力，而且他们的生命安全也随时受到威胁，只有也只有皇帝才具有生杀予夺的大权，以此来突出和巩固自己的皇权。

　　据说，在连续杀了三个丞相之后，有一天，汉武帝突然宣布要任命公孙贺为丞相。公孙贺是少数民族将领，曾随卫青、霍去病征战过，是位能征善战的将军。当他听说汉武帝要任自己为丞相，顿时号啕大哭，并可怜兮兮地恳求汉武帝收回成命。

　　由此可见，当时的丞相委实是一个高危职业，做丞相是一件多么危险的事情。

　　就这样，通过削弱相权，皇权得到了进一步加强，"汉武专制"很快便形成了。

　　但是，"汉武改革"的第四味药显然也是最重要的一味药，应该说，还是"罢黜百家，独尊儒术"。

　　有历史学家曾经做出这样的评价，说中国古代，政治上的统一完成于秦始皇，文化上的统一完成于汉武帝。

　　的确，自汉以降，中国封建社会最大的思想支柱与理论支柱也即一整套的儒家思想体系便是由汉武帝最先奠基并牢固地树立起来的。

　　熟悉秦汉历史的人都知道，秦始皇时代，铁血皇帝秦始皇所推行的是一整套法家的思想，用的行政手段是国家的暴力机器，想用强制规定与暴力手段来统治百姓，治理社会，结果，一剂猛药下去，原本就从多年战争的创伤中还没有完全苏醒过来的秦帝国不仅没有被他医治好，反而被他给治死了。

　　就这样，不仅秦皇改革遭到彻底失败，而且连大秦帝国也短命而亡，仅仅只存活了十五年便不幸夭折了。

　　有鉴于秦皇改革失败的教训，汉初推行的完全是一种不作为的治国之策，即无为而治。但是，到了汉武时期，这种消极被动的治国方式已经不适用了。于是，在这样一种情势下，汉武帝及时采用了董仲舒的建议，提倡和尊崇儒术，并把它确立为国家统治的主导思想。

　　在对话董仲舒、仔细审阅了他的"天人三策"后，汉武帝立即着手开始兴太学，建痒序，置明师，将儒家所存的五部经典《易》《诗》《书》《礼》《春秋》抬到了至高无上的地位，使得"经"成为儒家典籍的专称。

　　与此同时，汉武帝又废除诸子博士，专立五经博士。博士之官由此为儒家所垄断，儒家之学也一跃而成为国学和官学。如此一来，"定于一尊"的儒学不仅成为统治阶级的指导思想，而且成为人们日常生活的行为规范与准则，成为天下读书人的一种价值取向与精神追求。

显然，正是经由汉武帝之手，儒学从此一直被历代封建统治者奉为不可逾越的圭臬，成为几千年封建社会永恒不变的封建大法，在几千年的封建社会中一直处于无可替代的地位。

要说后人就是要比前人高明，由于汲取了秦始皇惨痛的教训，汉武帝在推行儒学思想的过程中并没有采取强制的手段，更没有采取秦始皇当年那种"焚书坑儒"的暴力方式让天下读书人信奉儒学，而是采取一种利益驱动或曰以官禄为诱饵的方式，也即让那些读儒家经典读得好的儒生出来做官的方式，引诱和激励天下人把学习的目标从此集中在学习儒家经典上，用做官来吊天下读书人的胃口，从而让天下英才心甘情愿地"尽入彀中"。

如此一来，不仅没有造成天下士子的离心离德，反而使那些优秀人才心甘情愿地去饱读儒家经典，然后来到京城，主动接受汉武帝的挑选。也正因此，如前所述，通过几次征召贤良，汉武帝为国家发现和培养了一大批优秀杰出的人才。

汉武重色也重才

从心理学的角度说，很有可能，汉武帝属于那种胆汁质血型，性格犹如夏天一般火热外向，情感丰富，富于激情，精力充沛，活力四射，明显属于那种对任何事情在任何时候都很不安分的兴奋型性格。

说句玩笑话，汉武帝显然是性早熟，还只四五岁的一个孩子，其性意识就表现得非常强烈，对表姐陈阿娇表现出了那么强烈的性兴趣，其金屋藏娇的故事即使是在今天听来也让人觉得饶有趣味。

"汉皇重色思倾国"，白居易《长恨歌》中的"汉皇"虽然是指唐明皇，但在实际上，在"重色"方面，"汉皇"武帝刘彻绝对不比唐朝风流皇帝李隆基逊色，甚至可以说是有过之而无不及。不说别的，就说汉武帝的那几位皇后与爱妃吧，陈阿娇、卫子夫、李夫人、钩弋夫人，几乎每一位都色艺双全，在历史上很出名。

　　所以，一点儿也不夸张地说，汉武帝绝对是个"造星皇帝"，大凡被他宠过爱过甚至和他有过哪怕"一夜情"的女子，像尹婕妤、邢夫人等，几乎都成了女星，并名垂史册。

　　其实，说汉武帝是个"造星皇帝"，并不仅仅因为他在爱情或女色方面很能造星，成就了许多为后人津津乐道的美女明星，而是因为他在发现培养人才方面也慧眼独具，很能造星，造就了许多历史上赫赫有名的人才明星。

　　可以说，汉武重色也重才。

　　汉武帝是一位有雄才大略又能善于用人的盛世君主，在他统治期间，朝野内外，人才济济，英雄辈出。班固在《汉书·公孙弘卜式儿宽列传》的"赞"中，惊叹武帝时期人才之盛，称之为"群士慕向，异人并出""汉之得人，于兹为盛"。

　　说来，汉武帝真是一位了不起的人物，虽然即位时还才只有16岁，但这位少年老成的汉家天子深知，要想在政治上有所作为，贤能人才的辅佐是必不可少的，因而还在当太子期间就非常注意笼络招募人才。登上皇位以后，这位少年天子便立即颁布求贤令，于建元元年（公元前140年）诏令丞相、御史、二千石等各级官员"举荐贤良方正，直言极谏之士"。

　　元光元年（公元前134年），他又下令贤良之士"咸以书对，着之于篇，朕亲览焉"。在他的一再倡导下，许多饱学之士、栋梁之材如董仲舒、公孙弘，以及各处有名儒生，都被纷纷推荐上来，陆续进入京城，一时间真可谓"群贤毕至，少长咸集"，总数有一百多人，接受皇帝的亲自测试和挑选。

　　汉武帝对这次择贤十分重视，亲自主持并出题，策问治国之道。正是在这次的百余人的对策中，广川（今河北枣强）人董仲舒的对策名列第一，深得汉武帝的赞赏。

　　如前所述，董仲舒从小钻研儒家著述，以治《公羊春秋》而著名。他以儒家思想为基础，杂取阴阳五行等诸家思想，建立了一个庞大的儒学体系，为汉代儒学的发展奠定了基础，同时，也假借汉武帝之手，一举奠定了儒学在当时以及后世不可动摇的主宰地位。

　　为了广开进贤渠道，汉武帝创设了公车上书之制。公车，即公家的车马。武帝特设公车司马一职，专门负责用公家的车马接被举荐的孝廉等人才赴京测试，或请天下吏民到京城直接给皇帝上书，提意见，发表自己的见解。对于所上奏章，他大都认真阅读。这种做法，旨在"博开艺能之路，悉延百端之学，通一伎之士咸得自效，绝伦超奇者为右，无所阿私"。

在汉武帝的大力倡导下，当时上书言事的人络绎不绝，多达千数。像东方朔、主父偃、朱买臣等一批历史上有名的栋梁之材，就是因公车上书而被汉武帝发现而被拔擢重用的。

汉武帝用人不论出身，不拘一格。如《汉书·公孙弘传》称"公孙弘起徒步"，就是说公孙弘被察举时是一介平民。他年轻时当过狱吏，因犯罪而被解职了。公孙弘家里很穷，小时候他曾为有钱人家放过猪，到40岁才开始学习《春秋》等史书。汉武帝即位后，"招贤良文学之士"，其时公孙弘已经60岁了，应召入京后，被征为博士，后又因出使匈奴不合帝意再被免职，告老还乡。

元光五年（公元前130年），汉廷再次诏令征召贤良文学。淄川国（今山东淄博一带）又推举公孙弘应诏，这时他已70岁了，虽一再谢让，但最后还是应选，策奏被汉武帝选为第一，召见后拜为博士。后来公孙弘到80岁终于当上了丞相。

还有像曾向汉武帝献上推恩令，以此有效削弱诸侯王势力的主父偃也可以说是被汉武帝不拘一格选拔出来的奇才。如前所述，主父偃是齐国临淄县人，早年曾学习纵横之术，很晚的时候才学习《易》《春秋》、百家之言著作。据说早年他在齐国游学期间，儒生们都看不起他，排斥他。

元光元年，主父偃来到长安，拜见大将军卫青，以期获得他的引见。卫青很负责任地向汉武帝举荐了他，可并未引起汉武帝的重视。眼看自己带的路费快花完了，情急之下，主父偃上书汉武帝，以文字自荐。没想到，汉武帝对他的上书十分重视，早上刚刚进奏，到晚上就被武帝召见。由于主父偃早年博览群书，通晓历史，具有一定的学识修养和政治见地，故而他向汉武帝提的九条建议有八条都被武帝采纳，并且定为律令。在交谈中，武帝对他十分欣赏，于是任命他为郎中。

主父偃后来多次上书言事，升迁为谒者、中郎、中大夫，一年中竟接连升迁了四次。

在汉武帝慧眼所识的人才中，还有一位历史名人，名叫东方朔。

东方朔这人非常有趣，仿佛当下小品演员一般很会搞笑。因此，司马迁在《史记》中将他归为"滑稽人物"之列。

虽然表面上玩世不恭，但东方朔却很有智慧，非常有才。相传，汉武帝即位初年，颁发诏书，发布求贤广告，征召天下贤良方正和有文学才能的人。一时间，全国各地的士人、儒生都纷纷上书应聘。东方朔这时也给汉武帝上书，推销自己。

对这次自我推销，东方朔显然很用心，也寄寓了很大希望。在自荐书中，他颇有些自我夸耀地说："我东方朔少年时就失去了父母，依靠兄嫂的扶养长大成人。我十三岁才读书，勤学刻苦，三个冬天读的文史书籍已够用了。十五岁学击剑，十六岁学《诗》《书》，读了二十二万字。十九岁学孙吴兵法和战阵的摆布，懂得各种兵器的用法……如今我已二十二岁，身高九尺三寸。双目炯炯有神，像明亮的珠子，牙齿洁白整齐得像编排的贝壳，勇敢像孟贲，敏捷像庆忌，廉俭像鲍叔，信义像尾生。我就是这样的人，够得上做天子的大臣吧！……"这封自我推荐信写得很长，据说竟用了三千多片竹简，捆扎在一起，需要两个壮劳力才扛得起，让汉武帝陆陆续续读了两个月才算把它读完。读了东方朔的自荐书后，汉武帝非常赏识他的才华，也很赞赏他的气概，于是就命令他待诏在公车署中，给他安排了一个俸禄不多但很清闲的差事。

东方朔显然对这样的人事安排非常不满，但又不好再给汉武帝上书，怎么办呢？一天，在出游途中，他见到一个侏儒，忽然灵机一动，计上心来。他走过去一本正经地恐吓那侏儒道："你的死期要到了！"

冷不丁听东方朔这么一说，那侏儒顿时吓了一跳，急忙问他为什么。东方朔说："像你这样矮小的人，活在世上无益，你力不能耕作，也不能做官治理百姓，更不要说拿兵器到前方去作战。像你这样的人，无益于国家，活在世上只是白白糟蹋粮食，所以如今皇上一律要杀掉你们。"侏儒听后大哭起来。

东方朔一看那侏儒果然中计了，心里觉得好笑，就又对他说："你暂时不要哭，皇上就要来了，他来了你去叩头谢罪，向他求饶。"一会儿，等汉武帝乘辇从这里经过，那侏儒也不知平生哪来的那么大的勇气，竟突然冲到路中间，"扑通"一下子跪在路上，号泣叩首。

汉武帝一时莫名其妙，就问："怎么回事？你为何哭？"

侏儒说："东方朔说皇上您要把我们这些矮小的人统统杀掉，请皇上饶了我们吧！"

汉武帝顿时龙颜大怒，说："哪有这样的事？完全是一派胡言！"然后，便生气地责问东方朔为什么要如此说。

东方朔这时不慌不忙地趋前一步回答道："臣朔活着要说，死了也要说这些话。

那矮子身长只有三尺多，一袋米的俸禄，钱二百四十。我身高九尺多，却也只拿到一袋米的俸禄，钱二百四十。那矮子饱得要死，我饿得发慌。陛下广求人才，您认为我讲的话对的，是个人才，就重用我；不是人才，也就罢退我，不要让我在这里浪费粮食。"

汉武帝听了，觉得东方朔说的也未尝没有道理，知道他是因为满肚子委屈才出此下策，这时就禁不住哈哈大笑起来。皇帝封个官也很简单，既不需要考察，也不需要开会讨论，当即就任命东方朔为待诏金马门。由于东方朔平时诙谐豁达，不拘小节，且自负，一些人便认为他狂妄、荒唐，不近情理，但汉武帝却认为他奇才难得，后来又任其为常侍郎。

此外，像西汉御史大夫卜式自幼"以田畜为事"，长大后养羊千余只，是典型的牧羊人出身。还有像著名理财家、曾协助汉武帝进行经济改革，推行了许多重要的财政经济政策的桑弘羊，原是一个在当时地位低下的商人。再有像汉武帝时期抗击匈奴的主要将领卫青曾做过奴仆。有远见卓识的匈奴族政治家单于的第三子金日磾是个俘虏。但汉武帝均不论出身，不讲门第，只要有才，都一律对他们加以提拔重用。

虽为九五之尊，但汉武帝从不目中无人，高高在上，在位期间，能够做到礼贤下士，宽以待人，虚心纳谏。他善于听取臣下的意见，重用直言直谏的骨鲠之臣。为了避免偏听偏信，使下情上达，他鼓励"四方之士多上书言得失"，所以在武帝时期有不少大臣敢于犯颜直谏。

《汉书·东方朔传》记载："四方之士多上书言得失，自眩鬻者以千数。"这说明当时确乎形成了一种广开言路、从谏如流的政治清明局面。当时，汉武帝身边有一位叫汲黯的大臣，"好直谏，数犯主之颜色"。一次，他在朝廷当着众臣之面谏道："陛下内多欲而外施仁义，奈何欲效唐、虞之治乎！"意思是说汉武帝假仁假义，为人虚伪，致使汉武帝大怒，"变色而罢朝，公卿皆为黯惧"。然而汉武帝知人爱才，并没有因为汲黯当众犯上而治他的罪，只是说了一句"甚矣，汲黯之戆也"！这事也就算了。

对于汲黯这样的骨鲠之士，汉武帝是非常信任的，称他为社稷之臣，并且对他非常敬重。史载大将军卫青虽然显贵，但他拜见皇上时，"上踞厕而视之"；丞相公孙弘拜见皇上时，"上或时不冠"，都比较随便，不那么讲究礼节。但是，"至如汲黯见，上不冠不见也"，对汲黯却表现得非常敬重。有一次，"上尝坐武帐中，黯前奏事，上不冠，望见黯，避帷中，使人可其奏"。

　　汉武帝对臣下竟有如此畏惧之心，充分反映了汉武帝惜才、爱才、重才、用才的美德。显然，正是由于其具有这样的美德，直臣才被重用，国家才得以强盛。

　　此外，汉武帝时还重新设置了被汉初统治者废止的秦时的言谏之官，并大多以一时名贤任之，如贡禹、匡衡、严助等。他们都尽职尽责，对朝政起到了十分重要的监督作用。

　　三国时期的刘邵在其《人物志·自序》中说："夫圣贤之所美，莫美乎聪明，聪明之所贵，莫贵乎知人，知人诚智，则众材得其序而庶绩之业兴矣。"显然，仅就选人用人来说，汉武帝完全称得上是"一流之人能识一流之善"、知人诚智的圣贤，而且，他不仅贵乎知人，还能做到用人所长，知人善任。

　　司马相如是著名的文学家，汉武帝读了司马相如的赋以后，极想见到其人。为此，在建元年间，汉武帝特地下诏从四川把他请到京城做郎官，从事审核和润色政府重要文告的工作。建元六年，他又让司马相如以天子使节的名义，出使西南夷，抚慰那里的少数民族。

　　鄱阳令唐蒙和中大夫庄助有外交才能，谋略过人，汉武帝就让他们出使夜郎和东瓯，他们二人果然不辱使命，终于在建元时期降服了夜郎和东瓯，成为在讨伐东南、西南中立下汗马功劳的杰出的谋略家。

　　汉武帝虽然独尊儒术，用人以儒家为主，但却能够做到兼收并蓄，对学习其他诸家的贤能人才，也并非一概排斥。只要是有独特才能，能为国家所用而又不反对国家大政方针的人，他都一律委以重任。张汤、赵禹熟悉法令，武帝就让他们去做管理司法的廷尉。汲黯学习黄老之术，最初见汉武帝的时候衣冠不整，汉武帝连见都不愿见，可是后来发现汲黯为人质朴，颇有才能，于是多次封他做郡守，列于九卿。

　　为了发展经济，增加税收，公元前120年，汉武帝任命盐商东郭咸阳和冶铁商孔仅二人为大农丞，总领全国的冶铁煮盐事务，并派桑弘羊协助二人共行理财之事。东郭咸阳、桑弘羊和孔仅三人经过一年的筹划，在公元前119年向汉武帝提出了盐铁官营的计划。汉武帝不顾朝臣和富商大贾的反对，毅然批准了这一计划。结果政府的财政收入明显增加，效果显著，汉武帝非常高兴，于是提升了桑弘羊等人的职务。

　　除了重视选拔和重用"文才"，汉武帝还知人善任，不拘一格，对那些有着军事才能的人才大力提携和重用，如西汉名将卫青和霍去病就是被他慧眼独具，一手提拔和重用起来的，并由此产生了许多千古佳话。

正是因为欲建非常之功，必待非常之人，所以，汉武帝时期破除陈腐的用人思想，大胆进行选士用人制度的改革，使一大批年轻、有活力的政治、军事、史学、文学、外交、经济等方面的人才相继出现，如经学家董仲舒、史学家司马迁、文学家司马相如、军事家卫青与霍去病、外交家张骞、农学家赵过、经济学家桑弘羊、天文学家唐都与落下闳等。这些人不仅为一时俊才，也是中国历史上出类拔萃的人物。

所以，一点儿也不夸张地说，历史上所谓的汉武盛世完全就是一个人才盛世！

在今天看来，汉武帝时期之所以会涌现出那么多不乏一流的人才，固然与汉代雄健豪放的时代精神直接相关，但仔细想想，应该说也与汉武帝用人不拘一格、唯才是举的雅量有很大的关系。

据有关人才专家研究认为，历史上，人才往往呈群体现象出现，犹如海洋中冷暖流交汇的地方容易形成渔场一样，能够吸引大量的鱼群来此聚居、繁殖。在一个特定的时代里，只要环境宽松，气候适宜，"万木霜天竞自由"，各类人才就会应运而生，如雨后春笋般脱颖而出。而且，人才群体的产生往往围绕一个核心，所谓"尧为善而众善至"，意即因为尧的贤明而在他的周围"同类相聚"，自然也吸引凝聚了一批贤能的人才。《吕氏春秋·功名》有言："水泉深则鱼鳖归之，树木盛则飞鸟归之，庶草茂则禽兽归之，人主贤则豪杰归之。"

显然，正是因为汉武帝自身的贤明，"一流之善能识一流之人"，以他为核心，为龙头，才会涌现出那么多的贤才俊杰，风流人物。

正所谓，汉武重色更重才。两千多年前，在汉武帝时代，竟能涌现出那么多彪炳千秋的贤才俊杰，风流人物，这在中国乃至世界人才史上，都不能不说是一个奇迹。

"武皇开边"为哪般

"边庭流血成海水，武皇开边意未已。"这是唐代大诗人杜甫著名的诗歌《兵车行》中的诗句。

杜甫的《兵车行》，实际影射和讥刺的是唐玄宗天宝年间用兵吐蕃，征战突厥，百姓遭殃，民怨沸腾的社会现实，但其表面所写的却是当年汉武帝频频对外用兵开疆拓土的历史。

诚如我们所知道的，汉武帝刘彻之所以死后的谥号为武帝，顾名思义，就是他生前的文治武功以武功最为突出。也确实，汉武帝一生崇尚武力，对外用兵，战争不断，就因此，一些西方史家甚至不怀好意地称他为好战的皇帝。

据史料记载，汉武帝在位的 54 年中，发生战争的年份就有 30 多年，其中，光是对匈奴的战争就多达 13 次。可见，在汉武帝时期，战争几乎构成了一种相当重要也相当频繁的政治现象。

对于汉武帝对外用兵，即所谓的"武皇开边"一事，后人多有议论，褒贬不一，赞美者有之，贬斥者有之，真可谓众说纷纭，莫衷一是，就像一场没完没了的马拉松式的辩论赛的正方与反方，大家都抱持己见，各执一词。

先看反方的意见。

显然，反方都是一些"非武者"。这些人几乎清一色地都对汉武帝的武功完全持否定态度。否定的理由不外乎是说汉武帝频频对外用兵乃是穷兵黩武，好大喜功，其结果，不仅劳民伤财，严重耗损国力，而且也把天下苍生拖入到战争泥潭之中而不能自拔，使无以数计的百姓家庭大死了亡，酿成了无数惨痛的家庭与社会悲剧。

历史上，"非武者"的代表很多，如汉宣帝时，曾在武帝时被立为博士并任过光禄大夫、长信少府、太子太傅的著名西汉学者夏侯胜就说"武帝多杀士卒，竭民财力，天下虚耗"。至于东汉时期，整个社会更是对"武皇开边"一事大加否定，引以为戒，所以班固在写《汉书·武帝纪赞》时，用清朝史学大家赵翼在其《二十二史札记校证》一书中的话说就是"是专赞武帝之文事，而武功则不置一词"。

之所以会是这样，乃是因为，在秉持儒家观念的班固看来，国家的强大，首先应当是民生的安定富庶，而汉武帝虽有雄才大略，却穷兵黩武，不顾民生，终于使得汉朝繁荣经济濒临崩溃。

唐史家司马贞在其《史记》索引中评汉武帝，认为武帝"疲耗中土，事彼边兵。日不暇给，人无聊生。俯观嬴政，几欲齐衡"。他将汉武帝与秦始皇相比，可以说这样的评价实在是很严厉也很尖锐。显然，在这位史家看来，秦皇也好，汉武也罢，其实就是一对祸国殃民、不分伯仲的暴君。

其后的宋朝是一个偃武修文的朝代，受其时代的局限，当时的文人士大夫们普遍厌恶兵革征伐之事。于是，司马光在修《资治通鉴》时，对"武皇开边"大加挞伐，认为："孝武穷奢极欲，繁刑重敛，内侈宫室，外事四夷。"

甚而至于，宋朝诗人莲池生在自己的诗中竟然这样写道："汉武爱名马，将军出西征。喋血几百万，侯者七十人。区区仅得之，登歌告神明。"竟然说汉武帝生前为抗击匈奴而发动的战争只是为了要去获得一种名叫汗血马的名马；牺牲了几百万的士兵，只是为了要成就那区区几十个侯者的功名罢了。

这，仔细想想，与唐诗"一将功成万骨枯"那样，其实是一种井底之蛙似的极为狭隘也非常偏激的战争史观，完全是对汉朝当然也包括唐朝为了稳定边境、抗御侵略、维护主权所发动的那些战争的重要性与必要性的严重漠视与亵渎玷污。

而当代一些历史学者对汉武帝外服四夷也大摇其头，颇为不屑，甚而至于口诛笔伐，破口大骂。如著名历史学家许倬云先生在其《从历史看人物》一书中就不无调侃地说："武帝这方面也很像美国的肯尼迪一样，肯尼迪执政的时候，正是美国国势如日中天的时候，所以他好大喜功。武帝要证明汉家成功，肯尼迪要证明美国了不起，所以汉武帝打匈奴，通西域，通西南夷，好大喜功，钱花了很多，事实上他也做到了。"

如果说，许倬云先生这话还算说得比较委婉的话，那么，不久前复旦大学教授姜鹏先生在央视"百家讲坛"栏目中讲授《汉武帝的三张面孔》时，对汉武"四面出击，外服四夷"则干脆全盘否定。在他看来，汉武帝"所谓出兵平服闽越，只是穷兵黩武侥幸成功，却降低了汉朝人民的生活质量，加重了人民负担"。匈奴屡次侵略汉朝，烧杀抢掠，严重威胁汉族人生存，汉武帝反击了四十四年，姜鹏却认为事倍功半，并引用司马迁、司马光的论述一概加以否定。

下面，再来听听正方的意见。

诚所谓英雄识英雄，应该说，那些对"武皇开边"一事大唱赞歌的人一般都是一些具有远见卓识的人，他们在评价武帝征夷一事时能够不拘泥于一时一事之得失，而是能够胸怀大局，从中华民族的长远与根本利益出发作出判断。

如曹丕和曹植兄弟俩在这方面的观点就不谋而合。魏文帝曹丕认为："孝武帝承累世之遗业，遇中国之殷阜，府库余金钱，仓廪畜腐粟，因此有意乎灭匈奴而廓清边境矣。"对汉武帝为什么要"有意乎灭匈奴"原因，曹丕看得很清楚。至于曹植对"武皇开边"就更是顶礼膜拜，他说："世宗光光，文武是攘。威震百蛮，恢拓土疆。简定律历，辨修旧章。封天禅土，功越百王。"可见，他对汉武帝一生的丰功伟业是大加称赞。

南宋主战英雄且曾经两次取得东京保卫战胜利的著名宰相、诗人李纲也对汉武帝无限崇拜，大为称颂，在一首名为《念奴娇·汉武巡朔方》的词中，他这样写道："茂陵仙客，算真是，天与雄才宏略。猎取天骄驰卫霍，如使鹰鹯驱雀。战皋兰，犁庭龙碛，饮至行勋爵。中华疆盛，坐令夷狄衰弱。追想当日巡行，勒兵十万骑，横临边朔。亲总貔貅谈笑看，黠虏心惊胆落。寄语单于，两君相见，何苦逃沙漠。英风如在，卓然千古高著。"

至于清朝著名历史学家赵翼则干脆一语中的地指出："仰思帝之雄才大略，正在武功。"

说来很有意思的是，唐太宗李世民对汉武帝开疆拓土、征伐四夷之事的评价却前后矛盾。在《贞观政要·贡赋第三十三》中，他曾说："近代平一天下，拓定边方者，惟秦皇、汉武。"这无疑是对汉武帝的褒扬与称赞。

可是，据《资治通鉴》记载，有一次，李世民却大发感慨道："汉武帝穷兵三十余年，疲弊中国，所就（成就）无几。"不知怎的，这位大唐明君却又对汉武帝"拓定边方"予以了否定。

那么，在时隔两千多年之后，在今天，我们究竟应该怎样尽量客观公正地去评价"武皇开边"以及汉武帝时期所实行的帝国扩张战略？

要回答好这一问题，首先必须要充分认识当年"武皇开边"的必要性与重要性。

熟悉中国古代史的人都知道，在中华民族各民族之间的融合初期，各部族（部落）之间几乎一直相互征伐侵扰不断，特别是居于中原地区的汉民族，曾经一直深受夷狄之害。虽然汉民族的农耕文明明显先进于北方游牧民族的游牧文明，但在秦汉乃至春秋战国时期，甚至更早的时候，在汉民族与这些少数民族特别是与匈奴的对峙中却往往占不到上风。面对这些马背上的民族一次又一次的侵扰与掠夺，平时多半只靠双脚行路的汉民族只能采取被动的防御政策。

显然，也正是为了尽量扭转这种战场上步兵与骑兵作战的不利局面，当年，赵国率先在北部修筑长城，构筑关塞。后来，秦始皇统一中国后，更是派大将蒙恬以及自己的儿子扶苏统御重兵长期驻守上郡，在北部大规模地修建万里长城，借此阻挡胡人的铁蹄，以防御匈奴骑兵南下。

由此可见，在冷兵器时代修建万里长城，对于历代中原统治者来说，完全是不得已而为之，是面对北方游牧民族犹如洪水猛兽般的肆意侵掠与巨大威胁时所采取的一种被动防御的办法，这无疑是一种没有办法的办法。

表面上看，秦朝是被以陈胜吴广为首的农民起义所灭亡的，但在实际上，在很大程度上却是被当年匈奴的一次次侵扰以及为抵御匈奴的侵犯而兴修长城等所消耗的巨大人力与财力所拖垮的，再加上那些年又不幸碰上"蝗蔽天下""天下大旱"，严重的灾荒激起各地农民起义，这就使刚刚统一、尚未稳固的大秦帝国瓦上加霜，而农民起义只能说是压死大秦这匹骆驼的最后一根稻草。

西汉建立后，趁秦末中原战乱期间得以迅速发展壮大的匈奴日益猖獗，屡犯中原。

据史书记载，西汉初，匈奴在首领冒顿单于的率领下，率"控弦之士"三十余万，占据了东起鸭绿江，横跨蒙古高原，向西与氏族相接，向南延伸到河套以至今天晋北、陕北一带。

高祖七年（前 200 年），为了解除匈奴对刚刚建立的西汉新政权的威胁，刘邦御驾亲征，亲自带兵去讨伐匈奴，与匈奴交战。然而由于种种原因，汉军不仅大败，而且，白登之围还令堂堂大汉皇帝刘邦被匈奴包围，差一点儿成了匈奴人的俘虏。

汉惠帝时期，匈奴单于给吕后写信，竟狂妄地充满侮辱性地扬言要娶吕后为妻。虽然在外交上遭到了如此的侮辱，但面对不可一世的匈奴单于，吕后也只能忍气吞声，自我解嘲。到了汉文帝十四年（公元前 166 年）冬，匈奴十四万人再次大规模地进犯汉朝边境，烧杀掳掠，并杀死汉朝北地守军都尉孙昂。

面对匈奴的威胁，实行无为而治的文景二帝不得已便只有采取和亲之策，诚所谓"汉家青史上，计拙是和亲"。和亲虽然能解匈奴一时之渴，但却无法满足匈奴长期之需，所以一到北方草原"秋草枯黄冬草尽"的饥荒时刻，迫于生计，那些善于骑兵作战的匈奴人便像蝗虫一般屡屡扑向中原，肆意进犯，大肆掳掠，严重危害汉朝百姓的生命财产，威胁汉朝的封建统治。

汉武帝即位后，一开始也继续实行和亲的政策，甚至还开通关市，厚待匈奴，想以此化敌为友，改善与匈奴的关系。但没想到匈奴并没有因此对汉家天子心存感激，从此井水不犯河水，而是依然如故，动辄入侵。

　　显然，也许正是在这样一种情势下，汉武帝逐渐认识到如果只是一味地妥协退让，光靠与匈奴和亲，把那么多的汉家女子一次又一次地送给匈奴为妻，并不能换来边境的和平与安宁，所以，性格强悍的他这才渐渐下定决心，决定采取强硬的政策，给单于一点儿颜色看看。

　　从史书上看，一开始汉武帝似乎并不想派大军与匈奴在沙场上厮杀，而是想用计诱杀匈奴。

　　当时，正好有位名叫聂壹的马邑富商主动跑来通过王恢向汉武帝献计，说自己愿意假降匈奴，以此诱匈奴入关，届时，汉军只要在马邑设伏，就可将匈奴一网打尽。

　　汉武帝闻之大喜，当即采用聂壹和王恢的意见，派伏兵三十余万在马邑（今山西朔县）一带埋伏下来，等待匈奴人人伏击圈。可是，不知道是因为汉军伏兵太多，落出破绽，还是因为匈奴人生性狡诈，当匈奴军队还离马邑有一百多里，看见漫山遍野都是放牧的牛羊，但却不见一个一个放牧的人，军臣单于感到非常奇怪，于是便就近攻陷了汉朝一个亭守，俘虏雁门一个巡边的尉使。这名尉使贪生怕死，招供了汉朝的伏兵之计。

　　军臣单于闻之大惊，于是赶忙下令撤退，汉军追击不及，而王恢原本负责袭击匈奴的辎重，此时也不敢轻举妄动。

　　事后，时年23岁的刘彻恚怒异常，将王恢下狱问罪。面对太后的求情，刘彻表示："马邑之谋是王恢提出的，现在劳动天下兵马而无所得，他若袭取匈奴辎重，还可告慰天下士大夫之心。不杀王恢，无以谢天下。"

　　王恢听到这个消息深感绝望，于是当即自杀。

　　再说匈奴单于经此事后，一直耿耿于怀，自此更与汉朝作对，不断派骑兵骚扰侵略汉朝边境。用史书上的话说就是："自是以后，匈奴绝和亲，攻当路塞，往往入盗于汉边，不可胜数。"

　　既然事情发展到这种地步，诚所谓开弓没有回头箭，汉武帝也只有主动出击，向匈奴宣战了。

　　的确，当一个国家或民族的安全受到严重威胁，而通过和亲等"和平友好"的方式又不能有效解决这种威胁的时候，战争也就在所难免了。

　　史载，当时在究竟是与匈奴和亲还是继续打，也即是主和还是主战一事上，武帝的群臣们曾吵成一片，很自然地便分成了主和与主战两派。双方各执一词。

儒生狄山力主和亲，不宜劳民。御史大夫张汤则批评他愚儒无知。狄山反唇相讥："臣固愚，愚忠。若御史大夫汤，乃诈忠。"

刘彻显然站在了主战派一边，于是就问狄山道："我派你去治理一个郡，你能否保证匈奴骑兵不去侵犯？"

狄山说："不能。"

刘彻再问："如果给你一个县呢？"

狄山说："也不能。"

刘彻步步进逼，进一步问道："那么，给你防守一个险要的屏障呢？"

狄山感到无路可退，这时便只好硬着头皮说："可以。"

于是，武帝便让他去负责防守一个险要的屏障。谁知，一个多月后，匈奴骑兵来扰。狄山因为是个主和派，这时便想和匈奴和谈。

可是，和平从来就不是一厢情愿的事。虽然这边狄山想求和，可那边人家匈奴人却根本就不愿意，结果匈奴人大肆掳掠并砍下狄山头颅后扬长而去。从此群臣震慑，再也不敢说与匈奴和亲之事。

于是，主战派终于在汉廷占据了上风。

公元前 129 年，汉武帝遣四路大军进攻匈奴，这是汉朝建国以来的首次先发制人。可是，最终三路大军皆战败，只有卫青一军获胜，斩首七百。

这应该说是汉武帝北击匈奴的一次"热身训练"，虽然只是小试牛刀，从总体上说其实也并没有占到任何便宜，但汉朝的军队却因此积累了许多与匈奴人作战的经验，大大鼓舞了汉军的士气，而且，更为重要的是，通过这次战役，还涌现了一位历史名将——卫青。

卫青是皇后卫子夫同母异父的弟弟，就因为他是个私生子，儿时曾经放羊，形同奴仆。可是，就因为作战勇敢，立有战功，战斗结束之后，汉武帝大为欣喜，加封他为关内侯，由此使卫青完成了从奴隶到将军的华丽转身。

不久，汉武帝又令大将卫青率领三万精骑北出雁门，斩首数千。第二年，卫青又率精骑转战陇西，击败匈奴楼颂、白单二王，斩首数千，得羊百余万，尽取河南之地。

军臣单于死后，其弟伊稚斜单于立，频频进犯雁门、代郡、定襄以及上郡等地，抢夺财物，杀害汉民。于是，汉武帝又派卫青率十万人马，出塞六七百里，击破匈奴右贤王，俘敌一万五千多人，小王十余人。

当年，卫青与霍去病威震西域，堪称帝国双璧、两大战神。霍去病是卫青的外甥，诚所谓自古英雄出少年，还才十七岁，他就随舅舅卫青征战匈奴，结果独立作战，立有大功，凯旋后被汉武帝封为冠军侯。

从某种意义上说，战争是英雄的舞台，而英雄却是战争这一舞台上最耀眼的角色。毫无疑问，卫青与霍去病就是当年汉武战争这一历史大舞台上两位最突出的"男主角"，无疑也是两位"最佳男主角"。卫青一生之中，先后七次出击匈奴，斩获敌军五万余人。霍去病的两次征伐与匈奴浑邪王的投降使得汉朝占领了原属匈奴的整个河西走廊。匈奴人失去了这块水草丰美、冬温夏凉、适宜畜牧的土地，为此悲歌："亡我祁连山，使我六畜不蕃息；失我燕支山，使我嫁妇无颜色。"

除了卫青和霍去病，当时还有像李广利、赵破奴以及李广等，也都是西汉抗击匈奴而威震西域的一代名将。这些人虽然结局各异，有喜有悲，但都为维护大汉帝国的尊严以及国家领土主权做出了不可磨灭的贡献，因而无疑都是中华民族的英雄。

也正因此，千百年来，每当说起他们，人们无不满怀崇敬。想到霍去病当年所说的"匈奴未灭，何以家为"；想到"但使龙城飞将在，不教胡马度阴山"这样的诗句；想到西汉元帝时，名将陈汤追击匈奴，并最终将郅支单于诛杀，其后在奏章中的那句流传千年的话"明犯强汉者，虽远必诛"；每当想到这些，身为一个炎黄子孙，那种内心中油然生出的对英雄的敬仰爱慕之情以及爱国情感真正是难以言喻。

的确，揆诸整个世界历史，应该说，国家利益、国家安全以及国家威望在很大程度上是靠强大的军事实力和一场场战争拼出来的。无论是古代还是现在，国与国之间所遵从的往往还是丛林法则。在今天，我们会清醒地发现，汉武帝当年之所以那么热衷于"武皇开边"，不断地打仗，其实在很大程度上是不得已而为之，是别无选择的选择，是在国家安全受到一次次严重威胁时的被迫自卫还击，完全是一种造福后代子孙的正义之举、国家行动！

当然，汉武帝的"武功"绝不仅仅只是对匈奴的战争。在南方，他先后消灭了闽越、瓯越、南越三个国家，将东南越族地区纳入汉朝版图。在西南，他派司马相如等以招抚兼武力胁迫的手段，征服了当地未开化的夜郎等民族。在东北，他征服了古朝鲜国。

但意义更大的确乎还是凿通西域。

为斩断匈奴右臂，当年汉武帝派张骞出使西域。这位中国历史上第一个伟大的探险家经过两次难以想象的艰难跋涉，终于打通了中亚文明同东亚汉族文明之间的通道，这也成为丝绸之路的东段。这条大道在此后的一千多年时间里一直是中国同西亚乃至欧洲等文明交流的主干道，佛教便是由这条大道传入我国，而造纸术、指南针等也经由这条通道传出。故而有人说，仅仅凭借这一点，汉武帝就可以成为千古一帝，完全足以跻身世界有重要影响的帝王名单中。

另外，汉武帝还是第一个奠定了现代中国版图的皇帝。据文献记载，中国的版图经过了多次的变革，在秦始皇时期，当时秦国所管辖的领地仅相当于汉武帝统治时期汉朝领地的二分之一，相当于今天中国版图的三分之一。

所以，仅仅从这方面说，汉武帝对于中国的贡献，对于中华民族的贡献，都是非常巨大的。那种所谓的"汉武爱名马，将军出西征。喋血几百万，侯者七十人"，从某种意义上说，其实只是一种书生之见，完全就是对汉武帝的污蔑，更是对那种"犯我强汉者，虽远必诛"的大汉民族精神的严重亵渎。

的确，汉武帝呕心沥血花了几十年的时间和匈奴作战，并辅之以招抚的手段逐渐使西域成为汉朝的势力范围，这完全是一件功在国家、惠及万民、利在千秋的大事，怎么能说汉武帝仅仅是一己之私、心之作祟所致呢？

这里，顺便说一句，汉武帝当年可谓穷其一生好不容易才得到的西域到了唐朝玄宗后期却几乎丢失殆尽了。

那是在唐玄宗天宝年间，由于唐明皇李隆基执政后期荒淫误国，使一度处于鼎盛时期的大唐帝国开始变得外强中干，曾经被誉为无敌盛唐的大唐军队的战斗力严重下降，最终在"安史之乱"发生前的天宝十年（公元 751 年）时，大唐帝国在抗击阿拉伯帝国的侵略扩张时惨遭败绩。怛罗斯之战中，大唐名将高仙芝所率领的两万人的安西精锐部队，最后只剩下数千人逃出重围。三年后，又由于"安史之乱"的爆发，大唐帝国国力大损，元气大伤，无力西进，从此几乎完全放弃了当年汉武帝费尽心血并用无数汉朝将士的头颅和鲜血才得以换来的西域广大地区，致使中华民族的利益遭受了不可估量且永远无法挽回的损失。

所以，一点儿也不夸张地说，怛罗斯之战绝对可以说是中国永远不能承受之痛、难以言喻之悲、无法估量之失。

不堪设想，如果当年不是有幸出了个汉武帝，如果不是汉武帝开疆拓土，"拓定边方""威震百蛮"，抗击匈奴，征服朝鲜，南诛百越，西征葱岭，收复大宛，并首开丝绸之路，由此奠定了中华疆域的版图，而且也大大拓宽了中华民族的生存与发展空间；如果不是汉武帝以性格强悍与政治强悍成功捍卫了大汉帝国的领土与主权，而是任由夷狄欺凌、外族入侵，真不知道后来的汉朝会是怎样的一种情景？更不知道如今的中国版图又会是怎样的一副模样？

也正因此，如果仅就"武皇开边"来说，汉武帝"拓定边方""威震百蛮"，绝对可以说是功在当代，利在千秋。而如果我们能够从这样一个宏观的大的历史视角来看，就会深切地感受到：汉朝出了个汉武帝，绝对是汉朝之幸、中国之幸！

就因此，直到今天，每当说到"犯我强汉者，虽远必诛"，身为炎黄子孙，人们依然还是一脸的骄傲和自豪！

只可惜，在中国几千年的封建社会里，像汉武帝这样雄才大略、"威震百蛮"的皇帝实在是太少太少了！

千秋功罪任评说

司马迁无疑是迄今为止中国最伟大的历史学家。

他的《史记》，被鲁迅先生誉之为"史家之绝唱，无韵之《离骚》"。

这应该说是一种很高的赞誉，但对《史记》来说，也真的是当之无愧。我们看《史记》，几乎篇篇精彩，堪称精品。

当然，倘若硬要比较优劣，在《史记》中非要评出最差一篇的话，那么，毫无疑问应该说是《孝武本纪》。

诚如我们所知道的，司马迁曾为了李陵投降匈奴一事为李陵辩解了几句，结果触怒了正在气头上的汉武帝。一气之下，汉武帝竟然残忍地对司马迁实施了宫刑。

很显然，这当然是汉武帝的罪错。而对于司马迁来说，也无疑是他人生中的奇耻大辱。

遭此大辱，生不如死，但为了能写出《史记》，司马迁只有忍辱负重，苟活人世。

也正因此，可想而知，由于"仇恨烈火满胸膛"，在写《孝武本纪》一文时，司马迁怎么也不可能会为自己的仇人汉武帝去唱赞歌，对他歌功颂德，甚至连实事求是地去如实记载汉武帝的功绩也无法做到。

仔细想想，对于司马迁来说，将心比心，这也委实是一件情有可原的事情。

就因此，作为一个伟大的历史学家，虽然司马迁的人品与才能都绝对是超一流的，其"职业道德"也堪称优秀，可是，就因为汉武帝是他的仇人，所以，在为这个对自己实施了宫刑的汉家天子立传时，他却怎么也不能使自己心平气和，怎么也不能做到一个历史学家最起码的客观公正，而是公报私仇，自觉不自觉地借助《孝武本纪》对汉武帝狠狠地报复了一把。

因此，我们看《史记·孝武本纪》几乎从始至终都在记述汉武帝怎么巡狩改历，"尤敬鬼神"；怎么迷信方士，上当受骗；怎么修祠封禅，四处巡游，蓬莱求仙等。总之，一句话，就是在传记中，司马迁只是尽量"不动声色"地专写汉武帝的缺点，全文不厌其烦所记载的几乎都是一些汉武帝迷信神异鬼怪、四处求仙问药等荒唐糊涂之事，而对汉武帝一生所做的其他正事却几乎只字不提。

如此一来，自然也就把个汉武帝完全写成了一个昏君，一个大大的昏君。

这，不能不说是司马迁在《史记》中所耍的一个小小的手腕。由此也说明司马迁至死也没有在内心中原谅汉武帝。

对于"政治巨人"汉武帝与"史学巨人"司马迁之间那一段人所共知的历史公案，谁是谁非，这里不去说它，但就《史记·孝武本纪》本身来说，显然存在着严重的历史缺陷。

不错，"金无足赤，人无完人"，汉武帝一生的确存在许多缺点，有着许多乃至重大的政治失误，比如司马迁在《孝武本纪》中提到的诸如迷信鬼神，相信方士，封禅巡游，求仙问药等等，应该说都是事实；再比如说，汉武帝也的确性格暴躁，滥杀无辜，造成许多冤案，特别是晚年深居宫中，重用奸佞，偏听误信，由此直接导致了皇后卫子夫以及太子刘据死于巫蛊之祸这样一桩惊天冤案的产生……

毋庸讳言，这些都是汉武帝一生所犯下的错误，因此不仅给国家和人民造成了许多灾难，同时也给他本人以及家庭酿成了许多无可挽回的悲剧。

但是，对待历史人物，特别是像汉武帝这样一个重大的历史人物，还是应该既要看到他的缺点，更要看到他的优点，而且，还应该尽量站在一个民族的历史的高度去看。

显然，只有也只有这样，才有可能尽量客观公正地对他做出全面的、恰如其分的评价。

在历史上，汉武帝一直是一个存在争议的人物，除了上面所说的对他的"武功"褒贬不一，对他所实行的独尊儒术，后人也众说纷纭，莫衷一是。

对于汉武帝之所以要独尊儒术，梁启超在《中国古代学术思潮之演变》中一针见血地指出："周末大家，是与孔并者，无逾老墨。然墨氏主平等，大不利于专制；老氏主放任，亦不利于干涉，与霸者所持之术，固已异矣；唯孔学则严等差，贵秩序……于帝王御民最为适合，故霸者窃取利用之，以宰制天下。"

显然，在梁启超看来，汉武帝独尊儒术的目的，完全是为了有利于自己更好地实行封建专制。

一些学者认为，由于汉武帝独尊儒术，使儒学堂而皇之地成为国教，由此所产生的一个最为直接的恶果，就是导致了儒学的政治化。对此，翦伯赞曾在《秦汉史》中论述道："儒学哲学变成了封建制度之最高的政治原理，变成了衡量文化思想之标准的尺度。一切与这种原理相冲突的古典学说，即使比儒家学说含有更多的真理，也要从头到尾被摧毁。从这一时代起，孔子便从诸子百家之中超升出来，变成了东方世界之罗马教皇，而儒家哲学也就变成永恒不变的真理。谁要批判儒家哲学，谁就是名教的罪人，文化的叛逆。"

而对于以董仲舒为首的西汉儒家的主动向汉武帝献媚，乃至不择手段的投怀送抱，当代一些学者更是语含讥讽，大为不屑。如李宪堂先生在其《先秦儒家的专制主义精神》一书中把董仲舒向汉武帝所献的"天人三策"简直臭的一钱不值，认为："这样的荒谬之论像乌烟瘴气一样充斥了汉代学术的每一个角落，它表明儒生们全体一致地、自觉自愿地把自己变成了汉家政治的从属物。这自然得到了专制帝王的首肯与认同。"史学家黄现璠则说："汉儒之政治哲学，即三大理论：大一统、尊王与绝对王权，完全为汉帝而立。汉儒拥护帝王集权，别出心裁，古未之有。"

那么，为什么有那么多的现代学者几乎众口一词地对当年汉武帝的独尊儒术愤怒声讨，合力批判？乃是因为，在他们看来，儒学本身有着许多"基因病毒"，因而像遗传病一样对后代中国造成了许许多多代代相传却又无法消除的危害。

如刘泽华先生从 20 世纪 70 年代开始就潜心研究儒学，他凿壁空山，坚持用自己的头脑对传统儒学进行审查与拷问，结果他发现，表面看似温情脉脉的儒学，在许多人眼里闪耀着人性光辉的儒学，实际上是"专制主义最深厚的土壤"。

如果说，刘泽华先生把儒学比喻成"专制主义最深厚的土壤"，那么，"不为帝王唱赞歌，只为苍生说人话"的柏杨先生则把它比喻成酱缸，他说："任何一种思想，即令是最可敬的思想，只要定于一尊，就会变得可厌。儒家学派定于一尊之日，也就是中国灿烂辉煌的时代，开始沉淀为酱缸之时。随着封建极权的发展，和因科举制度而又出现官场文化，更使酱缸深不可测。"

有意思的是，对于汉武帝的独尊儒术，不仅许多历史与文化学者各抒己见，连一些其他学者也跨界参与讨论。如已故现代经济学家胡寄窗就是其中一位。在《中国经济思想史》中，他这样说道："秦以后的文化曾遭受到三次厄运：一次是秦始皇的焚书，一次是汉武帝的罢黜百家，又一次是明初的科举制度。在这三次中，要算董仲舒所发动的这一次对封建政权的长期巩固所起的作用为最大，其在文化上危害也最长远。"

至于当代作家、文化学者曾纪鑫先生就更是毫不客气言辞犀利地指出："董仲舒罢黜百家，定儒家于一尊，影响并决定了中国两千多年来的政治、历史、文化、教育等诸多方面的发展。民族的柔弱、虚伪的盛行、科技的落后、官员的腐败、教育的奴化……一切的一切，我们似乎都可以在这一决定民族历史命运的转折关头找到渊源与症结。"在他看来，汉武帝独尊儒术完全就像是打开了一个潘多拉魔盒，由此使儒学成为后代中国的万恶之源，或者，换句话说，定于一尊的儒学简直就是导致后代中国封建专制、愚昧、落后以及怯懦等的罪魁祸首。

如果真是这样的话，那么，汉武帝真是罪莫大焉，应该永远被钉在我们民族的耻辱柱上。

然而，倘若尽量站在客观理性的角度来看，虽然独尊儒术无论是在当时还是在后代都产生了许多显在与潜在的负面影响，产生了许多政治危害，实事求是地说，独尊儒术在后代确实对中国的封建专制起到了相当大的推波助澜的作用，积重难返的封建专制在中国也真是祸莫大焉，贻害无穷，但是，即便这样，也不能把全部的罪责都推到汉武帝一人的头上，更不能像柏杨先生所说的那样，把汉武帝视同为一个"丙级战犯"。

　　平心而论，当年汉武帝独尊儒术，将儒学定于一尊，其中固然有加强自己的封建专制的成分，但其实，也是形势所迫和形势使然，乃是为了新兴的汉帝国免遭分裂，是为了大力弘扬儒家的那种奋发有为积极进取的精神，来建设和强大自己的国家，从根本上改变过去那种无为而治的死气沉沉、不思进取、近乎死水一潭的不利局面，这些，怎么说都应该算是正能量，即便在任何社会、任何时代都无疑应该值得提倡和值得肯定的。

　　显然，对汉武帝应该作如是观。

　　更何况，对于历史人物的评价应该要站在当时的历史的角度，而不应该用后人的世界观与价值观来予以衡量和评判。

　　如果我们尽量把握历史的尺度，遵从历史的法则，对汉武帝的是非功过进行评判，或许我们就会发现，在那样一个时代，汉武帝真的是一个了不起的英雄。

　　后元二年（公元前87年）二月十二日，汉武帝颁布诏书，立8岁的皇子刘弗陵为皇太子，也即后来的汉昭帝。还只过了仅仅两天，这位在位共54年的汉武大帝便驾鹤西去，龙驭上宾，从此永远结束了他在人世间虽丰富多彩但却充满争议的一生，享年71岁。能活到这个岁数，这在古代的皇帝中，比较而言，汉武帝也算是非常长寿了。

　　史载，病重期间，因为自觉自己将不久于人世，汉武帝临终前做了两件历史上非常有名的事情：一件便是历史上所谓的"立子杀母"；另一件则是"轮台罪己"。

　　所谓"立子杀母"也就是在他临死前，汉武帝将时年还只有8岁的刘弗陵立为太子，作为自己的政治接班人予以正式确定下来，但却将刘弗陵的母亲、自己喜爱的"钩弋夫人"给杀死了。

　　所谓"轮台罪己"，其实也就是汉武帝晚年的忏悔。从史书上看，汉武帝这个人虽然一生都很自信，很自负，但也很有自知之明。因为自觉来日不多，行将就木，回首自己一生建明堂，垒高坛，树"泰一"尊神，大搞顶礼膜拜，并且靡费巨资，多次封禅出游；重用方士，听信谗言，酿成巫蛊之祸，逼死太子和皇后以及皇孙等上万人；连年对外用兵和肆意挥霍，造成国库空虚，财力枯竭；实行盐铁国家专卖以及缗钱令制度，近乎竭泽而渔、杀鸡取卵似的对天下财富的盘剥，导致成千上万的家庭家破人亡，整个工商业也遭受了沉重的打击……每每想到这些，"亢龙有悔"的汉武帝总是百感交集，愧悔交加。

于是，在征和四年（公元前89年），当大弘农桑弘羊等人上书建议派屯田卒去开垦轮台（今天山南麓，塔里木盆地北缘）、修建亭障以及将开拓西域战争继续推向前进时，汉武帝断然说不，并下诏"深陈既往之悔"，很是诚恳地检讨自己，痛心疾首地向天下人承认自己的错误说："我自从即位以来，干了许多狂妄悖谬之事，使天下人贫苦而不得安宁，从今以后，凡是伤害老百姓、浪费天下财力的事情，一律废止！"同时，他还表示自己将痛改前非，从此罢兵停止战争，把国家的工作重心重新转移到发展农业生产上来，以便让老百姓安居乐业。

"轮台罪己诏"无疑开了中国古代皇帝勇于开展自我批评并公开写检讨书的先河，同时也充分显示了汉武帝勇于解剖自我并不讳疾忌医的自我否定精神与巨大勇气。单凭这一点，就足以说明汉武帝绝对不同凡响，真正称得上是千古一帝。

汉武帝死了，汉武帝时代也就随之彻底结束了。但是，围绕汉武帝其人其事的争论却刚刚开始。

说来，这真的是一个颇为奇怪而又非常有趣的历史现象，也许是汉武帝生前，自己首先开展了对于自己的批判，为"批评汉武帝运动"开了一个头，所以汉武帝驾崩不久，很快对他的评价和争论就开始了。

那是公元前81年，也即汉武帝去世后的第六年，大汉帝国召开了一次"中央经济工作会议"。这是一次非常重要的会议，历史上将这次会议称为盐铁会议。盐铁会议上的各种材料及言论，后来被桓宽集成了一个集子，叫《盐铁论》。这部书乃是中国经济思想史上一部重要典籍。

在这次盐铁会议上，与会代表对汉武帝时期的对内对外政策展开了热烈的讨论，毫不避讳地对汉武帝生前所实行的一系列政策予以了强烈的批判，而且，会议在最后还达成了一个共识，就是对汉武帝时期的政策立即着手开展拨乱反正。这种在正常即位的情况下，新帝对先帝的既定方针政策予以公开批判和纠正，可以说在历史上是绝无仅有的。

也许正是因为盐铁会议开了一个先河，后代对于汉武帝的评价和争论几乎史不绝书，没有休止。这其中，誉之者众多，毁之者也众多。

记得几年前央视百家讲坛《汉武帝的三张面孔》主题曲《汉武帝》这样唱道：

　　　　　汉家旌旗蔽四海，

　　　　　暮云飞渡单于台。

　　　　　行人望断西极路，

　　　　　十万头颅换得宝马来。

　　　　　五十四年功过凭谁述，

　　　　　甘泉花落尽尘埃。

　　　　　五十四年功过凭谁述，

　　　　　甘泉花落尽尘埃。

　　很显然，这一歌词对于汉武帝的评价，如前所述，完全是一种书生之见。"十万头颅换得宝马来"是对汉武帝征讨匈奴的污蔑与歪曲，而"甘泉花落"也并不完全只是"尘埃"。

　　比较起来，倒是刘欢在电视连续剧《雍正王朝》中所唱的主题曲非常大气，对历史人物的评价也比较客观公允，且听：

　　　　　数英雄论成败，

　　　　　古今谁能说明白？

　　　　　千秋功罪任评说，

　　　　　海雨天风独往来。

　　　　　一心要江山图治垂青史，

　　　　　也难说身后骂名滚滚来。

　　　　　有道是人间万苦人最苦，

　　　　　终不悔九死落尘埃。

　　不用说，刘欢所唱的这首歌评价感叹的是雍正，但如果拿它来评价汉武帝显然也非常适合。

　　只是，雍正与汉武帝相比，显然相形见绌，两人根本就不在一个重量级上。

　　因为，正像当代著名学者何新所称道的那样："汉武帝是一位承前启后而又开天辟地的真正伟大的君王。在他之前的历史上，他所建树的文治武功无人可及。他的风流倜傥超群绝伦。他的想象力和巧妙手法使政治斗争成为艺术。他的权变和机谋令同时代的智者形同愚人。他胸怀宽广，既有容人之量又有鉴人之明。"

　　在《汉唐精神》一书之《汉武盛世的历史透视》一文中，孙家洲教授说的好："评价中国古代皇帝有两类，一类叫作一代之皇帝，一类叫作百代之帝王。一代之皇帝是说这个皇帝的影响仅限于一个朝代，例如汉高祖刘邦，百代之帝王实说这个皇帝造成的历史影响并没有随着他那个朝代的消亡而消失，相反影响继续存在，影响很长的一个历史阶段，例如秦始皇和汉武帝。汉武帝这样的一个皇帝对整个中国古代历史的影响都是很大的。"

　　的确，汉武帝乃是一个"百代之帝王"，他对中国历史的影响是巨大的，而雍正充其量只能说是一个善于权谋阴险残忍的"一代之皇帝"罢了。

第八章
悠悠岁月，欲说王莽好困惑

王莽其人，用我们坊间老百姓的话说，乃是一个苦角色。我们看他没当官时，先是处心积虑，竭力想当一个好人；当了官后，煞费苦心想当一个好官；篡位称帝后，又殚思竭虑想当一个好皇帝。就这样，他几乎一辈子都在夹着尾巴做人，总是那么处心积虑，煞费苦心，竭力想树立自己的美好形象，可是，到头来，不仅落得那样一个凄惨可怖的下场，而且还身败名裂，在历史上留下了千古骂名……

所以，就像一部很有名的电视连续剧的主题曲中所唱的那样："悠悠岁月，欲说当年好困惑……"谈到王莽，真的是很让人困惑，一时不知道对他是褒还是贬，该作何评价才好。

穷人的孩子早当家

如果不持任何偏见的话，应该说，未当官时的王莽绝对是个好人。倘若按照当时的标准而论，他年少时的表现，完全能够被举为孝廉。而用现在的话说，其先进模范事迹纵然不能"感动中国"，也完全能够被评为"全国道德模范"。

也确实，年少时的王莽绝对是个好孩子。

也许是与他的家境有关吧，从史书上看，几乎还在很小的时候，王莽就表现得特别懂事，尊老爱幼，关爱他人，勤奋刻苦，好学上进。其所作所为，完全就像一个小大人似的，纯然与他那个年龄的孩子有着霄壤之别。

据史书记载，王莽字巨君，出生于汉元帝初元四年（公元前45年），其家乡是魏郡元城（今河北大名东）。在历史上，王氏几乎一直都是一个名门望族，唐代诗歌中的"旧时王谢堂前燕"中所说的"王"姓便无疑是指这一"王"氏。当然，刘禹锡诗中所说的"王谢"其实只是一种借代，而非实指，是泛指历史上所有像"王谢"一样的大家贵族。但不管怎么说，河北魏郡的王氏一族都是历史上的高门望族。

据考证，王莽的祖先原是田齐王族后裔（今山东章丘），后被秦所灭，其家族因此一蹶不振，一度出现衰败。一直到了西汉武帝中期，其家族中有个叫王贺的人做了武帝朝的绣衣御史，整个王氏家族才又开始渐渐呈现出兴旺景象。

所谓绣衣御史，乃是指受朝廷（皇帝）派遣，奉行捕盗、治狱等特殊使命的朝廷官员，虽然官位不高，但由于是钦差大臣，握有尚方宝剑，因而对俸禄在二千石以下的地方官，拥有着生杀予夺、先斩后奏的大权。当时，不少担任绣衣御史的大臣来到地方，或狐假虎威，敲诈勒索，中饱私囊；或为了邀功请赏，草菅人命，滥杀无辜，表现得都很强势嚣张。

可是，王贺在当绣衣御史期间却显得非常仁慈、低调。当时，由于天下征伐不断，百姓不堪其苦，群起抗争。一次，他奉命去魏郡巡查，监督地方官抓捕盗贼。由于他为人厚道，心地善良，对官逼民反的"盗贼"心怀同情，因而对他们多半高抬贵手，往往纵而不杀。因此，王贺以捕盗不力的罪名被罢官。为此，他曾自我解嘲道："吾闻活千人有封子孙，吾所活者万余人，后世其兴乎！"

罢官后，王贺全家移居魏郡元城委粟里。因为他一向积德行善，在当地颇受人尊重，被举为乡老。

史载，王贺生了两个儿子，长子王禁、次子王弘。其中，王禁生有一个女儿，名叫王政君，后来嫁给了汉元帝刘奭，也即汉朝孝元皇后。

说到孝元皇后王政君，想必许多人对她并不熟悉，但若说到王莽与赵飞燕，则几乎是无人不知无人不晓。而这两个人，与她都有着很大的关系。其中，王莽乃是王政君二哥王曼的儿子，也就是她的亲侄子；而赵飞燕则是她的儿媳妇，是她的儿子汉成帝刘骜生前十分喜爱和痴迷的皇后。

要说王政君这个女人，其命运可谓既幸又不幸。幸运的是，她能为汉元帝刘奭生了个儿子，而且这个儿子后来又侥幸能够灵前即位，成为新帝，也即汉成帝刘骜。于是乎，王政君母凭子贵，由皇后而至皇太后，一举奠定了当时大汉第一女人的稳固地位。

不幸的是，她一生虽然富贵无比，但作为一个女人，在爱情方面却非常不幸。她虽然出生于官宦之家，年轻时又长得如花似玉，美艳端庄，且"婉顺得妇人之道"，因而在当地芳名远扬，可是，少女时，虽然她父亲几次将她许配给人家，但几次还没等她嫁到婆家，那一心盼着与她成婚的郎君竟然都"未婚先死"。后来，东平王聘她为姬，结果也没有等到与她洞房花烛那一天，同样也是一命呜呼。

　　如此三番五次地让未婚夫"未婚先死"，让她的父母越来越以为她生有克夫之命，可就在她本人也越来越对爱情陷入绝望甚至想着要去自杀时，有一天，她的父亲请来一个会相面的半仙为她看相算命。在仔细看了她的面相后，那半仙神秘兮兮地对她的父亲王禁说："令爱吉相，命当大贵。此乃天机，不可泄言。"

　　说来也怪，后来，这王政君竟果然被选入宫中，从此时来运转，以致最后竟真的"命当大贵"。

　　不过，进入宫中的王政君虽然最后真的"命当大贵"，但在爱情上，她却依然很不幸福，更不"性福"。诚如我们所知道的，她的丈夫汉元帝刘奭先是对妃子司马良娣爱得死去活来，司马良娣病死后，他又对傅昭仪大为宠幸，几乎从始至终，都对王政君没有产生过任何爱意。或者，换句话说，一生中，女人王政君几乎没有得到过汉元帝哪怕一丝一毫的爱情，这对一个女人来说，委实是一种巨大的不幸。

　　不过，话又说回来，与同时代的王昭君比起来，王政君的命运显然要好得多。如果说，王昭君是一片一直未被汉元帝发现与耕种的美丽芳草地，最后只好出塞远嫁呼韩邪单于，王政君怎么说也还是被汉元帝刘奭给宠幸了那么几回，而且最后竟然还成了母仪天下的皇后。

　　说来，王政君也很是幸运。她的丈夫也即汉元帝刘奭尽管只是很偶然地，想必也是不经意地，宠幸了她那么一次，没想到却因此立即开花结果，到最后竟然生下了一个龙种，也即后来的汉成帝刘骜。然而，反观汉元帝的其他妃嫔，她们那不争气的肚皮却总是不见有任何变化。

　　如此一来，虽然在爱情上很不幸福，但女人王政君没得到爱情却得到了富贵，而且还是这世界上最大的富贵。

　　黄龙元年（公元前49年），王政君的"老公公"汉宣帝死去，太子也即她的丈夫刘奭即位，史称汉元帝。年仅三岁的太孙也即王政君的儿子刘骜被立为太子。与此同时，王政君也先由太子之妃升为婕妤，三天之后，又被立为皇后。

　　竟宁元年（公元前33年）五月，43岁的汉元帝刘奭病死。太子刘骜即位，这就是汉成帝。母凭子贵的王政君从此真正是时来运转，理所当然地被尊为皇太后，由此不仅彻底改变了她自己以及她娘家人也即王氏家族的命运，而且，也最终彻底改变了整个大汉帝国的历史。

此乃后话，姑且不说。

却说两汉时期，外戚势力一直都很活跃，以致猖獗，大凡皇后与皇太后得势后几乎都对自己的娘家人格外眷顾与提携，封官加爵几成惯例。

王政君当然也不例外。

在儿子刘骜即位后，被尊为皇太后的王政君乘机操纵了朝政，并任命自己的哥哥王凤为大司马、大将军、领尚书事秉政。熟悉汉史的人都知道，汉武帝后实行内府执政，大司马就是朝廷内的军政首脑，位在三公之上。王政君让自己的哥哥任大司马，实际上就是将国家的军政大权从此操控在了王氏外戚的手里。

仅仅过了一年，也即在建始元年（公元前 32 年），在王凤的提议下，王政君又授意汉成帝封了她的五个兄弟也即汉成帝的五个舅舅为侯，具体为：王凤之弟王谭为平阿侯、王商为成都侯、王立为红阳侯、王根为曲阳侯、王逢时为高平侯。世人将之称为"一日五侯"。

就这样，在王政君的裙带提携下，王氏外戚迅速崛起，继"五侯"同日受封后，王氏子弟无不官运亨通，扶摇直上，真正可谓"一人得道，鸡犬升天"。一时间，那些王氏子弟以卿大夫侍中诸曹"分据势官满朝廷"。

不过，从一开始，在姑姑王政君突击提拔自己娘家一大批"王氏高干"时，王莽却未能分到一杯羹，之所以会是这样，倒不是姑姑王政君故意不待见他，而是因为王莽的父亲王曼去世早，还没有享受到外戚的殊荣与待遇便撒手人寰。所以，当等到王莽的众多伯伯、叔叔一起被封侯时，却唯独王莽的亡父一无所封。对此，《汉书》这样记载："莽群兄弟皆将军五侯子，乘时奢靡，以舆马声色佚游相高，莽独孤贫，因折节为恭俭。"

说来也真像老子在其《道德经》中所说的"祸兮福所倚"，有时候，人生中遇到的坏事不一定就是坏事，只要假以时日，说不定坏事反而会转化成为好事，反之亦然。

在今天看来，王莽之所以日后能那样青云直上，有那么大的出息，这其中固然与他的亲姑姑王政君这一巨大的后台分不开，但在某种意义上，应该说也与王莽自己的个人奋斗有着很大的关系。

也确实，王莽从小与母亲相依为命。性格好强的母亲对他寄予了很大的希望，还在他很小时，就把他送到名儒沛郡陈参门下学习《礼经》。等到自己的长子夭折后，年轻守寡的母亲就更是把家庭全部的希望都寄托在了王莽的身上，宁可自己节衣缩食，也要供王莽读书，而且，每当王莽晚上用功，他的不大识字的母亲都要陪伴着他一直到半夜等他就寝后才睡。这使王莽从小就在心中发誓，自己这辈子一定要好好学习，将来一定要出人头地，以此报答自己的母亲。特别是在他的叔叔和伯伯们都被封了侯，而他因为父亲早逝竟一无所获而遭此打击时，他的这种愿望就更是强烈。

汉朝一向以孝治天下，孝一度成为衡量人的优劣好坏的最大准则，就因此，两汉期间，无论是朝廷还是民间，人们都对孝非常看重和推崇。

而在孝的方面，王莽几乎从小就表现优秀，堪称楷模。虽然不能像他的堂兄弟们那样"乘时奢靡"，过那种令人艳羡的"高富帅"似的幸福生活，可是，他却并不因此怨天尤人，自暴自弃，反而显得孔颜乐处，安贫乐道，而且什么时候都显得非常谦恭。

现代心理学家认为，谦恭虽然说是一种美德，但有时往往也是一种经过掩饰后出现的品格。很多的时候，它含有虚伪讨巧的成分。在现实生活中，由于错综复杂的人际交往和形形色色的利益之争，谦恭有时成了一种保护自己的有效方式，令人从中获得好处。也正因此，古往今来，谦恭一直在社会上风头极健，大行其道。特别是在官场，几乎总能看到那种伪装谦恭、在上司面前低眉顺眼极尽乖巧的人。

从史书上看，王莽就是这样一个表现谦恭，并且从谦恭中获得了巨大好处的人。

也许是穷人的孩子早当家吧，王莽从小就显得比他的那些"乘时奢靡"的"官二代"堂兄弟们懂事。在家族内部，无论是对自己的寡母还是寡嫂以及几个年幼的侄子，他都能尽心竭力地赡养抚育，对自己的叔叔伯伯就更是非常孝顺。而在家族之外，他也一直乐善好施，广交名人儒士。

可以说，在做人方面，年轻时的王莽真的是一个好人，一个几近完美、无可挑剔的好人。他知书达理，尊老爱幼，以致那些认识他的人几乎没有不说他好的，特别是那些年迈的长辈，都认为王莽这小伙子勤勉好学，孝顺谦恭，是个难得的人才，日后一定会很有出息。

就因此，虽然不是自己的儿子，但他的几个叔叔伯伯都对他这个侄子称赞有加，视为己出，经常在皇太后王政君面前说王莽的好话，叔父王商甚至主动提出要拿出自己的封地给王莽封侯用。

当然，王莽能够踏入仕途，最先需要感谢的应该说还是他的伯父王凤。或者，换句话说，是伯父王凤第一个心甘情愿地为他打开了这扇通往仕途的大门。

如上所述，王凤是其妹妹王政君当上皇太后之后，王氏外戚的第一个受惠者。在被任命为大司马大将军领尚书事后，他很快便大权独揽，甚至连皇帝也怵他三分。

这里，仅举一个例子便足以佐证。

据说，有一次，许多大臣都在汉成帝面前举荐光禄大夫刘向的儿子刘歆，说他博学多才，可堪大用。汉成帝且信且疑，于是便召见刘歆对他进行"面试"，发现刘歆果然诵读诗赋，滔滔不绝，很有才华。汉成帝很高兴，当即想封刘歆做中常侍，并命人准备好官服。说来，中常侍也就是个虚职，并不是什么大不了的有实权的官儿，可是就在皇帝要封刘歆为这样的官时，没想到旁边的大臣却提醒他说："大将军还不知晓此事呢。"汉成帝不当回事地说："此等小事，关大将军何事？"

可是，大臣们这时却执意要将此事通知王凤。汉成帝没办法，于是便把要封刘歆为中常侍的事情让人告知了王凤。没想到，王凤却不同意汉成帝这样做。结果，刘歆的官自然没能做成。

由此可见，王凤做大司马大将军时，不是皇帝说了算，而是由他说了算。王凤的权倾一时，可见一斑。

但是，古往今来，即使是再强势的人都会有日薄西山、穷途末路的时候，即使是人世间没有人能奈何得了他（她），但冥冥之中的神灵抑或上帝却终究能够制约得了他（她）。王凤当然也不能例外。

公元前22年，这位王氏外戚的第一位掌门人无论是仕途还是生路都忽然走到了尽头，因为突然重病，他不得不从权力高位上恋恋不舍地走下来，心不甘情不愿地回到家里养病。也许是当官期间健康透支太多，这一病，王凤就再也没有从病榻上站立起来。

有道是久病床前无孝子，由于在病榻上一躺就是几个月，眼看曾经"炙手可热势绝伦"的大司马真的行将就木，许多曾经煞费苦心巴结讨好他的官员便都纷纷离他而去，至于那些觊觎其位已久的王氏族人更是巴不得他早死早好，这种时候，就连他的那些从小娇生惯养的亲生儿女也都对他渐渐淡薄，心生厌烦，可是，有一个人却始终"爱他没商量"，对他的关心真正是无微不至。

不用说，这个人便是王莽。

几乎从王凤病倒那天起，王莽便不请自来，主动搬到王凤的病房中，在他的病榻前竭忠尽孝，几乎总是夜以继日地看护服侍自己的伯父。在王凤病重的日子里，王莽不仅不辞辛劳地为他亲尝汤药，而且还毫不嫌弃地为他端屎倒尿。由于总是没日没夜地操劳，几个月下来，王莽变得面黄肌瘦，蓬头垢面。

想想一个侄子竟会对自己如此孝顺，这使生命垂危的王凤非常感动，于是，在临终前他郑重其事地反复请求前来探视他的皇太后与汉成帝能够提拔重用自己的这位孝顺侄子王莽。

有道是：人之将死，其言也善。做了这么多年的大将军大司马领尚书事，王凤的政治能量是惊人的，诚所谓虎之将死，余威还在，对于他临终前这样一个小小的请求，无论是皇太后王政君还是汉成帝显然都不会拒绝。更何况，对这样一个品学兼优乐于助人的好青年，而且又是自己的亲侄儿，皇太后王政君自然也乐得做个顺水人情，对他提拔重用。

于是，在母后的推荐下，汉成帝便将他的这位舅老表任命为黄门郎。

王莽的仕途自此开始。

不久，汉成帝又遵从母后的懿旨将王莽升迁为品秩二千石的射声校尉。

如此一来，时年还只有24岁的王莽便通过"自己的努力"，成了一名年轻的"国家级后备干部"，并很快脱颖而出，成了西汉末年帝国政坛上一颗冉冉升起的政治新星。

权力炼成的秘诀

有人说，王莽是个迂夫子，书呆子一个，迂腐不堪。应该说，这只是"只知其一，不知其二"。其实，在做人做官方面，王莽这人真的是很有心机，很有城府，道行很深，精明异常，一般人根本不是他的对手。

有人说，王莽是个伪君子，极端虚伪，如班固在《汉书》中就把他说成是"巧伪人"，但从种种实际情形看，王莽的为人处事，尽管有许多虚伪作秀的成分，然而，在本质上，平心而论，他也还算是一个老实人，虽然有时候免不了玩些手腕，有些阴险奸诈，但大多数时候，却也不乏能够显示出他性格的本色，做人的真诚。

所以，倘若从现代心理学的角度来分析，王莽很有可能是一个严重的性格分裂症患者。

说来，王莽这一辈子活得也真的很累，很不容易，几乎在任何时候，他都小心翼翼，夹着尾巴做人，无论是在生活的舞台还是在政治的舞台上，他都一直处心积虑，竭力要把自己"包装"成一个好人，一个好官，一个令人肃然起敬有口皆碑的道德君子。

然而，要达此目的，几十年如一日，王莽为此要煞费多少苦心，耗费多少心血，付出多少犹如清教徒、苦行僧一样的肉体与精神的常人无法理解也无法忍受的艰辛？

不过，令人不得不佩服的是，事实证明，王莽对于自己形象的"包装"曾经一直都很成功。

诚如我们所知道的，步入仕途后，王莽依然一如既往，继续扮演他的好人角色，竭力想把自己塑造成一个感动中国的"全国道德模范"。

据说，在一次盛大的宴会上，王莽数次离席，说是要回家侍奉生病卧床的母亲服药，以致在场的所有人几乎都打心眼里钦佩他的孝顺。

其实，在今天看来，王莽这样做实在是有些作秀的成分，未免让人觉得太假了，因为，王莽的家里并非真的只有他与母亲两人相依为命，虽然哥哥早逝，但嫂嫂还在，王莽偶尔一次外出，难道母亲的一次服药就不能由嫂子代替他去服侍吗？

除了竭力表现或者干脆说是表演自己的孝道外，王莽也很注重表演自己爱幼与尊师的一面，平时不仅对自己抚养多年的侄儿王光呵护有加，一心供他上学读书，而且还经常到王光读书的学堂去慰问老师，使得"诸生纵观，长老叹息"。此外，虽然他的家境也不富裕，甚至还很贫寒，但王莽却一直克己奉公，乐于助人，经常仗义疏财，所得俸禄多半用来赈济那些更为贫困或者大病的同僚。

更有甚者，王莽在美色方面也"毫不利己，专门利人"。说是有一次，王莽买了一个年轻美貌的女子，藏在家中。此举一时引起了人们的窃窃私语：

"原来王莽也好色？"

"嗛，是个男人，见到美女谁不动心？谁不好色？"

可就在人们茶余饭后议论纷纷之际，王莽对朋友们公布了答案。原来，这个女子是他为朋友朱博买的。这位朱博，为官清廉，政绩卓著，只可惜一直没有儿子，王莽想朋友之所想，急朋友之所急，便为他买了这个美女，好让他延续香火，传宗接代。

如此"重友轻色",不仅朋友朱博感动,连其他人也都感动了。

就因此,王莽渐渐成了一个名动朝野、有口皆碑的好官。久而久之,他的知名度之高,竟然远远超过了他的几个在他之前先后担任过大司马一职的叔伯。

看到自己的这个侄子这么优秀,与自己的那些平时只知道声色犬马、游手好闲的子侄们简直有着云泥之别,王莽的几个先后担任大司马一职的叔伯自然都很为他高兴,觉得老王家的后生并非都是纨绔子弟,而是后继有人,而且还是人才难得。显然,这个难得的人才便是王莽,王氏外戚中当时最优秀的"官二代"中的佼佼者。于是乎,不约而同,几个叔伯都想把王莽培养成王氏外戚第二代政治接班人,从而把王氏外戚的权力接力棒传承给他。

就这样,自王凤临终前推荐王莽后,仅仅过了6年,在公元前16年,也即在王莽刚好30岁那年,他的另一个继王凤之后被任命为大司马从而把持朝政的叔叔王商上书成帝,请求成帝将自己的户邑分封给王莽,言外之意,实际上就是要求汉成帝能够将王莽封侯。

而几乎是在同时,当时的一些天下名士如长乐少府戴崇、侍中金涉、胡骑校尉其闳、上谷都尉阳并、中郎陈汤等名流也都纷纷上书,不断为王莽歌功颂德,对王莽的人品和才干大为称道,大加赞赏。

见侄子王莽年纪轻轻竟如此出类拔萃,颇有人望,皇太后王政君也看在眼里喜在心里,这种时候自然也在儿子汉成帝面前竭力举贤不避亲。如此一来,汉成帝便顺水推舟,封王莽为新都侯,食邑1500户,并晋升他为骑都尉及光禄大夫与侍中。其中,骑都尉乃是武官,掌监羽林骑;而光禄大夫则为掌议论之官,虽然级别不是很高,但西汉后期,九卿等高官多半都由光禄大夫升迁上来;至于侍中,则很有些像皇帝的大秘书,可以直接进入禁中受事,自汉武帝以降,侍中权位渐高,等级超过侍郎,魏晋以后,侍中往往成为事实上的宰相。

到此为止,虽然还不是一人之下、万人之上,但年仅30岁的王莽便已集军政大权于一身,跻身朝廷重臣之列,成为当时大汉帝国中最年轻也是最有希望的"国家级后备干部"。

然而,尽管这样,王莽依然不娇不纵,而是爵位愈尊,为人愈谦,且更加乐于助人,用史书上的话说就是"散舆马衣裘,振施宾客,家无所余",慷慨大方,乐善好施。

王莽这样做，一方面说明他这人什么时候都不会小人得志，得意忘形，而是知荣守辱，低调做人；但在另一方面，也说明他严于律己，韬光养晦，在政治上显然还有着更大的抱负或野心。

从史书上看，步入仕途的王莽虽然一直都表现得非常谦恭，竭力想扮演一个好官的角色，礼贤下士，乐善好施，但他也并非就是一个好好先生，与世无争。在内心中，他也很有心机，对于自己的政敌，在关键的时刻，他也能够先发制人，虽然不动声色，但却一剑封喉。

可以说，淳于长就是这样死在他的看似并不锋利的剑下的。

诚如我们所知道的，在当时，做臣子的最高职位便是荣任大司马一职。作为"国家级最高后备干部"，应该说，王莽无疑已经成为将来接掌大司马一职的最佳人选，但是，屈指算来，在当时的情势下，他却不是唯一的后备人选。而另一个潜在对手——一个能够与他形成竞争的人，便是他的表兄淳于长。

事实上，淳于长也是王氏外戚集团中的新生代，他的母亲王君侠乃是皇太后王政君的亲姐姐。太后王政君是他的亲姨妈，汉成帝是他的姨表兄。所以，论关系，论后台，应该说淳于长与王莽彼此彼此，不分上下。而且，更重要的是，淳于长这人头脑特别灵光，为人非常灵活，很会来事，因而和汉成帝从小就一直关系要好。因而，他20来岁便当上了黄门郎，年纪轻轻就出入宫廷之中，往来显贵之间，与王莽一样，也成了一个行情看涨前途无量的"帝国高级后备干部"。

这就在实际上与王莽形成了竞争关系。

虽然是一对表兄弟，但淳于长与王莽两人的性格却迥然不同。如果说，王莽给人的印象是憨厚淳朴，谦恭礼让，处事持重，而淳于长给人的印象则是能说会道，头脑灵活，精明过人。

有道是，外表精明的人从商，外表憨厚的人从政。很显然，淳于长就属于那种外表精明办事灵活但活而不稳的人，而王莽却正好与他相反，外表憨厚内心精明，明显属于那种官场老狐狸一类的角色。

从史书上看，对于王莽与淳于长这两个帝国"最高级年轻后备干部"，在二选一的政治选项中，无论是王太后还是汉成帝，在一开始几乎在感情上都倾向于后者。即便是淳于长本人，恐怕也一直以为自己在与表弟王莽的二选一对决中必胜无疑。

可是，最后的结果却正好相反，在权力的擂台上，一直似乎不占上风的王莽却一招制胜，击倒对手，取得完胜。

由此可见，在政治的博弈中，王莽绝对是个高手，虽然表面上像打太极拳似的，飘飘忽忽，柔柔弱弱，而淳于长外表看起来就像是个拳击高手似的，出拳果断，既凶又狠，但却华而不实，以致王莽最终以柔弱胜刚强，彻彻底底地打败了表兄淳于长这个自己最大的政治对手。

还是来具体看看王莽是怎样不动声色除掉自己的表兄淳于长这位强有力的政治对手的吧！

说来也真的是聪明反被聪明误，在今天看来，淳于长之所以能够少年得志一路青云直上，除了他的背后有着很硬的政治靠山与后台，再有就是他的小聪明，在仕途上很会钻营也很会投机。而到了最后，他之所以会"反误了卿卿性命"，很显然，也是被他的这种不走正道的小聪明所害的。

古往今来，中国的封建官场总是不乏有许多的精明人，他们往往不走正道，而是喜欢走旁门左道，通过谄媚邀宠攀附权贵来达到自己升官发财的目的。而在事实上，许多时候，中国的封建官场的确也总是小人得志、好人遭殃，这些官场中的精明人多半总能大行其道，如愿以偿。这也正是几千年的中国封建官场中为何总是阿谀奉承、投机钻营、人身依附一直蔚然成风且愈演愈烈的症结之所在。

不用说，淳于长也显然是这样的官场中的精明人。

话说，汉成帝这人非常好色，平时除了喜欢喝两杯小酒外，最大的爱好就是女色，在后宫佳丽身上不停地寻找自己生活的快乐与刺激。

据说有一次，汉成帝微服出游路过阳阿主家。主人请他喝酒，并叫家里的几个歌女出来唱歌、跳舞，侍候皇帝。如同当年汉武帝刘彻在这种场合遇到能歌善舞、美丽动人的卫子夫而一见钟情一样，汉成帝刘骜这天也遇到了一个名叫赵飞燕的侍女，堪称绝代佳人。她能歌善舞，美若天仙，顿时把汉成帝给迷得神魂颠倒。于是，汉成帝立即将她带回宫去，供自己享用。后来，汉成帝又听说赵飞燕的妹妹赵合德长得更美，于是便又将赵合德纳入后宫，与赵飞燕一起封为婕妤。于是乎，几乎在一夜间，堪称绝代双骄的赵飞燕姐妹一时宠冠后宫，无人可及。而原来的许皇后、班婕妤自然黯然失色，由此失宠。

古代后宫，历来都是没有硝烟的战场，而且，在某种程度上还不似战场，胜似战场。进入后宫后，为了能够邀宠固位，进而能够母仪天下，头戴凤冠，赵飞燕便在成帝耳边吹枕头风，诬告许皇后、班婕妤用巫蛊术诅咒后宫、谩骂皇帝。成帝一怒之下，将许皇后废掉，班婕妤也离开皇帝去长信宫侍奉皇太后。

这以后，汉成帝便想立娇艳妩媚、国色天香的赵飞燕为皇后，然而，成帝虽说是一国之君，但在立后这个问题上却不能不听从皇太后的意见。可当那天，他向自己的母后提出这一请求时，没想到皇太后王政君却嫌弃赵飞燕不过一个歌女戏子出身低微而大加阻挠。成帝没办法，于是便成天唉声叹气，闷闷不乐。

由于经常待在成帝的身边，对这一情况，淳于长当然了如指掌。当那天他听说皇太后拒绝了成帝想立赵飞燕为皇后的请求后，几乎下意识地，忽然感到很兴奋。他觉得，自己邀功请赏大显身手的机会来了。

于是，第二天他便不请自来，主动跑到皇太后那里为成帝充当说客。淳于长当时负责宫廷警卫，专门来往于皇帝与皇太后之间传递信息，加上皇太后又是他的亲姨妈，而且，更重要的是淳于长这人很会说话，嘴巴很甜，皇太后王政君一直很喜欢他这个外甥。所以，当他跑去主动替成帝做皇太后的工作，为赵飞燕说好话时，没想到仅凭他的一张巧嘴竟然很快就把姨妈王政君的思想工作给做通了。这真的是大大出乎许多人的意料，因而，当他把皇太后已同意立赵飞燕为皇后的消息突然告诉成帝时，成帝竟然喜出望外，一下子笑得合不拢嘴。

就这样，立赵飞燕为皇后的事被淳于长轻而易举第就给搞掂了，如此一来，不仅成帝高兴，赵飞燕自然也很高兴，两人无不对淳于长心存感激，宠爱有加。于是很快，成帝便找了一个冠冕堂皇的理由，加封淳于长为关内侯。

可别小看这关内侯，它可是当时二十等爵中的第十九等级，仅次于彻侯，地位显赫，非一般的官吏可比。过了两年，成帝又封淳于长为定陵侯，对淳于长可谓恩典非常。仅此可见，当时的淳于长深得汉成帝恩宠。

而能够得到汉成帝的如此厚爱与赏识，说明年轻的"国家最高级后备干部"淳于长的前途也真的是行情看涨，一片光明。以致有很长一段时间，在未来谁将成为大司马一职的最佳人选问题上，很多人都普遍看好淳于长，而不是王莽。在私下里议论时，许多人都认为，如果不发生大的意外，大司马这个位子将来一定非淳于长莫属。

大凡人在得意时都很容易忘乎所以，不知道自己是谁。淳于长这人就是这样。此人虽然聪明，头脑灵光，很有计谋，但他的短板却是为人骄狂，胆大妄为。因为自恃皇亲国戚，上有皇太后和皇帝罩着，淳于长做起事来就很有些恃宠而骄，恣意妄为，他先是和被废的许皇后的孀居的姐姐许孊通奸，后来又纳她为妾。为了能讨得许孊姐妹俩的欢心，炫耀自己的本事，淳于长又去向成帝说情，让成帝将被废的许后又升为婕妤。

如果事情到此为止也还问题不大，顶多只能说他为人轻浮，再就是在政治上还不太成熟。可是接下来他所做的事情就远远不是"过分"两个字所能形容的了。想不到色胆包天的他竟然写信调戏许皇后，许诺要将她封为左皇后。连皇帝的女人也敢非礼，也敢欺骗，这就真的是在老虎嘴里拔牙，在太岁头上动土了！

俗话说："若要人不知，除非己莫为"，在做这些事时，一向自以为聪明的淳于长以为自己干的这些见不得人的事情别人都不可能知道。哪知道，他这边事才刚做，那边，早就暗中盯着他一心想揪住他把柄的王莽便很快知道了。

在这之前，在淳于长最得意的时候，王莽一直都表现得心平气和，一副若无其事的样子，但在不动声色的背后，他却像是一个武林高手，始终在窥伺寻找着对手的破绽，等待着有一天能够一招制胜，一剑封喉，将自己的政治对手彻底打倒。

也确实，这些年来，王莽一直都在暗中搜集和整理淳于长的黑材料，这时已经掌握了许多淳于长大肆收受地方官的贿赂，卖官鬻爵的罪证，但是，仅仅拿这些罪证来告发淳于长，王莽知道，还不足以把淳于长给彻底打倒。在权力的擂台上，自己要想彻底击倒淳于长这位最强有力的政治对手，还需要有一枚爆炸力更强的重磅炸弹。

所幸的是，王莽的暗中等待并没有耗时太久，这样的重磅炸弹就突如其来，几乎是自己找上门来。

那天，他突然得到密报，探听到淳于长大逆不道，竟然写信调戏许皇后，王莽先是大为震惊，但很快便心中窃喜，觉得属于淳于长的好日子到头了。在仔细斟酌了一番后，他表现得很是疾恶如仇地向自己的叔父、时任大司马的曲阳侯王根揭发自己的表兄淳于长，并且添油加醋地说："淳于长见您久病，好不高兴，自以为应该代您辅政了，已经给不少人封官许愿。"

经王莽这么一举报，王根当即大怒，于是便急忙将此事汇报给皇太后。获悉此事，皇太后王政君也气得够呛，一怒之下立即免去淳于长所有官职，将他赶回封地。

此时，为了将自己的这位强有力的政治对手彻底打倒，再踏上一只脚，使他永世不得翻身，王莽索性一不做二不休，又大义灭亲，写信向皇帝举报，告发淳于长向自己的另一位叔父、红阳侯王立贿赂。

如果单纯只是贿赂一事，成帝肯定会高抬贵手，放淳于长一马，但当他听说淳于长糊涂混账到竟然调戏他的女人，尽管是自己已经"过期不用"的女人，心里也还是感到"是可忍孰不可忍"，于是乎，成帝立即下令将大逆不道的淳于长逮捕下狱。

在狱中，严刑之下，淳于长终于承认自己"戏侮长定宫（指许废后），谋立左皇后"的罪行。按照汉朝法律，此乃大逆之罪。成帝于是下诏，将其诛杀于狱中，与此同时，一心想平反昭雪故而病急乱投医的废后许氏也被赐死。

就这样，仅仅通过一封举报信，王莽不仅轻而易举地将自己的政治对手给彻底铲除了，而且还因为大义灭亲赢得了群臣的一致好评，真正是一石二鸟，一举两得。

不久，身患重病的大司马大将军王根推荐王莽代替自己继任大司马。绥和元年（公元前8年），成帝升任王莽为大司马。权力就这样炼成了。

从此，时年还只有38岁的王莽一跃而成为一人之下、万人之上的大汉宰辅，总揽百官，总理朝政，由此开始了他16年的辅政生涯。

是进亦忧退亦忧

诚如我们所知道的，汉朝的用人制度虽并不完全是任人唯孝，但孝却是升官的一大重要门径。就因为孝能升官，故而在汉朝，有许多人都伪装孝悌，并由此上演了许多令人啼笑皆非的孝剧。

所谓孝廉，也就是人们常说的孝子廉吏，乃是两汉察举制的一种。而察举又称荐举，或者说是乡举里选，是我国古代特别是两汉选拔官吏的一种制度。它的主要特征是由三公九卿、地方郡守等中央或地方官员，按照一定的名目和标准，随时考察、选取所谓品德高尚、才华出众的平民或下级官吏，然后推荐给上级或中央，经过试用考核再任命或提升官职。

纵观两汉之世，作为两汉时期的重要的选人用人制度，察举制在大部分时间里都起着非常积极的作用，它带来了汉代英才辈出、功业兴盛的局面，对我国封建社会政治、经济、文化和教育的发展与繁荣做出了巨大贡献。汉王朝之所以能在华夏文明史上成为一个强盛的封建王朝，成为当时举世无双的文明大帝国，而且能成为中国古代最长寿的封建王朝，所有这一切，无不与察举荐贤、择优取士有很大关系。

但是，就像任何一项制度都不可避免地存在边际效应，由于历史和阶级的局限性，汉代察举制在执行过程中也存有很多缺点和遗憾，比如，因为察举选贤的权力实际掌控在丞相、列侯、刺史手中，被权门世家所把持，由此造成贿赂成风，流弊百出。再有就是为了能被举荐为孝廉，许多读书人"不惜饰伪以邀誉，钓奇以惊俗"，即故意弄虚作假，沽名钓誉，哗众取宠，一时间，社会上出现了许多假孝子、假贤孙，有些人家为了使自己的子孙能被举为孝廉，故意演出周瑜打黄盖的把戏。如《后汉书·许荆传》记载，许荆的祖父被举孝廉后，为了使自己的两个弟弟成名，就故意与两个弟弟分家。他将家中的财产分割成三份，把好房子好地以及身体强壮的奴婢都据为己有，这样就陷自己于不仁不义之中，让自己背上坏名声，以此反衬、成就两个弟弟的克让贤德之名，从而被推举为孝廉。还有像东汉人赵宣，为了显示自己的孝悌，在母亲死后，竟然一连二十多年都住在墓道里，为母亲尽孝，由此因孝成名，被举为孝廉。

不用说，王莽也是因孝成名、因孝升官的，虽然让他进入仕途步入高官的还有他的家族势力这一强大的后台，但在很大程度上，应该说，还是因孝悌与谦恭让他在与其堂兄弟的比较中显得有些鹤立鸡群，并由此渐渐脱颖而出，从而最终成为王氏家族"富二代"中的优秀代表的。

说到王莽的孝悌与谦恭，人们很容易便会联想到唐代大诗人白居易写过的一组题为《放言五首》的诗歌，其中的第三首这样写道：

赠君一法决狐疑，不用钻龟与祝蓍。

试玉要烧三日满，辨材须待七年期。

周公恐惧流言日，王莽谦恭未篡时。

向使当初身便死，一生真伪复谁知？

因此，后人经常拿白翁的这首诗来对王莽下政治结论，说王莽在未篡夺皇位前的所有谦恭的表现都是伪装，王莽乃是历史上最大的伪君子。

这样的政治结论显然值得商榷。因为，王莽的性格中的确有虚伪的成分，但若说他一生都在作秀，都在骗人，于情于理恐怕都很难能说得过去。

难道不是吗？如果说在没当官时，王莽伪装谦恭，只是为了想捞个一官半职；当了小官后，仍然伪装谦恭，乃是为了想位极人臣，像他的叔伯那样执掌大司马大将军一职，然而，在当上了大司马以致最后被加九锡，作为人臣已经登峰造极无官可封时，试问，他为什么又有什么必要还要继续伪装谦恭？难道是当了丞相想称帝吗？退一万步说，即便是他为了想篡位夺权，想当皇帝，可是，在当上皇帝后，他又为什么还要仍然伪装谦恭，执意要将谦恭进行到底呢？如果一个人从始至终一辈子都那么谦恭，这样的谦恭还能说是伪装，还能说是作秀吗？

答案显然是否定的。

的确，你可以说王莽这人有很多的缺点，但在谦恭方面，平心而论，他却似乎并不完全总是在装腔作势，刻意作秀。

这里，姑且不作空洞的辩论，还是用事实说话吧。

古往今来，那种"人一阔，脸就变"的例子实在不胜枚举。有那么些人，没升官发财时，在人前卑躬屈膝点头哈腰，可一旦升了官发了财就会前后判若两人，立马会变得神气活现，目空一切，盛气凌人。那种小人得志的嘴脸与猖狂劲实在是令人难以言喻，无法形容。

可是，我们看王莽却不是这样。史载，荣升大司马后，他言行中丝毫没有那种"官场暴发户"的狂妄与跋扈，而是依然一如既往，谦恭依旧，平易近人，礼贤下士，而且，在提拔任用官员时，不是任人唯亲，任人唯"权"，任人唯"钱"，而是任人唯贤，延揽那些名士作为幕僚。每当从朝廷中得了赏赐，他都全部分给宾客僚属，自己分文不取。同时，在生活上也从不追求奢侈享乐，更没有"家外有家"，在外面包养"情人"。王莽一生生活非常节俭，即使当了皇帝后也从不奢华，平时穿的是粗布衣裳，吃的是粗茶淡饭，饮食起居一如寻常百姓，丝毫没有任何的特殊化。

更难能可贵的是，他不仅严于律己，而且对家人也严格要求。据说有一次，王莽的母亲有病，三公九卿的夫人前来探视。这些贵妇人都穿着绫罗绸缎，带着珠宝首饰，一个个雍容华贵，可是，与她们形成鲜明对比的是，王莽的妻子出门迎接客人，穿的却是粗布衣裳，衣不拖地，裙子才刚刚盖过膝盖。客人们起先都以为她是王家的仆妇，可当后来知道她是王莽的妻子时，人们不由惊讶万分，无不从内心中感到身为大司马的王莽实在是太俭约了!

自此，王莽的俭约的名声更是不胫而走，闻名天下。

对于这件事，后代有人认为王莽这是在故意作秀，煞费苦心地竭力炒作和标榜自己，企图以此沽名钓誉，欺世盗名。这样的揣测，当然有它一定的道理，然而仔细想想，却也并不尽然。试想，身为大司马，已经位极人臣了，王莽为什么还要这么挖空心思地去装? 到这种时候，还有作秀的必要吗?

而且，退一万步说，就算王莽这是在装，在故意炒作自己，事实上，也真的没有什么不好。古往今来，如果为官者都能像王莽那样从始至终严于律己、严于律妻，就算他是在作秀，细想想，也有百利而无一弊，如此一来，完全能够大大净化官场享乐奢靡之风气，从而堵塞贪污腐败之漏洞。

从史书上看，王莽这人不仅在身居高位时能严于律己，而且，即便是在仕途受挫远离朝廷时也能够依然故我，独善其身，用范仲淹在《岳阳楼记》中的话说，真正做到了"是进亦忧退亦忧"。

据史书记载，就在王莽声誉日隆时，绥和二年（公元前 7 年），也就是在王莽任大司马后的第二年，年仅 44 岁的汉成帝因为纵欲过度，一天早晨起床后弯腰系鞋带时突然中风倒地，一命呜呼。

成帝虽然好色，宠幸过的后宫佳丽无数，但却没有一个儿子。因为没有子嗣，所以便由侄儿定陶王刘欣即位，承继大统，是谓汉哀帝。

诚所谓一朝天子一朝臣，汉朝的皇帝，多半一朝皇帝一朝外戚。由于对王氏外戚一度独揽大权很不满意，哀帝继位后，便有意提拔自己的祖母傅氏以及母亲丁氏娘家亲戚掌权。已升格为太皇太后的王政君因为哀帝不是自己的孙子，这种时候也不好继续在幕后垂帘，于是，王氏外戚便悄然淡出了政坛，而历年来由王氏举荐的官员也都统统被革职。至于王莽，因为曾经得罪了哀帝祖母傅太后，这种时候就更是很识相地主动提出了辞呈。

关于王莽得罪傅太后一事，史书是这样记载的，说是有一次，太皇太后王政君准备设宴邀请傅太后、赵太后、丁太后等人一同聚会。主事官员在排位时有意给傅太后设帷座，与首座的王政君并列。明眼人一看便知，主事官这样安排显然是想抬高傅太后的地位，有拍马屁之嫌。是啊，太后怎么能与太皇太后平起平坐呢?

不过，一般人看到了也就看到了，谁也不会说主事官员的不是，而且，在官场待久了，大家几乎都对这种溜须拍马的事习以为常见怪不怪了。

谁知，王莽跑来一看，竟顿时拉下脸来，大声呵斥道："上面为什么摆放了两个座位？"

主事官员说："一个是太皇太后的，一个是傅太后的。"

王莽好不客气地说："傅太后乃是藩妾，怎么能与至尊并坐？快撤下来！"

傅太后听说这事后大为不悦，结果竟没来赴宴。

不用说，这事虽然使王莽博得了直臣的美名，以致朝野内外都认为他有古代大臣的风范，但他却因此得罪了当时正大权在握的傅太后。

对于王莽的辞呈，哀帝并没有挽留。于是，"下野"后的他便回到了自己的封地新都（今四川成都）。

这是王莽进入政坛后在仕途上受到的最沉重的打击。但是，失势后的他并没有因此变得消沉。在新都封地，他依旧安贫若素，没事时便只管深居简出，闭门读书，过着隐士般的蛰居生活。每当见到地方官，他都极为恭敬，毫无侯爷的架子。

而且，更令人称道的是，在此期间，他的儿子杀死了一个奴隶，这在当年实在是小事一桩，因为法律明文规定主人对奴隶有生杀予夺的大权。可是，王莽却不依不饶，对自己的儿子竟严加斥责，并逼迫他杀人偿命，最终令其自杀。

对于王莽如此大义灭亲，不徇私情，当地的士绅与官员一个个都心悦诚服，称颂不已，益发觉得王莽是个正人君子，当朝圣贤。对此，后代许多史家认为王莽此举实为沽名钓誉，正所谓大奸若贤，为了作秀，竟然连自己的儿子也毫不足惜，其心肠之狠毒可见一斑。

但这样说，很可能又是成王败寇，把王莽的所作所为总是竭力往坏处想。对此，当代作家、英年早逝的路英先生在其《历史人物的性格败局》一书中为王莽打抱不平道："岂不知此举纵使有违常情，然后世官员，若能效法其治家之严，多少惨案将无生发之地，世之律法又会以何等之畅通严明而为众百姓所悦并视之为安生之保障。"

不妨想象一下，当时的王莽已经下野，王氏外戚也都淡出政治舞台，远离权力中心，正常情况下，已经毫无东山再起的可能了。既然事已至此，且王莽又不能未卜先知，他又怎么可能还会沽名钓誉，惺惺作态？他这样作秀，在当时的情况下，究竟还有什么目的？又能有什么意义和作用？

　　所以，倘若说王莽在这种时候还在伪装，还在作秀，实在是说不过去。要知道，一个人一时一事弄虚作假容易，但要几十年如一日，一直"将谦恭进行到底"，而且无论是进是退，是在顺境还是逆境中，都在装假，都在骗人，实在既无必要，也绝无可能。

　　因而，说句公道话，"王莽谦恭未篡时"，能够几十年都一如既往，始终如一，总是那么谦恭礼让，严于律己，这本身就足以说明王莽的确是个意志力非常坚强的人物，在末世的污泥浊水中，能够始终做到洁身自好，出淤泥而不染，光是这一点就很值得人们称道。

　　说来，西汉末年自宣帝以后，几位相继即位的大汉天子元帝、成帝、哀帝真的是"麻布袋草布袋，一袋（代）不如一袋（代）"。诚如我们所知道的，汉元帝刘奭也就是王政君丈夫这人，绝对是个艺术家，不仅能写一手漂亮的篆书，而且在音乐方面更是有很高的造诣，诸如弹琴鼓瑟、吹箫度曲、辨音协律等，无不是他的拿手好戏，然而，这位音乐上的超级发烧友对玩政治批奏章却严重缺乏兴趣，再加上他身体不是太好，所以《汉书·石显传》说他"是时，元帝被疾，不亲政事"，把治国理政的大事犹如儿戏一般很不当一回事地只交给石显等宦官处置，由此造成宦官专权，祸国殃民。

　　元帝之后，他的儿子成帝刘骜即位，成帝不像元帝那样多才多艺，有着艺术家气质，但是，他却嗜酒好色，长年累月在酒色之中浸淫，特别是到后来，更是在赵飞燕与赵合德姐妹俩的美色温柔乡里流连忘返，而把一应国家大事只交给母后以及王氏外戚来管理。

　　成帝纵欲早逝后，其侄刘欣也即哀帝承继大统，但没想到这位哀帝也像汉朝的许多皇帝一样，有着断袖之癖，是个典型的同性恋患者。在位七年间，他不是想着怎样励精图治，而是一门心思和一个名叫董贤的美男子搞同性恋。

　　有这样一件事经常被人提起，说是有一天哀帝于无意中发现了美男子董贤，顿时一见倾心，将他私藏宫中，与他行床笫之欢、云雨之乐，并将董贤立即从黄门侍郎提拔为驸马都尉侍中。自此，董贤受到的宠爱日甚一日，白天经常与哀帝形影不离，如胶似漆，晚上两人更是同枕共眠，云雨巫山。

　　一天早晨，说是他俩"芙蓉帐里度春宵"之后，汉哀帝醒来准备先起床早朝，但发现自己的衣袖还压在董贤的身下。为了不惊醒尚在美梦中的董贤，他一时性急，竟从床头拔出佩刀，将自己的衣袖割断，然后悄悄出去。

成语"断袖之癖"就是这么来的。

却说哀帝一方面大搞同性恋，不仅对自己的男宠不吝赏赐，封侯拜爵，而且还破格提拔时年还只有22岁的董贤为大司马，另一方面，为了树立自己的权威，他又滥杀名臣，如丞相王嘉因为上书劝阻哀帝封董贤为高安侯，哀帝竟借故将他处死，紧接着又罢免了同情王嘉的大司马丁明，此外，他还杀了尚书仆射郑崇，黜退忠直之臣师丹、傅喜等。总之，董贤受宠时期，朝纲不振，裙带密布，无能之辈窃据高位，以致朝野怨声载道，本就日渐走向没落的西汉王朝在哀帝的折腾下更加衰败不堪。

显然，也正是在这样一种政治背景下，当时朝野内外，许多忠直的大臣纷纷上疏，强烈要求让王莽回朝，恢复原职。恰好这年又发生了日食，古人迷信，以为这是一种皇帝做了错事，上天将要惩罚的征兆。于是那些为王莽说情的大臣们更是借题发挥，要求王莽重新出山。

无奈之下，元寿元年（公元前2年），汉哀帝只好下诏将王莽召回京城，让他侍奉太皇太后。过了一年，因纵欲过度的哀帝一病不起，于这年夏天一命呜呼，享年26岁。而在此之前，哀帝的祖母傅氏以及母亲丁氏都已作古，如此一来，王氏外戚又一次东山再起。

哀帝死后，太皇太后王政君立即收回玉玺，并急召王莽进宫料理皇帝丧事，随之主持朝中一应政务。

当时百官纷纷上书要求惩办董贤，并推举王莽为大司马。王莽进宫后，指责董贤无功无德，不应尸位素餐，并顺应民心罢免了董贤。在绝望中，董贤畏罪自杀。于是，王莽复为大司马，领尚书事，兼管军事令及禁军，等于把国家军政大权完全操控在了自己手里。

之后，因为哀帝无后，王莽与自己的姑妈太皇太后王政君将时年还只有九岁的中山王其子立为新君，是为汉平帝，由太皇太后王政君临朝听政，王莽实际执掌朝政。

重新执政后，王莽平反昭雪了许多冤狱，使多年混乱的政局重新得以稳定，因而受到百官的称赞。一时间，颂扬他的奏章如雪片一般。

不过，在对定陶外戚以及皇太后赵飞燕一族的外戚清洗时，王莽与太皇太后王政君明显有公报私仇之嫌。当年，在太皇太后王政君失势而傅太后得势时，天生丽质但很有心眼的赵飞燕在傅、王之争中，以为王家再也不会翻身，故而倒戈投靠于傅家。谁知道，天道不测，造化弄人，还只过了几年，王氏外戚竟又卷土重来，赵飞燕后悔莫及，可到了这种时候，说什么都晚了。

王莽上台后，将傅氏外戚推倒，顺便也把红颜祸水赵飞燕给收拾了。皇太后赵飞燕被贬为孝成皇后，皇后傅氏则被徙居桂宫，然后两人又一起被废为庶人，至于赵、傅两家亲戚则被一律免官，流放莽荒之地。因为不堪凌辱，最后，傅氏与赵飞燕都自杀身亡，香消玉殒。

至此，在这场围绕后宫的权力博弈中，王氏外戚又一次彻底胜出。而王莽作为王氏外戚的政治代言人，由此把持了朝中的一切军政大权。

大幕开启，一个属于王莽的时代来临了！

龙椅的诱惑

说到"周公吐哺"的故事，许多人想必并不陌生。

这则故事中的周公，名旦，亦称叔旦，是周文王的第四子、周武王的亲弟弟。

想当年，武王在伐纣灭商后仅仅过了不到一年便病死了，留下一个尚未成年的儿子即位，即周成王。为了辅佐年幼的侄子治理好国家，史称摄政的周公旦"一沐三捉发，一饭三吐哺"，为新建立的周王朝的稳定与发展真正是呕心沥血，宵旰图治。

从史书上看，再次出山执掌朝政大权的王莽也曾一度被天下人视为在世周公。

公元前1年，哀帝崩，王莽因拥立平帝之功，晋为大司马。平帝年仅九岁，故委政于王莽。

其后，到了元始元年（公元1年）正月，众大臣称颂王莽"定策安宗庙"的功绩与霍光一样，应该享受与霍光相等的封赏，故而多次向朝廷上书要求加封王莽，王莽坚辞不受。但结果太皇太后王政君还是下诏增加王莽封邑二万八千户，封他为太傅，称安汉公，并以开国名臣萧何的故居作为安汉公的官邸，且定为法令，永远遵守。

对于太皇太后的加封，王莽深感惶恐，虽接受了安汉公的称号，但却退回了增封的土地和民户。而且，更加得人心的是，他却因此建议朝廷应该首先考虑封诸侯王和开国以来功臣的子孙，然后是在职官员，并增加宗庙的礼乐，使百姓和鳏寡孤独都能得到好处。

在今天看来，王莽的这一建议实在是一项惠及万民的德政工程，特别是能赢得那些权贵阶层的拥护与激赏。后来，王莽能够赢得天下那么多人的拥戴甚至在他称帝时竟能够获得那么多的"选票"，无疑也与此有着很大的关系。

据史书记载，由于王莽的提议，最后朝廷下令：全国功臣之子成年者每人增加一级爵位；二百石以上级别的官吏，不论是否试用期满，全部转正；封东平王、中山王和宣帝曾孙等 36 人为列侯；封太仆王恽等 25 人及右将军孙建等为关内侯；平帝从中山国到长安途经各地的大小官吏都有赏；无子的诸侯王、公、列侯、关内侯可将其孙作为继承人；公、列侯的继承人犯了罪，凡判处"耐"（剃去须发服劳役）以上的都应先经上级批准；宗室中因有罪而被宗族除名者，可以恢复；宗室担任官吏被举为廉佐史的，可以补为四百石级别的官员；全国二千石以上的官员如年老退休，可以终身领取原俸禄的三分之一；派谏大夫巡视三辅（三个朝廷直辖区），凡上一年多收的赋税一律予以加以赔偿，凡不妨碍哀帝陵园中建筑物的百姓坟墓都不迁走；天下吏民不必再自行置备服兵役所需物资。

显然，这样重大的政策一出台，顿时天下万民上至公卿王侯下至黎民百姓无不奔走相告，欢呼雀跃，一时间，朝野内外，大家都在称颂王莽的恩德。但是，尽管这样，王莽觉得自己做得还不够，于是，他便又向太皇太后谏言道："由于丁、傅两家外戚的奢侈挥霍，很多百姓还吃不饱饭，因此宫中要节约布帛，减少开支，以示节俭，太皇太后您也应该穿粗衣，降低饮食标准，做天下人的榜样。"随后，他又上书，主动提出自己愿捐钱 100 万、田 30 顷，交给大司农救济贫民。

说来，榜样的力量真是无穷的。王莽这么一带头，各级官吏纷纷效仿，积极响应，许多人都纷纷捐钱捐地，就连太皇太后也省下自己的汤沐邑（供太后私人开支的封邑）10 个县交给大司农放赈。

要说在当时，王莽的表现真的是令人叹赏，可圈可点。平时，他不仅夙兴夜寐，而且还以身作则，每逢发生自然灾害，就节衣缩食，长时间吃素。据说有一次，王莽吃素大约是把自己吃的严重营养不良，面色发青，太皇太后王政君听说后，大为感动，于是特地派使者去传她的懿旨说："听说你一向吃素，可见你忧国忧民之甚也。幸好今年风调雨顺，天下丰收，你政务繁忙，还是要不时吃点儿肉食补补身子才是，爱护你的身体其实就是爱护我们的国家。千万要保重你的身体！"以一国之尊，竟然专门为王莽是否吃肉下诏，这在中国古代史中，真的是空前绝后。

公元 2 年，全国大旱，并发生蝗灾。当时，受灾最严重的青州百姓离乡背井，出外逃荒。在王莽的带头下，230 名官民献出土地住宅救济灾民。同时，王莽还派了很多使者到各处去督促老百姓捕捉蝗虫。老百姓把捕得的蝗虫交给官府，官府就按数量发放赏钱。王莽还让汉平帝下诏书，免除贫民和灾民的租税。凡是家中有死者的灾民都一律发给安葬费。此外，皇家在安定郡的呼池苑也被撤销，改为安民县，用以安置灾民，就连长安城中也为灾民建了 1000 套"安置房"。

尤其值得称道的是，王莽还是中国古代尊师重教、尊重人才的第一人。在此期间，他大力宣扬礼乐教化，增加各经博士的名额。为了复兴儒家传统制度，他奏请建立明堂、辟雍、灵台等礼仪建筑和市（市场）、常满仓（国家仓库），为学者建立了一万套住宅，以此吸引网罗天下学者和有特殊本领的人才几千人到长安。当时，为建这些"学者公寓"，长安的学生和百姓积极性都很高，大家都积极踊跃投入义务劳动，结果，十万人突击，只用了不到一个月时间就把这一万套"学者公寓"全部建好了。

就因此，当时王莽受到了天下几乎所有读书人的拥戴与称赞。一时间，许多读书人都纷纷写诗作文、填词作曲，歌颂王莽。史载，公元 2 年的秋天，派往各地了解民情的 8 位风俗使者回到长安，带回各地歌颂王莽的民歌竟多达 3 万字。

由此可见，当时的王莽是多么深孚众望，大得民心。

如果王莽的历史只写到这儿，到此为止的话，用白居易的诗句说："向使当初身便死"，那么，王莽在世人心目中的形象就会高大完美，几无瑕疵，而王莽这一生也一定会幸福无比，是个喜剧。

可是，就像一部大戏的主角，王莽在演了前面大半部好戏之后，到了后半部，却腹泻似的止不住开始出糗，并由此情不自禁地上演了一幕历史的悲剧，直至最后使自己无可挽回地坠入万劫不复的深渊。

在今天看来，多年来一直依照儒学经典为人谦恭、低调行事的王莽之所以后来会大逆不道，篡汉称帝，除了他自身的原因，应该说还是由当时的时势所造成的，倘若用哲学上的话说，就是内因与外因共同耦合的结果。

下面，先说外因。

由于正史的夸大其词，故意渲染，在后人看来，王莽的篡汉称帝似乎很是大逆不道，但在当时，其实是一件非常稀松平常的事情。

之所以这样说，乃是因为，首先在思想理论和意识形态领域，早在汉武帝时期，董仲舒就竭力鼓吹天人感应论，认为国君受命于天，如果称职，上天会让他江山永固，如果荒淫无道，则理当更换国家领导人。而在汉昭帝时，儒者眭弘则干脆在一次灾害中直言不讳地向皇帝上疏说："求索贤人，禅以帝位，而退自封百里"，主张皇帝让贤，"辞职"去当夏令。到了汉宣帝时，一位名叫盖宽饶的儒生也上疏说："五帝官天下，三王家天下，家以传子，官以传贤，四序之运，成功者退，不得其人，则不居其位。"这样旗帜鲜明地要求皇帝不要世袭，而应该像尧传舜、舜传禹那样"官以传贤"。

仅此说明，汉人的思想其实非常先进，非常民主，许多人在思想上其实并不认为代汉称帝改朝换代有什么离经叛道，罪大恶极，而是恰恰相反，觉得实行禅让制度，传帝以贤才是非常合理的。

其次，在现实生活中，由于王朝的日趋没落，刘汉天子"一代不如一代"，人们已普遍厌倦了这个封建王朝，已越来越不喜欢这家"百年老店"，也正是在这样一种情势下，最后，连哀帝自己都想改朝换代，为了顺应民意，他于建平二年（公元前5年）举行典礼，宣布重新"受天命"，改号为"陈圣刘太平皇帝"。

当然，这样的改朝换代只是象征性的，甚至连换汤不换药都谈不上，完全就是在自欺欺人。

所以，从某种意义上说，王莽的篡汉称帝在当时完全称得上是人心所向，众望所归，在内心中，自觉不自觉地，人们都普遍希望能有一个贤人站出来代汉称帝，兴国安邦，从而拯斯民于水火，解百姓于倒悬。

很显然，在当时天下许多人看来，王莽无疑就是这样一个贤人，一个能够代汉称帝的最合适的人选。

接下来，再说内因。

在今天来看，王莽之所以会篡汉称帝，从内因来说，确乎有这样两个原因使然。

首先是王莽自己有这样一个欲望。

从史书上看，王莽这个人对金钱看得并不很重，对亲情对美色似乎也非常淡漠，并不看重，但对名和权却非常看重，特别是在从政方面，简直就是一个官迷，乃至官痴。也正因此，他才会如李鸿章所说拼了命地当官，不择手段地当官，贪得无厌地当官，以致最后完全突破了一个人臣的最大底线，在社会舆论的强力诱导与推动下，自编自导了一出禅让的假戏，干脆一屁股真的自己坐上了龙椅。

其次是王莽有这样的能力或者说是实力。

历史一再证明，一个朝代如果君主年幼，其手下一定会有一个或几个顾命大臣或曰辅政大臣掌管着国家军政大权。这些肩负着托孤重任的顾命大臣或曰辅政大臣，乃是国家实际上的最高统治者，政出其门，法出其手，官由其任，在事实上他（们）往往凌驾于幼主之上，已经到了能废立君主的地步。在这些权倾朝野的权臣当中，大多数人心怀异志或是因时势使然而颐指气使，不可一世，其最后的结果要么成了旧王朝的掘墓人，要么成了幼主成年后必欲除之而后快的绊脚石。

很显然，王莽便是其中的前者，最后成为旧王朝的掘墓人。

从史书上看，王莽篡汉称帝始于公元8年，但在实际上，他的篡汉称帝的企图或者说阴谋显然早就萌芽，破土。

诚如我们所知道的，王莽这个人非常在乎自己的名声，在苦心经营自己的官位的同时，也一直处心积虑地经营自己的声誉。所以，从某种意义上说，王莽篡汉称帝的阴谋最先便是从制造舆论开始的。

据史书记载，王莽非常迷信，当然，当时整个社会也都非常迷信。也正是在这样一种大气候下，自觉不自觉地，王莽利用当时人们普遍迷信的心理，来为自己篡权夺位制造"天意"。

说来，龙椅的诱惑实在是巨大的，权力很容易使人变得痴迷，变得疯狂。为了追逐权力，攫取高位，乃至篡汉称帝，王莽也真的是煞费苦心，很不容易，在他辅政的5年中，据有学者统计，光是史册中记载麟、凤、龟、龙等祥瑞的就有700多件在各地被发现，此外，还有像禾长丈余，或一粟三米，或禾不种自生以及甘露从天降、凤凰来仪、神爵降集等不一而足。

在那些岁月里，有关祥瑞的戏剧此起彼伏，一直都在上演。汉平帝死后，为了能继续专权，王莽让年仅两岁的刘婴为皇帝，史称孺子婴。而就在当月，一个名叫谢嚣的"退休"官员上奏说，在武功县的井中有人竟挖得一块白石，上面用丹书写着"告安汉公莽为皇帝"。王莽派王舜将此事告知王太皇太后，王太皇太后听后脸色突变，疾言厉色地说："这纯是欺人的妄语，不宜施行！"

不久，又一出要求王莽当真天子的闹剧上演了，这一出闹剧虽不能说是由王莽策划，但上演后无疑更深受王莽欢迎。

这出闹剧是由一个名叫哀章的太学生一手策划的。当时，这个名叫哀章的太学生看到王莽做了"摄皇帝"后，把符瑞视若神明，看来迟早是要做真的皇帝，于是他决心来一次政治冒险。

就这样，哀章偷偷做了两个铜匮，一个上面写着"天帝行玺金匮图"，另一个上面写着"赤帝行玺某传予皇帝金策书"。铜匮做好后，他便扮成一个方士，神神鬼鬼地趁着黄昏将铜匮交给汉高祖庙里的守吏。守庙官忙报知王莽，王莽得到铜匮一看，发现铜匮上明确写着刘邦将皇位传予王莽，元后应该尊承天命将帝位授予王莽。还写着王莽登基后，应该授予哀章何种官职……

除了不断上演这些谶纬迷信预示王莽当为天子的闹剧之外，王莽当然也在不断采取实际的措施与行动，一步步朝着自己篡汉称帝的目标迈进。

概要说来，在篡汉称帝的道路上，王莽主要做了这么四件事。

第一件事便是架空太皇太后王政君。

在重新回到朝廷并顺利当上大司马，且又被封为安汉公之后，王莽觉得自己已经重新站稳了脚跟，于是，为了达到独掌大权的目的，王莽便让自己手下的小兄弟上书太皇太后，表面上当然是为了太皇太后的健康着想，希望太皇太后年纪大了，要多保重身体，不要太劳累，平时，朝中的一应小事就不用操心了，而在实际上，就是要太皇太后"退休"，从此不要再过问政事了。没想到，太皇太后竟然很痛快地就答应了，很放心地把治国理政的大权几乎完全交给了王莽这个自己的亲侄子。

就这样，太皇太后王政君几乎很轻易地就被王莽给架空了。

第二件事便是嫁女为后。

诚如我们所知道的，平帝刘衎9岁即位，说是即位，其实也就是个有名无实的傀儡皇帝，坐在龙椅上的他完全就是个可怜的摆设。等平帝好不容易熬到12岁，到了该婚配择偶的年纪了，在内心中他当然很想能够自由恋爱一回，娶一个自己喜欢的皇后，可是，还没等他打定主意，民意又一次将他绑架了。

那是平帝元始三年（公元 3 年），按《周礼》，12 岁的平帝到了该结婚的年龄。王莽发布诏书，要求在天下博采名门之后，选拔皇后。为了避嫌，他特意提出自己的女儿不参与竞争。对王莽的这个提议，太皇太后王政君也表示同意。

可是，消息传开后，民众却“一千个不答应，一万个不答应”。大家都觉得这样对王莽不公平。于是乎，每天都有成千上万的人上书朝廷，和朝廷理论。这其中大部分是普通百姓和青年学生。上书的人挤得皇宫门前水泄不通，几乎形成骚乱。

这时候，王莽便派人到门前去做工作，要求大家不要为这事上书。

谁知，王莽不说还好，一说，结果上书的人更多了，人们纷纷呼吁：“愿得公女为天下母。”非要平帝娶王莽的女儿为皇后，否则，不达目的决不罢休。

结果，在民意的绑架下，本就傀儡一个的平帝不得不乖乖就范。

要说王莽真的是个“政治演帝”，超级会演戏，即使是在女儿出嫁的时候，他也不忘作秀。当时，平帝因娶王莽之女赐给他两万五千六百顷土地，王莽都退回了；而礼金两亿钱，王莽也只接受了六千三百万，而且，其中的四千三百万还用于周济刘氏宗族中的没落穷人，剩下的钱也都大部分孝敬给了太皇太后王政君，他自己则几乎分文未要。

对于王莽如此的高风亮节，朝野内外自然又好评如潮，一片赞歌。于是乎，大臣们又纷纷上书，先是提议把新野、召陵、新息、黄邮聚等四个地方的土地赐给王莽，接着又提议加封王莽为宰衡（高于所有诸侯王公之上的职务官名，为西汉末年新创），随后，又奏请加封王莽九锡（自古以来视为最尊贵的九种物品，如最高级的车马、衣服、弓矢、乐器、仪仗队、武装卫队、天子祭祀天地用的酒、朱红大门、能罩住台阶的屋檐等，一般只有新皇帝登基才用）。

对于钱财，王莽秉持自己一贯的做法，自然是一概不要，但对于官爵，他则多半是略略谦让，然后便完全笑纳，照单全收。

如此一来，在公元 4 年，王莽不仅得到了宰衡的称号，位居上公，而且，还被“加九锡”。

到了这种时候，距离篡汉称帝真的是只有一步之遥了。

于是，接下来，王莽所做的第三件事便是称帝。

公元 5 年底，也不知什么原因，年仅 14 岁的平帝突然驾崩，王莽迎宣帝玄孙刘婴即位，刘婴时年 2 岁，史称孺子婴。很显然，皇帝越来越小，王莽的权力自然也就越来越大。

事到如今，一直以谦恭出名的王莽便渐渐不再谦恭了。他先是让自己的姑妈太皇太后王政君封他为假皇帝，"摄行皇帝之事"，并从此身穿天子的衮服，戴天子的冕旒，南面受朝，出入坐銮驾，自称"予"，年号为居摄元年（公元 6 年）。

所以，在实际上，早在公元 6 年，王莽就已成了事实上的天子。

诚所谓名不正则言不顺，虽然成为"摄皇帝"，成了事实上的天子，但在名分上毕竟还不是真皇帝，所以，到了公元 8 年，由于龙椅的诱惑实在是太大了，有一天，王莽想必实在是忍不住了，于是便派其弟王舜去找自己的姑妈王政君去讨象征皇权的传国玉玺。

对于自己的娘家人，王政君虽然一直非常偏爱，格外照顾，但在这种事上，她还是旗帜鲜明地站到了婆家一边。据说，当听说王莽要向自己讨要传国玉玺，王政君不由得大吃一惊，一开始说什么也不肯把玉玺交出来。

可是，事到如今，不交已经不行了，所以，到后来被逼得实在没法子，这位太皇太后便气愤地把玉玺扔在地上。

得到玉玺的王莽第二天便率群臣入太祖庙拜受禅位，成为"真皇帝"，宣布"改正朔、易服色"，并改国号"新"，从此彻底斩断刘汉皇统，建立了自己的新朝。

据说，在与孺子婴新老交替的禅让仪式上，王莽的"表演"也特别有意思。在大典上，他显得非常依依不舍地拉着被废的幼帝孺子婴的手，痛哭流涕地说："早先周朝的时候，周公暂摄王位，是为了让皇帝更好地复辟，现在我独迫于皇天的命令，却不能如同周公那样了，只好自己当真皇帝了。"

在今天看来，这样的"表演"真的非常搞笑，让人忍俊不禁，但在当时，据说场面却相当感人，相当悲壮，居然让那些出席禅让大典的文武百官莫不感动。

就这样，王莽的屁股终于坐上了龙椅。

随着王莽新朝的建立，享国 211 年的西汉王朝灭亡了。

一个新的王朝诞生了，它究竟是新瓶装旧酒，换汤不换药，还是在经历了旧世纪末那么长的黑暗之后，在新世纪之初让人们能够看到新的曙光和希望？

在当时，天下许多人无疑都在翘首以盼，拭目以待。

王莽的理想国

在中国历史上，大凡一个旧的王朝灭亡，一个新的王朝诞生，总会引起一场大的社会动荡，经历许多血雨腥风，可是，令人惊讶的是，王莽篡汉称帝，改朝换代，却几乎一直都比较风平浪静，这期间既没有引发大的社会动荡，也没有造成大的官场地震，甚至连一场像模像样的宫廷血腥政变也没有。

不仅如此，而且，更令人惊讶的是，对于王莽的篡汉称帝，当时几乎听不到任何反对的声音，绝大多数臣民对他的这一大逆不道的改朝换代的行动甚至都一致拥护，深表赞同。

最典型的例子就是平帝元始五年（公元 5 年），在汉王朝为王莽加封九锡后，一个推举王莽代替刘氏当皇帝的运动开始兴起。据统计，当时全国人口 5000 万左右，假设以后世的明朝时期识字率不超过人口的 5% 计算（北京大学研究成果），汉朝识字者最多两百万。而在长安及周边地区能上书的读书人大约在 48 万。但就是这 48 万长安读书人几乎清一色地加入到了这一运动之中，坚定地站在了支持王莽当"真皇帝"也即改朝换代的行列中。

还有一个更典型的例子则是，在王莽当皇帝之后，当时的学界领袖性格孤傲的杨雄还曾主动写了一篇《剧秦美新》献给王莽，文中抨击秦始皇焚书、统一度量衡等措施，但对王莽却歌功颂德，说王莽"配五帝、冠三王""奉若天命"，称赞王莽之治"郁郁乎焕哉"！

由此可见，王莽篡汉称帝，在当时并没有激起天下人的强烈反对，甚至，由于深受董仲舒"皇天无亲，惟德是辅"思想的影响，那些掌握舆论话语权的读书人对他的篡位行动还一致坚决拥护，热烈欢迎，这在中国历史上真的是绝无仅有，实属罕见。

的确，假若当时进行民意测验，王莽的支持率一定会非常之高。高层官员当中，支持加九锡的王公列侯及卿大夫 902 人，几乎全部支持。也许在他们看来，既然无能的刘氏宗室后人永远能坐江山，那为什么像王莽这样的"圣人"却不能当皇帝呢？

所以，从某种意义上说，王莽在当时完全可以被称为一个"民选皇帝"，用作家徐旭的话说就是："我们大可以把王莽篡汉，看作民选政治在古中国的一次成功典范"。在当时，绝大多数臣民一致认定，只有王莽才能让奄奄一息的国家重新强壮起来，因而都把兴国安邦让百姓安居乐业的希望寄托在了王莽的身上。

从史书上看，王莽本人也一直很有理想和抱负，很有责任和担当，而他的理想和他的抱负显然并不仅仅只是当皇帝，也绝对不是当皇帝之后去花天酒地纵情享乐。他的理想和抱负可以说非常远大，非常雄伟，那就是在自己当上皇帝后能够使一个衰败的大一统的封建王朝重新走向新生，能够带领自己的臣民建立一个全新的王朝，实现一个由他亲手描画的宏伟蓝图，一个犹如桃花源世界一样的理想国或曰乌托邦。

那么，一个在《汉书》作者班固的笔下勤奋好学、艰苦朴素、谦虚谨慎、有口皆碑，登上高位后又不改本色、体恤下情、关爱百姓、立志强盛新朝的皇帝，他想要构建的理想国或曰乌托邦究竟是什么？

考诸历史，人们不难发现，其实，早在当皇帝之前，具体应该是在公元 4 年，在一次上疏时，王莽就已经较为详细地描绘了自己的理想国蓝图。在这篇疏文中，他奏请进一步制定条例，以便能够做到"市无二贾（市场上不讨价还价）、官无狱讼（衙门里没有打官司的）、邑无盗贼（城市里没有盗贼）、野无饥民（农村中没有饥民）、道不拾遗、男女异路（男人和女人分别走在路的两边）、犯者像刑（犯法的人以画像示众，不必真的用刑）"。

同时，王莽还根据《周礼》，重订车服制度，分等级确定国人的着装、住房、器用、婚丧式样，接着又下令对老人、儿童不加刑罚，妇女非重罪不得被逮捕。

这大约就是胡适先生所说的"社会主义"，无疑也就是王莽所描绘的理想国。

仔细想想，不要说是在 2000 多年前的西汉，即使是在今天，显然，这样的理想国也断然无法实现。

可是，说来王莽真的是一个理想主义者，一个中国乃至世界上最早的空想社会主义者，比 19 世纪西方的三大著名空想社会主义者圣西门、欧文与傅立叶不知要早多少年。

当然，王莽的理想国也并非是他所独创，而是几乎完全从古代"贩来"的。

我们知道，王莽早年曾拜名儒陈参为师，专攻《周礼》。《周礼》讲的是社会礼仪、做正人君子的信条及官阶制度。从后来的实践看，王莽是个"尽信书"、死啃教条的书呆子。由于《周礼》对他的影响太大了，所以，在篡汉称帝建立新朝后，面对天下臣民高涨的改革呼声，王莽跃跃欲试，踌躇满志，一心想重新打造一个全新的新朝。

可是，事实证明，"新朝"其实是"旧朝"，史学家研究发现，王莽的改革，完全是建立在《周礼》基础之上的，是依照《周礼》所设计的一套对社会进行复古改革的蓝图，所以，王莽的改革，也被称为托古改制。而之所以会是这样，用孟祥才教授的话说，乃是因为"王莽真诚地相信有几度辉煌的三代（夏、商、周）盛世，并且认为，只要依据《周礼》如法炮制，三代盛世的光辉就会再一次普照大地，那美妙无比的人间天堂就会展现在所有人的面前。"

王莽的理想不可谓不美妙，但也不可谓不天真。

古今中外，有许多政客特别是西方一些政客，在竞选期间多半都非常慷慨极为大方地给自己的选民开出许多政治支票，把自己的施政理想或曰施政纲领描绘得像一朵花一样美丽动人，可真到了竞选成功后，这些当初开出的政治支票往往都变成了无法兑现的空头支票。究其原因，其实是因为这些政客在当初就多半言不由衷，压根没想等竞选成功后去老老实实地兑现自己在竞选时所作出的政治承诺。仔细想想，这正是那些政客的精明过人之处。

可是，我们看王莽却不是这样，在当了"真皇帝"后，竟真的很想大有作为，大展宏图，不仅给他的臣民们仔细地描画了一幅理想国的宏伟蓝图，而且还真的带领他的臣民们要去实现它。

也确实，从史书上看，王莽这人尽管很会作秀，但为了实现自己的理想国，在推行自己的"王莽新政"方面却丝毫没有掺杂作秀以及故意欺骗的成分。

诚如我们所知道的，中国漫长的农业社会历史上，几乎所有社会问题，归根结底都以土地问题为核心，许多封建王朝出现衰败乃至灭亡，其最大祸根都可以说是土地问题。即便是现代，如果土地这一关乎国家命脉的重大问题解决不好，也很有可能会最终危及国家的长治久安。

这，绝对不是危言耸听，也不是故作惊人之论。

西汉末年，土地兼并问题日益严重，豪绅地主集中了大量土地，以致富者田地千万顷，贫者却无立锥之地，贫富差距十分巨大，社会矛盾异常尖锐。显然，也正是看到了土地问题的严重性，还在辅政期间，王莽就曾多次把自己的封地无偿捐出，以济贫苦，并曾建议把王氏家族土地"非冢茔"都拿出来救济贫苦百姓。这在2000多年前，许多人在骨子里无不把升官就是为了发财为旨归的封建时代，王莽能够有这样的行动、这样的境界真的是难能可贵。由此也可以看出，他对土地问题的重视与关心。

因此，在建立新朝后，王莽所实行的第一项改革就是土地制度改革，也即所谓的王田令。他参照夏商周的井田制的做法，颁布王田令，即将天下土地改称为王田，规定不得私下买卖，已兼并的土地要无偿献出，分给无地或少地者。具体做法是，如果一家中男丁不满8人，但土地超过了900亩，就要将多余的土地交给国家，由国家再分给本族人耕种。以前没有土地的家庭，则依照一夫一妻百亩的标准分配。

为了确保自己的这项土地制度改革得以贯彻实施，王莽在诏令中还特别强调："敢有非井田圣制，无法惑众者，投诸四夷，以御魑魅"，也就是说，谁要是反对他的王田令，就把他流放到边塞去充军。

王莽所实行的第二项改革应该说是人口制度改革，也即所谓的私属令。

在这项改革中，王莽取儒学经典之要义，诏令谴责奴婢买卖，认为将人"与牛马同栏""逆天心，悖人伦，缪于'天地之性人为贵'之义"，因而颁布了私属令。其具体内容是：停止奴婢的买卖，提高奴婢的社会地位，把家庭中的奴婢改为私属。若有违令者，与违反王田令一样，充军流放。

至于王莽改革的第三项重要内容则是所谓的"五均六管"。始建国二年（公元10年），王莽为了抑制商人对于农民的过度盘剥，制止高利贷，平抑物价，改善财政，增加政府税收，下诏实行"五均六管"法。所谓"五均六管"，即在长安、洛阳、邯郸、临淄、宛、成都等一些当时全国性的大城市设五均司市，负责管理市场，平抑物价，同时负责收税和贷款。

具体做法是，在各城设交易丞5人、钱府丞1人。工商各业，向市中申报经营，由钱府按时征税。每季度的中月由司市官定本地物价，称为市平。物价高于市平，司市官照市平出售，低于市平则任由百姓自由买卖。五谷布帛等生活必需品滞销时，由司市官按本价收买。百姓丧葬或祭祀无钱时，可向钱府借贷，且不收利息，但分别应在十天或三个月内归还。因生产需要也可借贷，年利不超过十分之一。至于"六管"，则是由国家对盐、铁、酒、铸钱、五均赊贷实行统制，即国家专卖，不许私人经营；同时控制名山大川，收山林、池沼和农商、手工业税。

人们都说王莽所为是托古改制，认为改革的真正目的是改制或篡权，"古"只是一个幌子，只是假托。但从以上三项改革的具体内容来看，王莽改革虽然多半是炒当年西周时的剩饭，是"复古"，然而其主观愿望或改革动机，却绝对不是为了篡权，因为已经坐上了新朝皇帝的龙椅，哪还有权可篡？平心而论，王莽改革的目的，真的是想励精图治，实实在在做一点事情，以期一方面能够建立一个名副其实完全不同于旧王朝的"新朝"，使新朝能够焕发出勃勃生机；另一方面也能够在历史上浓墨重彩写下属于自己闪光的篇章。

我们看王田令，不管它是托古抑或创新，在本质上，或者说其初衷则无疑是想抑制土地兼并这一极不合理的社会现象，尽力实现均田制，以期达到耕者有其田的目的。可以说，后代的无数次大大小小的农民起义，几乎都是打着这样的旗号，喊着这样的口号来发动群众，争取民众的支持与参与。而这样的旗号、这样的口号，即使是到了清朝末年，在太平天国起义时也还是具有那样强大的号召力。

所以，早在 2000 多年前，而且是作为一个已经掌控国家最高权力的统治者，王莽就能够主动颁布这样一个旨在实现耕者有其田的诏令，提出这样一个完全可以说是大公无私的改革计划与奋斗目标，真的是非常难得，令人可钦可佩。

不妨想象一下，如果王莽的王田令真的能够实现的话，王莽的新朝即便不是像他所梦想的理想国那样美好，也一定会是一个人人有衣穿、人人有田耕、人人有饭吃的太平盛世。

再看他的私属令，应该说，如果只是从理论上来说，也一样可圈可点，值得称道。

熟悉美国历史的人都知道，早在 1787 年，取得独立战争胜利的美利坚合众国就制定了一部《美利坚合众国宪法》，简称《美国宪法》，并于 1789 年正式生效。根据《美国宪法》第十四条修正案，"人人都有平等地获得法律保护的权利"，但在实际上，美国人的公民权却一直都不平等，即便是到了 19 世纪初，美国的奴隶制还一直非常盛行。

有这样一个场景绝不是电影中虚构的故事，而是当时美国发生的一个真实的故事。

那是 1831 年 6 月的一天，美国南方城市新奥尔良的奴隶拍卖市场上，一排排黑人奴隶戴着脚镣手铐站在那里，他们都被一根根粗壮的绳子串在一起。奴隶主们走了过来，像买骡子买马一样仔细打量他们，有时还走上前摸摸他们的胳膊，拍拍他们的大腿，看他们是不是长得结实，肌肉发达，将来干活有没有力气。奴隶主们用皮鞭毒打黑奴，还用烧红的铁条烙他们。

这时，几位北方来的水手走了过来，他们都被眼前的悲惨景象惊呆了，其中一个年轻人愤怒地说："太可耻了！等一天我有了机会，一定要把这奴隶制度彻底打垮。"

说到这里，大家一定早已猜到了，这位愤怒的水手便是后来成为美国第十六任总统的亚伯拉罕·林肯。

在2005年举办的"最伟大的美国人"美国全国线上票选活动中，林肯被评选为美国最伟大人物中的第二位。

毫无疑问，亚伯拉罕·林肯之所以会在美国人的心中有着那么崇高的地位，就是因为在他任总统期间，不遗余力地废除奴隶制，解放黑奴，即使是因此爆发了南北战争也在所不惜，毫不动摇，并最终取得了南北战争的胜利，从而废除了南方各州的奴隶制度。

不妨想象一下，早在公元10年，也即公元1世纪初，王莽就颁布了私属令，主张废除奴隶制度，这比亚伯拉罕·林肯整整早了1800多年，所以，仅仅从时间上来说，王莽的这一思想、这一制度也应该说非常伟大，很了不起，理所当然应该受到后代中国人的崇敬。

可是，说来真的是很令人感慨，由于中国人的功利思想太强，受成王败寇观念的影响太深，就因为王莽的新政彻底失败了，王莽的新朝又短命而亡，受封建正统思想的影响，后人不仅把王莽其人看成一个历史的笑柄，而且更是对王莽的新政不加分析地予以了全盘否定。

如班固在《汉书》中，不仅不承认王莽帝位的合法性，在为他立传时，将他列入了收录一般人的《传》，而不是帝王专用的《纪》，而且，用老百姓的话说，还把王莽臭得一钱不值："自书传所载乱臣贼子无道之人，考其祸败，未有如莽之甚者也。"

因此，王莽存留在历史中的意义和价值几乎被严重低估，甚至被完全忽略了。由于历代统治者和一些历史学家有意无意地丑化，王莽让后人看到的，几乎全都是负面形象。

这，既不实事求是，也显然不符合历史的辩证法。

书呆子改革家

说到王莽这个人，真的是很让人困惑，一时不知道该作何评价才好。

也确实，他能从一个从小失去父亲的单亲家庭脱颖而出，最后不仅位极人臣，而且竟然还篡汉称帝，成为御宇天下的九五至尊，说明他绝对很有心机，很有手腕，是个官场精明人，用班固的话说就是一个"巧伪人"，否则，如果没有一点手段和本事是绝对走不到那一步的。

可是，你若说他是个精明人，是个"巧伪人"，今日我们读《汉书》里面的王莽传，却又发现他有时特别是在当了皇帝之后，在推行王莽新政实行改革时表现得完全就像是个迂夫子，一个完全不谙世事的书呆子，其所作所为有时简直迂腐荒唐的可笑。就因此，现代有学者则很是不屑地把他称为书呆子改革家。

诚如我们所知道的，在中国古代封建官场，总是不乏有许多的马屁官，这些马屁官的一个共同特点就是精于谋人，拙于谋事，或者换句话说就是"做人精明，做事糊涂"。在做官方面，他们总是显得很有本事，很有门道，升官有术，发财有方，可是细究起来，他们官运亨通的最大秘籍说白了其实也很简单，那就是要么有着很硬的后台，要么就是为人精明，情商很高，很会溜须拍马，投机钻营。而在事实上，毋庸讳言，中国的封建官场其实只要能把决定你前途命运的一两个关键人物忽悠好也就一切顺利了。

可是，在做事方面就显然没有那么简单了，甭说是像国家改革这样重大的事情，即便是像西门豹治邺那样的事情，如果没有一点儿真本事和大智慧也是绝对不行的。然而，令人感到极其悲哀的是，封建官场，人治社会，总是有许多外行领导，平时坐而论道夸夸其谈几乎无所不能，可是关键时刻真正做起事来便难免心虚气短，捉襟见肘，甚至会瞎指挥，乱弹琴，以致丑态百出，闹出许多笑话。

这样的官场怪现状真是不胜枚举，史不绝书。仔细想来，这当然是用人机制、用人导向所致。

有道是：没有金刚钻，别揽瓷器活。实事求是地说，在治国安邦方面，王莽真的没有金刚钻，他所有的本事顶多也就在谋人方面很有手腕也很会伪装罢了，至于他有什么实际的才能，则只有天晓得。

可是，王莽显然不会这么认为。想想也是，在这世上，是人多半都缺乏自知之明。王莽自然也不例外。他以为自己能从一个平头百姓平步青云，一定本事了得，无所不能，再加上当时全国的舆论又几乎形成了一股声势浩大的"王莽崇拜热"，所以就更使王莽自我欲望膨胀，昏昏然地到后来恐怕连自己是谁都搞不清楚了。

显然，也正是在这样一种心理状态下，自以为自己在政治上是个"超人"的王莽便信心满满地开始了他的改革。

在今天看来，王莽当年所实行的改革无论是动机还是目的应该说都毋庸置疑，无懈可击，都是好的，都是对的，都应该值得肯定和称赞。在当时，整个国家也确实是到了非改革不可的程度。

但问题的症结是，在"正确的时间"，王莽所做的也无疑是一桩非常"正确的事情"，然而他所采取的改革措施不仅非常不当，而且也非常荒唐。打一个比方，这就像一个百病缠身的病人，对他（她）进行医治当然是对的，但令人感到悲哀的是，为他（她）治病的不是一个良医，而是一个昏头昏脑的庸医，结果病非但没治好，反而给治坏了。

不用说，王莽就是这样一个治国的庸医。虽然出于好心，一心想治好病人的病，但结果却事与愿违，适得其反。

而王莽的悲剧也正在这里。

想当年，王莽在实行自己的新政时，表现出了许多书呆子气，实在迂腐荒唐的可笑，也难怪后代有许多人每当说到王莽的改革会把它视为笑柄。

不妨举几个这方面的例子吧。

据《汉书》记载，王莽当了皇帝以后，一切都以复古和符合古义为标准，迅速掀起了一场空前绝后的复古改名运动，无论地名、官名、建筑名统统改掉，官职统统改为古代的名称。同时，百姓的生养嫁娶、宫室封国、刑罚、礼仪、田宅车服等仪式都要遵照西周的制度。

有个很典型的例子，说是王莽仿照《周官》的做法，把中原分为六郡，六郡又各分为数县，郡县的名称，都是从经书等书籍中找来的。但由于古籍上各种说法不一，无法确认，于是王莽就将名字改来改去，以致一个郡的名字前后能改五六次。结果一个地方究竟该叫什么名字，连当地人都被王莽给搞糊涂了。

　　据说，王莽所下的诏书，为了说明一个地名，往往不厌其烦地追根溯源，说是这里现在名叫什么，以前又叫什么，以前的以前又叫什么。让人感到不只是有点儿乱，而是相当乱。以致班固把它作为笑料，写在《王莽传》中，成为千古笑柄。

　　还有一件事说起来也很搞笑。王莽称帝后，决定以洛阳为东都，长安为西都，这倒也无可厚非。但他按《禹贡》的划分将天下的州划为九，爵位则向周文王的周朝学习，分为五等。为了和周朝的诸侯国相仿，王莽也分封了1800个侯。可是这些人虽然被封了爵位，但却没有得到封地，有名无实，于是只好困守在长安，每个月由国家供应生活费，吃"低保"。由于生活费太少，不少侯爷竟然跑去给人家当佣人。

　　一国之侯，竟然为生计所迫，不得不外出打工，给人家当佣人，这在中国历史上也真的是绝无仅有，堪称今古奇观了。而且，说句玩笑话，这样的佣人，这样的打工仔也完全可以说是古往今来人类历史上最高级别的打工仔了吧！

　　王莽喜欢改革，这当然没有什么不好。但问题是，王莽是个书呆子改革家，改革的愿望虽好，但许多问题在他那迂腐的头脑里容易想得简单，想得天真，用班固在《汉书》王莽传中的话说就是："莽意以为制定则天下太平，故锐思于地理，制礼作乐，讲合《六经》之说。"意思是说，在王莽这个"书呆子"看来，天下只要制定出了一套看起来完整的制度体系，就可以万民太平，万方乐附，万国来朝，从此歌舞升平万事大吉了。

　　就因此，王莽整天都在想着改革，都在制定改革的计划，以致整个新朝中，"公卿旦入暮出，议论连年不绝，不暇省狱讼冤解民之急务。县宰缺者，数年守兼，一切贪残日甚"。也就是说，尽管新朝的上层统治者，那些高官重臣整天"白＋黑""5+2"地跟着王莽忙得团团转，天天都在为了纸上文章绞尽脑汁，可是，具体的当务之急反而没有人去理会。这样的改革岂不是本末倒置，缘木求鱼？

　　而且，更令人匪夷所思的是，在后来赤眉、绿林起义后，尽管国事蜩螗，新朝已经危若累卵，然而到了这种时候，王莽竟然还能坐得住，并且竟还有闲情雅致进行"纪元改革"，竟令太史推算三万六千年的历纪，诏令他每六年改一次元。

　　一个已危在旦夕的朝代，一个已朝不保夕的皇帝，竟然还要关心还要过问今后三万六千年的纪元，由此看来，王莽不仅迂腐得可爱，而且也委实迂腐得可怜！

　　所以，黄仁宇先生这样评论道："王莽可能精神失常，他做皇帝时总是接受外间至大的压力，也经常通宵达旦地工作。然则，他也有很多我们在今日视作离奇的办法，例如事前造成理想上的数学公式都须用在真人实事上，以一种象征性的指示当作实际的设施，注重视觉听觉上的对称均衡，不注重组织的具体联系，这些都与传统中国思想史有关。这也是初期政治早熟，技术供应不及时的产物。因为统治这庞大帝国，包罗万象，即使博士顾问，也必须保证对万绪千头的事物，都有知能上的掌握，才能表彰皇权之万能。于是只有将原始片面的见解牵扯着笼罩着去推衍出来一个内中凡事都能互相关联而有规律性的宇宙。"

不难看出，黄仁宇先生对王莽的评价未免有着一些片面过激之处，但从总体上说，其评论还是比较合乎事实的。王莽在当上新朝皇帝后的所作所为，看上去也真像是颇有些精神失常！

从某种意义上说，王莽这个人很喜欢搞形式主义，最典型的例子就是喜欢玩文字游戏，见到什么都想重新改名，改完地名改官名，恨不得什么都要由他重新命名一番才好。可这样的文字游戏又有什么意义，有什么作用呢？真是鬼晓得。

如果只是在国内闹腾闹腾，玩玩这些文字游戏也就罢了，可他却似乎并不满足，偏要到国外也去闹腾，也去重新命名，这就简直是在开国际玩笑，无异于没事找事，非要闹出点事儿出来不可了。

史载，自汉宣帝之后，中原王朝与匈奴等少数民族一直都相安无事，但王莽称帝后，觉得少数民族的首领也称王，不符合大一统的传统，于是，他派人出使匈奴，收回汉朝原来给的印玺，换给新朝的印章，匈奴的单于也知道"玺"是皇帝专用物，而"章"则是臣子用的。于是，单于想要回印玺，但被使者弄碎。同时，王莽又将匈奴改为"恭奴""降奴"，将单于改名为"善于""服于"。对此，匈奴单于自然恼羞成怒，于是兴兵南下，引发连年战争。

此外，王莽又将"高句骊"改名为"下句骊"，如此一来，又引起高句骊、夫余等的不断反抗。王莽当然不甘示弱，于是，他便派大兵前去征伐，结果不仅导致边境冲突，还使数十万军队长期陷于边疆，无法脱身，耗费了大量人力物力，造成了北方边疆民众深重的灾难。

在今天看来，王莽以上所玩的这些所谓"复古命名运动"纯属书呆子所玩的文字游戏，根本不能说是真正意义上的改革，不但没有一点儿实际的意义和价值，而且还无事生非，贻害无穷，到头来，不仅给整个国家而且也给他自己造成了灾难性的后果。

这，显然是王莽事先怎么也没有想到的。

所以，明末清初大思想家王夫之一针见血地对王莽的这一迂腐而又荒唐的做法给予了深刻的批判，他说："莽之招乱，自伐匈奴始，欺天罔人，而疲弊中国，祸必于此而发。"

是啊，原本好好的"民族关系"与"国际关系"，却被他迂腐不堪没事找事地这么一折腾，结果全乱了。

可是，从史书上看，这还不是最乱的，最乱的应该说是王莽在新朝所强力推行的一系列金融货币制度改革。

说来，王莽的金融货币制度改革也堪称是一大今古奇观，至今说来还让人忍俊不禁，啼笑皆非。

想当年，同土地改革、奴婢改革一样，币制改革无疑是王莽改革的三大重要内容之一。就因此，王莽曾煞费苦心不遗余力先后进行了四次货币改革。

第一次币制改革是在居摄二年（公元7年），王莽以"周钱有子母相权"为依据，兴大钱，创"一刀平五千""刀五百"替代刀币，制"大泉五十"补于"五铢"。此时以"大泉五十""刀五百""一刀平五千"为主币，而将西汉"五铢"降为辅币。

第二次币制改革是在始建国元年（公元9年）王莽执政后，又废"一刀平五千""刀五百"，改铸"小泉直一"为辅币，以"大泉五十"为主币，小钱值一，大钱值五十，确立了主辅币关系。

第三次改革是在始建国二年，行宝货制，制订了五物六名二十八品。所谓五物，即金银铜龟背；六名，即钱货六品，金货一品，银货二品，龟货四品，贝货五品，布货十品。一下子流通起了那么多的主辅币，甭说很不方便，即便是记也很难能记得过来。

所以当时的老百姓拿着王莽的"宝货"，几乎都在背后骂娘。您想，28种货币，光是辨认就很费劲，至于支付，计算起来就更是让人头疼，一般没文化的，或者是算数能力不行的，简直不知道怎么办才好。

由于这一新的币制改革引起很多麻烦，因而一时间无不怨声载道，很快，老百姓干脆拒用"宝货"，只用大小币。没办法，王莽只好又被迫废除龟背布属，遵从民意，复行大小钱。

第四次币制改革是在天凤元年（公元14年），王莽废除了大小钱，发行了"货布""货泉"两种新的货币。

这样改来改去，如同变戏法一般，不仅变得人眼花缭乱，而且也把整个国家的金融秩序给人为地变乱了。

可想而知，这样的币制改革，必然会对当时的工农业生产以及老百姓的生活造成非常严重的影响。史载，在王莽币制改革期间，曾一度出现"农商失业、食货俱废，民涕泣于市道"的景象。

更有甚者，据《汉书·食货志》记载，王莽每搞一次货币改革，老百姓就要大破财一次，有的不光破财，还要送命。如王莽一开始规定：私铸钱死，抵制宝货流通的发配。结果由于"犯法者多，不可胜行"，于是就把处罚力度减轻了，私铸货币的，连同妻子一起被充作奴婢，知情不告者同罪；抵制宝货流通者，"民罚做一岁，吏免官"。后来，新朝还推行连坐，如此一来，你牵连他，他牵连你，结果把大家伙儿全都牵连进监狱了。

的确，当时王莽对货币改来改去，改个没完，一时改得人心惶惶，苦不堪言，"愁苦死者十六七"。试想，这样的币制改革哪里能够得到百姓的拥护，又怎么可能会取得成功？

古往今来，政治家的盲目与轻率是非常要命的，其结果不仅会玩火自焚，而且有时还会坑害国家，贻害百姓。更何况王莽彻头彻尾就是一个书呆子，一个书呆子改革家，如此懵懵懂懂、稀里糊涂的改革，要不失败才真是咄咄怪事。

王莽的悲剧

凭良心说，王莽真的不是一个坏人。他的缺点就是官瘾太大了，权力欲太强了，却又能力太差了，而且，实事求是地说，运气也实在是太差了。

不妨想象一下，如果王莽的头脑不是那么迂腐不堪，他的能力能像商鞅或者明朝"天下第一宰相"张居正那样，哪怕就像宋朝的王安石抑或唐朝的王叔文那样，那么，他所强力推行的王莽新政就绝对不会是那样一个极其糟糕的结果。

而且，可以肯定的是，中国历史上这些著名的改革家们也绝对不会像王莽这样开

　　列出这样一个乱七八糟的改革处方，像上述的什么改地名、改官名以及把匈奴、高句骊的名字也给改了的这种迂腐荒唐的事情，相信他们中任何一个人都不会去做。

　　这样说绝对不是对王莽改革的全盘否定，实际上，王莽新政也不是一无是处，他所开列的改革处方中还是有几味"好药"在当时是比较对症的。像前面所述的土地改革、奴婢改革、商业改革、税收改革乃至货币改革，严格说来，其总体设想与总体目标应该说都是对的，不容否定的。

　　但是，从某种意义上说，王莽是个空想社会主义者，他所描绘的理想国的蓝图表面上看是很美丽的，也委实能够诱惑人，但在实际上，犹如痴人说梦一般，这样的理想国或曰乌托邦在现实的世界里是很难或者说是根本无法实现的。不说别的，就说王莽新政中两项最重要的无疑也是最应该实行的改革也即土地改革与奴婢改革吧，虽然看起来很美，但却中看不中用，在当时的现实中几乎就不可能实现。

　　拿他的土地改革来说，王莽想要通过此项改革实现耕者有其田，从而解决当时土地兼并日益严重的社会矛盾。为此，他所订的改革标准是一夫一妇受田百亩。如果这样一个土地改革的目标真能够实现的话，那么，王莽所建立的新朝就真的是一个理想国了。你想，一夫一妇实际上也就是全国每家每户都有 100 亩田地，那每户人家岂不都成了"地主"？整个国家岂不富得流油？而这样的社会显然比小康社会还要富足！

　　但在实际上，这样的改革目标完全是一个假大空的目标，因为，据有学者考证，按当时全国的总田地面积和全国总人口计算，最后得出每户不过才能摊到 68 亩，根本摊不到 100 亩。而且，这其中还没有考虑地区差异，在人口密集的地区，据说连 68 亩也摊不到。黄仁宇先生一直批评说中国古代的封建统治者"缺乏数目字管理"，只是大而化之地凭义气甚至很多的时候乃是想当然地拍脑袋决策和办事。

　　很显然，王莽就是这样一个"缺乏数目字管理"的封建统治者的典型。

　　事实上，不仅一夫一妇受田百亩的标准达不到，而且，即便是实现耕者有其田的目标在当时也不可能实现。因为，经过西汉两百多年的土地兼并，那些富家大户动辄有良田千顷乃至万顷，而且，由于人所周知的经济学中的马太效应，也即"富者愈富，贫者愈贫"，在当时，无地失地的贫困农民已经越来越多，占了整个社会的"沉默的大多数"，试问，在这种情况下，王莽怎么让这些"沉默的大多数"能够受田百亩？

　　要知道，田地的总数是固定的，基本不变的，要想使那些无地少地的一夫一妇能够受田百亩，哪怕是受田十亩，唯一的办法就必须要"损有余而奉不足"，也即国家必须要从那些田地大户那里把他们相对多余的田地拿出来，然后再来分配给那些无地少地的一夫一妇，舍此别无他途。

可是，那些富家大户又怎么可能会心甘情愿把自己多余的田地交出来，白白分给那些无地的穷人呢？除非国家采取这样两种办法，即：第一，强制剥夺；第二，花钱购买。

要强制剥夺，也即所谓的"打土豪分田地"，国家势必就要和那些富家大户撕破脸，形成一种敌对的态势，强行对那些有钱有势的高门望族放血，这显然是王莽不愿做也不敢做的。从史书上看，无论是在篡位前还是在称帝后，他都设法收买人心，拼命讨好那些当朝权贵，给他们又是加薪又是晋爵，所以，强制剥夺是不可能的。

既然不能强制剥夺，那就由国家花钱从田地大户那里把那些多余的田地购买来，然后再将田地分给那些缺地少地的穷人。可是，仔细想想，这种办法也同样不可能。因为，需要购买的多余的田地可不是一个小数目，需要花的钱绝对是一个天文数字，甭说当时的新朝财力非常匮乏，乃至在事实上已经出现了严重的金融与财政危机，即便是一个非常富裕的政府，一下子要拿出这么多钱来购买土地，也一样会感到心有余而力不足。

那么，既不能强行剥夺，又不能花钱购买，这可怎么办呢？王莽想的一个在他觉得最好的办法就是实行"富人慈善"，也即发动那些富人主动把自己多余的田地无偿地自觉自愿地给捐献出来，为此，他自己特地以身作则，率先垂范，曾多次把自己的封地无偿捐出，又曾建议把王氏家族土地"非冢茔"都拿出来无偿捐给那些穷苦百姓，但其他富商大腕却响应寥寥，并不积极，甚至并不认同。其结果，王莽想通过"富人慈善"的办法来推进土地改革，实现耕者有其田的目的，自然会是此路不通，死路一条。

不用说，王莽的奴婢改革即所谓的私属令也和其土地改革一样，改革的初衷是好的，但是，却严重缺乏可行性。再加上王莽只是一个书呆子改革家，有改革的愿望却无改革的实际能力，改革的措施不当，可操作性不强，其改革的最终失败也是理所当然，可想而知的。

在今天看来，王莽改革的失败，除了他自身的原因外，还有一个最重要的原因，那就是他的运气太差了。

　　诚如我们所知道的，和其他中国的历代封建王朝一样，刘汉王朝对于自己的宗室后代以及公卿大臣的子孙一直实行赐爵制度与门荫制度，也就像晋代诗人左思所说的"世胄蹑高位"，久而久之，那些贵族子孙越来越多，这些贵族阶层坐食其禄，坐享其成，由此导致了严重的社会阶层固化，只是富者愈富，贫者愈贫，所以到了西汉末期，整个社会贫富差距已经到了非常可怕的程度，倘若用现在的话说，当时的基尼系数已经大大突破了 0.55，严重超过了国际公认的警戒线。

　　而且，到了西汉末年，国家的财政状况也已非常糟糕，整个国民经济事实上已经到了崩溃的边缘，可想而知，当时的西汉帝国就像一家已经亏损多年行将破产倒闭的上市公司，这种时候，甭说是王莽将它"收购"，重新换个名称美其名曰"新朝"，即便是换成其他无论什么人对它进行"收购"，如果不实施大的手术，对它进行改组，事实上也已经回天乏术，顶多只能使气数已尽的西汉王朝多苟延残喘一些时日罢了。

　　所以，从某种意义上说，在"收购"西汉后几乎没有做任何实质性改造的"新朝"，其失败的命运是早已注定了的。

　　事实也真的就是这样，纵观任何一个封建社会，当它的权贵阶层代代世袭，无功受禄的权贵后代越来越多，表面上看，权贵强势集团势力越来越大，利益越来越多，国家政权应该越来越稳，但实际情况却正好相反。究其原因，乃是因为，由于社会阶层固化日益严重，不仅贫富差距必然会日益加大，社会对立和社会矛盾会日益严重，而且，由于权贵集团越来越大，到最后必然会使整个社会变得头重脚轻，重心不稳。当社会中的极少数富人占有了一国之财富总量的绝大多数，而社会中的绝大多数穷人却只占有一国之财富总量的极小部分，而当向富人征税又变得非常艰难甚至无法实行时，对于一个国家来说，实在是一种非常危险的信号。

　　从史书上看，当年的王莽改革情形就正是这样。我们看王莽的土地改革也好，还是奴婢改革乃至"五均六管"也罢，其实都是要权贵阶层承担改革的成本，牺牲自己的利益，从而尽可能地让那些已经几乎无法生存的穷人能够得到改革的红利。

　　可是，由于改革措施的不当，特别是那些有钱有权阶层的阻挠，其结果，王莽改革在无可奈何中只有也只能归于失败。

　　如果说，王莽改革在一开始还只是遭到了一些田地万顷、家藏万贯的富商大吏们的反对，而那些社会中的大多数穷人还满怀着无限的憧憬与希望，希望通过王莽新政能够分到土地的话，可是，到了最后，当这一梦想变得越来越渺茫越来越无法实现的时候，这些自认为被王莽忽悠欺骗了的穷人竟然也加入到了反对新朝反对王莽的行列。

也确实，想当年，西汉王朝已经"国将不国"，烂得不能再烂了，于是乎，无论是社会弱势群体还是强势集团，大家都把希望寄托在王莽的身上，希望他既能使穷苦人民得解放，又能为那些富人集团谋幸福，从而使大家都能各得其所，各受其益。但在事实上，无论是在什么时代，什么国家，哪怕是任何一项改革，怎么可能使社会的所有群体都能获益呢？

仔细想想，这是绝对不可能的。

所以，当王莽在上演了履至尊的禅让游戏，又大力实行改革，开始实施土地与奴婢制度改革，竟然去动社会强势集团的奶酪时，那些既得利益集团先是不解，后是愤怒，禁不住朝王莽发问道："老大，你有没有搞错？"

"是啊，当初兄弟们一致拥戴你，是指望你当了皇帝后大家都能从中获益，都能得到你的庇护的啊？可你倒好，一旦当了皇帝，改革的大刀竟然朝自己的兄弟们头上砍去，你于心可忍，又让兄弟们还怎么能再拥护你啊？"

就这样，那些社会强势集团特别是那些利益受到损害的地方豪强渐渐开始不买新朝王莽的账了，并鼓动民众进行反抗。

社会反抗的烽火就这样渐渐被点燃了。

最终在王莽新天凤元年（公元 14 年），琅琊郡海曲县爆发了吕母领导的起义。

吕母之子为县吏，因小罪为县丞所杀。吕家家产丰饶，资产雄厚，其母遂破家财结交亡命少年，攻破海曲县城，杀死县宰，替子报仇。后来，吕母死了后，她手下的人投奔樊崇起义军，不到一年时间，就发展到一万多人。由于在作战时，为了避免起义兵士跟王莽的兵士混杂，樊崇叫他的部下都在自己的眉毛上都涂上红颜色，作为识别的记号。因而，樊崇的起义军得了一个别名，叫赤眉军。

公元 17 年，王匡、王凤、马武、成丹等人也在湖北江陵和河南之间的绿林山一带发动起义，起义队伍迅速发展到七八千人，号称绿林军，又称汉军。

公元 22 年，虽有刘汉皇室血统但却只是一介布衣的刘秀和他的哥哥刘縯先后起兵，发动起义，不久，两支队伍联合起来，史称春陵兵。时年 28 岁的刘秀虽为一介书生，但很有雄才大略，起义后主动联合绿林各部，四处攻城略地，一时间汉军声威大震。

　　面对全国此起彼伏的农民起义，王莽像个没头苍蝇似的急得四处乱转，不知所措。在几次平叛都遭致失败，起义军越来越逼近长安时，王莽的书呆子气又一次暴露出来了。非常相信谶纬巫术之类的他在走投无路时便只好祈求上苍能够帮助他平叛靖乱。故此，他特地亲自去南郊祷天禳灾，制造了一个北斗形的铜斗，号为威斗，用来象征平息天下的叛乱。

　　公元23年，绿林起义军拥立刘玄称帝，年号定为更始，刘玄即为更始帝。王凤、刘秀指挥绿林军以少胜多，内外夹攻，取得了昆阳之战的胜利。为了冲晦气，王莽又举行了盛大的婚礼，还特意将自己的胡子染成了黑色，但这丝毫挽救不了王莽的败亡命运。

　　最后，又有人给他出馊主意说，按照《周礼》和《左氏春秋》记载："国有大灾，则哭以厌之"，所以建议王莽以哭来向上天求救。于是，怀着最后一线希望，王莽又举行了盛大的无疑也是空前绝后的哭天仪式，他带着一帮文武大臣来到郊外，自己带头领哭，然后众大臣齐哭，一时哭声震天，颇为壮观。

　　那天，王莽哭是真哭，毫无作秀之嫌，最后竟然哭昏厥了过去。随后，他又让太学生和长安百姓每天到郊外去哭，凡哭的好的都可以赏官。

　　哭能升官，这无疑又是一大今古奇观！

　　公元23年九月初一，起义军攻入了长安，王莽负隅顽抗，把关在监狱里的囚犯都放出来，拼凑了一支军队去抵抗汉军。他让他们喝猪血对天发誓：不效忠新朝皇室，鬼神会记下他们的罪孽。但是，这样的毒誓是没有任何作用的，这支"囚犯军队"一上阵便一哄而散，起义军很快攻至宫门。守城的大将王邑拼尽全力，日夜厮杀，直至守城将士全部战死。

　　起义军攻入皇宫后，商人杜吴杀了王莽，却还不知道他的身份，只是取下了王莽身上的绶带作为战利品。但起义军校尉公宾认识这是王莽的随身物品，忙问杜吴刚才所杀之人在哪儿？得知尸体在内室，他立即冲进室内砍下王莽的头，送给围攻渐台的义军首领王宪。其他军人听说王莽的尸体后，也立即跑去争抢，于是大家你一块我一块地迅速肢解了王莽的尸体，以便邀功请赏。

　　几天后，王莽的头被挂在南阳宛县的城头上示众，这里是更始帝的驻地，也是西汉宗族的重要基地。也许是因为觉得王莽是用如簧巧舌欺骗了天下，篡夺了汉朝，当地百姓不仅纷纷向他头上掷石子，用鞭子抽打他的头颅，甚至还有人割下他的舌头将之剁碎，然后分给众人吃。

由此可见，一点儿也不夸张地说，在中国古代的皇帝中，王莽的下场是最为可怜也最为悲惨的。即便是他那死后被悬挂于城头示众的头颅，后来也被涂上油漆收藏到皇宫的武库里，并且一直放了270多年，直到晋惠帝元康五年，因为宫里失火，才把王莽的头颅给烧毁了。

说来真是让人齿冷，从个人人品看，王莽绝对不是一个坏皇帝，他虽然没有给百姓真正带来看得见的实惠，但他在当皇帝期间所实行的改革却实实在在是真心想为天下穷苦百姓谋幸福的。可是，就是这样一个皇帝死后，百姓对他非但既不领情，也不同情，而且竟然还那样凶残至极地对他。

盖棺论定，王莽的确是一个书呆子，而且还呆得不轻，也正因此，王莽的改革则被认为是一场书呆子改革。但是，无论是书呆子也好，还是书呆子改革也罢，仔细想想，其实也并非一无是处。

所以，尽管站在忠君的立场上，像《汉书》和《资治通鉴》这样的正史都对王莽一概予以否定，历代封建统治者自然也对他大加鞭挞，竭力丑化，把他定性为"书传所载乱臣贼子无道之人"，但是，后代还是有一些正直的学者尽量站在公允的立场上对他寄予深深的同情与肯定，如胡适就独具慧眼，极力称赞王莽是中国第一个社会主义者。而当代著名学者柏杨先生也这样评价他道："王莽是儒家学派的巨子，以一个学者建立一个庞大的帝国，中国历史上仅此一次。他夺取政权的目的与刘邦不同，刘邦之类只是为了当帝当王，满足私欲。王莽则有他的政治抱负，他要获得更大权力，使他能够把儒家学说在政治上一一实践，缔造一个理想的快乐世界。"

然而，这样一个"理想的快乐世界"是注定不可能实现的，这一方面固然是因为王莽是一个书呆子，眼高手低，办不成事情；另一方面，也实在是因为中国的封建社会一直都是一个权力社会，那些拥有权力的社会强势集团的力量实在是太强大了，绝对容不了像王莽这样一个离经叛道者，犹如希腊神话中的盗火者普罗米修斯那样把圣火偷偷盗给人间的人。

因而，从某种意义上说，王莽改革，从一开始就走上了一条必败无疑的不归路。

这是王莽的悲剧，事实上，也是我国古代许多改革者无法摆脱的悲剧。

当代有位学者说得好："王莽彻底失败了，他山穷水尽、必死无疑之时，据说还有千余人自愿与他同归于尽，不知道这是不是能给他一些安慰，同时，会不会给后人透露了一点儿真实的信息——王莽所构想的理想国并非只有他一个追随者，而此理想国的覆灭也并非全是人类发展不可抗拒的社会规律所致，那么，他本人在其中起到了什么作用呢？"

或许，可以说，有改革之志，而无改革之能，无治国之才，且王莽新政动了那么多既得利益者的奶酪，因而遭到既得利益者当然也是社会强势集团群起而攻之，是导致王莽新政失败并身首异处的"并发症"。

但事情的真相究竟是什么呢？恐怕谁也说不清。

说来，悠悠岁月，真是欲说王莽好困惑。而历史的吊诡之处，可玩味之处也正在于此。

从某种意义上说，几千年的中国封建社会其实就是皇帝的社会、家天下的社会，而在中国古代从秦始皇到袁世凯这四百多位皇帝中，应该说，明君不多，贤君更少，其中绝大多数都是一些庸君、昏君抑或暴君。而在这寥寥无几的明君与贤君行列中，若论在后世的知名度，东汉光武帝刘秀这位被史家称为"牛背上的开国皇帝"显然并不能首屈一指，名列前茅。可是，倘若从总体而论，就像明朝的张居正被人称为"天下第一宰相"一样，刘秀却能够称得上是"天下第一皇帝"。故而，明末清初大学者王夫之对他推崇备至，称赞他"自三代而下，唯光武允冠百王矣"。而当代国学大师南怀瑾先生就更是对他顶礼膜拜，认为"在中国两千年左右的历史上，比较值得称道，能够做到齐家治国的榜样，大概算来，只有东汉中兴之主的光武帝刘秀一人。"

也确实，在中国历史上，刘秀虽然不能说是对中华民族贡献和影响最大的皇帝，但仔细想想，这位"牛背上的开国皇帝"却是中国历史上最好的皇帝之一。

刘秀的理想

刘秀是个美男子。

在我国古代，正史一般都不对传记中的人物的容貌进行描写，即便是贵为九五至尊的皇帝也概莫能外。之所以会是这样，一方面当然是由于正史不像小说，可以不吝笔墨进行铺陈，而是一贯惜字如金；另一方面，无疑也是因为历史上许多大人物的容貌实在不敢恭维，如实描写显然会犯忌讳，虚假描写却又有违历史的真实。既然这样，为了防止吃力不讨好，历史学家们则干脆采取避而不谈的办法，对那些帝王将相的尊容多半只字不提，三缄其口。

可是，我们看范晔在《后汉书·光武帝纪》中却是一个例外，在其一开头，他竟用了这样15个字对刘秀的身材相貌做了一个近乎白描式的勾笔："（刘秀）身长七尺三寸，美须眉，大口，隆准，日角。"用现在的话说就是，刘秀身材高大，长得浓眉大眼，鼻直口方，而且天庭饱满，器宇轩昂，额骨中央部分隆起，形状如日，从面相学的角度来看，实在是贵不可言。

由此可见，光武帝刘秀也确实是个帅哥，年轻时一定是个英俊潇洒的帅小伙儿。

不过，年轻时的刘秀虽然高，虽然帅，但却因为家境不好，不能算是"高富帅"。

原来，刘秀虽然是高祖九世之孙、汉景帝的后裔，有着正宗的刘汉皇室的高贵血统，但是，他的先祖却一代不如一代，官越做越小，到了他的父亲刘钦之时已经只是一个小小的县令，成了一个"七品芝麻官"，至于到了刘秀与他的哥哥这一辈，则更是"旧时王谢堂前燕，飞入寻常百姓家"，完全变成了一个没有任何官职的平头百姓。

年少时的刘秀家境似乎比当年汉高祖刘邦的家庭情况要好，但从种种情形推测，估计也好不了多少，衣食虽然不愁，但也算不上富裕，离小康也许多少还有一些距离。而且，这种状况也没能保持多久，就在刘秀9岁那年，做县令的父亲突然患病身亡，家里唯一的顶梁柱没了，且父亲患病使家里变得一贫如洗，没有办法，经济上没有来源的刘秀和两个尚未成年的哥哥便只有依靠叔父刘良抚养，其境况可想而知。

也许正因为如此，刘秀与哥哥虽然从小能够有条件上学读书，但书读到后来估计因为经济原因再也读不下去了，于是便只好暂时辍学，回到家乡当了一个自食其力的农民。

古往今来，许多人对在家务农都心不甘，情不愿，觉得做一个农夫既没面子，也没出息，如刘秀的哥哥刘縯就是这样一个典型。

刘縯这个人，不仅性格刚毅，志向远大，喜读兵书，而且平时还喜欢结交一些豪侠之士，在性格上很有些像当年的汉高祖刘邦，年轻时不务正业，成天在外面与一帮狐朋狗友厮混，对耕田种地之事既毫无兴趣，更不管不问。

可是，比较起来，刘秀在早年对当农民却似乎并不反感，平时没事的时候，他喜欢在家读读书，农忙的时候则"勤于稼穑"，起早摸黑地到田里去耕田种地，显得非常勤快，并常将多余的粮食挑到宛城（今河南南阳）集市上贩卖。因此，他的哥哥刘縯便经常讥笑他，说他就像当年汉高祖刘邦的二哥刘仲一样胸无大志，只是一个求田问舍的"模范农夫"。

要说刘秀这人真是好脾气，每当哥哥在人前讥笑他，他都不生气，而且还一个劲儿地陪着大家憨笑，到好像哥哥讥笑的人不是他似的。

在今天看来，刘縯对弟弟刘秀的评价，虽然颇有些门缝里看人，把刘秀给看扁了，但在当时，这样的评价，应该说还是比较客观公正的。就像那句老古话所说的"一娘养九子，九子不像娘"，刘秀这个人看起来性格比较柔弱，比较沉静，比较内向，全然不像他的哥哥刘縯那样风风火火，大大咧咧，而且面相看上去也颇有些老实。

事实上，在当时并不只是他的哥哥刘縯不看好刘秀，即便是那些能未卜先知预测未来的算命先生也不看好刘秀的前程。据说有一次，有个在南阳一带很有名气的算命先生来给刘秀与刘縯兄弟俩算命，在问了刘秀的生辰八字又仔细看了他的面相后，那能掐会算的算命先生说：面慈心善性格好静的刘秀将来最多只不过是个侯爵，而他的能说会道气度不凡的哥哥却有着帝王之相，贵不可言。可是，后来的事实却恰恰相反。

现在想想，这也不能完全怪那算命先生，因为在一般人看来，年少时的刘秀也确实可谓胸无大志，目光短浅，对此，即便是刘秀自己，扪心自问，当时也绝不会否认。

是的，摆在年轻时的刘秀面前的现实的处境也确实不容他乐观，虽然是刘汉皇室的后裔，但当时王莽已经篡汉称帝，他的家族已经享受不到任何皇族后裔的待遇，更不用说封官晋爵了。而父亲死后，他的家里又几乎没有了稳定的经济来源，这使他不得不依靠种田谋生。这时候，身为一个年轻的庄稼汉，你叫他又怎么胸怀大志，志存高远？除非是做白日梦，否则，像刘秀这么非常谨慎非常理性的人，你让他像他的哥哥刘縯那样，整天想着去扭转乾坤，称王称帝，以为自己将来一定会飞黄腾达，他自己先就觉得很不靠谱儿。

不过，这样说并不意味着刘秀是个稀里糊涂懵懵懂懂的人，也并不意味着刘秀是个毫无理想得过且过的人。事实上，刘秀虽然很理性，甚至还非常现实，但年少时的他其实并不缺乏理想和激情。只是，这样的理想并不崇高并不伟大，而是显得很有些庸俗也颇有点儿自私罢了。就像中国历史上的许多读书人"学而优则仕"的理想多半都是为了"黄金屋"和"颜如玉"，说白了就是为了升官发财娶美女，不用说，刘秀早年的理想也恰恰就是这样。

谈到刘秀年轻时的理想，很自然的，人们很容易想到他的那句千古名言："仕宦当作执金吾，娶妻当得阴丽华。"在古代，许多起自草根的开国皇帝早年几乎都有济世宏愿，几乎无不奔着称王称霸去的。

可是，相比较起来，刘秀年轻时的理想却并不那么远大，目标确乎也不那么宏伟，他的人生理想和奋斗目标就是这辈子如果爱情上能够娶到阴丽华这样的美女，仕途上能当上执金吾这样的官儿，也就心满意足谢天谢地了。

说到阴丽华与执金吾，这其中还有些故事似乎值得一说。

先说阴丽华吧！

据《汉书》记载，阴丽华出身一个显赫的大家贵族。她的先祖乃是历史上著名的管仲。只是因为管仲的后代后来从齐国迁到了楚国，被封为阴大夫，因而她的家族以后便以"阴"为姓。秦末汉初，因躲避战乱，阴家举族迁到了新野（今河南新野），所以，阴丽华便成了刘秀的同乡。但也只是同为南阳人而已，因为刘秀家在南阳蔡阳（今湖北枣阳西南），而阴丽华家在南阳新野，两家其实还隔着很远的一段路程，并不真正住在同一个城市或乡村。

从史书上看，阴丽华比刘秀整整小了9岁，但女孩子特别是富贵人家的女孩子因为营养好发育得早，所以，还只十二三岁，阴丽华便如花骨朵儿似的，出落成了一个亭亭玉立、楚楚动人的小美人，成了当地许多少年男子仰慕追逐的梦中情人。

从种种迹象看，刘秀与阴丽华显然并非青梅竹马，绝对不是从小在一起长大的一对金童玉女，而且，在事实上，两人的家庭并不门当户对。所以，可以肯定的是，在早年阴丽华并不是刘秀的初恋情人，而只能说是他的梦中情人。

也确实，对阴丽华的爱恋与痴情，一开始只能说是少年刘秀的单相思，能娶到"白富美"阴丽华，从当时的实际情况来看，可以说绝对是少年郎刘秀心中梦寐以求的一个奢望。

关于刘秀与自己的梦中情人阴丽华之间是怎样相识与相爱的？史书中并没有片言只语的交代，只是说刘秀有一姐夫名叫邓晨，家在南阳郡的新野，离阴丽华家不远，而且，邓家与阴家还是亲戚，因而两家经常相互走动。可想而知，正是借助这层关系，年少时的刘秀到姐夫邓晨家去，才有机会结识了当时在新野富甲一方的阴家大小姐阴丽华的。

对于阴丽华的美貌，史书没做任何的描述，但想必一定天生丽质，貌美无比，是个不折不扣的窈窕淑女，以致让少年郎刘秀竟有惊艳般的感觉，并在年轻的心中从此对其朝思暮想。

尽管对有着沉鱼落雁般美丽的阴丽华一见倾心爱得深沉，但是，以刘秀的性格他显然绝对不会孟浪地当即向阴丽华大胆表白，热烈追求，而是偷偷暗恋罢了。

的确，当时的刘秀只是一个穷小子，而阴丽华则是一个富家千金小姐，再说，两人之间又相差了整整9岁，这使刘秀想起来难免会有些心虚气短。

所以，从某种意义上说，尽管当时几乎连做梦都在想着要娶阴丽华为妻，这样的爱情理想看上去也的确很美，但在事实上，就连刘秀自己也觉得底气不足，很难实现，顶多只能说是一个可想而不可求的美丽的爱情幻想而已。

再来说说执金吾。

那么，执金吾是怎样的一个官儿呢？据《续汉书·百官志》刘昭注引《汉官》："执金吾缇绮二百人，持戟五百二十人，舆服导从，光满道路，群僚之中，期捈壮矣。"原来，在汉代，皇帝或者达官贵人出行时，两边警卫列队，掌旗官也即执金吾便在最前面开道，手拿顶端刻着"金乌鸟"雕像的巨杖，骑着高头大马，一派雄赳赳、气昂昂的样子，众目睽睽之下显得非常风光。由此可见，执金吾只不过就是负责为皇帝或达官贵人出行来鸣锣开道掌旗帜的，很有些像现在的三军仪仗队的首领，其实是一个没有多少实权的官，只不过看上去很是有些威风罢了。

这是因为刘秀有一次在长安城中正好看到皇帝出行时的壮观场景，见到执金吾"车骑甚盛"，很是威风，于是正年轻的他对此羡慕得不得了，因而情不自禁地发出了这样的感叹。

仅此可见，年轻时的刘秀对自己在做官方面的期望值真的不是很高，绝对没有当年项羽与刘邦在看到秦始皇嬴政出巡时的那种很想取而代之的野心，也许连一丝想当皇帝的念头也没产生过。

所以，不妨设想一下，如果不是生逢乱世，如果不是王莽的书呆子改革遭到理所当然的失败，并由此引起了社会大的动乱，刘秀甭说能够建立东汉，当上开国皇帝，即便是"仕宦当作执金吾，娶妻当得阴丽华"这两大理想，恐怕在他的一生中也很难能够实现。

的确，虽然有着正宗的刘汉皇族血统，但其家族早已衰落，更由于王莽篡汉称帝后，刘汉皇族已经成了昨日黄花，风光不再，一文不值，所以，当时的刘秀在事实上也只能算是一个寒门学子，假若通过正常的渠道，在正常情况下，可以想见，以刘秀的勤劳，他完全有可能发家致富，成为家乡一个还算富裕的小地主，农闲时节"开轩面场圃，把酒话桑麻"，小日子也许过得会很不赖，但是，想当执金吾却几无可能，至于娶富家小姐阴丽华，其概率不能说没有，但也恐怕不是很大。

然而，说来也真是"时代不幸刘秀幸"，不用说，乱世对于一个国家、一个民族，对于天下的百姓来说，都是灾难性的，甚至是毁灭性的，但在某种意义上，对于那些极少数的乱世英雄来说，却无疑是一桩非常幸运的事情。在乱世中，由于社会原有的格局被彻底打乱，一切都被重新洗牌，这些乱世英雄因而能够崭露头角，最后侥幸成为重新主宰这个世界的超级大赢家。

很显然，刘秀就是这样一个乱世中的英雄，一个在乱世中渐渐浮出水面并最终脱颖而出的超级大赢家。其结果，不仅顺利实现了他年少时"仕宦当作执金吾，娶妻当得阴丽华"这样两大人生理想，而且，还重新匡复汉室，扭转乾坤，成了一位青史留名彪炳千秋的开国皇帝。

骑牛造反的秀才

都说"秀才造反，三年不成"，但刘秀这个中国历史上最大的秀才造反却硬是被他造成了。

说来真的很有意思，刘秀与王莽其实都是名副其实的秀才，用现在的话说，两人都受过正宗的高等教育。而且，刘秀还曾上过太学，是中国历史上学历最高的皇帝。两个中国古代最大的秀才，竟然一前一后，相继改朝换代，且都践履至尊，当上了皇帝，这在中国历史上真的是很少见。

众所周知，王莽生于公元前45年，刘秀生于公元前5年，两人的年龄整整相差了40岁。公元8年，王莽代汉称帝，建立了自己的新朝。当时，刘秀才14岁。

要说王莽灭了西汉，对于刘汉皇族当然是一个噩梦，是一场灾难，但实事求是地说，对于刘秀的伤害其实并不大，因为，即使是在西汉，如前所述，早已"飞入寻常百姓家"的他这一支刘汉皇族后裔到他这一辈也已几乎享受不到任何皇族红利，相反，倒是王莽建立新朝后给他带来了福音。

诚如我们所知道的，王莽是个读书人，是中国历史上最"尊重知识、尊重人才"

的皇帝，在他称帝后不久，很快便扩大了太学生的招生规模，把一大批出身寒微的优秀学子招收到当时的国家最高学府太学进行深造。

不用说，刘秀正是这一太学扩招政策的受益者。

据史书记载，新莽天凤元年（公元14年），时年19岁的刘秀暂时放下锄头和犁铧，离开家乡到长安入太学求学。在太学校里，他拜中大夫许子威为师，专攻《尚书》。

有意思的是，在读太学期间，刘秀还搞勤工俭学，与同学合伙开了一家"出租车公司"，他先是与同宿舍的韩子合资买了一头驴，然后租给别人跑运输，等挣到钱后，又"扩大再生产"，陆续又买了好几头驴，同样租给别人拉客跑运输……到后来，因为驴死了，"出租车公司"倒闭，他又很快与人合伙经营起了一家药材公司。

由此可见，刘秀绝对不是那种只会子曰诗云死读书的书呆子。在表面看似温文尔雅的背后，可以说他的头脑非常灵光。

不过，刘秀虽然很有经商头脑，但他的主要精力还是放在了刻苦读书以及关心时政上。诚如我们所知道的，西汉末年，当时正处于历史的大变局之时代，政治形势扑朔迷离，风云变幻。京城视野开阔，政治氛围浓厚，由于刘秀天姿聪明，勤奋好学，博采众长，所以每当朝廷发生什么事情，皇帝发布什么诏告，他必定第一个打听清楚并弄个明白，然后再把自己知道的朝政讲给同宿舍的人听。因此，同学们都一致称赞刘秀"高才好学"，很有政治天才。

毫无疑问，刘秀的许多军事思想、人才理念以及治国方针都是在他上太学期间基本形成的。因而，一点儿也不夸张地说，如果没有在长安读太学这一段特殊的人生经历，刘秀后来很可能很难能够成为开国英主，即便是侥幸做了皇帝，恐怕也不能够像一代伟人毛泽东所称道的那样，成为"最会打仗、最会用人的皇帝"，更遑论成为中国历史上最好的皇帝。

所以，可以说，完全是王莽自己亲手培养了刘秀——这一自己的掘墓人。

这，在某种意义上，不能不说是一种历史的宿命。

很显然，王莽当年的太学扩招政策其利弊也是可以想见的：一方面，许多原本很难进入太学的寒门学子从此有机会进入这一帝国最高学府，但另一方面，由于所招的太学生太多，以前那种只要上了太学不仅国家包分配而且还都有官做的局面被彻底改变了。这以后，许多太学生不得不面临着毕业即失业的严酷现实与尴尬局面。

显然，也正是清醒地看到了这种毕业即失业的残酷现实，再加上自己乃是刘汉原皇室后裔，自然为新朝所排斥，因而，甚至还没有等到毕业，地皇元年（公元20年），刘秀便从长安回到故乡舂陵，从此又开始在家种地打粮重操家业。

表面上看，从家乡出发又回到了家乡，从最先的在家种地再一次回乡务农，刘秀几年的太学算是白上了，但在实际上却完全不是这样。

之所以这样说，乃是因为几年的太学生涯使刘秀无论是在知识还是在能力等各方面都有了很大的提高，为他的日后起义以及最终得以御宇天下可以说开展了一次全面系统的"岗前培训"。的确，如果说当年在去长安入太学前的刘秀还很单纯还很幼稚，只是一个胸无大志目光短浅的乡村少年的话，那么，长安归来后，上过太学的刘秀已经今非昔比，在各方面已经非常成熟，非常老练，看问题做事情无论是角度还是方法以及想法等都和以前完全不一样了。

在今天看来，从某种意义上说，一生中刘秀其实最应该感谢的人就是王莽，可以说，不仅是王莽让刘秀有机会上了太学，把他培养成了一个训练有素的"革命者"，而且，由于王莽新政的失败，在客观上也为刘秀的"革命"提供了一方百年不遇的"你方唱罢我登场"的政治舞台，并最终使他成为继王莽之后这方舞台上的"第一男主角"。

诚如我们所知道的，西汉末年，政治腐败，经济凋敝，民不聊生，危机四伏，帝国潜藏着严重的政治危机。当时，汉朝最大的外戚王莽利用皇帝年幼而自己完全掌控国家一应军政大权的机会，篡汉称帝，建立了属于自己的新朝。

称帝后，王莽很想扶危持倾革旧维新，但是，篡权有术、治国无方的他在实施了一系列改革即历史上所谓的王莽新政后不仅没能涤瑕荡秽定乱扶衰，反而事与愿违，好心办坏事，把国家的政治经济与社会等各方面搞得一团糟，再加上事不凑巧，诚所谓"屋漏偏逢连夜雨"，正好赶上了大的自然灾害，由此导致了绿林、赤眉起义。

也正是在这样一种时代的大背景下，刘秀与他的哥哥刘縯也在自己的家乡闹腾开了，由此拉开了起义的序幕。

那是在王莽地皇三年（公元22年），一场大灾荒如洪水猛兽般铺天盖地朝南阳郡袭来。一时间，整个郡内，树皮草根，剥食殆尽，以致最后十室九空，饿殍遍野，真正是"千村薜荔人遗矢，万户萧疏鬼唱歌"。

在这样一种非常时刻，刘秀与哥哥刘縯在家乡利用宗族势力起兵，并很快与进入南阳的绿林军会合起来，走上了武装反抗王莽新朝的道路。

据史书上说，刘秀的哥哥刘縯早有反叛之心，而刘秀一开始似乎并无反叛之意，只是在哥哥刘縯的蛊惑与刺激下，他才"愤而有志于天下"。但从种种情形推测，刘秀的反叛之心很可能早已有之，估计起码应该是在长安读太学的时候就有了此意，因为当时"天下连岁灾蝗，寇盗蜂起"，帝国乱象纷呈，"败亡已兆"，善于审时度势的他自然会在这种时候萌生反意。

表面上看，刘秀和大哥刘縯在南阳舂陵起兵，主角应该是刘縯，刘秀只能说是一个配角，但在事实上，刘秀也是一个主角，而且，从某种意义上说，他还是这次舂陵起兵的"广告代言人"。

事情大致是这样的，当刘縯在舂陵起兵后，便竭力号召动员家乡的父老乡亲加入自己的起义队伍中来。然而谋反是要杀头的，不仅自己被抓住要判死罪，而且还会株连自己的家人，所以，一开始，据《后汉书·光武帝纪》记载："诸家子弟恐惧，皆亡逃自匿，曰'伯升杀我'。"也就是说，当时，舂陵的父老兄弟都很害怕，都纷纷逃跑或躲藏起来，不愿跟着刘縯造反，且大都认为刘縯要自己加入他的起义军就等于是要杀自己。

虽然振臂高呼，但却无人响应，刘縯眼看自己的起义还才拉开序幕就要演不下去了，心中禁不住焦急万分。可就在这情急时分，弟弟刘秀却突然闪亮登场，及时为他救场，并很快将这场造反大戏推向了高潮。

原来，那天刘秀特意自编自演了一场好戏，只见他身穿红衣，头戴大冠，穿着一身将军服装，逢人便说是要参加哥哥刘縯的起义军，去匡复汉室，恢复高祖的大业。而且，还在那临时搭建的高台上，很是秀了一把自己犹如帕瓦罗蒂一样美丽动人的男高音，慷慨激昂地唱道：

> 大风起兮云飞扬，
>
> 威加海内兮归故乡，
>
> 安得猛士兮守四方！

这是当年汉高祖刘邦还乡时唱的《大风歌》，时隔两百多年，如今虽然早已时过境迁，但在这样一种时刻，被刘秀也即刘邦的后人再次激越昂扬而且略带伤感地唱出，顿时感染了许多父老乡亲，在许多刘汉皇族后裔的心中激起了强烈的共鸣。

所以，在关键时刻，刘秀那不无夸张的表演不啻为哥哥刘縯做了一次具有轰动效应的"造反广告"。很快，这一消息便不胫而走。一传十，十传百，百传千，一时间，大家都在悄悄议论说："连刘秀这样一向谨慎忠厚的秀才都起来造反了，看来世道真的是要变了！"

如此一来，不仅刘氏宗族亲友即便是当地许多地主豪族成员也都纷纷打消了疑虑，先后加入以刘縯为首的起义队伍中来。当时，他们的起义队伍号称"柱天都部"。不过，这个名字说起来很有些拗口。

由此可见，刘秀在春陵起兵时的作用实在不容低估。经由他所做的"秀才造反"这则广告的"广而告之"，大力宣传，很快家乡的父老乡亲都纷纷加入到柱天都部队伍中来。

当时全国有很多支起义军，而且，刘秀和刘縯的这支部队论实力论名气都排不上前列，但是这支春陵兵有一个其他部队都不具备的特点，就是整个部队都是以春陵这边的刘家宗室子弟为核心组建的。一家老小、兄弟姐妹、远亲近亲一起上战场。在这支部队里有刘秀的大哥二哥、大姐小妹。刘秀的二姐刘元和二姐夫邓晨，也从新野带了一批人，与大家汇合在一起。

所以，最初的柱天都部完全就是一个刘氏兄弟连加亲友团，很有些像现在的家族私营企业。只不过，当时的"春陵刘氏企业"不是从事工业生产或商业贸易，而是专门从事造反。

可千万别以为造反是一种无本生意，事实上，它的资本可是当时春陵刘氏家族全部男女老少的身家性命。

想当年，陈胜吴广在大泽乡起义因为没有正规的武器，大家便斩木为兵，揭竿而起。而刘秀与刘縯的起义说来也很有意思，由于没有像样的武器，这支"春陵军"一开始只是要求各人自带武器，于是乎许多人从家里找来锄头、铁锹以及鱼叉还有柴刀等便去战场上玩儿命了。至于刘秀，当时春陵军中的二把手就更是搞笑，不仅穿着古怪，而且他的坐骑还竟然是一头行动起来非常缓慢的老牛。当年，老子据说是骑着一头青牛出关的，但老子出关不是打仗，而是归隐，所以青牛跑慢点儿并不要紧。而现在，刘秀骑着老牛是去打仗，这不简直是在拿自己的生命开玩笑吗？可是，话说回来，刘秀不骑牛又能骑什么？当时没有马，起义的条件很差，能有一头牛分配给他骑已经算是很不错了。

所以，刘秀造反，在中国历史上可以说创造了两个纪录：一个是秀才造反，而且是学历最高的秀才造反；第二个是骑着老牛上战场。因此，后人便称他为"牛背上的开国皇帝"。刘秀骑牛上战场打仗也一直被传为千古佳话。

不过，虽然兵少将寡，装备极差，但可谓一群乌合之众的春陵军在刘縯与刘秀兄弟俩的带领下一开始竟然稀里糊涂地接连打了好几个小胜仗，开局应该说还算不错。但很快，他们便遭到了起兵以来的最大一次挫折或失败，而且甚至因此差一点儿全军覆没。

那是在他们相继攻下湖阳（今河南唐河境内）、棘阳（今河南新野境内）后，刘縯决定下一站就去攻打宛城（今河南南阳宛城）。从后来的事实看，刘縯犯了一个严重的战略错误，失败从一开始便注定了。

原来，宛城是南阳郡的首府，相当于一个省的省会。它的军事力量显然比湖阳、棘阳不知要强多少倍。就当时的情况看，刘縯的春陵军要去攻打宛城，实在是自不量力，无异于以卵击石。

可当时，无论是刘縯还是刘秀，乃至军师李通，大家都一门心思去攻打宛城，想要攻占南阳郡的这座最大的城市。究其原因，乃是因为：其一，他们觉得宛城乃是南阳郡的军事与经济重镇，拿下宛城就等于控制了南阳郡；其二，由于刘縯和刘秀都是南阳的宗室子弟，在他们看来，如果连宛城都拿不下，根本不用提什么光复汉室；其三，当初刘秀决定造反，就是在宛城，是宛城人李通"以图谶说光武"，刘秀这才下定决心，与李通一起准备在宛城起兵的。所以，此时此刻拿下宛城，可以说是当时春陵军上下的共同愿望。

可是，也不只是由于过高地估计了自己的实力，还是把攻打宛城想得太容易了，当刘縯与刘秀兄弟带着一帮春陵军兄弟去攻打宛城，还没来到宛城，半路上就被王莽派来的且早已埋伏在那里的主力部队给截住了。于是乎，双方在一个名叫小长安聚的小镇发生了一场遭遇战。

可想而知，由于当时的春陵军严重缺乏训练且装备极差，再加上事发突然，毫无防备，所以，在突然遭遇王莽埋伏在那里的正规军后，顿时阵脚大乱，溃不成军，死伤惨重。

那是公元 22 年的冬天，这天，漫天迷雾，几乎对面都看不见人。当刘秀与刘縯带着春陵军将士前去攻打宛城时，半路上，突然遭到了埋伏在小长安聚一代的王莽军队伏击。王莽的正规军仿佛突然从地底下冒出来一样，一时间箭如雨下，喊杀声四起，从未受过正规训练也未经历过如此险境的春陵军顿时惊惶万状，四处逃窜。大约只一袋烟的工夫，春陵军便死伤殆尽。

好在，此时刘秀的坐骑已由水牛换成了马匹，否则那天必死无疑。最后，因为逃命要紧，刘秀只好单马遁走。

在逃跑的途中，刘秀看到了一个人——他的妹妹刘伯姬。我们知道，刘秀有两个姐姐，两个哥哥，就这么一个妹妹，于是刘秀赶紧让自己的妹妹上马，然后两个人共骑而奔。谁知，刚跑了一会儿，又看到他的二姐刘元，正带着她的三个女儿没命地向前逃奔。要说刘秀比刘邦心地实在是好得太多了，想当年刘邦在战败后逃命时，因为嫌两个孩子坐在车上跑得太慢，竟然几次狠心将自己的两个孩子推下车，只顾自己逃命。可是刘秀却不是这样，当他看到自己的二姐刘元和三个外甥女后，危急时刻，他没有只顾自己逃命，而是又一次下马，要将二姐也扶上马，与自己一起逃跑。

可是，马上已经乘着刘秀和妹妹刘伯姬了，再骑上去一个人甭说马很难驮得动，即使能驮得动也绝对会跑不快。所以，当刘秀要姐姐也骑上马一起逃跑时，刘元几乎不假思索便谢绝了，摇着头对刘秀凄然一笑说："马只有一匹，你们救不了我们。你们快逃命吧，这样总比大家都死在这里要好啊。"说完，她头也没回，便带着自己的三个女儿又继续往前逃命。

从史书上看，在兄弟姊妹中，刘秀与二姐刘元包括他的二姐夫邓晨关系最好，再加上自己的梦中情人阴丽华与二姐夫妻俩是亲戚，所以，可想而知，当这天，在逃亡时突然与二姐生离死别，刘秀的心中该有多么难过？然而，想想二姐说的话也对，没办法，刘秀只好含着泪骑上马与妹妹一起打马狂奔，继续逃命。

在今天看来，小长安聚之战可以说是刘秀起兵后所遭受的最惨重的一次失败，也是他起兵后所交的一次最昂贵的"血费"。在这次猝不及防的战役中，他和他的刘氏家族付出了最惨痛的代价。

此战，不仅刘秀的二姐刘元和三个外甥女都被敌人杀死了，而且他的二哥也被杀害了。此外，几十名刘氏宗室子弟也都死在了小长安的大雾中。其中，刘秀叔父刘良的妻子和两个儿子都死在了战场上。

不过，让刘秀感动的是，虽然在一开始，曾代替父亲把刘秀兄弟姐妹抚养成人的叔父刘良是反对起义的，可事到如今，他却没有再说一句反对哪怕是抱怨的话。

更让刘秀感动的是他的二姐夫邓晨，尽管小长安聚一战，他不仅失去了爱妻，也痛失了三个宝贝女儿，而且，春陵军退守棘阳，新野县令把他们在新野的房子也毁了，祖坟也挖了，邓氏家族的人为此对他都很愤怒，纷纷指斥他说："都是你害的。咱们邓家本来很富裕，日子过得好好的，可你为什么要追随你老婆家的人去造反，不仅自己睁着眼睛硬是要往开水锅里跳，而且也把我们给坑害了呢？"

可是，自始至终，邓晨都无怨无悔，只是一心跟着自己的小舅子刘秀"造反闹革命"。

所以，一点儿也不夸张地说，刘秀后来的成功完全是用他的众多亲人以及无数父老乡亲的鲜血和生命换来的。

小长安聚一战，几乎把刘縯、刘秀兄弟俩起兵以来好不容易才积累起来的一点儿家底全给输光了，这使力量原本就很薄弱的春陵军也就是所谓的柱天都部更显弱小了。这种时候，如果再继续这样单干下去，甭说成不了气候，如何才能存活下来也成了一个很严重的问题。

也就是在这生死攸关的紧要关头，秀才造反的刘秀与他的哥哥刘縯做出了一个非常重大的决策，主动与当时人多势众的各路绿林军进行"联营合资"，于是乎通过"兼并重组"，不仅很快稳定了行将动摇的军心，而且也由此迅速组建成了一个较为强大的"造反集团"。

骑牛秀才立奇功

从史书上看，在起义初期，无论是在柱天都部还是在与绿林军中的新市兵与平林兵"联营合资"之初，刘秀在军中都既无地位，也无影响，更无威望，确乎只是一个无足轻重的角色。甭说其他人不那么看重他，即便是他的哥哥刘縯也显然隔着门缝儿看他，以为他一介文弱书生，天生不是造反的料，对他不重视，一开始只分给他一头牛骑，竟让他骑着牛上战场去打仗。直到汉军打败王莽的新野尉，杀了新野尉后，新野尉昔日所乘之马从此才成了刘秀的坐骑。

就因此，后来有人说，西汉的基业最早是从汉高祖刘邦提三尺之剑斩白蛇起义开始的，而东汉的基业最早则是从光武帝刘秀骑牛上阵开始的。

虽然在今天说来，这些事看起来似乎有着许多传奇的色彩，但在当时，对于刘秀来说，则委实有着许多苦痛以及赌博的成分。而且，这样的赌博还不是一般的赌博，乃是赌命。即使骑牛，也要造反，仅此可见，当时的刘秀对于造反是怎样的痴迷与投入，几乎完全是把自己给豁出去了。

可是，就因为在别人眼里刘秀是个秀才，是个书生，而古往今来，一般人对书生又总是存在着严重的偏见甚或说是歧视，因而骑牛秀才刘秀在军中曾一度得不到重用。

所以，在一开始，都是哥哥刘縯在演主角，刘秀甚至连一个配角都称不上，也许只能说是一个群众演员。

说来，刘秀的哥哥刘縯也的确颇有些军事才能，虽然上述的小长安聚之战的惨败固然应由他负全部的责任，但在后来，他却带兵很是打了一些胜仗。如更始元年（公元23年）的正月甲子日，刘縯将经过整顿后的舂陵军分为六部，在他的指挥下，借助黑夜的掩护，分进合击，一举夺取官军的后勤基地，"尽获其辎重"。第二天早晨，刘縯又率兵自西南方向攻击甄阜军，下江兵自东南方向攻击梁丘赐军，双方拼死搏斗，经过激战，梁丘赐阵脚先乱，士卒溃逃。甄阜军见状，顿时也失去抵抗的勇气，纷纷逃窜，义军紧追不舍，逃散的官军被逼至黄淳水边，欲渡无桥，欲战无力，被杀或溺水死亡者两万余人，甄阜、梁丘赐这两员新莽军大将也被杀死。这一胜利是刘氏兄弟与绿林军联合作战后所取得的一次重大胜利，不仅消灭了王莽在南阳的精锐之师，而且还夺得了官军的大批军器粮秣，更令绿林军上下认识了刘縯的卓越的军事谋略与指挥才能。

随后，绿林军乘胜前进，挥师北上，兵锋直指宛城。汲取上次小长安聚之战的惨痛教训，这次，刘縯再不敢麻痹大意，掉以轻心，而是全力备战。当时，驻守宛城的官军力量依然十分强大，特别是守将严尤乃是王莽集团中颇具才干的将领。严尤是王莽的同学，不仅与王莽私交很深，而且此人文韬武略，很有才干。到荆州后，他不断招兵买马，强化训练，以原地方军为基干，很快组织起一支较有战斗力的部队，并在同绿林军的战斗中取得了一些胜利。故此，当获悉绿林军挥师北上，剑指宛城，严尤与宛城另一守将陈茂率兵赶来，准备在宛城附近与绿林军进行一场生死大决战。

针对这一情况，刘縯毫不畏惧，决心破釜沉舟，全力迎敌，一举击溃官军。史载他"陈兵誓众，焚积聚，破釜甑，鼓行而前"，以必死的决心和必胜的勇气，伴着隆隆的战鼓，督率全军冲锋，在淯阳（今河南南阳南）城下，与官军展开激战。此战，起义军无不以一当十，拼死作战，气势如虹，结果斩敌首3000，并迫使严尤、陈茂率军退守颍川。之后，刘縯没有乘胜追击严尤、陈茂败军，而是指挥义军将宛城团团包围。

经此一战，起义军士气大振，刘縯也自称"柱天大将军"，从此威名远扬。

如果说，在这之前，王莽一直不把刘縯放在眼里，甚至并不知道刘縯这个名字的话，那么，经此一战，他开始对刘縯刮目相看，并把他立即升格为自己的主要竞争对手，且公开下诏悬赏道：凡杀死刘縯者，奖励食邑5万户，黄金10万斤，并赐上公的官位。同时还下令长安的官署及天下乡亭的门侧堂上，一律画上刘縯的图像，每天令士卒射之，以发泄对刘縯的仇恨。后来，王莽甚至还命人随便抓个百姓，就谎称其是刘縯，将其游街示众后公开杀掉。

仅此可见，刘縯当时在事实上已经完全成了绿林、赤眉起义军中一个重量级人物，一个"超级造反明星"。这从一个侧面也足以说明他的军事才能已经完全得到了"敌我双方"的一致公认。

可是，在当时无论战功还是才干都首屈一指的刘縯却并没能受到绿林军各路将领的一致拥戴，这年的二月，绿林系各部反倒推举拥立才智平庸生性软弱的春陵戴侯刘熊渠的曾孙刘玄为汉帝。

诚如我们所知道的，由于种种原因，刘秀的成名显然比哥哥刘縯要晚，但幸运的是，他竟能够后来居上，而且还是一战成名。这一战，不用说，便是中国历史上著名的以寡击众的昆阳之战。

昆阳之战是在这样一种形势下爆发的。当时，新莽朝面临着北方的赤眉和南方的绿林两大起义军的共同挑战。起初，王莽将赤眉军作为主要镇压对象，相继派出多支重兵前去围剿，而对南方的绿林军则有些麻痹轻敌，不太当一回事。直到绿林军歼灭了甄阜、梁丘赐军，击败严尤、陈茂于南阳城下，接着刘玄又公开称帝，明确提出要恢复汉朝，建立更始政权之后，王莽才意识到南方的绿林起义军对新莽政权的威胁更大，因而决定转移战略重心，一方面将进攻赤眉的主力军迅速调到南方作战，一方面紧急调集各郡兵力，准备彻底消灭绿林军。

要说王莽这一次为了对付绿林军可真是下了血本，他不仅让他最得力的大将大司空王邑、大司徒王寻为统帅，共集结军队 43 万人去围剿绿林军，而且还别出心裁，犹如玩杂耍或马戏团表演一般特地征召通晓六十三家兵法的人为军官，又从山东找来一个身材无比高大的"巨无霸"为垒尉，同时又从上林苑里赶来一群虎、豹、犀、象等猛兽与大军随行，美其名曰"以助军威"。

这样的一支大军也真称得上是古今罕见，由此也足以证明王莽真的是一个充满奇思妙想的书呆子，或者说干脆就是一个神经病。

却说王邑来到洛阳后，各州郡选派精锐的士兵，由州郡的长官亲自带领，很快便聚集起了 43 万大军，号称百万大军，同时，从后方前来增援的大军还源源不断，旌旗、辎重更是不计其数。

这年的五月，王邑、王寻大军与驻守在颍川的名将严尤、陈茂会师，随即向昆阳挺进，只几天时间，即有十几万官军兵临昆阳城下。

昆阳，在今河南叶县，汉朝刘向《新序·杂事五》中所说的"叶公好龙"这则历史上非常有名的寓言故事传说就发生在这里。如果说，传说中的叶公虽然表面上爱龙成痴，但见到真龙却"弃而还走，失其魂魄"，吓得屁滚尿流地逃跑，乃是一个胆小鬼的话，那么，事实证明，刘秀却纯然不似当年那个好龙的叶公，面对突然而至而且数十倍乃至上百倍于己的敌人，这位骑牛造反的秀才没有害怕，更没有选择逃跑，而是毅然与强大的敌人展开了一次殊死的搏斗，并由此立下了奇功，创造了中国军事史上的一个奇迹。

当然，小小的昆阳城也因此有幸得以在历史上出名。

在当时，看到王邑、王寻率领的官军陆续兵临昆阳城下，正在那里活动的绿林军也即汉军都很害怕，看到官军人多势众且装备精良，而自己这边则兵少将寡，装备极差，根本不是官军的对手，所以，新市兵头领王凤、下江兵将领王常都想从这里撤退到其他城邑去，有人甚至想散伙以便重回到自己的地盘当山大王，至于开小差的士兵更是不在少数。

大敌当前，黑云压城。在这生死存亡的关头，唯独刘秀泰然自若，且力排众议，坚持要在昆阳与官军展开决战。他耐心做众将领的思想工作说："现在城内兵、粮既少，而城外官军又那样强大，这种时候，如果大家合力抵抗敌军，或许还可以成功；如果分散，则大家都只有死路一条。况且刘縯的部队还没有攻克宛城，不能前来救援。

假若敌军占领了昆阳，只要一天的时间，我军各部也就都完了。大敌当前，现在大家怎么能不众志成城，同心协力，反而想着要回家去守着妻子家产呢？"

众将领先都以为刘秀不过一介书生，口出狂言，于是都嗔怒道："刘将军怎么敢说此大话？"

"就你这胆小鬼，只配骑牛的秀才，也有资格教训我们？"

现场立即爆发出一阵哄堂大笑。

见此情景，再说无用，于是刘秀只有耸耸肩苦笑道："算了吧，既然你们不听我的忠告，那就随你们的便吧。"然后一扭头就走了。

可就在这时，外出侦察的士兵跑回来报告说："新莽军已到达城北，队伍蜿蜒好几百里，一眼看不到头。"

事到如今，看来逃跑是不行了。因为从未经历过这种阵势，一时间大家都惊慌失措，不知该怎么办才好。于是，大家合计合计，觉得还是去找刘秀，想听听他有什么意见。

就这样，大家便又把刘秀请回来，无形中等于是大家联名推举刘秀为临时总指挥。

诚所谓"沧海横流，方显出英雄本色"，被请回来的刘秀给众将领分析形势，讲清利害，一席话说得大家不住地点头，这才觉得关键时刻还是骑牛秀才刘秀多谋善断，很有见识。当时城中只有八九千人，刘秀便让王凤和廷尉大将军王常守卫昆阳，自己则与五威将军李秩等13人趁夜骑马突围求援。

刘秀一行来到郾、定陵等城，准备调拨所有绿林军前往救援昆阳。可是一些将领因为贪图财物，想留些部队在原地留守。如此一来，势必要分散兵力，因而，刘秀便开导他们说："如果现在打败了敌人，大功告成，到时要什么财宝没有啊？可如果打了败仗，被敌人杀了，到时连脑袋都没有了，即使再多的宝贝也守不住了。诸位都是聪明人，难道连这样简单的道理都不懂吗？"

经他这么一说，大家觉得也确实是这个理儿，于是便都跟随他一起去救昆阳。

到此为止，昆阳之战的序幕已经完全拉开了。

当时，昆阳城下正在激战。

对于是否要强攻昆阳城，王莽的平叛军内部意见很不一致。名将严尤认为，昆阳城小而坚，难以迅速攻克，而且称帝的刘玄和汉军主力正在攻打宛城，所以，他主张对昆阳围而不打，而应该把重点放在去围歼攻打宛城的汉军主力上。

应该说，严尤的意见无疑是对的，但中国封建时代的事情从来都是一把手说了算，而且又总是外行领导内行，对于严尤的意见，一把手王邑不予采纳，他觉得严尤太胆小太不自信了，"难道我手下的 43 万大军都是吃素的吗？要踏平一个小小的昆阳城岂不易如反掌？"

就这样，王邑把自己的 43 万平叛军全部布置在昆阳城附近，一时间把个昆阳城里三层外三层地围了个严严实实。

打就打呗，但王邑这时又犯了一个军事大忌，就是在攻城时，将城池四面包围，不留下任何对方觉得可以突围的缺口，这就逼得城里的守军只能拼死抵抗了。

而在当时，名将严尤却建议在攻城时故意留下一个缺口，以此让城里的汉军感到有一线逃跑生还的希望，从而瓦解义军的斗志。可没想到一把手王邑又一次否决了。不仅如此，当城里的起义军眼看城将攻陷，首领王凤想要投降时，王邑和王寻竟然不接受，不让汉军投降，如此一来，那些被困在昆阳城里的汉军困兽犹斗，就只有剩下拼命这一条路了，所以，战斗力一时不减反增，多次打退了新莽军的进攻。

就这样，双方僵持到五月底，此时宛城已被汉军攻克，形势逐渐有利于汉军。

再说刘秀召集到一支援军之后，立即马不停蹄向昆阳城进发。在快要抵达昆阳城时，为了达到出其不意攻其不备之效果，刘秀组建了一支三千人的骑兵敢死队，由自己率领着突然向新莽军的数十万大军发动了攻击。在与敌人遭遇时，刘秀奋不顾身，带头冲锋陷阵，结果竟击退敌军，斩首数十级。

见此情景，那些跟随刘秀来增援的汉军将领都禁不住连声赞叹，说："刘秀这个骑牛秀才，平时见小敌怯，没想到见大敌却反而勇，真是太奇怪了！"

很快，刘秀又身先士卒，带领敢死队向新莽军发起冲锋，斩敌近千人，进抵昆阳城下。

现在，大家再也不小看刘秀了，不再觉得他只是一个只配骑牛的软弱书生了，而是渐渐对他佩服起来。

要说刘秀还真是一个无师自通的军事天才，为了迷惑敌人，并鼓舞城内汉军的士气，他故意让人到处嚷嚷，说汉军已经攻下宛城，现在已经来增援昆阳了。应该说，刘秀只是说对了一半，因为当时汉军确实已经攻克了宛城，只是刘秀还不知道这个消息，至于攻克宛城的汉军已经来到昆阳增援则是刘秀瞎编的，完全不是事实。

听到这一消息，攻城的新莽军士气未免有些低落，而正在昆阳城内拼死抵抗的汉军则无疑士气大增，眼前一亮，由此看到了一线生的希望。

接着，刘秀带领敢死队渡过城西的昆水，直冲新莽军的中坚，也就是王邑、王寻的指挥部，准备实施斩首行动。

对刘秀的这一行动，新莽军一开始并没重视，即便是深谙军事的名将严尤也没把它放在心上，以为刘秀的这一行动简直就是以卵击石，狗急跳墙。而且，当年因打官司，严尤曾经见过刘秀，对刘秀的第一印象并不好。所以，当昆阳城里有刘秀的部下投降新莽军，向严尤报告，说刘秀不取财物，志向远大，不可小觑时，严尤很是轻蔑地一笑说："就是那个美须眉者吗？哈哈，就他还会那么厉害吗？"

至于王邑就更加轻敌，以为刘秀的三千敢死队也就是吓人的纸老虎罢了，于是便亲自带领一万多人巡行军阵，前去迎战，却命令各营按兵不动，未得命令不得擅自出击。

谁知，新莽军人数虽众，但却多半是一些乌合之众，严重缺乏战斗经验，而且士气低落，不想白白送死。相反，刘秀率领的敢死队却都是百里挑一的精兵强将，作战勇猛，而且都不怕死，敢于拼命。结果，两军交战勇者胜，一万多人的新莽军与刘秀的三千敢死队刚一交手便败下阵来，连主帅之一的王寻也死于乱军之中。

一看刘秀的敢死队取得胜利，困守昆阳城中多日的汉军也擂鼓呐喊，杀声动天地冲杀出来，里应外合，一起夹击新莽军。

因为未接到命令，那些一直处于观战状态的新莽军不得擅自行动，这种时候完全不知道怎么办才好，只能眼巴巴地等着被动挨打。

那天天气也怪，在战斗正激烈时，没想到竟然又是狂风，又是暴雨，电闪雷鸣中连新莽军中的虎豹都吓得瑟瑟发抖，更谈不上助战了。在溃逃时，又是逃兵，又是野兽，一起慌不择路，四散奔逃。结果发生严重的踩踏事件，倒在地上的尸体遍布一百多里，至于淹死河中的更是不计其数，用史书上一贯的说法就是"河水为之不流"。最后只有王邑、严尤、陈茂等少数将领带着少数精锐骑兵踏着尸体渡河而逃。而那个"巨无霸"因为行动迟缓，这种时候则只有死路一条。

到此为止，以刘秀为首的汉军取得了昆阳之战的彻底胜利，由此也创造了一个中国军事史上以少胜多、以弱胜强的战争奇迹。

昆阳之战，对于王莽以及他的新朝来说，无疑是致命性的。这次战役，刘秀不仅将新莽军的主力部队彻底打垮，而且也缴获了新莽军的大量军用物资。从此以后，王莽再也无力组织这么多的军队并筹集这么多的物资来对付绿林、赤眉起义军了。

所以，在事实上，经此一战，王莽的新朝在军事上以及经济上已经破产，从此，只有坐以待毙了。

由此可见，昆阳之战，刘秀真正是立下了奇功。

可是，立下了奇功的刘秀却并没有因此很快时来运转。

能忍方为大丈夫

出名对于一个人来说有时候并不是一件好事。

宛城之战与昆阳之战，刘縯与刘秀兄弟二人双双告捷，勇立头功，大出了一把风头。按理说，汉军应该论功行赏，对他们兄弟二人重赏才是，可是，结果却大大出乎一般人所料，因为屡立战功在起义军中名声越来越大的刘縯竟然被刚刚称帝的更始帝刘玄随便找了个借口给杀死了。

有道是乱世出英雄，国乱思良将。很显然，刘縯就是这样一个已被实践证明了的"良将"，而且，当时也毫无疑问正处于"乱世"，那么，接下来的问题是：刘縯为什么被杀？

从史书上看，导致他被杀的一个最重要的原因就是：刘縯这人太能了！

诚如我们所知道的，在我国古代，在漫长的封建社会，"宁要奴才，不用人才"。有能力的人并不可怕，顶多不用他或不去重用他就是了。但问题是，刘縯这人不仅有能力，而且有个性，有主见，同时又很有自己的政治声望和政治势力。很显然，这样的人很容易声高盖主、功高震主。这就太可怕了！

话说到这个地步，所谓明白人一点就通，大家自然也就很清楚刘縯为什么被杀了。

在今天看来，刘縯虽然很有才能，很有思想，但却缺乏城府，遇事不是"胸有成竹，含而不露"，而是往往口无遮拦，实话实说，且行事高调，如此一来，很容易遭到别人的嫉妒，从而树大招风，出头的椽子先烂。

事实也真的就是这样，地皇四年（公元23年）正月，绿林军连续取得对官军的胜利后，队伍发展到了10多万人。为了便于对整个义军的统一领导，在更大规模上推进对王莽政权的斗争，这时许多起义军领袖都认为应该拥立刘氏宗室一人为皇帝，从而增强对广大百姓的号召力。

可是，究竟拥立谁好呢？

当时，起义军中的刘氏宗室成员基本上都是春陵侯的后代，其中又以刘縯和刘玄为代表。如果是任人唯贤、用人以能的话，则毫无疑问应该拥立刘縯才是，所以南阳豪杰与王常以及一些正直之士都希望拥立刘縯。然而，王匡、王凤、张昂等绿林军中的其他将领而且是占绝大多数的将领却属意刘玄，反对刘縯。

之所以会是这样，乃是因为在他们觉得，刘玄这人比较平庸，没什么主见，又生性怯懦，以后当了皇帝比较容易控制，而刘縯这人个性又强，又有能力和主见，一旦当了皇帝将很难能够左右。由此不难理解中国历代封建统治者为什么到最后多半总是越选越弱，不是用人以能而是选人以庸了。其中的症结也就在这里。

既然主意已定，王匡、王凤、张昂等人便立即着手实施。那天，他们派人把刘縯从前线召回，要他在刘玄为帝的问题上表态。

刘縯明白这些人压他同意既定方案，实际上是要他放弃自己做皇帝的打算。他虽心有不甘，但又不便明确表示反对，于是就说："各位将军要拥立刘姓皇族，对我们太仁厚了！然而现在赤眉在青州、徐州崛起，拥有数十万人，听到南阳拥立刘姓皇族的消息，恐怕他们也会拥立一位刘姓皇族。王莽还没有消灭，而刘姓皇族互相进攻，这将使天下疑心而破坏自己的力量，不是消灭王莽的办法。而且，春陵离宛城不过三百里，慌忙自称皇帝，成为天下攻伐的目标，不是好的策略。"所以他提出暂缓确立皇帝人选的建议。

可是这种时候那些人哪会听他的？当刘縯委婉地提出自己的反对意见后，现场立即有人拔出剑来，砍击地面，威胁道："今天这项决定，不许有第二种想法！"

既然话说到这种程度，刘縯想不同意也不行了，于是立刘玄为帝一事就这样定了。

刘玄即位后，改年号为"更始"。

史载，刘玄本是刘氏皇室中一个平庸的成员，毫无雄才大略和帝王资质，只因是西汉皇族，才被当时的历史潮流卷入到反新起义的队伍中来。

由此可见，刘玄被拥立为皇帝并不是因为他有多大的才能，有多大的战功，而是因为他是刘姓皇室后裔，且又软弱无能。要说刘玄这人也真是软蛋一个，据说登基即位之时，他竟胆怯心慌，满脸流汗，双手发抖，紧张得说不出一句话来。许多义军将领目睹此状，都心存不服。

可想而知，刘玄称帝后，刘縯的日子将有多难。

地皇四年二月初一日，刘玄登基仪式一结束，被升为大司徒同时又被封为汉信侯的刘縯就在南阳豪杰的一片不服声中率部奔赴前线。这时平林一部在围攻新野，迟迟不能攻克。守城的新野宰潘临站在城头高呼："得司徒刘公一信，愿先下。"

不久刘縯率军赶到城下，潘临遂心悦诚服地开城投降了。

这年的五月，刘縯又攻克了南阳的政治中心宛城，刘玄将大本营迁来，该城成为汉政权的临时都城。

然而，刘縯的功劳越大，对他自己的威胁也就越大。

由于刘縯太能干又太有主见，而且，战功卓著的他在起义军中的威望也实在是太大了，因而，无论是刘玄还是那些当初就非常嫉恨他又反对拥立他为帝的人，都越来越寝食不安，急于想置他于死地而后快，并终于在宛城之战胜利后，随便找个借口将刘縯给杀害了。

刘縯无疑死得冤枉，但话说回来，也怪他自己太过于大意。也确实，常言道：害人之心不可有，防人之心不可无。可是，从史书上看，当时的刘縯，身处那样一种非常微妙、非常险恶的境地中，想不到他竟然还大咧咧地，丝毫没有防人之心，故而从某种意义上说，他的死有一半也要怪他自己。

比较起来，他的弟弟刘秀就比他有城府，会看人，懂得防范。

史载，宛城与昆阳之战相继取得大捷后，刘玄一伙担心刘縯与刘秀兄弟俩会乘势坐大，功高盖主，不除掉实在是寝食不安，于是便决定先对刘縯动手。几个人在一起密谋后决定，借大会诸将之机，以刘玄举玉佩为号，使武士乘刘縯不备，一举将其击杀。

于是，昆阳之战还刚结束，刘玄便急忙下诏命诸将会宛城。

刘秀警惕性较高，认为从种种迹象看来，其中很可能有对他们兄弟俩不利的阴谋，所以便悄悄劝兄长戒备，不要去赴这鸿门宴。

可是，刘縯却不以为然，认为刘玄大会诸将不过是例行公事，因而便一笑置之，根本没当回事。

那天，刘玄故意对刘縯表示亲近，一见面就显得很是亲热地让刘縯取下宝剑给他审视、玩赏。绣衣御史申徒建这时将玉佩献给刘玄。原来，按原定计划，这时只要刘玄举起玉佩，早已安排好的武士就会立即冲出来斩杀刘縯。然而，不知道是因为实在于心不忍，还是因为有所顾忌，这时刘玄却并没有举起玉佩，击杀刘縯的阴谋也就没有在这次大会上实现。

但尽管这样，会上刘縯的舅父樊宏还是从点点滴滴的细节中嗅出杀机，着实为刘縯捏了一把汗。所以会后他对刘縯说："昔鸿门之会，范增举以示项羽。今建此意，得无不善乎？"没想到，到这种时候刘縯竟然还没觉悟，仍旧是一笑置之，不以为然。

当时，曾与刘秀一同起兵的李通的从弟李轶，已暗中投靠刘玄，并与刘玄的心腹朱鲔狼狈为奸，混在一起。刘秀对他的行动十分怀疑，多次告诫兄长，劝他对李轶要注意提防。可是刘縯却认为李轶乃是与自己一同起事的好友，两人感情深厚，觉得李轶绝对不会背叛他，故而依旧对李轶深信不疑，没有听从刘秀的劝告。

不久刘縯所部的一个勇冠三军的将领，也是刘縯同宗的刘稷，因为对拥立刘玄称帝非常不满，觉得应该立刘縯为帝，故而对刘玄的命令拒不接受。刘玄及其心腹于是便决定先拿刘稷开刀，遂以刘稷抗命为由，派了数千士卒突然来到刘稷驻地，将刘稷五花大绑后押回宛城，下令斩首。刘縯看到爱将要遭此毒手，立马跑去向刘玄求情，求刘玄放刘稷一马。

谁知刘玄不依不饶，坚持要杀刘稷。如此一来，刘縯便也有些火了，于是便与刘玄据理力争。

一看这阵势，李轶觉得自己该出场了，于是他便从幕后走到前台，公开站出来与刘縯为敌。他建议刘玄，乘此时机立即逮捕刘縯，与刘稷一并诛杀。

刘玄本就一心想杀刘縯，只是害怕背负擅杀大将之骂名。现在李轶主动提出这样的建议，刘玄自然欣然采纳，于是当即将刘縯逮捕，而且为了防止夜长梦多，当天就将刘縯与刘稷一起斩杀。

有道是：性格决定命运。在今天看来，刘縯的死，虽然不能说是咎由自取，但也真的就是他那种大大咧咧疏于防范的性格造成的。

到此为止，刘縯的戏完全演完了，像一颗流星在夜空中彻底陨落了。

而与此相反，在哥哥刘縯这颗流星彻底陨落之后，刘秀却像一颗新星悄然升起在夜空，且随着时间的推移，日益晶莹和闪亮。

却说刘秀在取得昆阳大捷后，又马不停蹄，一路南下攻城略地。可是，那天忽然传来噩耗，哥哥刘縯竟被更始帝刘玄给杀了。

这一噩耗如晴天霹雳，顿时把刘秀给震晕了。的确，哥哥战功卓著却无端被杀，这对于刘秀来说，无疑是一个莫大的打击，也是一个莫大的仇恨。这种时候，若是换成一般人，肯定会怒不可遏，奋起反抗，从此与更始帝刘玄势不两立，决一雌雄。

可是，要说刘秀就是刘秀，绝对是一个做大事的人，很有城府，很有韬略，当听到哥哥的噩耗后，尽管他当时心如刀绞，但他却不动声色，谈笑自如。而且，在这一大是大非的节骨眼上，为了表明自己的政治态度，表达对更始政权的赤胆忠心，他竟毅然从父城（今河南宝丰李庄乡）立即马不停蹄赶赴宛城，主动跑到刘玄那里向他请罪。

说实在的，自从杀了刘縯，刘玄的心里也未免有些愧疚，有些不安。所以，当他听说刘秀突然跑来要求见他，他的心中一时未免有些忐忑，以为刘秀这一来准是要为他的哥哥刘縯之死讨个说法，讨个公道，乃至要找自己拼命。仔细想想也是，想当年他刘玄的弟弟被别人杀害，他不也曾怒火万丈，为此广宴朋友，发誓要为弟弟报仇吗？是男人谁没有血性？谁没有尊严？

这样一想，未免有些心虚的刘玄于是便让司徒属下官员表面上欢迎刘秀，对他哥哥的死假意向他表示哀悼，但在实际上则是想以此试探刘秀的反应和态度再作打算。

然而，令刘玄及其心腹颇感意外的是，对于其兄刘縯的死，刘秀似乎一点儿也没有仇恨，甚至也没有表现出一点儿丧兄的痛苦，而是饮食谈笑一如往常。在向刘玄赔罪时，刘秀一脸诚恳，说自己的哥哥不识大体，为人轻佻，对上不敬，活该被杀。作为他的弟弟，自己也该受罚。

刘秀不说还好，一说，刘玄反倒很不自在，颇为惭愧。于是，也不知是为了安慰刘秀还是为了奖赏他刚刚在昆阳之战中立了奇功，刘玄竟当即任命刘秀为破虏大将军，并封他为武信侯。

常言道：能忍方为大丈夫。可想而知，如果当时在听到哥哥被害的消息后，刘秀一时冲动，勃然大怒，从此与更始帝反目为仇，为哥哥报仇雪恨的话，以他当时的势单力薄，很有可能会立即被更始帝打败，直至消灭。那么，如此一来，不但连他哥哥的仇报不了，而且他自己也会惨遭不测，性命难保。

然而，刘秀的精明与睿智也就体现在这里，诚所谓每逢大事有静气，大丈夫能屈能伸。在这危难时刻，他沉着应对，韬光养晦，不是示强而是示弱，其结果，"后退一步天地宽"，以一个忍字化被动为主动，从而获得了意想不到的效果。

因此，后人对刘秀的"忍"无不交口称赞，钦佩不已。然而，一个忍字，说说容易，真要做到，古往今来，屈指算来又有几人？

却说在那些天里，刘秀既不为哥哥刘縯服丧，也从不夸奖自己所取得的昆阳大捷的战功，为避嫌疑，平时也从不私下里和人悄悄议论，与人说话也总是深深自责。

在此期间，也许是为了蒙蔽刘玄，以此证明自己并无大志，仅是个贪欢好色之徒，刘秀不仅不为哥哥服丧，而且还欢天喜地迎娶了自己的梦中情人阴丽华，并从此经常不分白天黑夜地与娇妻男欢女爱，沉醉在温柔乡里。

一来二去，别说更始帝刘玄，就是那些刘玄的手下，也渐渐打消了疑虑，以为刘秀这个骑牛秀才其实也只是个贪生怕死贪财好色的凡夫俗子，对于其兄的死真的毫无怨尤，更没有反意，从此自然也就对他不再戒备，更不去想着加害于他了。

如此一来，刘秀自然也就躲过了一劫。

但是，刘秀心里清楚，自己躲得了初一，躲不了十五，虽然自己暂时骗取了更始帝以及他手下心腹的信任，但随着自己日后声名远播，功高震主，将来也难免会重蹈哥哥一样的覆辙，遭到哥哥一样的下场。

所以，在那些天里，在内心中刘秀一直想着自己该怎样脱身，以免夜长梦多，遭遇不测。

于是，经过了一段时间的谋划，他终于为自己成功寻找到了一条脱身之计。

有志者事竟成

如上所说，在哥哥刘縯被杀后，因为隐忍不发，刘秀得以保全了自己的性命。

但保全了自己性命的刘秀却并没有得到更始帝刘玄的重用，虽然被刘玄封为破虏大将军，然而刘秀手中并无兵权，完全就是一个空架子。而且其处境也非常微妙，虽然没有被软禁，而在实际上那情形也和遭到软禁差不了多少。

可以想见，那一段时间，应该是刘秀一生中最痛苦也最受煎熬的日子。

好在，这样的日子并没有持续太久，就因为形势的突然变化，刘秀终于等到了机会。

那是更始元年（公元 23 年）九月，绿林军攻破长安，王莽死于乱军之中。随后，刘玄迁都洛阳，刘秀只好也跟随前往，自然无法脱身。

当时，更始军虽然已经攻克长安，灭了王莽，声势很大，威名远播，但在山东，赤眉军发展迅速，声势日益壮大，特别是河北（黄河以北）的所谓"河北三王"以及铜马、尤来、隗嚣、公孙述等割据势力也很强大，如果不尽快消灭，将对新建立的更始政权构成严重威胁。因此，当时流行一句童谣，叫作"得不得，在河北"，意思是能不能摆平河北，将直接决定更始政权的命运。

有鉴于此，所以刘玄很想派一个大将军去攻占河北。可是派谁去好呢？

刘縯被杀后，接替他大司徒之位的刘赐向刘玄建议说："刘秀应该是去河北招抚的最佳人选。并且河北一带也只有刘秀去才合适。"

刘赐是刘秀的族兄，最早是跟刘縯一起起义的。显然，刘赐这样说，一方面当然是要更始帝刘玄用人以长，任人以能，因为，综合考虑，刘秀确实是去河北的最合适人选，但在另一方面，很可能也是念及旧情，想暗中帮助刘秀，让他以此从更始帝身边脱身，脱离虎口。

可是，以大司马朱鲔为代表的一帮绿林军出身的将领却强烈反对刘秀出巡河北。

想当初，朱鲔是坚决反对拥立刘縯而主张去立刘玄为帝的，后来，他又和李轶一起强烈要求刘玄杀害刘縯，所以，完全就是刘秀与他哥哥刘縯的死对头。这种时候他当然强烈反对让刘秀去河北，因为他知道，倘若让刘秀从更始帝身边脱身，失去控制，便无异于放虎归山，将来刘秀一旦壮大了势力，不仅对更始帝不利，自己也会遭殃。

被朱鲔这么一反对，眼看自己去河北的事就要黄了，见此情景，刘秀虽然表面很平静，但内心却如刀绞一般。

说来也真是"岁寒知松柏，患难见真情"，就在这时，刘秀手下一向深沉有计谋且非常看好刘秀的主簿冯异悄悄为他出谋划策，劝刘秀一定要想办法巴结左丞相曹竟。因为当时曹竟之子曹诩任尚书之职，颇有权势，也很得宠。所谓响鼓不用重锤，明白人一点就通。刘秀听了，眼睛一亮，于是便以冯异之计"厚结纳之"。

果然，在刘秀用金钱和美女对曹竟狠狠进行了一番贿赂后，事情很快便有了转机。那天，刘玄终于决定让刘秀出使河北。当朱鲔再一次表示反对时，刘玄一句话就把他给打发了："这件事不让刘秀去，派谁去？你去吗？"

是啊，去河北打仗，是去玩儿命，又不是去游山玩水。这种事情，朱鲔当然不愿去。

所以，刘玄这么一说，朱鲔便不再吭气了。

就这样，刘秀终于得到机会，可以从刘玄的控制下脱身了。尽管，此去河北，兵荒马乱，一路充满了风险，但毕竟就像一只雄鹰从囚笼中冲出，终于能够重返蓝天，刘秀还是感到了一种从未有过的自由与轻松。

更始元年（公元 23 年）十月，更始帝刘玄遣刘秀行大司马事北渡黄河，镇慰河北州郡。

刘秀到了河北，一开始他的招抚工作进展得很顺利，因为更始军的影响，再加上他个人的性格魅力，几乎所到之处，那些小的起义队伍都望风景从，纷纷归附，但很快便遇到了麻烦，而且是非常大的麻烦。

事情的大致经过是这样的，有个叫刘林的人，自称是汉朝已故赵缪王刘元的儿子，按辈分应该说是刘秀的长辈，有一天主动跑来找刘秀认亲戚。两人认祖归宗后，刘林便卖弄聪明，向刘秀建议道："赤眉现在在河东，嚣张得狠，但只要我们把河水扒开，那么赤眉军百万人将全部变成鱼。"

且不说这扒开黄河决口去淹赤眉军的计策是否真能让赤眉"百万之众可使为鱼"，即使真的能够奏效，也是一个缺德的馊主意，因为如果扒开黄河决口，河水所到之处，当地上百万百姓也必将"人或为鱼鳖"，死伤惨重，如此一来，刘秀即便是暂时得到了胜利，也会因此失去民心，从此不仅在河北站不住脚，而且也会由此在群雄逐鹿中被红牌罚下，永远出局。

所以，对于刘林自以为高明的建议，一心要得民心的刘秀当然不会采纳，便由此得罪了刘林。

于是，刘林便决定另起炉灶，与刘秀作对。很快，他便与在当地很有影响力的豪杰李育、张参在一起谋划，共同拥立一位名叫王郎的算卦先生为帝，定都邯郸。这位王郎谎称自己乃是汉成帝的私生子刘子舆，以此证明自己并非无名鼠辈，而是正宗的刘汉皇室后裔，血统高贵。

王郎称帝后，刘林便也仿照刘秀在河北大力开展招抚工作。恰好此时民间传说赤眉将渡过黄河。刘林等人于是乘机传播谣言说："赤眉当立刘子舆"，以此为王郎大做广告，争取民心，而当地百姓大多数都对此深信不疑。于是乎，很多起义队伍以及当地百姓都纷纷投奔王郎，甚至连许多原先为刘秀招抚的郡县也纷纷转投刘林麾下。

一时间，刘秀的招抚工作受到了严重的挫折。

既然竞争不过王郎（实为幕后主使刘林），所谓"惹不起，躲得起"，刘秀在无奈中便只好继续北上，想到蓟州（今天津蓟县）一带发展。

哪知道王郎与刘林仍然不依不饶，在把刘秀挤跑后，继续对他穷追猛打。当时，刘林唆使王郎竟以皇帝的名义下达通缉令，对刘秀予以悬赏捉拿，且悬赏数额巨大，称但凡有拿获刘秀者，赏十万户。因而，这边刘秀还没跑到蓟州，那边，这份通缉令就早已被张贴到了蓟州。

就因此，当听说刘秀已经来到了蓟州，广阳王（汉武帝五世孙，其时已亡）之子刘接便集结家丁到处巡查，准备捉拿刘秀，好去领赏，发一笔横财。但是因为动静太大，闹得满城鸡飞狗跳，所以事先得到消息的刘秀便赶紧逃离了蓟州。

由于王郎派人四处张贴布告，对他悬赏通缉，在逃出蓟县后，刘秀"晨夜不敢入城邑"，每天吃饭睡觉都在荒郊野外，或是道路两旁的偏僻处，有时睡到半夜又突然转移到另外一个地方躲藏起来。

就这样一路东躲西藏，惊恐万状，有一天，刘秀等人好不容易来到了饶阳（今河北饶阳）。由于一连好几天都没有进食，这种时候，刘秀和其属下一行人早已经饥肠辘辘，两眼发花了。可是既身无分文，且又不敢公开露面，怎么办？

思来想去，刘秀只好决定进行"诈骗"。在饶阳，他谎称自己是王郎派来的使者，带着一行人大摇大摆地乘车来到传舍，也即专门招待官府人员的招待处。

一听说是王郎派来的使者，接待处的传吏当然不敢怠慢，于是便赶忙好酒好菜款待。然而，由于刘秀等人实在是太饿了，一看这些人一个个饥不择食狼吞虎咽的样子，全没有半点儿使者的风度与气派，那传吏便颇有些疑心，于是便来到外面故意敲锣打鼓且高声喊道："欢迎邯郸将军驾到——！"

突然听说邯郸王郎的将军来了，"假李逵"将会遇到"真李逵"，一时间，刘秀一行顿时大惊失色，几乎下意识地就要乘车逃跑。可是，一转念，刘秀觉得，如果就这样逃跑，等于不打自招，立即现了原形，这样一来，情况就糟了，根本就跑不掉了。于是，他设法让自己冷静下来，决定"将骗局进行到底"，他示意大家沉住气，不要惊慌，然后显得神情自若地朝外面喊道："请邯郸将军进来见我！"

一听刘秀说这话，那传吏顿时打消了疑虑，重又对刘秀一行热情招待起来。

然而，刘秀知道，纸终究包不住火，饶阳绝对不是久留之地。于是在美美地接受了一次款待，大吃大喝了一顿后，趁着传吏还没有弄明白自己的身份，刘秀便又和一帮情愿与他共患难的弟兄急忙溜之大吉。

孟子说："天将降大任于斯人也，必先苦其心志，劳其筋骨，饿其体肤，空乏其身，行拂乱其所为，所以动心忍性，增益其所不能。"在河北的那段岁月里，刘秀简直就像《西游记》中的唐僧到西天取经一样，一路上历尽艰险，遭受了重重磨难。

可是，无论遇到怎样的艰险，怎样的磨难，刘秀都矢志不渝，坚忍不拔。

逃离了饶阳，刘秀一行又昼伏夜出，一路南行。时已冬日，寒风凛冽，滴水成冰，加上天降大雪，逃亡的路真是苦不堪言。

好不容易来到滹沱河边，由于既无桥梁，又无舟楫，刘秀不禁发起愁来，因为，在他们后面，随时都会出现追兵，若不及早渡河，后果将不堪设想。

说来冥冥中也真好像若有神助，就在刘秀一行到达的那天，忽然气温骤降，原本只结了薄薄一层冰的滹沱河忽然间冰冻盈尺，能行车马，这使刘秀一行才侥幸得以渡河，并辗转来到新都（今河北冀州），在这里得到了太守任光的拥护。在任光的建议及积极参与下，刘秀以原信都四千守军为资本，纵兵劫掠，先后攻克堂阳、贳县（均属冀州巨鹿郡），并招纳了慕名前来的刘植、耿纯部，属下兵力达到数万人，从此局势才渐渐得以好转。

更始二年（公元24年）四月，得到两千突骑军后，刘秀的实力大增，在这种情势下，耿纯向刘秀建议趁军队士气正旺的时候立即前去攻打王郎的老巢邯郸。

刘秀欣然采纳，并立即亲率大军前去包围了邯郸。

兵临城下，王郎坐立不安，仓促之下，准备突围。结果，刘秀的突骑军把王郎的军队打得丢盔弃甲，哭爹喊娘。见突围不成，原本只是靠算命走江湖谋生的王郎便想向刘秀投降，但提出的条件是让刘秀封自己为万户侯，这被刘秀断然拒绝。

既然突围不得，投降不成，王郎只好拼死抵抗。但这种时候，刘秀早已今非昔比，在突骑军的帮助下，如虎添翼的刘秀不断向邯郸城发动猛烈攻击。仅仅过了二十多天，眼看大势已去，王郎少傅李立主动打开城门让刘秀的军队进城，邯郸随之陷落。

城破后，王郎慌忙乘夜逃走，但很快就被擒获并被就地斩杀。

就这样，从一开始几乎赤手空拳来到河北闯荡，仅仅用了不到一年的时间，在历尽了许多艰难险阻后，刘秀终于平定了河北，而河北也从此成了刘秀争夺天下的大本营与根据地。

据《后汉书·耿弇传》记载，说是有一次，大将耿弇奉光武帝刘秀的命令去平定张步的叛乱，在战斗中不小心中了对方一箭。他咬紧牙关，带伤继续战斗，士兵们深受鼓舞，最终打败了张步。刘秀称赞他说："将军以前在南阳时提出攻打张步，平定山东一带，当初我还觉得计划太大，担心难于实现。现在我才知道，有志气的人，事情终归是能成功的。"

成语"有志者事竟成"即源出于此。

刘秀夸奖耿弇"有志者事竟成"，但在实际上，他才真正是"有志者事竟成"的典型。

记得清人曾国藩说过："大丈夫打脱了牙齿，和血吞"。据说，这便是他所说的"挺经"的真谛。

很显然，刘秀便是这样一个打脱了牙齿和血吞的大丈夫。

从史书上看，刘秀这人柔中有刚，性格坚忍不拔，从不言弃，决不放弃，不啻曾国藩所说的"挺经"的祖师爷。

想当初，刘玄让刘秀去河北招抚，虽然给他按了个破虏大将军行大司马事的头衔，但既不给他军队，又不给他钱财，更没有什么实权，有的只是一个空架子，一张空头支票而已。就因此，在去河北的路上，他经常一个人在深夜中哭鼻子抹眼泪，有时甚至躲在被窝里号啕大哭。但是，后来无论事情有多么难，他都从没有想到知难而退，打退堂鼓，而是历尽苦难痴心不改，遇到艰险咬紧牙关，就这么一次次地硬挺着，最后终于"踏平坎坷成大道""度尽劫波好运来"。

所以，"有志者事竟成"，若论坚忍不拔，百折不挠，在中国古代的开国皇帝中恐怕还没有哪一个人能出刘秀其右。

最会用人的皇帝

在我国古代，大凡那些改朝换代开一朝之帝业的开国皇帝，几乎都是御人高手，不仅善于识人，而且很会用人。

而在这些很会用人的皇帝中，倘若非要评选出一个最会用人的皇帝，那么，则无疑应该非刘秀莫属。诚如我们所知道的，当年，一代伟人毛泽东在其《沁园春·雪》一词中，即使是对秦皇汉武唐宗宋祖等彪炳史册的明君圣主评价时，也一一指出其"略输文采""稍逊风骚""只识弯弓射大雕"，可是，对光武帝，他却情有独钟，大为称道。在点评《东观汉记》的时候，他却连续用了三个"最"来称赞汉光武帝刘秀，说刘秀是"历史上最会用人、最有学问、最会打仗的皇帝"。

事实也真的就是这样。想当年群雄逐鹿，刘秀以平民起家，并依靠个人的能力，最终能问鼎神器，一统江山，开创了东汉近两百年的刘氏基业，绝非偶然，其中必定有他的过人之处。后人对光武帝多有称赞，不乏溢美之词，认为他的"直柔取天下"的精神，他的"上善若水"的信念，他的恢廓大度、礼贤下士、求贤若渴的品德，以及他的宽民众、严官吏的法度，是他能够夺取天下和实现光武中兴的关键！而其最为重要的法宝，应该说就在于他善于笼络人才，为其所用，且能够用人所长。如司马光在《资治通鉴》中就盛赞刘秀善于用人，说他在"群雄竞逐，四海鼎沸，彼摧坚陷敌之人，权略诡辩之士，方见重于世"的时候，"独能取忠厚之臣，旌循良之吏，拔于草莱之中，置于群公之上"，深明用人之道。

古人云：感人心者，莫先乎情。刘秀为人谦和，善于以仁德对人，以真情感人，以此笼络人心，令人对他心悦诚服，感恩图报。

这其中，南阳人贾复便是一个比较典型的例子。

贾复于王莽末年曾当过县吏，后来投靠刘秀，被任命为破虏将军，贾复虽然出身文士，但在东汉中兴功臣中却以勇武见称。他临阵果敢，有勇有谋，深为刘秀器重。一次，刘秀见贾复所乘之马赢弱，便把自己所乘良马赐给贾复。贾复感激刘秀知遇之恩，在攻取河北的历次战役中都身先士卒，发挥了重要作用。他在扈从刘秀攻克邯郸消灭王郎的战役中，以战功升任都护将军。

后来，贾复在北上的途中身受重伤，刘秀非常难过，当着许多臣下的面许诺说："听说贾复的夫人已怀上身孕，如果生下女孩，我就让我的儿子娶其为妻；如果生下男孩，我就把我的女儿嫁给他。贾复是我的虎将，我不能让他为自己的妻儿忧虑。"贾复闻之十分感动，不待伤好，即主动请战，重返前线。刘秀十分高兴，仍任其为前锋。

从此贾复对刘秀更加忠心耿耿，冲锋陷阵，出生入死。

另外，还有一个非常典型的例子就是冯异。

据史料记载，冯异是颍川父城（今河南宝丰）人，东汉开国名将、军事家，在"云台二十八将"中位列第七位。

冯异从小喜欢读书，对《左氏春秋》和《孙子兵法》颇有研究，做官后，他曾在王莽的新朝颍川郡担任郡掾，负责监察、守卫父城等五个县。

昆阳大战后，刘秀趁热打铁，率军北上，攻打父城。冯异死守父城，奋力抵抗。刘秀见强攻不成，便决定智取。他假装匆匆忙忙撤军，并一路丢弃辎重、钱物。冯异不知是计，便带兵出城追击。谁料他刚追不久，半路上遇到了刘秀的伏兵，结果，冯异不幸被刘秀给活捉了。

冯异被抓后并不惊慌，因为他早已将生死置之度外。可是，就在他觉得自己这次必死无疑且准备引颈就戮时，没想到刘秀却突然宣布要将他无条件释放。

原来，冯异的堂兄冯孝及同郡人丁綝、吕晏当时都在刘秀军中。冯异被抓后，他们纷纷到刘秀帐前不仅替冯异说情，而且还一个劲儿地称赞冯异文韬武略，有经天纬地之才，千万不能杀。刘秀心中狐疑，以为这些人只是为了要救冯异，才故意说他有军事才华。但不管是真是假，看在冯孝等人的份上，刘秀还是同意立即就把冯异给放了。

这其中的内情，冯异事先当然并不知道。所以，当刘秀派人把他带到大营前，叫人把他身上的绳索解开，并仔细端详了他一番，然后突然对他挥挥手说："你可以走了。"冯异听了，顿时一头雾水，一时不知道刘秀的葫芦里卖的是什么药。

"你走吧。"刘秀微笑着，又重复说了一遍。看他一脸真诚的样子，好像不是在说假话。

"你为什么要放我？"冯异很纳闷。

"因为我敬重你是个人才。"

"何以见得？"

"因为你的同乡都这么称赞你。"刘秀如实回答。"再说，从你被抓后的表现也能看得出来，身陷囹圄却不慌，面对生死却不乱，有这种气度的人岂能是等闲庸常之辈？都说千军易得，一将难求，似你这样的将才，我不忍杀，也不能杀，所以放你走。"

刘秀一席话说得冯异非常感动。所谓良禽择木而栖，贤臣择主而侍。看到刘秀为人如此真诚，身上有着一种特殊的气质，绝非那些只知蛮横傲慢狂妄无知的草头王可比，冯异当即便决定归顺刘秀。

不久，刘縯遇害，刘秀形同软禁。为此，冯异始终坚守父城，拒不投降更始政权。后来，刘秀经过父城时，冯异立即开门奉献牛酒迎接，并心甘情愿地做了刘秀手下的一名主簿，从此追随刘秀左右，为刘秀竭忠尽智，甘效犬马之劳。

如上所述，让刘秀去巴结和行贿更始帝刘玄身边红人曹竟，因此使刘秀得以出使河北逃脱被软禁牢笼的计策便是冯异给刘秀出的。之后，刘秀出使河北，冯异又毅然主动陪同刘秀，成为当时刘秀不多的几个随行者之一。

诚如我们所知道的，刘秀去河北，在一开始，完全就是白手起家，手中既无兵，又无钱，从某种意义上说，其实就是一个光杆司令，顶多也就像现代京剧《沙家浜》中那位"草包司令"胡常魁所唱的那样："想当初，老子的队伍才开张，总共才有十几个人七八条枪。"也正因此，刘秀曾经一度非常悲观，经常在深夜一个人暗自垂泪甚至痛哭。

据说有一次，刘秀一个人正在那里深夜痛哭，没想到冯异忽然来到他的身边，刘秀不想让人知道白天看起来非常坚强的他其实内心也很软弱，于是就对冯异说："我深夜痛哭的事你可千万不要对任何人说啊！"

冯异默默地点点头，然后说："主公完全不必这么悲观，所谓事在人为，此去河北，一定能够大有作为！"

如果说刘秀就像是一艘万吨巨轮的话，那么，在这沉沉黑夜里，冯异则像是一座航海的灯塔，他告诉刘秀，安抚河北，最重要的就是争取民心。得民心，则安抚可期，大业可成。

冯异的话，祛除了刘秀心中的黑暗与悲观，让他在逆境中看到了光明和希望。

说来冯异也真是文韬武略，既是一位谋士，也是一员良将，他作战勇敢，善用谋略，在剪除王郎、平定河北等重大战斗中屡立功勋。当时，由于他长期转战于河北、关中，深得民心，成为刘秀政权的西北屏障。

刘秀用人不疑，待人宽宏大量。如当年冯异据守关中，谣言四起，一名叫宋嵩的使臣更是先后四次上书，诽谤冯异，说他控制关中，擅杀官吏，威权至重，百姓归心，有称王称帝之图谋。就连冯异自己因为久握重兵，远离朝廷也心有顾虑，担心被刘秀猜忌，因而也一再上书，请求交出兵权。

可是，在这种时候，却只有刘秀不以为然，反而对冯异更加器重和信任。为了使冯异能够放下包袱，刘秀特地下诏安慰他说："你之于国家，虽然说是君臣关系，但是恩情就像父子一样，我哪里会有什么嫌疑呢？"同时，他还要冯异安心继续在外带兵打仗。刘秀善解人意，能说出这么情深意长的话，让冯异心中非常感激，从此更加坚定了拼死疆场感恩图报的决心。后来，冯异回到洛阳，刘秀接见他时对他一再夸赞，赏赐给他很多珍宝，而且还和冯异十分亲热地拉家常，回忆过往患难时的情景。

原来，当年刘秀与王郎交战，有一次打了败仗，仓促逃亡的途中，不敢进大城镇，便跑到了一个叫无蒌亭的地方。其时，天寒地冻，北风凛冽，大家饥寒交迫。冯异想方设法找来一点儿豆子，煮了一碗豆粥给刘秀喝。虽然事隔多年，然而回忆起来，刘秀依然十分感动，动情地说："那豌豆粥真香，我到现在都不能忘记。还有，后来我们跑到南宫的时候，我躲进路边的一间空屋避雨，当时冻得浑身颤抖，还是你和邓禹找来了干柴，还摸了一只老母鸡，让我温饱全解。现在我们境况好一点儿了，可是一想到这些，我心里还热乎乎的。"

刘秀不忘旧情，主动提起这些往事，让冯异感动得不得了，从此君臣之间更加同心同德，齐心协力。

又如，更始二年（公元 24 年）秋，刘秀率兵在鄡地（今河北辛集东南）作战，围攻铜马军。经过鏖战，铜马军被刘秀打败，有好几十万人投降了刘秀。一些投降他的人一开始并不很安心。刘秀便令大小军官各归其本部统领其原来的兵马，他本人则轻装简从巡行各部，无丝毫戒备之意。那些投降的将士都感叹道："萧王（刘秀当时被刘玄封为萧王）推赤心置人腹中，安得不报死乎！"意思是说：萧王刘秀这个人对人这么诚恳，把赤诚的心都交给了我们，我们怎么能不为他赴汤蹈火呢？后来，成语"推心置腹"就是这么来的，比喻待人非常真诚。

不计前嫌，豁达大度，是刘秀用人的又一特点。朱鲔是更始帝刘玄的大司马，是害死刘秀的哥哥刘縯的主谋之一。赤眉军占领长安、更始失败后，朱鲔还坚守着洛阳。刘秀派兵围了几个月没有攻下，就派原来在朱鲔手下担任过校尉的岑彭劝降。

朱鲔心存忌惮，对岑彭说："大司徒（指刘縯）被害，我参与筹划。更始帝派刘秀去河北，我又阻拦过，并多次进谏铲除萧王。这些罪过，我想萧王是不会原谅的，因此不敢投降。"

岑彭回去把情况如实报告了刘秀。刘秀豁达大度，既往不咎，托岑彭向朱鲔传话说：

"要干大事的人，不能计较小过。朱鲔如降，官爵不动，我可以对黄河水发誓，绝不失信！"

朱鲔听后，且信且疑，于是便叫人用绳子把自己捆起来，来到河北刘秀的营帐听候发落。

那天，刘秀见到朱鲔急忙下座，亲自为朱鲔解开绳索，向他表示慰问，并拜其为平狄将军，封扶沟侯。

至此，以更始皇帝刘玄为代表的一派势力，在赤眉和刘秀的攻击下被平息了。

刘秀宽宏大量的气概，还表现在他对待逸民、隐士等一些性格桀骜不驯的人物的态度上。如太原郡（今太原以南）当时还留有大量晋国公族的后裔，他们对新的统治者常常保持一种对立情绪，或者寻机报仇，或者隐居不仕，王侯面前不肯称臣。至汉初，太原郡仍被称为"难化"之地。刘秀时，太原郡广武县有个叫周党的，是当地一大名士，朝廷几次征他去做官他都不愿意。后来刘秀亲自召见他，不得已，周党才穿着短布单衣，用树皮包着头来到朝廷。

按礼节，士人被尊贵者召见，必须自报姓名，否则便是犯上。然而周党见到刘秀，却故意不通报姓名，只说自己的志趣就是不愿做官。对此，刘秀没有怪罪他，也没强迫他做官。

博士范升上书，说周党在皇帝面前骄悍无礼，却获得了清高的名声，应治大不敬之罪。刘秀把范升的上书拿给公卿们传阅，并下诏书说："自古明王圣主都有不愿为他做臣的人，伯夷、叔齐就不食周粟。太原那个周党，不接受我的俸禄，这也是每个人自己的志愿，赐给他40匹绸子。"

从史书上看，无论治军也好，治国也好，刘秀都一直重视人才的选拔。刘秀选用人才的标准，是唯才是举、任人唯贤。只要是大智大勇的人才，不论是昔日同窗旧友还是降将归臣，他都加以重用。例如，他的大司马吴汉、征南将军岑彭、执金吾寇恂、征西将军冯异，原来都是王莽官吏，伏波将军马援，也来自敌对的隗嚣集团。他们投奔刘秀后，皆因其能谋善战而被刘秀重用。

诚如我们所知道的，得民心与得人才是刘秀夺取天下"复高祖之业"的两大政治法宝。自他持节北上独立发展势力时起，就很注重得民心与得人才并举。所谓得民心，即"除王莽苛政，复汉官名，施布惠泽""以务悦民心"；而得人才，则是广求贤士，延揽英雄。由于刘秀是中国历史上学历最高的皇帝，太学生出身，所以他喜欢选拔重用文人儒士，所启用的人才大都是一些出则为吏、入则为臣、武能安邦、文可治国的人物。像邓禹、冯异、李忠、祭遵、耿纯、贾复、马援等"云台二十八将"大都智勇双全，文武全才。在这方面，清朝时的曾国藩可谓得刘秀真传，像刘秀一样，曾国藩立身处世也崇尚怀柔之术，在军队中偏好任用文将。

刘秀对于人才的任用，还有一个特点，即不求全责备，而是用其所长。如邓禹是刘秀昔日同窗，文武兼备，足智多谋，但发现他带兵西入关中急于邀功，轻敌数败，刘秀便将其召回专主谋议，而另派用兵持重的冯异为征西大将军，负责关中军务。贾复作战勇猛，刘秀考虑他易轻敌深入，就不让他独当一面率兵远征，而让他负责京师与中央的保卫工作。曾以贩马为业的吴汉没有多少文化，平常少言寡语，说话喜欢直来直去。刚开始，刘秀不太注意他，后来听邓禹等一些将军常常称赞吴汉，就开始注意吴汉，发现他确有智谋，就拜他做大将军。吴汉遇变不惊，处事沉稳，所以往往能转败为胜，转危为安，后来助刘秀打了许多胜仗，立下不少功劳。

刘秀的用人之道，给后代提供了许多可资借鉴的成功范例，也给后人留下了许多值得思考的问题，留下了许多有待后人认真总结的经验。

显然，也正是由于刘秀善于用人，在新朝末年天下大乱群雄纷争逐鹿中原的战场上，既注重得民心又善于得人才，在乱世之中让天下英才大多乐为其用，他才有幸能够最终打败所有对手，成为全中国的主宰。

以柔术治天下

中国的文化过于"早熟"。

早在几千年前，当世界上许多民族还处在茹毛饮血愚昧无知的原生态时，中国的先秦文化就已那么深邃、那么睿智和那么璀璨，就已经是那样得令人顶礼膜拜并叹为观止，不能不说是一个奇迹。

不说别的，就说中国古代对"刚"与"柔"的认识吧，就可以说是一门非常高深的学问。

的确，在我国古代，那些睿智精明的先祖先哲们很早就认识到了柔能克刚的道理，因而主张做人做事应该刚柔相济，应"百炼钢化绕指柔"。如《周易·蒙》就认为："玉铉在上，刚柔节也。"其意思是说，玉制的鼎杠高处上方，表明刚柔相济，互相调节。

至于老子，对于刚与柔的认识与比喻就更加形象而深刻。在《道德经》第七十八章中，他用"水"来做形象生动的比喻，认为："天下莫柔于水，而攻坚强者莫之能胜。"在这里，老子把水的柔弱称为水的德行，主张柔能克刚。这个道理，在后来的《列子》和《庄子》中都作了进一步阐释与发挥。

如在《庄子·内篇·应帝王》中，庄子就认为，作为帝王应当"游心于淡，合气于漠，顺物自然而无容私"，觉得只有这样天下方能大治。

为了印证自己的观点，庄子讲了这么一个故事，说是有一次，阳子居问老子："有这样一个人，他身体强壮，反应敏捷，对事物很有洞察力，而且勤于学习王者之道，不知疲倦。这样的人可以称为理想的领导者吗？"

老子摇摇头说："这样的人，只不过是个小官吏罢了！他被有限的才能所累，结果必然使自己身心俱乏。"

这究竟是为什么呢？老子进一步解释道："虎豹因为身上的美丽皮毛才招致猎杀；狗因为擅长捕捉猎物才被人束缚。那些因为自身优点而招致灾祸的人，跟理想的领导者相差太远了。"

阳子居又问："那么，理想的领导者应该是怎样的？"

老子回答："一个理想的领导者治理天下，功德遍地但仿佛与自己无关；教化惠及万物，人们却丝毫感觉不到；没有留下任何施政的痕迹，但万事万物却各自运行自如。"

应当说，老子与庄子关于刚与柔的论述说得似乎有些高深莫测，但仔细想想，其中的道理其实也非常朴实，那就是：帝王之治不宜一味逞强，而应刚柔相济，以柔克刚，倘若用东汉王粲《为刘荆州与袁尚书》中的话说就是："当唯义是务，唯国是康。何者？金木水火以刚柔相济，然后克得其和，能为民用。"

历史上，主张并坚持用刚柔相济之策作为基本国策来治理国家乃至善待功臣的皇帝，毫无疑问，刘秀是第一人，或者说是首创者。据记载，还在刚一当上皇帝之时，他便旗帜鲜明地对外宣称自己要以柔术治天下，因而赢得了当世及后世之人的称赞。

事情据说是这样的，说是汉光武刘秀称帝之后，有一天他前往章陵修葺先人墓园和祭庙。途中，他又顺便巡视田地农舍，并设宴和宗亲一起饮酒作乐。

皇帝请客吃饭，家乡的父老兄弟自然非常高兴。那天，甭说那些家乡的男人们大碗喝酒，大块吃肉，一个个痛快淋漓，即便是刘氏宗室的伯母、姑母、姊娘们也都喝得酣畅，且禁不住在一起叽叽喳喳议论道："刘秀小时候谨言慎行，不善应酬，跟人交往仅知柔和而已。没想到会有今天的成就啊！"

听了家乡这些女人们的议论，刘秀并不生气，而是大笑说："我治理天下，也要推行柔和之道。"

这应该说是光武帝刘秀对关于以柔术治天下理论的第一次论述。

后来，有一次，他又教诲臣下说："《黄石公记》中云，柔能克刚，弱能制胜。"他又对自己的这一理论作了进一步阐述。

的确，倘若我们对刘秀本人的性格进行解剖，就会发现，他本人的性格就充分体现了中国太极的理论精髓。一方面以阴为主，以阳为辅，阴中有阳，即以柔为主，以刚为辅，柔中带刚，这使他处于劣势时能给人温柔的魅力；另一方面则又以阳为主，以阴为辅，阳中有阴，即以刚为主，以柔为辅，刚中有柔，这使他志在春风得意时给人慑人的魄力。诚如现代有学者所说，刘秀在太极的浑圆中蕴藏着巨大的杀伤力，整个人就像是一个动态的圆球，一举一动形同圆弧，一招一式酷似太极，他浑身上下无处不是柔和的韧劲，周身内外无处不是攻击的锐气。

显然，在深谙刚柔相济之道的刘秀看来，无论做人还是做事都应当柔则柔，当刚则刚。光有柔不能成事，只有刚也不能立威，所以需要刚柔相济或者刚中见柔、柔中藏刚。

这应该说是刘秀一生的处世哲学。

仔细想想，像这样的人，一般的对手自然很难能够打倒他。

从史书上看，刘秀不仅是以柔术治（得）天下这一理论的积极倡导者，也是这一理论的忠实践行者。这其中，有许多例子可资为证但最典型的应该说无疑还是他的善待功臣，让他的那些当年为他出生入死打江山的开国功臣们在建国后都能安享富贵，得以善终。

古往今来，无论是那些帝王将相还是寻常百姓，大家在一起共患难容易，但若在一起共富贵却很难。特别是那些开国皇帝就更是这样。也正因此，在中国历史上才会一次又一次重复上演"飞鸟尽，良弓藏；狡兔死，走狗烹"的人间悲剧。

可是，我们看汉光武帝刘秀却不是这样，作为总策划、总编剧与总导演，在如何处理自己与一帮开国功臣关系问题上，他却没有落入兔死狗烹这一历史的俗套，而是别出心裁，独具匠心，精心编排和执导了一部让东汉开国君臣都相安无事皆大欢喜的政治喜剧，并由此获得了后代史家的一致称赞。

据史书记载，在打天下的过程中，刘秀与功臣相濡以沫，荣辱与共，同生死，共患难，君臣之间形成了深厚的情感。用史书上的话说就是"义为君臣，恩犹父子"。

当然，打天下时的这种情如手足的关系并不能说明什么，因为在这样危难险要的特殊历史时期，换成历史上任何一个开国皇帝也几乎无不如此。可是，我们看当了皇帝后的刘秀却依然故我，对待那些功臣在感情与态度上几乎与以前没有任何的改变。这就非常难能可贵。

有这样一个例子就很能说明问题，说是当了皇帝后，刘秀一直对功臣们情同手足，念念不忘，经常在宫中宴请他们。君臣在一起关系显得很亲密很融洽。虽然身为皇帝，刘秀却并不故意端着架子，盛气凌人，而是一如既往，与大家相谈甚欢，其乐融融，而大臣们对他显得既尊敬但又并不故意表现得唯唯诺诺，阿谀奉承。

据说有一次，刘秀与众功臣欢宴，席间说到往事，君臣都感慨万千。刘秀说："朕要是不起兵讨逆，可能就要终身做学问了。"

刘秀这样说说明他虽然当了皇帝却并没有得意忘形忘乎所以，自以为自己真的君权神授是什么星宿下凡，而是头脑清醒，觉得自己其实就是一个凡夫俗子，并不比别人高明到哪里。

见光武帝说话如此谦虚如此真诚，功臣太傅后来被列为"云台二十八将"之首的邓禹便也接过话说："我要是没有遇到陛下，可能就是一个五经博士了。"

扬虚侯马武见皇帝和首辅都这么谦虚，于是就更加谦虚地说："臣马武要是没有遇到陛下，那么一定是去做一个县里抓捕强盗的差役了。"

光武一听顿时打趣他道："你马武自己不去做强盗就万幸了，还可能指望着做抓强盗的头吗？"说罢，君臣相对大笑。

不仅在感情上依然如故，与那些曾经为自己出生入死的开国功臣们一直保持着一种很亲密的关系，从不疏远他们猜疑他们，更不杀戮他们，而且，在生活上，在政治上，当了皇帝的刘秀也一直很关心他们，尽量让他们过上体面富足的生活，得到他们应该得到的官爵和荣誉。

平心而论，这既是对功臣们的尊重与厚爱，也是对他们理所当然的补偿与回报。

此外，以柔术治天下的光武帝刘秀不仅善待功臣，而且也善待他曾经的仇敌，如刘盆子、朱鲔就一直受到他的优待。

熟悉这段历史的人想必都知道，当年赤眉军为了与更始政权对抗，立西汉的城阳景王刘章之后刘盆子为帝。而这个刘盆子在当皇帝之前乃是个彻头彻尾的放牛娃，原本在赤眉军中放牛，只是因为政治需要才被赤眉军赶鸭子上架，于匆忙中胡乱抓阄做皇帝的。

刘盆子抓阄称帝建立"建世"政权后，势力强大的赤眉军于更始三年（东汉建武元年，公元 25 年）十月攻陷长安。可是，将更始皇帝刘玄逮住并缢死后，仅仅过了不到两年，赤眉军就于建武三年正月被刘秀给彻底打败了。在走投无路时，"建世皇帝"刘盆子率百万之众投降了刘秀。

对于这位曾经与自己作对的皇帝俘虏，刘秀既没有虐待他，更没有杀害他，而是对他非常优待，只是有一次故意吓唬他，开了他一次玩笑。

那天，刘秀大陈兵马于洛水，命刘盆子等一帮刚刚投降过来的赤眉俘虏君臣现场观摩汉军是怎样打仗的。战胜后，刘秀似笑非笑，故意拿这位论辈分乃为自己本家兄弟的皇帝俘虏开涮："自知当死不？"

刘盆子回答道："罪当应死，犹幸上怜而赦之耳！"

刘秀听了禁不住开怀大笑，说："咱们宗室里，还真没有你这么滑头的家伙！"

史载，对刘盆子这帮投诚的君臣，刘秀表现得很是慷慨，给他们每人赐田二顷、宅第一所，让他们在京城洛阳有房子有地可以与妻儿幸福生活。后来刘盆子因病失明，光武帝刘秀又对他赏赐甚重，并任命他为赵王郎中，还赐予他荥阳的均输官地，为他建起一排门面，使他能够靠收租金养老。

再有就是朱鲔。朱鲔是害死刘縯的罪魁祸首，对刘秀本人也曾大肆迫害，然而，如前所述，朱鲔归顺后，刘秀却并没有故意给他穿小鞋，对他秋后算账，而是一直不记前仇，对他非常优渥，先是拜他为平狄将军，封扶沟侯，后来又将他认为少府，让他与大司农一起掌管财货。

由此，刘秀的心胸与气度可见一斑。

但是，需要指出的是，刘秀虽然善待功臣，但却并不毫无原则地袒护他们，更不迁就放纵他们，全然不像北宋开国皇帝赵匡胤那样虽 "杯酒释兵权" 但在实质上却是 "以腐败换兵权"，在实际上完全是为整个武将集团颁发了一张 "腐败无罪" 的 "腐败许可证"。

据宋王钦若等编著的《册府元龟》记载，光武帝刘秀 "虽制御功臣，而每能回容，宥其小失。远方贡珍甘，必先遍赐列侯，而太官无馀。有功，辄增邑赏，不任以吏职，故皆保其福禄，终无诛谴者"。其意思是说，光武帝刘秀在统一天下后，虽然善待跟随自己打天下的开国功臣，与功臣上下一团和气，亲密无间，像异姓兄弟那样和谐相处；每当收到进贡的珍稀宝物，他都从不一人独享，一定是先赏赐给那些功臣；平时，功臣们有了小的过失，刘秀都能宽容，尽力加以保全，不予惩处；但是，对于这些功臣，刘秀仅只是对他们在物质上不吝赏赐，让他们一个个都能安享荣华富贵，且能得以善终，却并不让他们做官，不给他们任何做官的权力。

而之所以要这样做，乃是因为，身为学历最高的皇帝，刘秀深知，任何开国王朝都存在着一个如何处理皇帝与开国功臣关系的问题，如果采取 "飞鸟尽，良弓藏；狡兔死，走狗烹" 的办法杀戮功臣，不仅很不道德，而且也会陷自己于不仁不义，背上历史的罪名；而若有福共享，论功行赏，让那么多功臣身居高位，把持国家军政大权，则对新政权又很容易构成威胁。

显然，也正是基于这样的认识，统一全国后，刘秀立即着手大封功臣，一方面给他们加官晋爵，给他们丰厚的待遇，让他们能够安享太平富贵，另一方面却又剥夺他们的实际权力，除邓禹、李通等少数人以外，其他功臣一概不许参与政事。这便是史书中所说的 "退功臣"。

在 "退功臣" 的同时，刘秀则重用大批文吏，即所谓的 "进文臣"。光武帝认为文吏们熟悉封建典章制度，懂得治理国家且情操高尚。建武六年和七年，刘秀连续两次下诏，命令各地官吏推举贤良，到京城参加选官考试。同时，他还实行征辟制度，即下诏特 "征" 用某人为官，公卿和各地郡守也可自行 "辟" 用他人做幕僚。在诏书中，刘秀严格规定了选官的条件：第一，品德高尚，身世清白；第二，要有知识，是通经的博士；第三，熟悉各种法令，能熟练地依法办事；第四，具有魄力才干，遇事不惑，能独当一面。为防止用人舞弊，诏书特别强调各地官吏在选择人才时，必须严格按照这四条标准，如有违者，必将依法治罪。

由于"退功臣而进文臣"，把治理国家的事交给了文臣。这样一来，既解决了如何对待功臣的问题，又有利于国家的治理。

由此可见，以柔术治天下的刘秀做人做事都很有尺度，分寸拿捏得可谓恰如其分。

然而，需要指出的是，刘秀的以柔术治天下并不是一味地示软，更不是示弱，而应该说是宜柔则柔，宜刚则刚。如建武二十八年，刘秀借故搜捕王侯宾客，"坐死者数千人"。又据《后汉书》记载，光武一朝，"时内外群官，多帝自选举，加以法理严察，职事过苦，尚书近臣，至乃捶扑牵曳于前，群臣莫敢正言"。

的确，对于那些贪赃枉法的功臣，即便是自己的叔父，刘秀也绝不偏袒，更不包庇。如司隶校尉鲍永、都事从官鲍恢性格刚直，不避豪强，敢于弹劾贵戚的恣纵行为。他们曾弹劾刘秀的叔父赵王刘良仗势呵斥京官为大不敬。刘秀从小丧父，是叔父刘良将他抚养大的，叔侄俩一直情同父子。可是尽管这样，刘秀也绝不网开一面，法外施恩，而是法不容情，惩一儆百，将刘良由赵王降为赵公，借此告诫贵戚们应当约束自己，"以避二鲍"。

刘良临死时，刘秀去看他，问他还有什么事要交代。刘良说他没有别的要交代了，只有一件事，他的朋友李子春犯了罪，县令赵熹要判李子春死刑，他希望刘秀能保住李子春的命。

虽然是叔父最后的请求，但刘秀却断然拒绝道："官吏公正执法，我不能徇私枉法。另说别的愿望吧。"

由此可见，光武帝的柔术也有不柔的一面。

诸葛亮曾经说过："单纯一味地柔和、软弱，就会使自己的力量被削减，以至失败；单纯一味地刚烈、刚强又会导致刚愎自用，也注定要灭亡。"在对待功臣问题上，刘秀的做法是既柔又刚，宽严相济，恩威并用，并由此形成了东汉初年君臣和谐与共的政治格局。

除了以柔术治功臣，光武帝刘秀还以柔术治奴婢，以柔术治土地，以及以柔术治税收，并都取得了比较好的效果。

诚如我们所知道的，西汉末年，奴婢问题、土地问题以及税收问题都非常严重。

为此，王莽称帝后曾将这三大问题作为改革的重要内容，但是，囿于种种原因，结果不仅王莽新政遭到严重失败，王莽的新朝也"国将不国"。三大问题自然无果而终。

可是，王莽没有做成的事，刘秀却做成了。

原来，东汉建国后，刘秀继续将这三大问题作为国家大事来抓。从建武二年（公元 26 年）到建武十四年（公元 38 年），光武帝先后多次下诏令解放奴婢，并且严禁虐杀奴婢。建武二年五月的诏令宣布：民有出卖妻子，其妻子想归父母者，从其便，如主人刁难，按律令论处。建武六年的诏令宣布：王莽时吏民被当成奴婢而不符合西汉法律的，一律免为平民。建武七年的诏令宣布：吏民因饥饿战乱沦为奴婢、妻妾的，留去自便，强制不让走的，以卖人罪处置。由于光武帝在 12 年内连续不断地发布解放奴婢的诏令，使大批奴婢获得了自由，农业劳动力的问题得到了基本解决。

奴婢问题基本解决以后，光武帝刘秀又下大力气着手解决土地问题。东汉初期，土地兼并严重，很多农民没有地种。光武帝于建武十五年（公元 39 年）六月，下令各州、郡清查田地的数目和人口实数，称为度田。这样做的目的有两个：一是核查田赋收入，防止大地主隐瞒田产，逃避纳税；二是可以从大土地占有者手中没收一些多余土地，分给无地的贫民。此外，在税收问题上，光武帝还把田租的"十税一"恢复到"三十税一"。并下令，各郡国凡有余粮的，要赈济老年人和鳏寡孤独以及无依无靠的穷人，各级官吏要亲自负责此事，不允许失职。

可以想见，这些问题在改革时阻力重重，异常艰难，但刚柔相济以柔术治国的刘秀却知难而上，坚持不达目的决不罢休，终于使改革取得了较为理想的效果。

由于光武帝刘秀采取以柔术治天下，御臣有术，治国有方，在政治、经济等方面进行了一系列卓有成效的改革，有效推进了东汉社会的发展，到了东汉建国 40 年时，全国已出现了"天下安平，人无徭役，岁比登稔，百姓殷富，粟斛三十，牛羊被野"的盛景。这也是东汉王朝最富庶和最安定的时期，被史家称之为东汉盛世。

我用一生爱着你

古今中外，男人特别是那些有钱有地位、条件比较优越的男人，在对待爱情问题上，很容易始乱终弃、喜新厌旧、贪得无厌。不说别的，就说中国古代的皇帝吧，如汉武帝刘彻就是这么一个典型。

可是，比较起来，汉光武帝刘秀却不能不说是一个历史罕见的特例。他虽然也贵为九五之尊，只要他愿意，后宫中自然有的是倾国倾城的佳丽可以源源不绝地供他独自享受，然而，这位"牛背上的开国皇帝"却既不纵欲，也不花心，只是始终如一、忠贞不渝地深爱着自己初恋的情人。这在中国的皇帝中真的是绝无仅有，独此一人。

也正因此，有人说他是"天下第一痴帝"，甚至还有一些女性读者说"嫁人要嫁光武帝"。

仔细想想，这虽然都是一些玩笑话，但却从一个侧面反映出光武帝刘秀对于爱情的专一与忠诚，委实是女性眼中千年难遇近乎完美的好男人。

说来，能遇上刘秀这样的好男人，对于阴丽华来说，也真的是三生有幸。都说"红颜易老，美人薄命"，但是，上天对女人阴丽华似乎格外垂怜，格外眷顾，格外偏心，不仅给了她倾国倾城的美貌，出身富贵的家庭，而且还天赐良缘，竟然给了她最为幸福美满的爱情与婚姻，几乎将人世间所有的好东西都一股脑儿极为慷慨地赐予了她。

人生若此，夫复何求？想想，也真的是让天下许多美人羡慕嫉妒恨。

如前所述，刘秀是在28岁那年抱得美人归，娶阴丽华为妻的。那是更始元年（公元23年），阴丽华时年19岁。当时，刘秀的哥哥刘縯被更始帝刘玄所害，刘秀自己也形同被软禁。在这种时候，出身高贵且年轻貌美的阴丽华能够心甘情愿地下嫁给处境险恶的刘秀，应该说，她俩完全能够称得上是一对患难夫妻。

可是，从史书上看，尽管刘秀与阴丽华之间一直心心相印，感情深厚，但他们的爱情却并不一帆风顺，而是经历了许多严寒酷暑，遭受了许多风吹雨打。

诚如我们所知道的，刘秀新婚不久，准备迁都洛阳的更始帝刘玄便让他去打前站，行司隶校尉职先去洛阳装潢皇宫。当时到处兵荒马乱，再加上自己前去洛阳吉凶难料，生死未卜，所以，接到诏令后，刘秀不得不忍痛将心爱的妻子阴丽华送回娘家，然后自己一个人前去洛阳。装潢完洛阳皇宫，刘玄又让他持节北上，前往河北招抚。这一去又是三年。

那时候没有手机和微信可以随时联系，即使是"凭君一语报平安"的家书也很难能够平安送达。所以，在那些"人生不相见，动如参与商"的日子里，由于音信全无，无论是刘秀还是阴丽华都饱受离别相思之苦，尤其在兵连祸结的乱世期间，夫妻俩就更多了一份相互担忧与牵挂。

而且，在此期间，他们的爱情又经受了一场特殊的考验。

原来，就在刘秀来到河北好不容易脱离险境，势头刚刚上扬且一路行情看涨，正要准备对一直压着自己的王郎势力形成反攻时，却忽然传来了一个坏消息：河北真定（今河北元氏西北）的真定王刘杨起兵归顺王郎了！

当听到这一消息时，刘秀的心里陡然一惊，他知道，真定王刘杨不仅手里有十几万大军，而且在河北一带很有人望。如果他归顺王郎，不仅会迅速壮大王郎的实力，而且以他的人际关系与号召力，将会使河北境内的许多地方势力迅速"选边站"，明确站到王郎一边。如此一来，自己的所有计划与愿望都将会付诸东流。

要说刘秀真是每逢大事有静气，危急时刻总能沉着应对。经过深入思考，他立即制定了一个应对方案，即不惜一切代价将真定王刘扬争取到自己这边来。

打定主意后，刘秀立即开始行动。他派人去劝刘杨，请他看在都是刘氏皇族后裔、血浓于水的情分上站到自己这边，以图共同匡复汉室。经过耐心做刘杨的思想工作，刘杨表示他可以"选边站"到刘秀这边来，但条件是必须和刘秀联姻，结为亲戚。

原来，刘杨有个外甥女名叫郭圣通，他想要刘秀娶她为妻，这样他们就是一家人了。

平心而论，真定王刘杨所提的条件其实一点儿也不苛刻，甚至可以说反而还很优厚。因为他的外甥女郭圣通可不是一般的寻常女子。首先论门第，她家乃是当地富甲一方的名门望族，父亲郭昌，少有义行，曾经将数百万田宅财产让给异母兄弟，因此受到国人的赞誉。她的母族，为真定王室，母亲为真定恭王刘普之女，因嫁入郭氏而号为郭主。郭主"虽王家女，而好礼节俭，有母仪之德"。由此可见，郭圣通的出身其实比阴丽华还要高贵。其次论长相，郭圣通也天生丽质，华容婀娜，与美人阴丽华可以说是各有千秋，难分轩轾。而且，郭圣通比阴丽华年轻，正是豆蔻年华，二八佳人。

可以想见，把这样一个"高端大气上档次"的外甥女嫁给刘秀，说明刘杨对刘秀绝对是高看一眼。

对于真定王刘扬开出的这一价码，若是换成汉高祖刘邦，肯定会想都不想就立马一口答应下来的。是啊，既把人家十几万军队收编到自己麾下，又把人家貌美如花青春靓丽的外甥女搂入自己怀抱，这样天大的好事要是不爽快答应下来，那岂不是天下第一大傻吗？

　　可是，对于刘杨提出的这一政治联姻条件，刘秀一开始却感到颇有些左右为难。

　　之所以会是这样，倒并不是论辈分刘杨比刘秀还低，若刘杨将外甥女嫁给刘秀，则反而变成了刘秀的长辈，如此的婚姻关系给人的感觉委实有些乱。事实上，在汉朝乃至到了唐朝，人们对辈分都并不严格遵守。

　　当然，让刘秀颇有些为难的原因当然也不是他嫌弃郭圣通，觉得她配不上他。问题的关键乃是由于他是一颗痴情的种子，对自己的梦中情人阴丽华爱得太深，而且又爱得非常专一，他的爱情的心扉只愿意也似乎仅仅只能容得下阴丽华一个人进出。

　　比较起来，无论从哪方面说，刘秀无疑也是一个曾经叱咤风云的英雄，一个彪炳千秋的千古风流人物，可是，在爱情上他却并不表现得贪得无厌，而是像庄子所说的那样，虽然"弱水三千"，但他却只想"取一瓢饮"。

　　所以，一点儿也不夸张地说，当时的刘杨委实给刘秀出了一个难题。要是答应吧，要知道，娶妻不是纳妾，娶了郭圣通，那阴丽华怎么办？因为像郭圣通这样的名门闺秀，父亲郭昌是在河北大名鼎鼎的郭百万，舅舅是在河北有权有势很有影响力和号召力的真定王，既然要娶她，那就要将她作为正妻。可是，阴丽华乃是自己的最爱，不仅美丽绝伦，而且温柔贤淑，而且，阴丽华也是大家闺秀，更何况阴丽华的哥哥阴识在新野也算数一数二的富豪，且阴识曾倾家荡产跟他一起干革命，在他最落难的时候不仅雪中送炭而且"雪中送妹"，将自己貌若天仙的妹妹嫁给他，就冲这一份情，他刘秀也深觉自己不能对不住阴丽华。

　　可是，如果不娶郭圣通，驳了真定王刘杨的面子，刘杨和他的十几万大军就会归顺王郎，与自己作对。想当初一个刘林投自己不成转而投奔王郎，就掀起了那么大的惊涛骇浪，差一点儿使自己在河北"船毁人亡"，如今，要是刘杨再去归顺王郎，则后果更是不堪设想。很有可能，自己好不容易刚刚打开的局面又会毁于一旦。

　　一边是爱情，一边是霸业，感情的天平究竟倾向于哪边好呢？在部下的反复劝说下，经过一番通宵达旦的痛苦长考，刘秀终于答应了刘杨的条件，与他的外甥女郭圣通结为伉俪。

　　既然刘秀成了自己的外甥女婿，真定王刘扬也很爽快，立即归顺了刘秀。在他的影响与号召下，河北豪门势力也都纷纷改换门庭投到刘秀麾下。因此，刘秀很快便统一了河北。

所以，刘秀能够迅速统一河北，进而问鼎中原，在很大程度上，应该说是郭圣通带给她的政治嫁妆。

建武元年（公元 25 年），刘秀在众将拥戴下登基称帝，建立东汉。这年十月，刘秀迁都洛阳。同年，郭圣通为光武帝生下了他们的第一个皇子，也即皇长子刘疆。这时，刘秀 32 岁。

建都洛阳后，光武帝刘秀立即迫不及待地派侍中傅俊到新野护送阴丽华来到洛阳。阴丽华和刘秀团聚后，已经登上帝位的刘秀便开始考虑立后一事了。

两个妻子，且都非常优秀，都是名门闺秀，究竟立谁为皇后好呢？这让刘秀着实感到为难。但思前想后，从感情上，他还是想立阴丽华。

可是当时郭圣通已为刘秀生了长子，而且郭氏外戚又有着很强的政治势力，所以，当那天刘秀把自己的想法告诉阴丽华，贤淑的阴丽华想都没想，便毅然摇着头说："困厄之情不可忘，何况郭贵人已经生子。"故而无论刘秀说什么，她都坚决推辞后位。

在阴丽华的一再坚持下，建武二年（公元 26 年）六月，刘秀正式册封贵人郭圣通为皇后，其子刘疆为太子，并大赦天下，普天同庆。

尽管在外表上，刘秀显得很是深明大义，豁达大度，但在内心中，他却非常纠结。当那天，在封后典礼上，看到阴丽华以嫔妃的身份向皇后施以三跪九叩的大礼时，他的心里甭提有多难受。特别是看到阴丽华在行礼时一脸平静的样子，他的心里就更是感到对自己心爱的女人无限愧疚，并在心中暗暗决定从今往后一定要把亏欠她的加倍补偿给她。

也正因此，在以后的后宫生活中，刘秀对阴丽华宠爱备至。当时，还有很多割据势力没有平定，刘秀经常需要御驾亲征。每当这种时候，他总是带着阴丽华一起南征北战。即使是在征讨彭宠的战役期间，他也让身怀六甲的阴丽华跟随自己，与她形影不离，而把皇后郭圣通一个人留在京城。因此，刘秀与阴丽华的长子就出生在元氏的中军行辕里，起名为刘阳，也就是后来的汉明帝。这一年是建武四年（公元 28 年）。

所以，郭圣通虽然在表面上得到了皇后的名分，但在实际上却并没有真正得到丈夫光武帝刘秀的爱情。而阴丽华却恰好相反。虽然她在一开始并没有得到皇后的名分，但却从始至终甘之如饴，实实在在地享受着刘秀那炙热浓郁的爱情。

刚开始，刘秀、郭圣通与阴丽华三人之间倒也相安无事。可是，日子长了，刘秀对阴丽华的过分宠爱便让皇后郭圣通渐渐感到受不了了。于是，矛盾开始出现，而且越来越深，并最终导致了光武帝刘秀的废后。

那是建武十七年（公元41年）十月，光武帝以郭后"怀执怨怼"和"吕霍之风"为由，下诏废后，同时，立阴贵人也就是阴丽华为皇后。

当时，皇帝的废后诏书中有一段是这样写的：

> 皇后怀执怨怼，数违教令，不能抚循它子，训长异室。宫闱之内，若见鹰鹯。既无《关雎》之德，而有吕、霍之风，岂可托以幼孤，恭承明祀。今遣大司徒涉、宗正吉持节，其上皇后玺绶。阴贵人乡里良家，归自微贱。自我不见，于今三年。宜奉宗庙，为天下母。主者详案旧典，时上尊号。

就这样，一纸诏书，一废一立，当了17年名义上的皇后郭圣通被彻底废黜了。而刘秀年轻时"娶妻当得阴丽华"的美丽梦想到这时不仅已经完全实现，而且，他当初在娶阴丽华时信誓旦旦的承诺也终于全部兑现了。

尽管废后诏书将废后的理由说得明明白白，乃是由于郭圣通老是在后宫使性子发脾气，如果不废，将来很可能会成为吕后这样害人的"母老虎"，但仔细想想，皇帝的诏书虽然表面上冠冕堂皇，义正词严，但在实际上却根本经不住推敲，更不值得一驳。平心而论，这种评价实在有失公允，对郭圣通很不公平。要知道，这种事情无论搁在哪个女人头上，相信她也绝对接受不了，忍受不住。

是啊，作为妻子，谁能够长时间地看着自己的丈夫无限深情地爱着另一个女人而自己却若无其事，能够心平气和无动于衷？

不过，话又说回来，既然在这场二选一的爱情游戏中，只有也只能有一个幸运者，而这个爱情的幸运者在光武帝刘秀的心中又非阴丽华莫属，那么，无论郭圣通怎样做，其结果都只会也只能成为这场二选一爱情游戏的牺牲品。

事情说白了就是这样的残酷。在古代后宫中，从来都是有人欢喜有人愁。而郭圣通却不幸成为后者。

好在，光武帝刘秀虽然对废后郭圣通无情，但还总算有义。在古代，废后的结局一般都很惨，多半都是被打入冷宫、举族流放，然后母子忽然有一天在不明不白中死于非命。可就在郭圣通原以为自己也会别无选择步入这一死亡陷阱时，皇帝的又一道诏书有一天却突然展现在她的面前，这一次，刘秀对她确乎显得格外开恩。不知是良心发现，还是确实问心有愧，刘秀将她的儿子右翊公刘辅封为中山王，封废后郭氏为中山王太后，居北宫，又将常山郡划给中山国，以二郡奉养郭氏，使郭圣通成为两汉历史上第三个皇帝没死而封太后的女人（汉武帝之母胶东王太后，以及汉武帝的宠妃王夫人在死后被武帝封为王太后），同时也对郭后的娘家人大加封赏，进行安抚。

这对废后郭圣通来说，也算是不幸中的万幸了。

郭后被废后，刘秀并没有同时废黜太子刘疆。但在我国古代的后宫，皇后与太子历来都是"一损俱损，一荣俱荣"，堪称休戚相关的命运共同体。如今，眼看做了17年皇后的母亲郭圣通突然被废，很有自知之明的太子刘疆便心如止水，心生去意，于是便主动请辞太子之位，多次通过左右及诸王陈述他的心愿，愿意备蕃国。光武帝先还于心不忍，直到几年后才终于同意。

建武十九年（公元44年），刘秀废刘疆太子之位，改封他为东海王，而将自己与阴丽华所生的儿子刘阳（后改名为刘庄）立为太子，也即后来的汉明帝。

从史书上看，太子刘疆绝对非常贤能，非常仁爱，如果能够成为东汉第二代皇帝的话，相信一定会是一个贤君。然而，令人遗憾的是，因为其母郭后的缘故，无论是他的自然生命还是政治生命都过早地夭折了，真的是非常可惜。而历史的遗憾也就在这里。

所以，从某种意义上说，光武帝刘秀对于阴丽华母子的厚爱完全是建立在对郭圣通母子的伤害基础之上的。尽管，这样的伤害，对于刘秀来说完全是情非得已，实在是别无选择的选择。

因此，也许一直到临终，对于郭圣通母子，光武帝刘秀都深感愧疚。尽管在生前，他已经在物质上给了她们母子太多的补偿。

不过，话又说回来，如果说一生中，也许刘秀最对不起的就是郭圣通母子的话，那么，一生一世，他最对得起的无疑就是他的最爱阴丽华了。虽然身为皇帝，他完全有理由有条件去宠爱其他乃至许多的女人，但是，他却倾其一生，把自己全部的爱都毫无保留地只给了阴丽华一人。

"朕用一生爱着你"，可以说，光武帝刘秀用行动充分兑现了他当初向他的梦中情人——阴丽华所说的诺言。

也确实，虽然贵为皇帝、皇后，但刘秀和阴丽华就像一对寻常的夫妇，情洽意美，恩爱无间。从新野相知到垂暮之年，刘秀与阴丽华相伴三十余年，虽历经风雨，但却始终相亲相爱，相濡以沫，可谓钟情一生。综观中国古代，历代帝王面对六宫粉黛，千百佳丽，无不卧花栖凤，尽享风流。像刘秀这样深沉专一的感情却是绝无仅有，令人感叹。

所以，一点儿也不夸张地说，在中国几千年的后宫史中，屈指算来，阴丽华无疑要算是最为幸运也最为幸福的皇后。

是的，历史上，左手江山，右手美人，将江山与美人都一起揽入怀中尽情享受的帝王大有人在。但是，能将一个风流倜傥而又文韬武略的封建皇帝的全部的爱都拥为己有，就像一首现代流行歌曲所唱的那样"一生中最浪漫的事就是和他一起慢慢变老"，即使到老也依然还是他"手心里的宝"的后妃算来算去，却只有阴丽华一人。

当然，能成为光武帝刘秀一生一世的最爱，阴丽华应该说也受之无愧。因为，她以她的贤淑美丽，完全可以被称为当之无愧的后妃典范，与光武帝刘秀简直就是天作之合。

因而，倘若要举行一次中国古代"十佳帝王夫妻"评选的话，光武帝刘秀与他的贤后阴丽华无疑会名列第一，完全称得上是中国历史上第一贤帝和第一贤后。与他俩比起来，即便是唐太宗李世民与他的长孙皇后这一对也会自愧不如，甘居其后。

第十章
党锢之祸的来龙去脉

说来，东汉王朝就像是在下一盘棋。

虽然在一开始，就像我国其他封建王朝一样，由于第一任棋手也即开国皇帝光武帝刘秀棋艺高超，堪称超一流的大师，下得一手好棋，因而开局良好，可是，就因为后代的皇帝"麻布袋，草布袋，一袋（代）不如一袋（代）"，到了中盘，整个盘面便已乱象纷呈，陷入政治的乱局中；至于后来，则完全进入了一团乱麻无法收拾的残局。

从史书上看，东汉的政治残局最早是从桓灵期间开始的，其最明显的标志毫无疑问就是历史上著名的党锢之祸。

皇帝其实也可怜

在我国封建社会，表面上看，皇权一直非常强势，始终处于唯我独尊的主导地位。但在实际上，它却很容易受到威胁和侵犯，且一不小心就会被架空甚至还会沦落到附庸或者傀儡乃至完全被取而代之的境地。

睽诸历史，我们会发现，在一般情况下，对皇权构成最直接、最有力威胁和侵犯的主要有这样四大权力，即相（臣）权、后权、宦权和兵权。所谓相（臣）权，主要是指宰相（丞相）当然也包括一些权臣如托孤或辅弼大臣的权力；所谓后权，乃是指皇后特别是皇太后所拥有的权力；所谓宦权，则是指皇帝身边的一些受宠或大权在握的宦官所据有的权力；至于兵权，则是指那些帝国的高级将领或者地方军阀所握有的军队大权。

这四大权力，虽然在正常情况下都从属于皇权，处于皇权的绝对领导之下，但在特殊条件下，却都能够对皇权造成最直接和最现实的冲击与威胁。历史上，有关这方面的实际的例子实在太多。如唐朝就最先深受后权危害，后来又深受宦权危害，到后来藩镇割据，更面临着兵权的威胁，直至被其灭亡。而清朝几乎从一开始就不断受到来自权臣的危害，像多尔衮、鳌拜、明珠、年羹尧、和珅，直至晚清的袁世凯，从某种意义上说，清朝几乎一直是权臣不断，国家在很大程度上就亡在了权臣的手里。

至于西汉，则完全亡在了外戚，实际上也就是后权的手中。因为，外戚乃是后权衍生的产物，没有后权就绝对不会有外戚，所以，外戚之害归根结底还是后权之害。

和西汉一样，一贯秉持以孝治天下的东汉王朝的外戚之"也一直非常猖獗，所不同的是，东汉不仅有外戚之害，还有宦官之害。而且，在当时，外戚与宦官几乎一直都势不两立，双方的屁股几乎从来就没坐到一起过。

也正因此，我们看当时的东汉皇帝所乘坐的"权力马车"多半都是"独轮车"：很多的时候，那马车下的"轮子"要么是外戚，要么是宦官，当然外戚的时候居多。可是，不管那"轮子"是外戚还是宦官，皇帝乘坐在这辆马车上都很不舒服，而且这辆皇帝乘坐的"马车"还总是重心不稳，动不动就会发生翻车事故……

因而，东汉的皇帝多半要么受制于外戚，要么受宦官摆布，几乎很少有自己当家做主的时候，由此造成东汉的小皇帝们像走马灯似的，经常被外戚或宦官换来换去。皇帝的命运多半不是掌握在自己的手里，而是被操控在外戚或者宦官的手里。由此可见，表面风光看似一言九鼎大权在握的东汉皇帝其实多半也很可怜。

也确实，东汉进入到了中后期，外戚与宦官一直轮流坐庄，轮番执政，皇帝几乎一直就是个傀儡，可谓受尽了外戚与宦官的胁迫与欺侮。

"皇帝其实也可怜"，读东汉的历史让人很容易作如是观。

从史书上看，东汉的皇帝从汉和帝刘肇开始，便大权旁落，帝国的一应生杀予夺大权就轮流掌控在外戚与宦官的手里，皇帝由此成为名副其实的傀儡。

诚如我们所知道的，东汉的第一代皇帝乃光武帝刘秀，第二代皇帝为刘秀的第四子明帝刘庄，第三代皇帝为明帝第五子也即汉章帝刘炟，而和帝刘肇系章帝第四子，为东汉第四代皇帝。

说来，汉和帝刘肇真的很是不幸，在他还在襁褓中时，他的母亲梁贵人就横遭窦皇后诬陷，抑郁而死。此后，孤儿一个的他便"认贼作母"，由窦皇后抚养。章和二年（公元88年），时年还只有31岁的汉章帝病死，年仅10岁的刘肇即位，是谓和帝。由于和帝冲龄即位，"国无长君"，窦皇后便名正言顺地尊自己为皇太后，改元永元，并临朝称制，实际上也就是垂帘听政，执掌了帝国的一应军政大权。

临朝称制后，窦太后排斥异己，重用外戚，她把哥哥窦宪由虎贲中郎将提升为侍中，掌管朝廷机密，负责发布诰命；让弟弟窦笃任虎贲中郎将，统领皇帝的侍卫；弟弟窦景、窦环均任中常侍，负责传达诏令和统理文书。这样，窦氏兄弟便都在皇帝周围身居要职，将皇帝完全架空，从而掌握了国家政治的中枢。

即便这样，窦太后还不满足，她还把大批窦氏家族子弟和亲朋故友任为朝官或地方官，从而上下勾结，专权放纵，于是乎，刘汉王朝几乎完全变成了窦氏天下。

有这样两个例子可以看出当时的窦氏外戚是怎样的专横跋扈，胡作非为，乃至气焰嚣张，目无君上。

据说在汉明帝永平年间，窦宪的父亲窦勋犯罪，韩纡负责审理此案。因为证据确凿，刚正不阿的韩纡便将窦勋逮捕入狱且处死。窦太后当政时，尽管韩纡已死，但窦宪还是派刺客刺杀了韩纡的儿子，并带回他的首级拿到父亲窦勋的坟上祭奠。

如果说这事多少还有些"为父报仇"的意味，或许也还情有可原的话，那么，以下这件事则怎么说都应该是罪不可恕了。

那是永元三年（公元91年）十月，14岁的汉和帝刘肇要西去长安祭祀汉家陵园，并诏令窦宪与他在长安相会。谁知，窦宪前来迎驾时，一帮趋炎附势的大臣竟然只管拜窦宪而不去拜和帝，一起跪在那里向窦宪叩拜，且高呼"万岁，万岁，万万岁"！而窦宪也竟然心安理得地接受这些大臣们的叩拜，似乎并不觉得这样有什么不妥。

此情此景，让陪同和帝前来的尚书韩棱实在看不下去，于是他便忍不住正色说道："同上面的人交往，不可谄媚；同下面的人交往，不可轻慢。与人相交，在礼仪上应不卑不亢，哪有人臣被称为万岁的制度？"这真是太过分了！

当时的和帝已经懂事，在亲眼看到这一幕荒唐而又放肆的叩拜闹剧后，他的心灵产生了强烈的震撼，而愤怒与仇恨宛如决堤的洪水在内心中一下子就汹涌澎湃了起来。所以，回到皇宫后，他便向自己的嫡母窦太后委婉地提出了亲政的愿望。

没想到对这一敏感的政治话题，窦太后不假思索便一口回绝了，而且，回绝的理由竟是那样的冠冕堂皇："你现在还小，官场如战场，就让你舅舅他们多操点儿心，替你再多担待几年吧。等你成年了，再让你主宰太平盛世做太平天子也不迟。"

在窦太后那里碰了个不大不小的软钉子，和帝依然还不死心，便又去向他的舅舅窦宪求助，希望舅舅窦宪能够帮助他实现亲政梦。

　　然而，套用戏剧《红灯记》中的台词，可以说和帝刘肇当时还不知道，窦太后不是他的亲母亲，窦宪也不是他的亲舅舅。因而，当他刚一开口说出这事，窦宪便很不客气地拉下脸来，对他冷嘲热讽地说："你没生病发热把脑子给烧糊涂吧？啐，就你这小毛孩子还想亲政？……老实在一边待着，没事只管在宫里好好玩玩吧。"

　　接连在窦太后和窦宪那儿吃了两次闭门羹后，和帝一下子清醒了。他想，既然自己要权不成，那就只好也只能想方设法去夺权了。

　　然而，要夺权谈何容易？当时朝野内外，几乎都是窦氏外戚在把持大权，至于国家的军政大权更是被窦氏外戚牢牢地掌控着。和帝清醒地知道，自己只要稍有不慎，甭说夺权不成，恐怕连性命都保不住。

　　事实也真的就是这样，因为预感到小皇帝年龄已越来越大，势必将越来越难以控制，这对日益膨胀的窦家权势已越来越构成严重的威胁，因而，自从发生和帝主动要求亲政一事后，窦宪便与女婿郭举及其父郭璜、部下邓叠及其弟邓磊等开始密谋，企图加害和帝刘肇，妄图效仿当年王莽故事篡汉而代之。

　　如果说在此之前，对夺权一事，和帝刘肇还一直犹豫不决的话，那么，当那一天他暗中听到窦宪密谋加害自己的消息后，他终于暗暗下定了夺权的决心。

　　从史书上看，汉和帝刘肇绝对不是平庸之辈，他在 14 岁那年设计铲除窦氏外戚逼迫窦太后交出政权一事，即使是和一千多年后"少年康熙智除鳌拜"一事相比也毫不逊色，甚至还要略胜一筹。而且，康熙智除鳌拜时，还有他的祖母孝庄太皇太后在幕后参谋襄助，鼎力支持，而和帝刘肇则完全就是一个孤家寡人，几乎没有任何人可以依靠。由此可见，14 岁的汉和帝当年的亲政道路比后来的少年康熙亲政路途明显要艰难险恶得多，难度系数不知道要大多少倍！

　　可是，尽管如此，和帝刘肇还是将貌似一手遮天、不可一世的窦氏外戚给彻底铲除了。

　　在今天看来，和帝当年能够一举铲除窦氏外戚真的是很不容易。当时，因为外廷的大臣多半趋炎附势，几乎都阿附窦氏，只有司空任隗和司徒丁鸿平时不肯依附窦氏。和帝原本想召任隗、丁鸿入宫，商议诛灭窦氏的计划，可又担心被窦氏耳目发现，因而经过反复思考，暗中观察，最后便决定找不是窦氏同党且这些年一直忠于自己的宦官郑众密议。

那天，和帝悄悄把郑众召到自己身边，将自己的意图说了。郑众听后当即表示赞同，并立即建议汉和帝先下诏书，以召窦宪回京辅政为名，将其骗入京师，然后伺机捕杀，觉得这样便可万无一失。

汉和帝依照郑众的建议，当即召窦宪回京。平日骄纵成性的窦宪接到诏书后，丝毫没有怀疑，当即兴高采烈地带着身边众将启程回京。待他和手下将官，赶到京师时，天色已晚，和帝传旨让他们翌日入朝进见。

当天晚上，郑众奉和帝之命，让司徒兼卫尉官丁鸿率领手下部将封闭城门，城中各主要路口，都由丁鸿派兵严加把守。接着，和帝又命令宫中禁军，分头捉拿窦氏的亲信党徒，一夜之间便将窦氏爪牙全部抓捕殆尽，关进监狱。

之后，和帝派谒者仆射收了窦宪的大将军印绶，迫令窦氏兄弟自杀，窦氏同党、宾客以及依附窦氏的人都得到了清算。窦太后也被软禁宫中，不得与外通问消息，只是在名义上保留了皇太后的头衔。

在这次由皇帝亲自发动的宫廷政变中，虽然 14 岁的和帝表现出了在他那个年龄少有的权谋、智慧与胆略，一举结束了窦氏外戚擅权乱政祸害朝野的历史，但他在政变中借助宦官以毒攻毒的做法，也由此开启了中国历史上宦官参与政事乃至祸乱宫廷的序幕。

显然，也正是从和帝刘肇开始，中国的宦官群体正式开始登上了政治舞台，由此上演了许多宦官恶政。仅就东汉而言，自和帝始，终东汉一朝，宦官始终尾大不掉，成为东汉政治的一大肿瘤，不但祸国，而且殃民。

不用说，发生在东汉中后期的历史上著名的党锢之祸，追根溯源，其祸根就是在这样一次宫廷政变中埋下的。

这，当然是还算正直贤能但却非常苦命的汉和帝刘肇生前怎么也没有能够预料得到的。他当然至死也不会知道，自己在无意间竟打开了一个潘多拉魔盒，将其中一直被禁锢的宦官恶魔给放出来了。

也确实，汉和帝刘肇虽然通过假借宦官势力铲除了窦氏外戚，实现了自己的亲政梦，但亲政还才只有短短的 13 年时间，这个在生前很想励精图治、重振刘汉雄风的年轻天子，便于公元 105 年"龙驭上宾"，病死在京都洛阳的章德殿中，时年还才只有 27 岁。

和帝之后，后来的东汉皇帝就更加可怜，不仅一个个冲龄即位，被迫傀儡似的扮演儿皇帝的角色，而且，连自己的身家性命也都完全控制在此起彼伏相互杀伐争夺帝国实际军政大权的外戚与宦官的手里。

就这样，在外戚与宦官的相互倾轧与轮番挤压的政治高压态势下，这些东汉的儿皇帝们可谓前赴后继，一次次充当了可怜而又可悲的政治牺牲品。

你方唱罢我登场

说来，两汉的外戚政治真的是"野火烧不尽，春风吹又生"，就像是顽固性牛皮癣那样始终难以治愈和根除。几乎每一位太后在当权时都要竭力培育和扶植自己的娘家势力，让自己的娘家人也即外戚执掌帝国的军政大权，由此导致两汉的政权一直很不稳固，总是受到外戚的影响和伤害，并随着外戚集团的更迭而更迭。

诚如我们所知道的，汉和帝刘肇死后，好不容易由皇帝亲自执掌的帝国大权又一下子转移到了皇后邓绥的手中。因为邓绥无子，她便拥立和帝最小的儿子当时出生还不到百天的刘隆为帝，史称汉殇帝。谁知，"婴儿皇帝"汉殇帝即位还不到8个月便一命呜呼了。于是，邓绥又一个人说了算，出人意料地拥立清河王刘庆之子刘祜继位，也就是汉安帝。

不用说，刘祜也是一个儿皇帝，时年还只有13岁。就因此，与汉殇帝一样，儿皇帝汉安帝当然也无法亲政，在实际上只不过是一个摆设而已。于是乎，皇太后邓绥便临朝听政，并自称"朕"，同时任用自己的娘家一帮兄弟担任帝国的各项要职。

如此一来，由和帝与宦官联手费了很大劲儿才逐出帝国政治舞台的外戚政治很快又东山再起，借尸还魂，再一次登上了东汉的最高政治舞台。只不过由十几年前的窦氏外戚换成了如今的邓氏外戚。

说到邓绥，一般人也许不太熟悉，但要说到她的爷爷邓禹，很多人想必不会陌生。的确，邓禹是东汉的开国名将，是东汉开国后的第一任丞相，当年被刘秀"恃之以为萧何"，后来在"云台二十八将"中因功被排名第一。

也许是遗传影响使然，邓绥此人也天资聪颖，非同寻常。据说她自幼孝顺慈爱、喜好读书，6岁即读史书，12岁通《诗》《论语》，且常和父兄讨论国家大事，故而史书上说她不仅是个美女，而且也是个才女，很有思想和头脑。

有这样一件事经常为人称道，说是当年还才只有 5 岁的她就人小鬼大，表现得比许多大人还要成熟和老练。说是有一次，她的祖母为她剪发。由于年迈，老眼昏花，老奶奶用剪刀剪发时不小心误伤到邓绥的前额，血顿时就从她的脸上淌下来。

若是一般小女孩，这种时候，肯定会疼得大喊大叫，哭闹不止。可是，邓绥却坐在那里若无其事般一动不动，自始至终一直忍痛不言。直到剪发完毕，有人见她额上流血，惊问她为何忍耐不说。邓绥回答道："不是不知痛，乃是因为太夫人喜欢我才给我剪发，我如果喊痛，奶奶一定会很难过，很心疼，所以只好忍受！"

一个乳臭未干的黄毛丫头竟能说出如此话来，也难怪还在她很小的时候其父就认为她才能和见识远远胜过他其他几个儿子。

15 岁被选入宫中后，因为相貌出众，邓绥第二年即被升为贵人。要说邓绥这人做人做事真的很有城府，非常精明，虽然深为和帝刘肇宠爱，但她却从不恃宠而骄，而是对皇后阴氏极为恭敬。待宫女、内侍等也都十分体贴。因此宫里的人对邓绥都很有好感且不乏好评。后来皇后阴氏被废，邓绥被立为皇后，她也并不因此盛气凌人，飞扬跋扈。

从史书上看，邓绥这人很有治国才干，在她掌控帝国实际大权的那些年月里，也确有政绩，"功垂竹帛"。因此，后代的史家对她多不吝溢美之词，甚至有人称赞她为东汉的女政治家。

然而，就是这样一个贤能的太后，受时代的局限，对外戚政治也嗜痂成癖，在选人用人方面大搞任人唯亲，把自己的娘家人一个个都提拔重用起来。在做了皇太后后，她先以其兄邓骘为车骑将军辅政，后又晋升其为大将军，将其常留禁中，有大事常与之商量。对其他的兄弟如邓悝、邓弘、邓阊等，她也一视同仁，先后给他们封侯。据柏杨先生考证：当时"邓姓戚族当权三十年，封侯爵的二十九人，当宰相的二人，当大元帅的十三人，当部长级高级官员（中二千石）的十四人；将领二十二人，州长（刺史）郡长（太守）四十八人，中下级官员不计其数。"

除了重用邓氏外戚，为了巩固自己的权位，邓太后还笼络重用宦官，把以郑众和蔡伦（中国古代造纸术的发明者）为首的宦官集团拉拢到自己麾下。

面对邓太后的"牝鸡司晨"，擅权乱政，大肆重用外戚与宦官，朝中许多大臣都敢怒而不敢言，只是奉行明哲保身的哲学，但身为三公之一的周章却敢怒又敢言，他觉得邓绥做得也太过分了，于是便三番五次地进谏，希望太后能以江山社稷计，迷途知返，回头是岸。可是，嗜权如命的邓太后又哪里能听得进周章这种在她看来近乎迂腐的谬论？

见自己的意见提了等于没提，连放屁都不如，周章一生气，便决定采取武力逼宫的办法，想对邓太后实行"强制执行"。

打定主意后，他便暗中联络朝中一些反对邓氏外戚的官员，准备发动一场政变，强迫邓太后下野，好让汉安帝亲政。谁知，政变计划还才制订，就被邓皇后的耳目破获了。结果，周章自杀，其党羽也被一网打尽，诛杀殆尽。

史载，周章死后"家无余财。诸子易衣而出，并日而食"。做官做到这种地步，可见周章也真的是历史上少有的廉吏。

剪除了朝中的反对派后，从此不会有人再唱反调了，因而，邓太后的耳朵从此清净了许多，可以安安心心地把持朝政了。

说来真是光阴荏苒，一晃汉安帝已经27岁了。27岁，怎么说都是一个大人了，可是，在邓太后的眼里，似乎汉安帝还没有成人，因而还不能亲政，不能做主。即便他平时偶尔出一次宫，也要事先得到邓太后的批准。

一开始，汉安帝刘祜还竭力忍着，想等着邓太后有一天良心发现或者实在不好意思，自己主动提出来还权归政，可是，等来等去，他发现邓太后仍旧一副心安理得的样子，丝毫没有主动引退的迹象。这下，汉安帝刘祜着急了。于是，他便暗中指使郎中杜根牵头，联合一大批郎官联名上疏，强烈要求邓太后内退，让汉安帝亲政。是啊，汉安帝又不呆不傻，哪有27岁还不亲政，让太后越俎代庖临朝听政的呢？

应该说，郎官杜根他们的上疏说得句句在理，但古往今来，说真话从来都是要付出代价的。看到杜根他们要自己交权，邓太后气得要死，于是以大逆不道之罪，将杜根等人装进麻袋，用乱棍打死，然后抛尸荒野。

杜根等人被打死后，慑于邓太后的淫威，这以后，大臣们更加敢怒不敢言了。只可怜汉安帝刘祜都快30岁了，还一直是个"待岗皇帝"。

好在，汉安帝刘祜这人性子还算憨，而且也比较善于忍耐，否则，早就按捺不住冲冠一怒了。

要说这个世界虽然有着许多的不公平，但在时间与生命方面，上天对于每个人却都是公平的。东汉永宁二年（公元 121 年），临朝称制期间虽然"孝悌慈仁，允恭节约"颇有政绩但却贪恋权位"稀揽政权"且自称"朕"的邓太后终于天不假年，年仅41 岁便驾鹤西去。如此一来，"待岗皇帝"汉安帝终于成了一名"上岗皇帝"。

因为对邓氏外戚早就深恶痛疾，安帝刘祜"上岗"后，正好有几个以前受过太后惩罚的宫女与太监诬告太后兄弟邓悝、邓弘、邓阊阴谋废安帝，另立平原王为帝。这一诬告正中安帝下怀，于是他立即下令有司奏邓悝等大逆不道，废其后嗣西平侯邓广德、叶侯邓广宗、西华侯邓忠、阳安侯邓珍、都乡侯邓甫德为庶人。并将邓骘免职，遣其还国。其余邓氏宗族之人也都被免官归乡，且没收邓骘等人的资财田宅，徙邓访及其家属于远郡。由于郡县地方官这种时候一个个都落井下石，"承旨逼迫"，邓广宗和邓忠都自杀了。

随后，安帝又徙封邓骘为罗侯。于是，邓骘与邓凤也都绝食而死了。邓骘从弟河南尹邓豹、度辽将军舞阳侯邓遵、将作大匠邓畅也都随后自杀，只有邓广德兄弟因是阎皇后亲属才得以留在京师。

因邓骘无罪遇害，许多大臣都私下为他喊冤，更有甚者，大司农朱宠竟然光着膀子亲自背着一口棺材，为邓骘申冤。

由于自觉在处理邓氏外戚一事上自己做得的确有些过分了，为平息官员们的怨气，安帝于是便假惺惺地谴责州郡官员，并命人妥善安葬了邓骘。

可是，人死不能复生，不管再怎么做，邓骘也都已经死了，邓氏外戚也自此在东汉的政治舞台上永远消失了。

与此同时，"上岗"后的汉安帝又对宦官集团动了一次小小的手术，将宦官蔡伦给灭了。

俗话说：君子报仇，十年不晚。当年，正宫窦太后无子，于是她指使宦官蔡伦诬陷章帝妃宋贵人"挟邪媚道"，勒令她自杀，并将宋贵人所生的太子刘庆贬为清河王。随后，窦后又指使人投飞书（匿名信）诬陷章帝妃梁贵人，强夺其子刘肇为养子并立为太子。章帝于公元 88 年卒，10 岁的刘肇登基，为和帝，由窦太后听政。蔡伦因功被提拔为中常侍，随侍幼帝左右，参与国家机密大事，秩俸二千石，地位与九卿等同。

后来，邓太后专政，蔡伦又投其所好，因而继续受到重用，被封为龙亭侯（封地在今陕西洋县），从此进入贵族行列。

都说小人有才无德，可见，虽然发明了造纸术，但宦官蔡伦也真的就是一个小人，在做人方面并不怎么样。

汉安帝正式"上岗"后，立即找当年害死自己母亲梁贵人的仇人蔡伦报仇，把他交给朝廷审讯。蔡伦自知难逃一死，于是便干脆服毒自尽。就这样，这位中国古代最著名的"宦官科学家"死去了。

不过，安帝虽然为报家仇，灭了蔡伦，但对整个宦官集团却并不排斥。相反，因为在他落魄时，以李闰、江京、樊丰为首的宦官集团一直都在暗中帮他，因而在自己年近而立才正式亲政后，安帝对宦官集团感恩图报，将宦官李闰封为雍乡侯，江京封为都乡侯，同时将两人提拔为中常侍，江京领大长秋。

如果说，在和帝时期，宦官郑众乃至蔡伦他们还只是被动干政，被卷入宫廷之争的漩涡之中的，且郑众为官一直也以清廉正直闻名的话，那么，到了安帝时期，李闰、江京、樊丰等一帮宦官随着权势日增，已经不再安分守己，洁身自好，他们与安帝的乳母王圣、圣女伯荣等狼狈为奸，结党营私，已渐渐成为东汉政坛上的一股"黑恶势力"。

却说邓氏外戚被扫地出门后，很快，"你方唱罢我登场"，汉安帝封父亲刘庆的四个舅舅也即自己的舅爷爷宋衍、宋俊、宋盖、宋暹为列侯，宋氏为卿、校、侍中大夫、谒者、郎吏的一时就有 10 余人。然而，这边宋氏外戚在政坛上还没站住脚，那边，安帝皇后阎姬娘家的阎氏外戚很快又纷纷闪亮登场，且立即成为主角。

阎姬出身名门，才色兼备，据说当年汉安帝初次见到她时竟有一种惊艳般的感觉。可是，尽管这样，阎姬入宫后还是有一段并不短暂的当"小媳妇"的岁月，经常委曲求全，看邓太后的脸色行事。所以，当邓太后归天后，可以想见她内心中那种翻身后的喜悦肯定是难以言喻的。的确，多年媳妇熬成婆，阎姬从此进入了自己一生中最为幸福的时光。

从史书上看，阎姬显然并不单纯是那种花瓶似的女人，她不仅外表好看，而且还很有心计，很有手腕，同时也心肠狠毒。在当上了后宫一姐后，她迅速开始组建强大的阎氏外戚团队，将自己的兄弟阎显、阎景、阎耀、阎晏升为卿、校，掌握京师禁兵。延光元年（公元 123 年），她又改封阎显为荥阳君，而阎显、阎景的七八岁的儿子甚至都被任命为黄门侍郎。

阎皇后很羡慕邓太后的威仪，也很想如邓太后那般凌驾于万人之上，所以她千方百计地干预朝政。一时间，阎氏外戚权倾朝野，就连安帝也对她唯命是从。

然而，是人总会有遗憾。尽管光鲜靓丽的阎皇后一时权倾朝野，在宫中完全颐指气使，但她的最大苦恼就是自己无子。于是，李贵人所生之子刘保被立为了太子。

阎氏害怕有朝一日李氏会取代她的地位，有一天便假惺惺地请李贵人吃饭。见皇后请她吃饭，李贵人不知是计，竟欣然赴宴。

宴会上，阎氏颇为热情，频频向李贵人敬酒。酒过三巡后，她让下人给李贵人斟了一杯早已暗中准备好的鸩酒让李贵人喝下，当场将李贵人给毒死了。后来，阎氏又怕太子刘保将来即位后为母报仇，便于延光三年（公元 124 年）诬告年仅 10 岁的太子谋反，逼迫安帝将太子刘保废为济阴王。

搞掂了李贵人母子后，阎皇后便以为自己从此可以高枕无忧，万事大吉了。

然而，在这世上，有时候真的是人算不如天算，就在阎皇后风光八面，阎氏外戚称霸朝野，刘汉帝国俨然一派阎氏天下的时候，没想到，延光四年（公元 125 年）三月，时年还只有 32 岁的汉安帝却在南巡的途中死于叶城（今河南叶县）。

由于事发突然，再加上阎皇后未能生子，在拥立新君问题上着实让她头疼了一回。

按理说，被贬为济阴王的刘保是安帝刘祜唯一的儿子，由他嗣位名正言顺。可是，一旦刘保登基，那么，作为害死他母亲又使他成为废太子的阎皇后以及整个阎氏外戚自然就会末日来临，遭到清算。这当然是阎皇后说什么也绝不会答应的。

也正因此，当汉安帝像当年的秦始皇一样在巡游途中暴崩，阎皇后便也像当年的宦官赵高那样干脆来个秘不发丧，然后等回到京城后突然宣布迎立汉章帝之孙济北王刘寿的儿子北乡侯刘懿为帝。

乙酉日，刘懿即皇帝位，史称少帝。

由于少帝即位时也年幼无知，是个儿皇帝，于是，阎氏便以太后身份执掌朝政，朝中一应军政大权自然都由阎氏外戚把持。他们杀逐安帝亲信的宦官，独揽了朝政大权。但少帝命短，只在位 7 个月，还未来得及改元，就于当年十月二十七日病死。

少帝刘懿死后，阎太后与阎氏外戚又故伎重演，秘不发丧，并关闭宫门，屯兵自守，准备再从众皇子中挑选一个便于控制的儿皇帝做傀儡，以便自己能够继续临朝称制，大权在握。

但就在这时，想不到有个名叫孙程的宦官却主动向阎氏外戚发起挑战，朝他们说不，并出其不意地给了他们致命一击。

"忘恩负义"的汉顺帝

从史书上看，济阴王刘保之所以能够咸鱼翻身，最终得以成为汉顺帝，无疑应该感谢宦官们的错爱与栽培，特别是要感谢那个名叫孙程的宦官对他的友情帮助与大力支持。的确，如果没有宦官们的鼎力相助，汉顺帝也许就不会成为汉顺帝，而东汉的历史也许从此就会改写。

可是，当上汉顺帝的刘保到最后却并没有对孙程等宦官感恩戴德，感恩图报，而是选择了恩将仇报。这实在是出乎许多人的意料。

事情自然还得从头说起。

原来，少帝刘懿被立为儿皇帝后还不到200天就患了重病。宦官江京私下对阎氏外戚的掌门人阎显说："小皇帝病情不见好转，宜及早确立继承人才是。从前不用济阴王，如今他若得立，以后一定怨恨我们。既然这样，为何不在诸王子中及早挑选一位做好准备呢？"

阎显觉得江京说的在理，于是便派人到济北河间去物色皇帝候选人。

仅此可见，当时的皇帝废立，已经完全被外戚掌控。这是很不正常的。

但就在这时，有一个宦官也在暗中开始活动，准备像当年吕不韦那样实施"立国家之主"计划。

如前所说，这个人便是孙程。

当时，宦官孙程担任中常侍。中常侍在西汉时由大臣担任，职数不限，多可达数十人。东汉改用宦官充当。秩本为千石，后增加到二千石。任此官者，出入宫廷，侍从皇帝，经常在皇帝左右担任传达诏命等事，级别虽然不高，但却很有实权。

应该说，阎氏外戚崛起后，和宦官集团关系一直很好，彼此狼狈为奸，沆瀣一气，如当时的李闰、江京、樊丰等宦官就与阎太后相互勾结。可是，也许是档次不够，宦官孙程却一直倍受冷落，不被阎太后青睐，这使心气很高的孙程很是不满。因此，当他听说阎显派人去济北河间征寻皇帝候选人后，他便也开始暗中行动，准备拥立济阴王刘保为帝。

于是，他悄悄找到济阴王谒者长兴渠，对他说："济阴王是名正言顺的皇位继承人，本无过失，先帝听信谗言才将之废黜。如果少帝病死，我们乘机除掉阎显和江京，拥立济阴王即位，此事定能成功。"

作为济阴王的谒者，长兴渠当然巴望济阴王能够即位，遂与孙程一拍即合。然后，孙程又暗中联络了宦官王康等人，密谋发动宫廷政变。

就在孙程等宦官紧锣密鼓地密谋策划时，机遇降临了。这年的十月二十七日，被立为皇帝还不到一年的少帝病逝。车骑将军阎显和江京秘不发丧，关闭宫门，屯兵自守。阎显对太后说："我已派人去济北河间去迎诸王的儿子简为帝嗣。"似乎一切尽在其掌握之中。

可是，还没等诸王的儿子刘简到京，孙程与王康等十八人便在济阴王所居住的德阳殿西钟下秘密集会，并每人割去一片衣服起誓，表示愿意同生共死，共举大事。

割衣盟誓后的第二天深夜，孙程与王康等人就在洛阳南宫的崇德殿发动了宫廷政变。当时江京、刘安、李闰等阎氏集团的重量级人物都把守在禁门下，孙程和王康等人突然冲上去斩杀了江京和刘安。李闰见势不妙，赶忙举手投降。于是，一不做二不休，孙程带人赶忙去西钟下迎立时年 11 岁的济阴王刘保即皇帝位，是为汉顺帝。

随后，孙程等立即以"已经继位"的汉顺帝的名义下诏，命公卿大臣和虎贲、羽林将士屯守南、北两宫门户，几乎轻而易举便夺取了军事要地的禁军控制权。

等到阎显等阎氏外戚闻知此事想反扑时已经迟了。尽管阎太后想以封万户侯这样的重赏来激励宫中侍卫为她卖命，也已无济于事。很快，阎显的弟弟卫尉阎景在带兵反抗中被捕，当夜便暴病死于狱中。第二天，阎显也被捕入狱。随后，阎太后被囚在离宫，于次年死去。

历史上，这次宫廷政变被称为夺宫之变。

夺宫之变使两汉历史上又一个曾经不可一世的外戚集团灰飞烟灭。

不过，与以前的外戚集团覆灭不同，这次铲除阎氏外戚的既不是另一个新兴的外戚集团，也不是亲政后变得强势的皇帝本人，而完全是蛰居后宫的宦官集团。

由宦官集团而不是单个的宦官通过宫廷政变的形式来主导皇帝的废立，这在中国历史上还是第一次。所以，夺宫之变标志着宦官集团正式登上了中国封建社会的政治舞台，从此将在中国历史上上演一幕幕政治丑剧。

不用说，对于宦官孙程发动夺宫之变，拥立自己为帝，一开始，汉顺帝还是满怀感激的。因此，还才登上帝位，他便封立有首功的孙程为浮阳侯，食邑万户；封王康为华容侯，王国为郦侯，各食邑九千户；其余人员也都被封赏，一共有19名宦官封侯，被称为"十九侯"。甚至，顺帝还开了一个史无前例的先例，即特许孙程他们可以娶妻纳妾，收养子嗣袭爵。

以皇帝的诏令形式恩准宦官可以娶老婆，可以抱养子女袭爵，这在历史上真的可以说是绝无仅有。

当然，这样的诏令，很有可能并非是一个11岁的小皇帝的主意，十有八九乃是宦官孙程们自己的意愿。但不管怎么说，通过夺宫之变，宦官取代了外戚，把持了东汉的最高权力机构，让皇帝开始成为宦官们的傀儡。

不久，孙程又让顺帝拜自己为车骑都尉。从此，他与"十九侯"更是专权朝廷，为非作歹。他们以追查江京余党为名，陷害异己，弄得朝野内外一时间鸡飞狗跳，人心惶惶。

更有甚者，这些宦官还经常上疏，干预朝政，犹如演戏一样，经常自编自导自演，完全把本该由皇帝和大臣们做的事情给越俎代庖了。比如，今天他们联名上一个奏折，看似非常谦恭地向汉顺帝举贤，说张三不错，给他封个什么官儿吧，还没等汉顺帝表态，他们自己先批了。到了明天，他们又会来个联名上疏，说李四很优秀，给他升个官吧。自然，没等顺帝发话，他们自己又先恩准了。

如此三番这样做，置皇帝与大臣们于何地？一来二去，一些正直的大臣实在看不下去了，如太尉王龚就对这些宦官专权乱政深恶痛绝。为此，他多次上疏顺帝，要求顺帝驱除宦官。可是，此时的顺帝还是一个小屁孩儿，完全受宦官控制，哪里能做的了主？

所以，这边王龚刚一上疏，那边宦官们便知道了，于是便诬告王龚，要顺帝治王龚的罪。顺帝当然照办，要王龚老实交代自己的罪行。

当然，尽管对宦官表面上百依百顺，但随着年岁的增长，顺帝在内心中也越来越对宦官们的欺君罔上心生不满。的确，顺帝是个有血有肉的人，即使他再"顺"，也不能一味地顺从，顺个没商量吧？

诚所谓，哪里有压迫，哪里就有反抗。面对宦官们的压迫，顺帝渐渐也不再"顺"，而是想着怎样奋起反抗。要说顺帝的聪明就在这儿，虽然年岁不大，但他却很有计谋。他知道自己不能硬抗，于是便想到了以毒攻毒，想以这个法子来摆脱"十九侯"的控制与欺压。

说来，两汉的宫廷政治一直存在着一个无法治愈的怪现状，即每当一个新皇帝即位，总有母后临朝，外戚辅政。而外戚辅政的结果往往又总是飞扬跋扈，专权乱政，乃至对皇权构成严重的威胁。在这种情况下，西汉以及东汉初期，渐渐长大的皇帝往往会借助新的外戚来对付直至打败旧的外戚，以夺回原本就该属于自己的皇权。但新的外戚渐渐又会尾大不掉，形成新的毒瘤，于是乎，在位的皇帝便又培育和依靠更新的外戚来对付和替代这一擅权乱政的外戚。

可是到了东汉中后期，除了外戚，又冒出个宦官集团，如此一来，东汉的政坛就变得更加热闹，更加混乱，每当有外戚集团一手遮天，操纵皇帝，渐渐年长奋起反抗的皇帝便会借助亲信宦官来打击外戚势力，以此夺回被外戚霸占的皇权；而当皇权被宦官集团侵占，年幼的皇帝被操控在宦官们的手里，渐渐长大的皇帝因为不甘被压迫，在奋起反抗中便又会借助外戚来对付宦官集团。就这样周而复始，恶性循环，两汉的历史一直走不出这个怪圈，往往总是刚刚从一个桎梏中跳出，很快却又陷入另一个权力的死胡同之中。

由于时代的局限，汉顺帝当然也逃不出这样一个权力的怪圈，因为不满宦官"十九侯"的控制，很想权力"逃生"的他思来想去，终于想出来两个以毒攻毒的法子。

其一是渐渐疏远和冷淡孙程等人，重新重用和提拔新的宦官张防等人，让张防等"宦官新生代"去夺孙程等老宦官的权力，从而挑起新老宦官之间的一场狗咬狗似的斗争。宦官新生代为了夺取诱人的权力必然会不择手段地对孙程等一帮"宦官当权派"们发起攻击，而孙程等"宦官当权派"们为了保住自己的"权力奶酪"自然也会不惜一切，拼死抵抗。

就这样，这场狗咬狗似的斗争自然是两败俱伤，结果，顺帝假装"顺应"孙程等"宦官当权派"的意愿将横行不法的张防革官罢职，发配到边远地区，然后，又突然来个回马枪，以"争功"的罪名，顺势将孙程等当初参与拥立自己的"十九侯"全部罢官免职，将他们全部赶出洛阳。这种时候，孙程等宦官尽管想反抗，但无奈此时手中的权力早已被宦官新生代、"替死鬼"张防等夺得差不多了，想反抗已没有了本钱，于是便只好乖乖就范。

不用说，新老宦官鹬蚌相持的结果自然使顺帝这个官场最大的渔翁大为得利。

想当年，宦官孙程冒着生命危险，发动夺宫之变，拥立顺帝即位，为的就是日后的荣华富贵。如今被顺帝恩将仇报，孙程感到很委屈，很伤心，于是痛哭流涕，并赌气似的让人将印绶、符策等送还顺帝，以此表示自己的不满与哀怨。

对此，顺帝当然心知肚明。当他看到孙程送还的印绶和符策，禁不住微微一笑。两年后，当感到已成为一介布衣的孙程已"劳动改造"得差不多了，于是，汉顺帝便"良心发现"，念孙程当初策立之功，将他们这些宦官重又召回洛阳，并拜孙程为奉车都尉，好歹总算让孙程享受到了一点儿政治待遇，感受到了一点儿朝廷的最后的关怀。

虽然有职无权，但孙程却从此生活富裕、衣食无忧地度过了后半生，也算是不幸中的万幸了。

其二是培育和借助外戚势力，通过外戚势力来遏制和打击宦官势力。

在挑起宦官斗宦官的同时，不知是有意还是无意，年轻的汉顺帝又挑起了宦官与外戚的斗争。

汉顺帝阳嘉元年（公元132年）的春天，对于汉顺帝来说，真的是双喜临门。首先，他为自己举办了一个庄严而隆重的18岁成年礼；其次，他为自己选立了皇后。

当时，汉顺帝的身边有四大贵人，这四大贵人一个个长得国色天香，妖娆无比，号称"四大名美"，究竟选谁做自己的皇后呢？由于竞争激烈，汉顺帝一直犹豫不决。有一天，汉顺帝忽发奇想，决定采取抓阄的办法决定皇后人选，也即把"四大名美"的名字分别写在四个相同的纸条上，然后将这些纸条揉成纸团，放进一个漂亮的纸盒里摇晃几下，然后由顺帝自己从中随意抓取一个纸团，那么，这个纸团上写着哪个贵人的芳名，那个贵人即由此幸运地成为皇后。

可是，对于皇帝抓阄选皇后的办法，大臣们一致表示反对，最终，朝中大臣经过大讨论，决定采取"竞争上岗"的办法选出皇后，也即由顺帝本人亲自担任主考官，朝中选派几个大臣担任评委，然后对"四大名美"一一进行"面试"，对她们的德才以及容貌举止进行综合考察。经过角逐，原本就深受顺帝宠爱的时年17岁的梁小贵人以绝对优势脱颖而出，成为皇后。

梁小贵人原名梁妠，是屯骑校尉梁商的女儿。梁妠出身名门，她的祖籍是安定乌氏（今甘肃平凉西北）。安定梁家在东汉初年就已显贵。和帝的生母就是梁妠祖父的亲姐姐。因此，梁妠一家原本就是皇亲国戚。她的父亲梁商爵封乘氏侯，食邑 5000 户，母亲阴氏也是当年光武帝刘秀的皇后阴丽华娘家南阳新野阴氏家族的后裔。

由于是大家闺秀，从小受到良好的教育，据说梁妠自幼善女工，好史书，9 岁便能诵《论语》，且为人温柔敦厚。当 13 岁时被选入后宫后，因为天生丽质，玉洁冰清，顺帝对她格外垂青，常常恩宠。伴寝皇上，是多少宫女梦寐以求的事情，可是，梁妠却婉言谢绝顺帝说："男性是博施为德，女性以不受专宠唯义。愿陛下对所有的嫔妃一视同仁，这样才是国家的福气，小妾也免遭她人嫉妒。"梁妠的为人由此可见一斑。

梁妠入主中宫，成为第一夫人后，为人处世更加低调，平日只管悉心照顾皇帝，对其他嫔妃都不分亲疏远近，一律视若姐妹，这使顺帝对她更为宠爱。

对于自己的老丈人梁商，顺帝自然也很优渥，给他加官晋爵。他先是赐梁商安车驷马，拜为执金吾。两年后，也即阳嘉三年（公元 134 年），顺帝又拜梁商为大将军。

东汉从窦氏之后，大将军位列三公之上，威权极盛。所以，一开始，因为觉得顺帝赏赐太重，国丈梁商称病不受，可是顺帝执意要授，却之不恭下，梁商只好勉强出任。不过，虽然身居高位，梁商却谦让仁厚，举贤荐能，用史书上的话说就是"每存谦柔，虚己进贤"，因而在朝野内外广受好评。

然而，尽管这样，梁商的迅速蹿红还是遭到了宦官们的嫉妒。其中的道理也很简单，因为，权力的蛋糕就这么大，分给外戚的多了，留给宦官们的自然就少了。所以，梁商的权力太大了，宦官们自然对他羡慕嫉妒恨，于是便想着法子陷害他。

永和四年（公元 139 年），宦官张逵、遽政、石光、傅福等人诬告梁商与中常侍曹腾、孟贲等图谋废立，请求谋杀梁商。

汉顺帝当然不信，他严词斥责那些宦官说："大将军父子是我的亲戚，曹腾、孟贲是我宠信的宦官，不可能有此事，只是你们嫉妒他们罢了。"

见顺帝不信，宦官张逵他们有些惧怕，于是便想假传圣旨捕杀曹腾、孟贲等。事情败露后，顺帝大怒，立即下令释放已被逮捕但还没有被杀掉的曹腾、孟贲等人，而将张逵等宦官立即正法。

可以说，汉顺帝的帝位完全是由宦官集团为他拼死争夺来的，可是，登上皇位的汉顺帝却并没有对这些"宦官恩人"感恩图报，而是恩将仇报，一步步地将一度处于强势地位的宦官集团势力强行削弱，并逐步让梁氏外戚取而代之，这当然是宦官集团当初怎么也没有想到的。

所以，顺帝死后，梁氏外戚之所以会一度专权跋扈，气焰嚣张，擅权祸国，恣肆妄为，从某种意义上说，其始作俑者毫无疑问应该说就是顺帝。如果要实行责任追究制的话，那么，在某种程度上，汉顺帝应该难辞其咎。

汉桓帝的"厕所政变"

东汉的皇帝以儿皇帝居多。之所以会是如此，如前所述，当然是因为那些专权的太后抑或皇后与外戚乃至宦官当然也包括一些权臣为了达到自己长期擅权专政的需要，故意选立一些年幼无知的婴幼儿嗣位。也正因此，东汉中后期，每当先帝驾崩，即位新君的一个只可意会不可言传的选立条件就是：必须是儿童。

这，应该说是东汉帝国政界中的一大怪现状。

除了这一怪现状，还有一件事也着实令人生疑，那就是，那些儿皇帝即位后几乎都很短命，有的在位还不到一年便驾鹤西去，即便是时间相对长一点儿的譬如汉安帝、汉顺帝，也只活到而立刚过，寿命最长的汉安帝也只有41岁便龙驭宾天了。

究其原因，一方面很可能是被人害死，也有是纵欲无度所致，而另一方面则应该说是近亲结婚所种下的恶果。因为，东汉的门阀制度达于极盛，即便是普通人家通婚也非常讲究门当户对，至于皇室内部就更是如此。因此，我们看东汉的刘汉皇帝，所选的皇后与嫔妃几乎都是当时北方那些高门望族之女，就姓氏而言，以皇后为例，也无非就是什么窦皇后、邓皇后、阴皇后以及梁皇后，这些皇后的姓氏拢共加起来不超过十家。整个汉朝的历代皇后乃至嫔妃，几乎全被这几个高门大族给垄断了。整个皇室内部，总是这不到十家高门望族近亲结婚，繁衍后代，也难怪东汉后来的那些小皇帝一个个无论寿命还是智商都不太好。

相比较起来，汉顺帝刘保无论是寿命还是智力都还算是不错的，可这也好不到哪里，还只活到30岁，这位在位期间还算很有些手腕也还多少有些作为的皇帝便突然驾崩了。

　　因为顺帝生前没有册立太子，皇后梁妠又未能生子，所以，汉顺帝死后，大权在握的梁皇后立即让虞美人的儿子刘炳登基即位，是为冲帝。不用说，这位冲帝也是位娃娃皇帝，时年还不到2岁。于是乎，梁皇后当仁不让，以嫡母的身份将自己尊为皇太后，开始垂帘听政，从此日理万机地管理国家大事，并任命其兄梁冀为大将军兼参录尚书事，从而将一应军政大权牢牢掌控到自家人的手中。

　　没想到，即位不到一年的冲帝就突然病死了，虽然在位期间没少下过圣旨，但在实际上估计到死冲帝都没说过一句完整的话，更不知道会有人在冠冕堂皇地盗用自己的名义不断向天下发号施令。

　　冲帝夭折，大将军梁冀根据梁太后的懿旨，很快又选立渤海王刘鸿8岁的儿子刘缵为帝，是为质帝。

　　冲帝死后，在究竟选谁即位一事上，当时以太尉李固为首的朝中一帮正直的大臣同梁太后以及梁冀也即梁氏外戚集团产生了分歧与争执。因为，在李固以及司徒胡广、司空赵戒等大臣看来，清河王刘蒜时年已经18岁，而渤海王刘鸿的儿子刘缵还才只有8岁，选一个18岁的人当皇帝怎么说也比让一个只有8岁的孩子当皇帝更合适。

　　说来，也真的是绝对的权力极易导致绝对的腐败。想当初，在当皇后不问政事时，梁皇后梁妠曾经是那样的贤惠，那样的谦让、宽厚、节制，可是自从当上太后垂帘听政后，绝对的权力很快就使她变得前后判若两人，变得贪婪、残暴、面目狰狞起来，从此与哥哥梁冀完全沆瀣一气。

　　对于李固等大臣主张要立刘蒜为帝的建议，梁太后拒不采纳，坚持要立刘缵。

　　李固跑去找梁太后评理，他说："国无长君非社稷之福，这是古人都知道的道理。如今清河王刘蒜不仅年长，而且德才兼备，选他为帝，实在是国家的大幸！"

　　梁太后先还比较客气，对李固好言相劝，希望他与自己这位一把手保持一致，但后来看李固实在人如其名，非常固执，一时按捺不住，便冲李固咆哮道："立储立贤不立长，这个道理哪里是你们这些迂腐书生所能懂得的？"也许是自觉有些失态，说罢，梁太后立即拂袖而去。

　　可是，出乎梁太后与她的哥哥梁冀意料的是，时年8岁的质帝刘缵被拥立为皇帝后，并不像她们想象的那样听话，对梁氏集团唯命是从，百依百顺。相反，要说质帝真是"直帝"，非常耿直，几乎从一开始，他就对梁氏外戚充满了仇恨。

有这样一个故事经常被人们津津乐道，说是在本初元年（公元 146 年）六月的一次例行朝会上，当目无君上、颐指气使的大将军梁冀在朝堂之上当着文武百官的面居高临下地对坐上龙椅上的质帝指手画脚、发号施令，俨然自己就是皇帝，虽然年幼但却并不无知且很早慧的质帝先还强忍着不说话，到最后实在沉不住气了，时年 10 岁的他便指着站在那里的梁冀，当场说了一句气话道："此跋扈将军也！"

说梁冀是跋扈将军真的是深中肯綮，名副其实。梁冀的跋扈在当时朝野内外实在是出了名的，有这样两个例子足以为证：第一个例子是，下邳国（今江苏邳州）人吴树被任命为宛县县令，上任前向梁冀辞行。梁冀接待吴树也很客气，只是希望吴树到任后对他的许多亲戚与党羽多多关照。

谁知，这个吴树是个官场直人，对官场潜规则确乎一窍不通，听了梁冀的话，他当即毫不客气地说："邪恶的小人是残害百姓的蛀虫，即使是近邻，也应该杀掉。大将军高居上将之位，应该崇敬贤能，弥补朝廷的过失。可是，自从我随您座下之后，却没有听到您称赞一位长者，却只是嘱托我照顾许多不该照顾的人，说句心里话，我真的不愿听到这些。"

梁冀听了，虽然不动声色，一声不吭，但心里却很不高兴。

要说这吴树真的是个官场愣头青，到任以后，他非但没有照顾梁冀嘱托他照顾的那些人，反而秉公办事，将梁冀几个横行不法、作恶多端的亲戚给杀了。因此，等吴树升任荆州刺史，上任前再次来向梁冀辞行时，梁冀这次不客气了。他用毒酒招待吴树，结果吴树刚走出梁府就死在了车上。

还有一个例子是，扶风（今陕西扶风）人孙奋是当地有名的富豪，梁冀垂涎他的家财，就对他实施敲诈。他先送孙奋两匹马，并说这两匹马价值 5000 万钱。面对梁冀狮子大开口的敲诈勒索，孙奋敢怒不敢言，只得花钱消灾。但他实在不甘心也舍不得花 5000 万钱来买梁冀的这两匹压根本不值什么钱的马，于是便狠狠心拿出 3000 万钱送给了梁冀。结果，梁冀生气了，后果很严重，他以贪赃枉法为由将孙奋打入死牢，随后又将他严刑拷打致死，然后将孙奋的万贯家财完全据为己有。

所以，在当时，许多大臣都对梁冀的专横跋扈非常愤恨，但都敢怒不敢言。只有质帝因为童言无忌，口无遮拦，才在朝堂之上说了这么一句小孩子的气话，但 10 岁的质帝刘缵很快就为自己的童言无忌付出了惨痛的代价。

尽管在当时听了质帝说的这句话后，外貌极为丑陋的梁冀什么话也没说，只是耸了耸他那像鹞鹰似的双肩，用他那犹如豺狼般凶光直射的双眼狠狠瞪了质帝一眼，然后阴笑着一扭屁股走了，但是，没几天他便密令其爪牙在专门为皇帝做的煎饼中下毒，然后送给质帝吃了。

吃了煎饼后，质帝忽然感到腹如刀绞，全身抽搐，情知不妙，质帝赶忙派人催李固火速进宫。李固匆忙赶到宫中，见此情景，慌忙说："陛下患了什么病？是什么原因？"

这时质帝已经口吐白沫，神情恍惚，但他还是拼尽全力说："吃了大将军送来的煎饼，忽然肚子疼痛，能喝到水还可活命。"

李固急忙吩咐手下取水给质帝喝，但就在这时，梁冀却突然出现了，只听他不阴不阳地说："恐怕会吐，不能给水喝！"

听梁冀这么一说，在场的人谁也不敢去拿水给小皇帝喝了。就这样，大家眼睁睁地看着小皇帝在极度痛苦中断了气。

质帝死了，李固与一帮正直的大臣想："这回，该立清河王刘蒜为帝了吧？"于是，李固便又带头向梁皇后进谏，希望皇太后能以社稷江山为重，拥立清河王刘蒜即位。

可是，这一次，梁太后与其兄梁冀依然没有去立德才兼备且已长大成人的清河王刘蒜，而是将年仅15岁的蠡吾侯刘志立为新君，是为桓帝。

为了防止桓帝不再像质帝那样成为第二个白眼狼，这次，梁太后与哥哥梁冀商议决定，将自己的一个妹妹嫁给桓帝做皇后。这样，通过联姻的方式，既达到了与桓帝结成"统一战线"的目的，同时，又成功地监控了汉桓帝的宫闱生活，使年轻的小皇帝完全处于梁氏集团的绝对掌控之下。

当时的梁冀因为自恃拥立有功，桓帝的帝位等于是他一手赏赐的，所以，他平时说话做事根本不把桓帝放在眼里。当时，梁太后临朝称制，也就相当于一个董事长，而梁冀则相当于一个CEO，帝国的实际权力几乎都掌握在他的手里，有时连梁太后这个董事长都拿他没有办法，只好睁一只眼闭一只眼地迁就他。

因此，朝中大小政事，全由梁冀一人说了算。百官升迁，都需先到梁冀家叩头谢恩，然后才敢上任。地方官敬献贡品，要把上等品送给梁冀，剩下的次一点儿的才能送给桓帝。每当梁冀出行总是前呼后拥，威风八面，百僚为之侧目。梁冀希望所有人都对他唯命是从，俯首帖耳，太尉李固以及前太尉杜乔因为不肯低三下四地附和他，在许多事上总是喜欢与他唱反调，结果竟被他诬陷处死。

由此可见，桓帝登基以后，与他前面的冲帝、质帝其实不无二致，都不过是梁氏集团操控的一个傀儡而已。实际上，真正的皇帝是被质帝称为"跋扈将军"的梁冀。这在当时，自然是人尽皆知的事情。

从史书上看，汉桓帝这人虽然是个昏君，但他在玩弄权术方面却很有一套，实践证明，就连阴险狡诈的"跋扈将军"梁冀也不是他的对手。

也确实，15岁即位的汉桓帝绝对不像8岁登基的汉质帝那样口无遮拦，缺乏城府，而是心机很深，且喜怒不形于色。如他对梁氏外戚的专擅跋扈也心存不满，对自己的傀儡角色很不甘心，但他却从不在任何人面前流露出一丝不满和怨恨，相反，表面上却一直显得对梁氏外戚感恩戴德。为了报答太后梁妠和大将军梁冀一家的拥立之功，桓帝出手非常大方，他赏赐立有拥立首功的梁冀允许其开大将军府，与三公之府合称"四府"；朝见皇帝，可以入朝不趋，佩剑入殿，仪同西汉第一功臣萧何；扩大封邑，比照东汉第一功臣邓禹；赏赐钱财，比照西汉中兴大臣霍光；群臣朝会时，给梁冀单独设座，位在三公之上；同时又封梁冀之子和两个弟弟为万户侯。

可是，梁冀对此似乎并不感到满足，封赏那天，竟表现得很不高兴的样子。桓帝当然不傻，对此自然心知肚明，但在当时却也无可奈何。

在以后的日子里，桓帝对梁冀表现得非常恭敬和顺从，任由梁冀一手遮天，胡作非为，他都一直隐忍不发。

但汉桓帝虽然昏庸，却天生不是个喜欢逆来顺受的人，更何况，只要不是弱智和痴呆，任谁也不愿老是当一个傀儡皇帝。也确实，古往今来，在权利面前，如果互相之间摆不正位置，即便是父子，迟早有一天也会反目成仇。由于自己的皇权老是被剥夺，几乎时时事事都受到梁氏外戚特别是梁冀的欺压，随着时间的推移，汉桓帝淤积在心中的对梁冀的不满渐渐转化发酵成了仇恨，并最终酿成了"厕所政变"。

那是延熹二年（公元159年），当时皇太后梁妠已死，梁冀失去了靠山，因为不愿再做傀儡皇帝，始终仰梁冀的鼻息，时年28岁的汉桓帝决定发动政变，诛杀梁冀等梁氏外戚。

然而，要发动政变谈何容易？当时梁冀党羽遍布朝野内外，桓帝的一举一动几乎都受到监视，只要稍有不慎，行事不密，桓帝就会步质帝后尘，遭到毒杀。

　　所以，在策划政变时，桓帝的"地下活动"高度机密。为了避开梁冀安插在自己身边的耳目，一天，桓帝假装自己的脚崴了，行走不便，故意要自己的心腹宦官唐衡搀扶着他去上厕所。在只有他和唐衡两个人在场的情况下，他问唐衡："宫中有哪些宦官与梁冀不和？"

　　唐衡回答："以前单超和左悺到梁冀的弟弟家去，没有行最高礼节，被梁冀的弟弟投入狱中，后来用厚礼赔罪，才幸免于难，所以两人对外戚恨之入骨。另外还有徐璜、贝瑗，平时不说话，但内心也痛恨外戚横行霸道。"

　　桓帝从厕所出来后，立即秘密召见单超、左悺，对两人说："梁冀兄弟专权，作恶太多，今召你们来，想要你们为我除害，你们觉得怎么样？"

　　单超等人赶忙回答说："梁冀实为国之奸贼，早该诛杀，既然陛下有意除之，我等甘愿效犬马之劳。"

　　桓帝点点头道："好，既然主意已定，那就商量一下具体的办法。"

　　单超说："诛杀梁冀并不难，只怕陛下犹豫不决，心怀狐疑，那样就会误事。"

　　桓帝说："奸臣乱国，罪当伏诛，朕有什么好犹豫的呢？"

　　随后，桓帝又秘密召见单超、左悺、唐衡以及徐璜、贝瑗，为了表示自己的决心，桓帝还咬破单超的胳臂，与五位宦官在一起歃血盟誓。

　　等一切密谋停当，这年八月，桓帝正式发动了政变。那天，他来到前殿，立即召尚书令尹勋领兵守卫宫廷，收符节送省中，并命宦官具瑗带领左右御林军 1000 多人和司隶校尉张彪共同包围梁冀宅邸，命光禄勋袁盱持节收梁冀大将军印绶，徙封为比景都乡侯。因为自知大势已去，必死无疑，梁冀与他的"母老虎"妻子孙寿当日自杀身亡。梁、孙家族全部弃市。其他公卿大臣因牵连而死者数十人，故吏宾客被罢免的有 300 多人，朝官几乎为之一空。

　　这便是汉桓帝亲自策划与发动的一场宫廷政变。因为这场政变最早是由汉桓帝在厕所中密谋策划的，所以我们不妨称之为"厕所政变"。

　　"厕所政变"将梁氏集团一网打尽，由此结束了东汉时间最长的梁氏外戚统治，从某种意义上说，这当然是一件大快人心的好事，就因此，当恶贯满盈的"跋扈将军"梁冀和他的梁氏外戚集团被彻底铲除后，一时间"朝野鼎沸，百姓莫不称庆"。

　　然而，百姓"称庆"得太早了，桓帝的"厕所政变"并没有因此给帝国带来哪怕暂时的光明。

"厕所政变"成功后，汉桓帝对宦官集团感恩图报，论功行赏，封单超为新丰侯，封徐璜为武原侯，封贝瑗为东武阳侯，封左棺为上蔡侯，封唐衡为汝阳侯。因五人同日封侯，故谓之"五侯"。从此东汉的政坛无异于"前门驱狼，后门进虎"，东汉政权为一帮更加恶毒的"刑余之人"所垄断，由此使东汉帝国进入了更加黑暗的时代。而汉桓帝本人也因此由外戚的傀儡变成了宦官的傀儡。

显然，历史上著名的党锢之祸就是在这样一种历史的大背景下发生的。

士大夫们的反抗

俗话说：人在屋檐下，不得不低头。

可是，汉桓帝以及汉灵帝时代，虽然宦官专政，不可一世，东汉的天下俨然成了宦官的天下，但当时许多疾恶如仇的士大夫在宦官的屋檐下，却硬是不低头，凛然不屈，像北宋范仲淹所说的那样："宁鸣而死，不默而生"，表现出了崇高的气节。

在今天看来，汉桓帝的"厕所政变"其实只是一种换汤不换药的政变，帝国的政治并没有因此向好的方向发展，相反，却更加走上了一条不归路。在"厕所政变"后得势的宦官集团在专横跋扈祸国殃民方面，比当初的梁氏集团更是有过之而无不及，宦官专权的结果更是把整个朝野内外搞得乌烟瘴气，乌七八糟。

凭良心说，宦官乃是人类社会中最悲哀最可怜最弱势的群体，是中国历史上独有的畸形的政治怪胎。历史上，那些被阉割后成了不男不女的宦官们，其实都是封建社会的受害者，从理论上来说都是一些值得人们同情，让人禁不住为之流泪的社会弱者。可是，正由于遭到阉割，更由于一直在宫廷这个社会最大最特殊的染缸里生活，宦官们的性格很容易走向极端，价值观极易出现严重的扭曲，因而，诚如柏杨先生所说："宦官是自卑的，因为他们没有生育能力；宦官多少都怀着对常人的仇恨和报复心理，因为他们曾因贫困而被阉割。"因此，历史上，每当宦官大权在握，因为心理变态，他们便往往肆意挥霍权力，把整个国家像猪圈一样糟蹋，把那些心忧天下、正身直行的士大夫当作出气筒一样，进行疯狂的报复。

从史书上看，桓帝与灵帝时代的宦官们就是这样。

也确实，从某种意义上说，桓帝的"厕所政变"就像打开了一个潘多拉魔盒，将一大群宦官像魔鬼一样放了出来。于是乎，东汉的政治舞台上很快便宦官蹁跹，群魔乱舞，由此上演了一出龌龊的宦官为非作歹的大戏。

要说宦官们虽然受了腐刑，但对男女之事却依然表现得很强烈。就说单超、唐衡这些宦官吧，"厕所政变"使他们华丽转身，变成了"新贵五侯"，于是乎，当了大官的他们便也学着正常男人的样子，去各地搜罗美女，作为自己的妻妾。因为不能行男女之事，宦官们的爱情便很有些变态，变着法子去玩弄这些美女，让她们日夜伺候自己。因为没有子嗣，他们便收养义子，让义子继承爵位。为了扩大势力，捞取种种好处，他们还安插亲信到各地做官。

说来，在封建社会真的是"一人得道，鸡犬升天"，如"五侯"之一的单超"得道"后，立即将自己原本只是平头百姓的弟弟任命为河东太守，将侄子单匡任用为济阴太守。单匡当了济阴太守后，根本就不像一个为民造福的父母官，而完全就是一个黑社会老大，将当地的一些黑恶势力网罗到自己手下为非作歹，为害一方。百姓叫苦不迭，许多人拼死上告。

兖州刺史第五种很想查处单匡，为民除害，但又不知如何下手。因为听说有个叫卫羽的人敢于伸张正义，他便召见卫羽说："听说先生不畏强暴，我想拜托您一件事如何？"

卫羽是个爽快人，当即回答道："我一定尽力而为。"

接受了第五种的任务后，卫羽立即直奔定陶，抓捕了单匡手下宾客亲吏等不法分子四十余人，仅用了不到一周时间，便追缴赃款六七千万。

第五种如实把案情向单匡和单超上报，因为案情严重，单匡畏惧，于是便派刺客任方刺杀卫羽，却反被卫羽捉住。消息传开，州县震惊，很快朝廷也议论纷纷。因为害怕河南尹杨秉会追查此事，单匡便又暗中协助任方越狱逃亡。任方越狱逃亡后，朝廷反而追究杨秉的责任，责问他为何放走任方？

杨秉一针见血地说："任方所以敢胆大妄为，是因为单匡的支持。单匡唆使他人刺杀执法人员，迫害国家大臣，是因为后面有更大的后台。如今凶犯逃走，也应一查到底，追究其后台。如能逮捕单匡，审问其事，逃犯定能缉拿归案。"

可是，由于有单超在幕后指使和阻挠，案子根本查不下去，最后，单匡反倒无事，而杨秉竟被贬官。

还有宦官"五侯"之一的徐璜的侄子徐宣狗仗人势，他看中了汝南太守下邳人李暠的女儿，派人去求婚，遭到拒绝。于是，徐璜便任徐宣为下邳县令。徐宣一到任，便带差役闯入李家，抢走李女，将其强奸后又令人将她乱箭射死，埋到一寺院内。

罪行暴露后，东海相黄浮马上派人把徐宣抓起来审问。有官吏知道徐宣是徐璜的侄子，后台很硬，就劝黄浮对这事睁一只眼闭一只眼算了，免得惹祸上身，但黄浮却刚正不阿，坚持说："徐宣是国家的奸贼，我今天杀了他，即使明天坐死，死也无憾。"于是他宣布了徐宣的罪行，将之就地正法，并把尸体放到街上，以期杀一儆百，震慑犯罪。

徐璜闻知后，气得暴跳如雷，并向桓帝告状。他哭哭啼啼地说："皇上不为臣主持公道，臣也不想活了。"

桓帝一听，有意偏袒徐璜，于是不问青红皂白，就将黄浮给免职了，还将他头发剃了，罚他去做苦役。

等"五侯"等老一代宦官逐渐淡出政坛后，桓帝又培养提拔了一批新生代亲信宦官，如侯览、段珪、苏康、管霸等。没想到，这些新当权得宠的宦官，比"五侯"更贪，更坏。

由于宦官专权，朋比为奸，当时的东汉社会真是恶人当道，小人得志，一些正义之士若不与之同流合污，轻则遭受冷遇，被弃之不用，重则被诽谤乃至蒙受不白之冤。用诗人北岛的诗句来说，当时的东汉政坛真的是"卑鄙是卑鄙者的通行证，高尚是高尚者的墓志铭"。

一个人妖颠倒、是非混淆的时代，注定是一个小人得道、君子遭殃的时代。

当时，宦官专权不仅使政治黑暗，而且也阻断了仕途，大大助长了选人用人的不正之风。由于宦官把持朝政，垄断仕途，选举征辟都以宦官的好恶为取舍。针对这一情况，司空周景和太尉杨秉愤而上疏说："朝廷内的任职官吏，多不称职，许多人未进行考试就予拜官。官吏素质差，致使盗窃纵恣，怨诉纷错。按照规定，宦官子弟不得为官，而现在宦官的宾客亲属子弟布满朝野，即使儿童和平庸无赖之徒，也身居要职，上下忿患，四方流毒。建议按制度办事，斥退宦官的党羽。"

可是，对于周景与杨秉的上疏，桓帝竟然置若罔闻，至于那些大权在握的权宦，就更是我行我素。既然让君子通行的仕途大门被关闭了，自然此消彼长，供小人出入的狗洞便会敞开。也正因此，当时有首民谣说："举秀才，不知书；察孝廉，父别居。寒素清白浊如泥，高第良将怯如鸡。"

由于"小人在朝"，自然就会造成"君子在野"。如此一来，那些被阻断仕途的太学生和各郡县的儒生便和那些正直善良的官僚士大夫结合起来，形成一股社会力量。这些人经常在一起谈论国是，品评人物，抨击宦官，这就是所谓的"清议"。

古往今来，即使政治的高墙再坚固，也害怕舆论的洪流一次次的冲击。当时，由于这些"清议"人士自觉不自觉地结成了强大的政治同盟，他们在一起针砭时弊，急公好义，因而自公卿以下的官僚都很惧怕他们的"清议"。因此，这些包含正直官僚、太学生以及社会名士在内的"清议派"被宦官集团一律斥为党人。

桓帝后期，在这些党人中涌现出了三位深受大家敬重与爱戴的"清流领袖"，用当时太学生们的话说就是："天下楷模李元礼（李鹰），不畏强御陈仲举（陈蕃），天下俊秀王叔茂（王畅）。"他们与太学生们一起"慨然以天下为己任"，与宦官集团展开了不屈不挠的斗争。

下面，还是先来说一说李鹰。

李鹰是东汉著名学者，颍川襄城（今河南襄城）人。他出身衣冠望族，爷爷和父亲当年都是朝廷高官。虽然是个"高富帅"，但李鹰却并不是个纨绔子弟，而是一身正气，守正不阿。延熹二年（公元159年），李鹰任河南尹，他揭发宛陵大姓羊元群之罪，羊元群向宦官行贿，结果，李鹰反被革职，罚做苦工，只是由于司隶校尉应奉上书求情，才得免刑。

不久，李鹰任司隶校尉。他与太学生郭泰等交游，反对宦官专擅，致力于纠劾奸佞。当时，宦官张让的弟弟张朔为野王县令，此人贪残无道，竟然杀孕妇取乐。张朔听说李鹰要逮捕他，便畏罪潜逃到京师他哥哥的住处，藏在一个空心廊柱里。尽管这样，李鹰还是无所畏惧，硬是带领差役来到张让家中，将张朔从空心廊柱中搜出逮走，然后关进洛阳狱中，审讯后毅然先斩后奏，依法将其处死。

张让向桓帝诉冤，桓帝诏李膺入殿，当面责备李鹰。李膺据理力争，一席话说得桓帝无言以对，于是桓帝便只好对站在一旁的张让说："都是你弟弟的罪过，李鹰秉公执法，有什么过错呢？"

由于李鹰敢于打击宦官，对宦官严惩不贷，一时间，宦官们都很怕他。如此一来，他在太学生和士大夫中间的威望便越来越高，成了他们心目中的天下楷模，以致许多人都以被李鹰接待过为莫大的荣耀，称之为登龙门。当时有个名叫荀爽的人去拜访李鹰，曾为李鹰驾车，回家后逢人便很是自豪地说："我今天有幸给李鹰驾车。"

李鹰当时在士大夫心目中的威望由此可见一斑。

可是，李鹰越是正直，越是仗义，在士大夫中越是有名望，那些宦官就越是怕他，越是恨他。而与宦官几乎一个鼻孔出气的桓帝自然也很不待见他，在内心中总想着什么时候能够揪住他的小辫子整他。而"欲穷其罪，何患无辞？"要存心找一个人的茬儿实在是太容易了。

延熹九年（公元166年），河内术士张成纵子杀人，被李鹰逮捕杀死。杀人偿命，这本来是一件很正常不过的事。但是，由于这张成很有些门道，以前曾为宦官们占过术，桓帝也曾找他算过卦，彼此间关系很铁。因而，张成被杀后，他的弟子牢修便勾结宦官上书桓帝，诬告李鹰与太学生串通一气，诽谤朝廷，从事"反革命活动"。

如此的上纲上线，显然是想把李鹰往死里整。桓帝看到奏折，立即下诏对李鹰等200多名所谓的党人实施大逮捕。在逮捕过程中，有的党人逃亡没有被捕获，桓帝就悬赏捉拿。一时间捉拿党人的使者几乎遍布中原各地。当时，许多州郡地方官为了表现积极，以示对桓帝的忠心，竟然乱捕善良，诬为党人。

在当时的大逮捕中，许多朝廷和地方官员为了保头上的乌纱帽，都噤若寒蝉，明哲保身，但是，也有一些正直的大臣不顾个人安危，挺身而出，仗义执言，这其中，最著名的人物有陈宴、皇甫规，还有就是陈蕃。

说到陈宴，很多人肯定陌生，但要说到"梁上君子"这个典故，想必知道的人就多了。

的确，成语"梁上君子"就是陈宴"发明"的。

传说有一天深夜，陈宴正在灯下看书，有一个小偷偷偷摸摸地进到他的家里，并躲到屋梁上，想等陈宴睡觉后再下手。没想到，小偷刚一进门，陈宴就发现了他，但是，他并没有声张，而是把他那几个已经睡觉的儿子喊醒了，教育他们说："你们做人任何时候都要学好，要是放纵自己学坏，躲到人家屋梁上，自己把自己糟蹋了，那这辈子就毁了。"

那躲在屋梁上的小偷一听陈宴说话含沙射影，分明说的就是自己，知道陈宴已经发现自己了，再一想陈宴说的话也句句在理，不由得脸红耳热，心慌气喘，于是便满脸羞愧地从屋梁上下来，"扑通"一声跪到陈宴面前，请求陈宴原谅。

陈宴和几个儿子没有斥责小偷，见那小偷也委实可怜，他还当即给了小偷一笔钱，并劝他以后改邪归正，重新做人。

陈宴的君子风范由此可见一斑。

陈宴是个铁骨铮铮的汉子，当时的大逮捕并没有吓倒他，反而激发了他英勇不屈的斗志。当听说许多人惨遭逮捕，他竟自己主动跑去找那些抓捕的使者，要求他们将自己关进监狱，问他为什么？他说："我不下狱，众无所恃。"如是，颇有一种"我不下地狱谁下地狱"的大无畏英雄气概。

无独有偶，度辽将军皇甫规也是一个铁骨铮铮的壮士，他发现那些被捕的党人都是一些品学兼优、深孚众望的天下名士，便也心向往之，为自己未被列入党人行列而深感耻辱。于是乎，他上书自称党人，也主动要求朝廷让他享受"党人待遇"，将他逮捕。可以想见，当时的正义所在和民心所向。

当然，与陈宴、皇甫规等名士比起来，陈蕃无疑是当时最著名的人物。

与李鹰一样，陈蕃也是当时的天下名士，而且，在历史上，他的名声远比李鹰要大。"初唐四杰"之一的王勃在其名篇《滕王阁序》中有名句"物华天宝，龙光射牛斗之墟；人杰地灵，徐孺下陈蕃之榻。"其中所说的"陈蕃"就是此人。

陈蕃，字仲举，籍贯汝南平舆（今河南平舆北）。史称他少有壮志，在他15岁那年，据说其一人所住的室内十分肮脏。父亲的朋友同郡薛勤有一天来看他，见此情景，对陈蕃说："小子，为什么不打扫干净来迎接客人呢？"陈蕃说："大丈夫在世，应当扫除天下的垃圾，哪能只顾自己的一室呢？"

典故"大丈夫当扫除天下"就是这么来的。

说来真的很有意思，陈蕃这人为官正直清廉，那些官场伪君子很容易被他的"火眼金睛"看穿而现出原形。

有这样一件事说来委实饶有趣味，说是在陈蕃任乐安（今山东惠民）太守时，其州郡有个名叫赵宣的人特别虚伪。因为汉朝以孝治天下，"孝"能升官，可被举为孝廉，所以赵宣决意要成为一个"孝子模范"。他父母去世之后，他为之守孝三年，尚嫌不够，竟然在父母的墓道里服丧二十多年，就因此，乡邻们都称赞他的孝行，州郡也把他举荐给陈蕃，希望能任用他为官。

那天，陈蕃特地把赵宣找来，与他"个别谈话"。当听说赵宣的五个子女都是他在墓道里为父母服丧期间所生时，陈蕃勃然大怒，说："圣人制礼，有品行道德的人，都得遵守；不肖的人，也应努力做到。而祭祀不须次数太多，太多了，反而不敬。你现在睡在墓中，在墓中养儿育女，欺世盗名，迷惑群众，污辱鬼神，岂有此理！"于是，陈蕃不仅没给欺世盗名的伪君子赵宣升官，反而办了他的罪。

陈蕃不仅为官正直清廉，而且还决不"摧眉折腰事权贵"。当年大将军梁冀权倾天下，炙手可热，别人想巴结他还来不及，可是陈蕃却偏不理睬他。说是有一次，梁冀派人送信给陈蕃，请陈蕃办点儿私事。因陈蕃一贯反对别人因私事找他，对找他办私事的人一概不见，于是送信的人便假托其他事情来见陈蕃。陈蕃一怒之下将其打死，因而获罪被降为修武县令。

仅此可见，陈蕃这人长了一身傲骨。

但是，人间正道是沧桑，特别是在桓灵时期那样一个"人妖颠倒是非淆"的乱世中，像陈蕃这样一个志行高洁、正气萦怀的人在仕途上注定会栽跟头，而且还会像屈原那样"虽九死其犹未悔"。

这是君子的宿命，也是历史的悲哀。

在这之前，陈蕃已经在官场栽过几次跟头，但他并没有从中汲取"教训"，所以，当宦官们怂恿桓帝对李膺等党人实施大逮捕时，因为性格使然，陈蕃又一次挺身而出，仗义执言，结果又一次栽了跟头。

事情具体是这样的，因为像李膺这样的案件乃是全国性的大案要案，必须经过三府审定，而当时陈蕃身为太尉，却不肯署名。不仅不署名，陈蕃还上书为李膺喊冤，对桓帝很不客气地说："臣听说贤明的国君，信赖辅佐大臣；亡国之君，不愿听大臣的直话。所以商汤、周武王的成功，是因为有伊尹、姜尚这样的贤臣；夏桀、商纣的昏乱，以致灭亡，是因为不得其人。由此说来，君王是首领，臣子是股肱，同体相互为用，为好为恶。臣看到前司隶校尉李膺、太仆杜密、太尉掾范滂等人刚正清白，死心塌地地为了国家。因为忠直，违反了您的意旨，横遭拷打审讯，有的被禁锢隔绝，有的或死去或被流放到他们不该去的地方。堵住天下的嘴，将天下的人变成聋子和瞎子，这与秦朝焚书坑儒有什么区别？"

结果，桓帝嫌陈蕃话说的难听，竟然把自己比喻成暴君秦始皇，这还了得？于是一气之下，就罢免了陈蕃的官职。

一石激起千层浪。本来，李膺等党人的被捕就在全国的士大夫中引起了震荡，现在，又一个天下名士陈蕃因为上书直谏而被罢官，就更是激起了天下士人的怨愤。颍川（今河南舞阳北）人贾彪对他的朋友说："我如果不出面，李膺等人的祸害就不能解除。"于是他便只身来到洛阳，向城门校尉窦武求援。

窦武虽是窦氏外戚，他的长女窦妙乃是汉桓帝的皇后，也就是说，他乃是当时的国丈，但他为人正直，为官时多方辟召名士，选贤荐能，所得两宫赏赐，也都捐助给太学诸生，因此得到士大夫的拥护，在朝野很有人望。窦武当时也受宦官迫害，因而很同情并支持太学生对宦官的斗争。所以，当贾彪来请他帮忙救援李膺等遭到逮捕的党人时，他二话没说便答应了。

于是，窦武当即上书，为李鹰、杜密等党人申冤，认为这些人"志节清高，忠于国家""皆国之贞士，一朝之良佐"，并强烈要求桓帝贬黜宦官，"案罪查罚，抑夺宦官欺国之封，案其无状诬罔之罪"，做到"信任忠良，平决臧否，使邪正毁誉，各得其所"。

几乎是在同时，尚书霍谞也上书为李膺等党人申冤，再加上李膺等人在狱中故意供出宦官子弟。宦官等因为害怕会牵连到自己，引火烧身，于是便也向桓帝进言，说天时到了大赦天下的时候了，不如先放这些党人一马。

既然有老丈人出面说情，又有尚书等一大帮士大夫上书，即便是那些宦官这种时候也为党人说话，桓帝迫于压力，于是便于同年六月改元永康，大赦天下，将李鹰、杜密和范滂等两百多位党人释放，但却将他们放归乡里，终身禁锢，不得为官。

这便是历史上所说的东汉第一次党锢之祸。

第一次党锢之祸表明，当时，天下那些正直的士大夫们在与宦官的斗争中，正义并没有能够战胜邪恶，反而以失败而告终。斗争的结果使他们被"剥夺政治权利终身"，被列入了永不提拔的黑名单，从此失去了再次为官的权利。

但是，比较第二次党锢之祸，应该说，这些士大夫们在第一次党锢之祸中还算是不幸中的万幸，因为，他们虽然被"剥夺政治权利终身"，但好歹生命权并没有被剥夺，那项上的人头还在，而等到第二次党锢之祸则是连生命权也被彻底剥夺了。

第二次党锢之祸

历史上，许多时候，书生确乎总是斗不过流氓。倘若套用马克思的话说就是："批判的武器"总是很难战胜得了"武器的批判"。

东汉桓灵时期，宦官专权，倒行逆施，荼毒天下，当时许多"天下书生"诚可谓"铁肩担道义，妙手著文章"，纷纷举起了自己最为擅长的"批判的武器"，用自己所擅长的笔或嘴展开了对宦官集团的批判，可是，这些"天下书生"虽然占据了道德的制高点，但面对宦官集团这些政治流氓，却几乎是不堪一击，在宦官们的"武器的批判"下，竟然一次又一次败下阵来。于是乎，那东汉所谓的先后两次党锢之祸的历史便完全变成了用一群前赴后继的"天下书生"们的血和泪写成的血泪史。

的确，如果说在第一次党锢之祸中，桓帝与宦官毕竟没有杀人，当时还只是李膺与陈蕃等"天下书生"们的"泪的历史"的话，那么，不久以后，因为宦官们挟持灵帝大开杀戒，血洗宫廷，由此造成的第二次党锢之祸则完全变成了那些"天下书生"们的"血的历史"。

读东汉有关党锢之祸的历史，大抵应作如是观。

如上所述，第一次党锢之祸中，"当权派"宦官集团战胜了那些"天下书生"，即一群太学生和正直的士大夫，将他们赶出了政治舞台，并打翻在地，再踏上一只脚，"终身罢黜"，令他们永世不得翻身。

第一次党锢之祸虽然就此告一段落，但却并没有因此"胜利闭幕"。那些与宦官作对的党人虽然被打倒了，但他们"人不死，心还在"，因而与宦官集团的斗争依然还"未有穷期"。

也正因此，第二次党锢之祸很快便在帝国的政治舞台上声势浩大、轰轰烈烈地上演了。

而且，如果说，第一次党锢之祸基本上还算是一次"文斗"的话，那么，第二次党锢之祸则完全演变成了一场充满血雨腥风的"武斗"。

事情无疑还要从汉桓帝驾崩说起。

东汉永康元年（公元 167 年）十二月丁丑日（十二月二十八日），由于纵欲伤身，亦或许是因为深感当皇帝太累，也太过于窝囊，时年还只有 36 岁的汉桓帝忽然"挥一挥衣袖，没带走一片西天的云彩"，便和他的一群美丽绝伦的嫔妃以及一帮整天围着他的宦官亲信们永远告别了。

桓帝生前确乎没有什么业余爱好，唯一的"业余爱好"就是好色，反正宫里有的是女人供他享乐，但一生纵欲无度的桓帝却并没有多子多福，甚至连一个"龙子"也没诞下，只是生有三个千金。所以他这一死，便只好从宗室子弟中找人即位了。

当然，这并不是桓帝一个人留下的政治后遗症，而是东汉乃至两汉几乎司空见惯的一种接班人现象。

汉桓帝生前先后立了三位皇后，梁皇后、邓皇后和窦皇后。但前两位皇后或死或废，到他驾崩时，在位的是他的第三任皇后窦妙窦皇后。

熟悉两汉历史的人都知道，前汉与后汉一共有三位窦皇后或称之为窦太后。第一位窦太后是西汉汉文帝的皇后、汉景帝的母亲；第二位窦皇后是东汉汉章帝的皇后、汉和帝的嫡母；第三位窦皇后便是汉桓帝的皇后。而且，这三位窦皇后都是同族，都出生于两汉同一个名门望族。

据说，当初汉桓帝在废除邓皇后后，准备册立自己的爱妃田圣田美人，但大臣陈蕃却竭力反对，认为田美人出身低贱，而窦妙出身高门望族，根正苗红，理当为后。所以，权衡再三，桓帝因政治牺牲爱情，立窦妙为皇后。

因为有这样一层原因，因而等到桓帝一死，窦皇后便立即着手做了两件事：一是以迅雷不及掩耳之势立即铲除了自己的情敌也即桓帝生前痴爱着的、害得她差点儿丢了后位的田圣等美人；二是与自己的父亲窦武一起迎立时年 12 岁的刘宏即位，是为汉灵帝，并尊自己为皇太后。

一个人所共知的秘密是，12 岁的刘宏之所以能够继位，其实并不是他本人有多优秀，也并不是他有着多么硬的后台，恰恰相反，他之所以能够成为新君，完全是因为他毫无靠山。

原来，刘宏虽然是汉章帝刘炟的玄孙，但他的父亲只是一个解渎亭侯，且其父当时已经去世，也就是说，刘宏压根儿就"无爹可拼"。

很显然，窦妙与父亲窦武合计选刘宏即位，应该说，其"司马昭之心"路人皆知，无非就是要将这位儿皇帝作为傀儡,从而达到专权擅政的目的。

事实上,灵帝即位之初,帝国的朝政大权也确实曾一度操控在已升格为太后的窦妙与其父窦武手里。窦太后临朝称制,按两汉不成文的老规矩,她封父亲窦武为大将军,把国家军政大权交给窦武执掌。

由于东汉的外戚一直和宦官集团势同水火,还在未得势时,窦武便与宦官集团有着许多过节,如今,成为帝国的实际掌权人后,窦武当然不愿也不会与宦官集团联手执政,故而,为了壮大自己的势力,巩固自己的执政基础,他便自然提拔和重用那些在第一次党锢之祸中曾被打倒的党人,为那些曾经被汉桓帝宣判为"终生禁锢"的党人们平反昭雪,曾经在立后一事上对窦太后有恩的陈蕃自然也在此列。

要说封建社会就是这样,三十年河东,四十年河西,宦海沉浮是很正常的事情。刘宏即位后,在临朝听政的窦太后的授意下,大将军窦武很快便实行"组阁",任用了一批党人。具体为:窦武被封为大将军、闻喜侯,是当时的帝国最高元帅;陈蕃被封为太傅;胡光被封为司徒;王畅被封为司空;刘瑜被封为侍中;冯述被封为屯骑校尉。与此同时,窦武的儿子窦机、侄儿窦绍、窦靖等人也都被封为侯爵。

表面上看,继梁氏集团后,东汉又一个新的外戚集团——窦氏集团崛起了。

但在实际上,根本就不是那么回事,今日的窦氏集团已不能与昔日的梁氏集团相比。之所以会是这样,一方面,乃是因为昔日的梁氏集团在最初的时候可谓独霸帝国的政坛,几乎没有任何一个利益集团可以与之抗衡,而现在,在窦氏集团还没形成前,宦官集团就已坐大,在朝野内外形成了很大的势力。因此,窦氏集团从一开始就受到了宦官集团的严重威胁。另一方面,今日的窦氏外戚的领军人物窦武也不能与昔日的梁氏集团的"龙头老大"梁冀相提并论。诚如我们所知道的,梁冀本身就是一个政治流氓,为达目的可以不择手段,无恶不作,而窦武却是一个正人君子,他年轻时以经术德行而著名,在骨子里其实是一个学者、一个书生。诚所谓"氓才不仁,浑者通吃",可以想见,像窦武这样的书生与宦官这群政治流氓对决,又岂能是他们的对手?所以,两相对垒,还没过招,谁胜谁负便已是完全可以预料的了。

也确实,在今天看来,当年窦武所组的"内阁"完全就是一个"书生内阁",这些人一个个都很有学问,很有名望,很有人品,很有正气,当然,也很有"慨然以天下为己任"的政治抱负和政治热情。也正因此,"新内阁"走马上任后,窦武和陈蕃同心协力，恪尽职守，一心一意辅佐皇室，同时又征召天下名贤李膺、杜密、尹勋等人入朝为官，共襄国政，很快，朝中风气为之大变，政坛局面焕然一新。

如果这样的"书生内阁"一直这么执政下去，朝中这样的风气一直就这么蔚然成风延续下去，如果真能这样的话，相信只要假以时日，帝国的政坛一定会弊绝风清，振衰起敝，拨乱反正。诚如是，则中兴可望，盛世可期。即便不会出现历史上所谓的某某之治或某某盛世，但起码，东汉也绝不会这么快就完蛋。

但是——历史总是充满了太多的"但是"，在窦武和陈蕃等一帮"书生内阁"的阁员们实施新政、励精图治的时候，那些本就权欲熏心的宦官当然不会在那里坐视，袖手不管。仔细想想也是，权力的蛋糕是有限的，如果士大夫们分得多了，那宦官们自然就分得少了，更何况在这之前这块蛋糕几乎全是宦官集团的美味，那些被打成党人的士大夫们几乎全是"被专政"的对象，遭到"终身禁锢"，只许老老实实，不许乱说乱动，而现在，就因为窦氏集团的突然崛起，这些被打倒的党人竟不仅全部被"激活"，而且还突然登上了帝国的最高政坛，实施新政，革故鼎新……

宦官们的"奶酪"被窦武、陈蕃等一大帮刚被平反昭雪的党人动了，可想而知，宦官们当然会咬牙切齿，恨之入骨。

于是乎，宦官与党人从一开始就形同水火，无法调和，而双方你死我活的斗争自然也就在所难免。

从史书上看，第二次党锢之祸的导火索最先是由一个女人在无意间点燃的。这个女人便是天子乳娘，也就是皇帝的奶妈赵娆。

诚如我们所知道的，汉灵帝刘宏即位时还才只有12岁，一个12岁的孩子登基继统，不仅政治上需要别人帮他打理，生活上显然也还需要有人呵护。也正因此，当刘宏那天从河间老家出发到京城洛阳时，除了他的亲娘外，他的奶娘也跟随而来。这个奶娘便是赵娆。当然，在刘宏正式登基后，赵娆便也水涨船高，被封为赵夫人。

要说这位天子乳娘赵夫人虽然出身寒微，而且是从小地方来到了大地方，但她却并不露怯，并不自卑。相反，由于她自恃长得貌美如花，水灵葱嫩，而且头脑机灵，很会说话，到了宫中，她竟有一种如鱼得水的感觉。

赵娆这人很会处人，她先是凭自己的一张巧嘴把比她还年轻且明显缺乏社会经验的窦太后忽悠得一见她就眉开眼笑，相谈甚欢，其次，她又利用自己的姿色诱惑得那些太监权宦像苍蝇那样老是围着她转，使得当时的朝中新贵中常侍曹节以及黄门令王甫无不拜倒在她的石榴裙下。自此以后，灵帝乳母及诸女尚书，相互奸妍，秽乱宫廷，操弄国柄，把个朝廷搞得乌烟瘴气，乌七八糟。

很显然，赵娆搞关系的真实目的乃是为了争权夺利，拼命捞钱。在博得了窦太后的欢心后，她便有恃无恐地和几个大太监一起狼狈为奸，大肆卖官鬻爵，于是乎，大量真金白银很快便源源不断地流进了她的腰包。

因此，刚刚有所好转的东汉政坛一时间又突然变得污秽不堪，臭气扑鼻，被窦武、陈蕃新政震慑得才稍稍有所收敛有些胆寒的贪官污吏很快又沉渣泛起。

很显然，如果放任这种局面继续下去，那么，"长此以往，国将不国"，东汉王朝很快就会一命呜呼。

也正是在这样一种情势下，极具忧患意识的窦武与陈蕃两人不谋而合，都想趁现在窦太后当权之际，尽快把那些博谬作恶的宦官彻底铲除，以除后患。

在一次朝会上，陈蕃悄悄对窦武说："宦官曹节、王甫等，自先帝以来就弄权专横，为乱天下，如今人怨沸腾，根本原因就是宦官专权。现在如果不诛杀他们，以后就难办了。"

窦武点点头，深以为然，但在当时场合，他只说了一句："先生之言，正合我意。"

于是在以后的日子里，窦武和他的阁僚太傅陈蕃、尚书尹勋、侍中刘瑜以及屯骑校尉冯述等经常在一起共定计策，谋诛宦官。

听说要铲除宦官，天下志士仁人无不精神振奋，英雄俊杰无不情绪激昂，翘首以盼。

一场诛除宦官的战斗就要打响了。

然而，说来真是书生造反，三年不成。古往今来，书生多半都是嘴上功夫，语言暴力，真要动起手来，真刀真枪地去干却不在行，而且有时往往还会误事。这是最要命的。

纵观当年窦武与他的"内阁"阁僚们谋诛宦官就是这样，谋来谋去，老是举棋不定，优柔寡断。

建宁元年（公元 168 年）五月，某日出现日食。古人迷信，以为定有大事发生，于是陈蕃再一次催促窦武说："从前萧望之是何等的聪明，结果反而为宦官石显所害，而如今竟有数十个像石显一样的宦官！我陈蕃已年近八十，想帮助将军为国除害。现在发生日食，正好消灭宦官，以应天变。"

窦武点点头，说："确实是这个道理。"于是他便跑去找自己的女儿窦太后"劝谏"。他对窦太后说，按照汉代的制度，宦官只能在后宫搞搞"物业管理"以及"家政服务"之类，不过是皇帝面前的奴才而已。可如今宦官参与政事，而且位高权重，子弟党羽布满朝野，以致天下汹汹，这实在是相当不正常的。所以，应该尽诛宦官，以安天下。"

由于身在后宫，长年和宦官们待在一起，被一帮大小宦官侍候得舒舒服服，时间长了自然会生出感情，因而，尽管是自己的父亲，但对窦武的话，窦太后却并未完全听从。她说："汉代有使用宦官的制度，只能诛杀有罪之人，哪能不分青红皂白一律斩尽杀绝呢？"

结果，父女俩各退半步，采取了一个折中的办法，只是将中常侍管霸和苏康这两个在朝中擅权、民愤极大的宦官给"狱中斩"了。

窦太后以为这样既满足了父亲的要求，同时又可起到杀一儆百的作用，可以对贪权乱政的宦官起到强有力的震慑作用。而窦武初试牛刀，几乎不费吹灰之力便灭掉了两个宦官大佬，也觉得效果不错，成效显著，感觉那些宦官其实并不像自己原先想象的那么可怕，于是美滋滋地想着下一步再对宦官最大的头目曹节下手。可就在这时，宦官们却抢先动手，对窦武和陈蕃等一帮党人举起了罪恶的屠刀。

那是这年的九月初，在掌握曹节、王府等宦官确凿的罪证后，窦武等向窦太后上书，揭露曹节、王甫等宦官罪大恶极，要求将这些宦官严惩不贷，处以极刑。但头发长见识短的窦太后因为曹节是自己宠信的宦官，不忍加诛，犹豫不决。如此一来，窦武与陈蕃也就迟疑着，不敢擅自行动。

可就在这时，九月辛亥日（九月初七），窦武因为轮到休息日，出宫回家，一直疑神疑鬼的宦官们偷出他的奏折，获悉了窦武和他的阁僚们的惊人的秘密。于是他们当夜召开紧急会议，商量对策。商议的结果当然是抢先发动宫廷政变，故而十几个宦官头目当场歃血为盟，誓杀窦武和党人。

就这样，宦官们与天子乳娘赵娆一起，于这天深夜立即入宫劫持了灵帝。大宦官曹节蒙骗灵帝说："外边乱糟糟的，怕是出事了，请陛下到德阳前殿去躲一躲。"然后他又立即下令关闭宫门，强行把尚书台的官员叫来，威逼他们起草诏书，让王甫带领卫士去搜捕尚书尹勋以及亲近士人的宦官山冰等。因为尹勋和山冰怀疑诏书有假，拒不接受，结果王甫手起剑落，便将两人杀死了。随后，王甫又提着尚在滴血的利剑来到窦太后居住的长乐宫，要求窦太后交出皇太后的金印以及玉玺、符、节等。以前，王甫在窦太后面前一直都是点头哈腰，奴颜媚骨，从不敢大声说话，而现在他却对窦太后横眉瞪眼，粗声恶气。

到这种时候，一向头脑简单的窦太后才后悔当初没有听父亲窦武的话，将这些该死的宦官给杀了。但现在，说什么都迟了，在王甫的威逼下，她也只好乖乖地把印玺交了出来，然后，被宦官们幽禁起来。

在劫持了灵帝与窦太后，一切准备停当后，曹节和王甫便派人去捉拿窦武。

当宦官们带着皇帝的"诏书"去逮捕窦武时，窦武不奉诏，驰入步兵营，射杀使者，并召集北军数千人屯于都亭下，并对军士下令："黄门宦官反叛，尽力诛杀的封侯重赏！"

但是，很快，王甫也率领千余士兵前来围攻窦武，并向窦武的士兵喊话："窦武犯上作乱，罪该万死。你们都是保卫皇帝的卫士，怎么能同反贼窦武同流合污呢？"

当时，那些北军的士兵也稀里糊涂，不知道谁是谁非，再说他们平时就害怕宦官，现在一听王甫说窦武犯上作乱，登时就懵了，于是很快就有不少人投降了宦官。如此一来，窦武的军队越来越少，宦官的军队越来越多。眼看大势已去，窦武准备逃跑，从长计议，但宦官们哪里会让他逃脱？最后，因为走投无路，窦武只好自杀。

王甫割下窦武的脑袋，挂到洛阳都亭示众。随后，窦武的宗亲、宾客也全被诛杀，窦太后也被囚于云台。

再说陈蕃，那天晚上宦官政变，他几乎一直被蒙在鼓里，躺在家里睡觉，等他听到消息得知宦官曹节等宦官矫诏诛杀窦武后，已是古稀之年的他不由大吃一惊。于是，情急之下，原本书生一个、手无缚鸡之力的他立即召集自己的属下以及学生等一帮书生80多人，持刀冲入承明门，并振臂高呼道："大将军窦武以忠卫国，明明是黄门宦官造反，为何反而说是大将军大逆不道？"

当时王甫杀了窦武后回宫，正好碰到陈蕃，听到陈蕃的呼喊，便反驳道："窦武有什么功劳？兄弟父子竟一门三侯，你身为宰相，怎么也和他结党？看定也不是好人！"说着便下令逮捕陈蕃。

陈蕃持剑怒视着王甫，眼睛瞪得老大。王甫的士卒不敢上前，只是把他紧紧围住，足足围了数十层，最后才把一介书生陈蕃抓住，囚禁到北寺监狱中。王甫等人在对这位天下名士、宦官的死对头进行了一番凌辱与折磨后，当天便将他杀了。

政变几天以后，曹节、王甫等18名宦官便因讨陈、窦有功，而受到大大的封赏，从而再次获得了掌握帝国生杀予夺的大权。而紧接着，小人得志的宦官们便开始老账新账一起算，对那些一直反对他们的士大夫们开始了变本加厉的政治大清洗。

在杀了一大批陈、窦"党人"的同时，宦官们又唆使汉灵帝下诏，将"党人门生故吏父兄子弟在位者"及其五服之内的亲属，"皆免官禁锢"。

这便是发生在东汉末年的第二次党锢之祸。

就这样，那些心忧天下、反对宦官的正直的士大夫们又一次被宦官们打翻在地，且被重重地踏上了一只脚。

说来真是树欲静而风不止。东汉末年的读书人似乎天生就有一种士的气节和硬骨头精神，尽管第二次又被打倒了，不仅被打得鼻青脸肿，而且被打得血肉模糊。但"死者长已矣"，生者不偷生，那些活着的党人依然不屈服，不变节，前赴后继，一如既往地继续将反抗进行到底。

东汉走上不归路

在今天看来，第二次党锢之祸对于东汉帝国的危害无疑是致命的。

表面看来，在第二次党锢之祸中，宦官们的屠刀只是向一帮虽然嘴上强硬但却不堪一击的党人士大夫们的头上砍去，将他们中的许多人砍死砍伤，但在实际上，宦官们的屠刀所砍的乃是帝国赖以生存和维系的一国之正气、生气与元气，或者干脆直截了当地说，其所砍杀的乃是东汉帝国的寿命。

可以一点也不夸张地说，在接连遭遇了两次党锢之祸之后，那东汉末期封建官场原本就少得可怜的一点儿正气已经变得荡然无存，帝国的生气已经被扫荡一空，如此一来，元气大伤的东汉帝国便无可挽回地从此迅速向着分崩离析、万劫不复的政治深渊滑去。

西汉刘向在其《说苑·尊贤》一文中有云："人君之欲平治天下而垂荣名者，必尊贤而下士。夫朝无贤人，犹鸿鹄之无羽翼也，虽有千里之望，犹不能致其意之所欲至矣；故绝江海者托于船，致远道者托于乘，欲霸王者托于贤。"

在这篇文章中，刘向还说了一个故事，说孔子的学生子路有一天请教自己的老师孔子说："怎样治理国家？"

孔子回答说："（治理国家的根本）在于尊重贤能的人，轻视那些没有才能的人。"

子路说："可是晋国的中行氏尊重贤能，轻视那些没有才能的人，他的灭亡是什么缘故呢？"

孔子说："中行氏虽然尊重贤人但却不能重用他们，轻视不贤之人却不能罢免他们；贤能的人知道他不重用自己而埋怨他，不贤之人知道他看不起自己而仇恨他；贤能的人埋怨他，不贤之人仇恨他，埋怨和仇恨一同交织在一起，中行氏即使不想灭亡，可他能够办得到吗？"

应该说，两千多年前的孔子说的没错。大量历史事实表明，一个国家一个朝代，其兴衰成败的标志固然有很多，但其最主要的一条就看这个国家这个朝代究竟是贤人在朝还是贤人在野。如果是贤人在朝，也即大量的优秀人才得到重用，他们报效国家的积极性得到充分发挥，那么，这么国家这个朝代即使想衰败都不行。可是，如果反过来，是贤人在野，也即大量的优秀人才被埋没或排斥，他们的聪明才智不能为国家贡献，那么，单靠那些庸人乃至小人治理的国家一定会非常糟糕，结果当然是想不衰败也难。

这就是历史的辩证法，人才的辩证法。在这方面，一部中国古代史，为我们提供了太多生动鲜活的例子。

下面，还是继续说第二次党锢之祸吧！

据《后汉书·党锢列传》记载：桓帝时期，一些德高望重在朝廷以及地方做官的士大夫受到世人的追捧，以致被分别冠以"三君""八俊""八顾""八及""八厨"等称号。

其具体为：

"三君"，指窦武、刘淑、陈蕃；

"八俊"，指李膺、荀昱、杜密、王畅、刘祐、魏朗、赵典、朱宇；

"八顾"，指郭林宗、宗慈、巴肃、夏馥、范滂、尹勋、蔡衍、羊陟；

"八及"，指张俭、岑晊、刘表、陈翔、孔昱、苑康、檀敷、翟超；

"八厨"，指度尚、张邈、王考、刘儒、胡母班、秦周、蕃向、王章。

这里，需要解释的是，所谓"君"，是指受世人共同崇敬；而"俊"则是指人中英雄；至于"顾"乃是指品德高尚而及于人。此外，"及"是指能引导人追行受崇者，"厨"则是指能以财富救助他人。

很显然，在当时能被冠以这样的称号绝对是一种莫大的荣誉，而在当时，竟有这么多人分别获得这些称号，仅此可见当时的士大夫阶层该有多少才德兼备的贤人雅士。

也正因此，尽管汉桓帝本人也绝非贤君英主，甚或可以说是昏君一个，治国无方，然而，在他执政时，朝廷好歹还有以上这许多贤人在朝，共襄国政，因而当时的帝国多少还有一些正气，有一丝生气。

可是，宦官集团通过政变重新控制政权后，他们自相封赏，诛锄异己，帝国的形势急转直下，政治日趋黑暗。

"三君"之首的窦武、陈蕃被诛杀后，宦官集团并没有放下屠刀，适可而止，而是决意要将党人一网打尽，于是乎，像李鹰等"八俊"以及"八顾""八及""八厨"等党人集团自然也在劫难逃，成为被屠杀或被禁锢的对象。

然而，要说桓灵时期的这些党人也真的是很有骨气，在第二次党锢之祸中，尽管那些不男不女的宦官们杀气腾腾，狰狞可怖，一个个犹如凶神恶煞一般，而东汉也俨然变成了这些宦官们群魔肆虐的魔鬼的天堂，但是，那些有气节有血性的士大夫们并没有因此闻宦色变，噤若寒蝉，而是以各种方式表达着对宦官们的愤怒，以及与宦官集团势不两立的原则和立场。

陈蕃被杀后，宦官们将他抛尸野外，惨不忍睹。陈蕃的朋友陈留人朱震，当时为县令，也算是个官场中人，但是当他听说陈蕃为宦官所杀后竟失声痛哭，然后，根本不考虑自己的政治前途，竟挂冠而去，日夜兼程地来到洛阳为陈蕃收尸，并把陈蕃的儿子陈逸藏匿起来。在被人告发而被捕入狱后，宦官们对朱震严刑拷打，追问陈逸的下落，但朱震宁死不屈，总算为陈蕃保留了一个后代。

山阳名士、"八及"之一的张俭当时任山阳督邮。而当时大宦官侯览也是山阳人，与张俭是同乡。但张俭并没有去巴结这位在朝中炙手可热的大宦官，不仅不巴结，而且竟然还与他对着干。原来，侯览的母亲和家人仗着侯览之势欺压乡邻，残害百姓。以张俭的性格，他当然不会坐视不管，于是，他愤然上书状告侯览及其母亲的罪行。

当时，灵帝完全就是一个被宦官控制的木偶，张俭的上书甭说灵帝根本看不到，完全由宦官代览，即便是看到了，也由不得他来做主。所以，张俭向灵帝上书，也就等同于向宦官上书，侯览一看家乡父母官张俭上书告自己的状，当时恨不得就去把张俭给杀了。

于是，"侯览生气了，后果很严重"，没多久，侯览便随便找了个借口诬告张俭与同郡二十四人结党，图谋造反。侯览这样做无疑是要结果张俭的性命，因为造反可是杀头之罪。灵帝傀儡一个，这种事情当然听命于侯览的意见，于是立即诏令缉拿张俭。

张俭事发后，有人好心劝李鹰逃亡。李鹰摇摇头说："事不辞难，罪不逃刑，这是我的志节。我已六十多岁，死生由命，有什么好逃的呢？"不仅不逃，他还干脆来个主动投案自首，但"二进宫"的他这回再也无人来救了，很快便死于狱中。其子弟、亲戚为官者也被一律罢免。

当时，各地官府都收到拘捕党人的命令。督邮吴导奉命逮捕党人范滂。在内心中，吴导很同情党人，对名士范滂就更是敬重。所以，接到逮捕范滂的诏令后，他的内心非常矛盾，要执行命令吧，实在是于心不忍，违背良心；不执行命令吧，抗旨不遵那可是杀头之罪，而且还要株连九族。由于进退两难，不知所措，他竟关闭舍门，一个人抱着诏书痛哭。

听说吴导一个人关在那里痛哭，范滂顿时就明白过来，他叹口气说："吴导这是因我而哭啊！"说罢，他便立即跑到县令那里投案自首。县令郭揖一看范滂来自首，十分吃惊，于是急忙丢掉官印，要和范滂一起逃跑。他对范滂说："天大地大，四海为家，你为什么要到这里来呢？你走吧，我陪你一起逃跑。"

范滂说："我死了，你们的祸害也就免除了。大丈夫顶天立地，一人做事一人当，我怎么能连累你们呢？"

在被押往洛阳前，范滂要求和年迈的母亲做最后的告别。他跪在母亲面前说："我弟弟仲博十分孝敬，完全能奉养您老人家，请您不要为失去我这个儿子而伤心悲痛。"

虽然是生离死别，但深明大义的老母亲还是紧紧拥着儿子范滂看了又看，然后强忍着悲痛说："我儿能与窦武、杜密齐名，死也无恨。既要名节，又要长寿，鱼和熊掌怎么可能兼得呢？"

据说当时在场的人听了，无不泪流满面。

就这样，宦官集团先后把党人中的李鹰、杜密、翟超、范滂等百余人处死了，其他被牵连流放、禁锢、处死者多达六七百人。

从史书上看，宦官集团显然是对党人恨之入骨，忌惮颇深，因而在建宁四年（公元 171 年）春大赦天下时，尽管距离第二次党锢之祸已经过去三年了，但宦官们对被打倒的党人依然不依不饶，无一得到赦免。到了熹平五年（公元 176 年），永昌太守曹鸾上书为党人申冤，呼吁为第二次党锢之祸平反，没想到却无异于踩了政治的地雷，宦官们竟将其掠杀，且大肆追捕党人的门生故吏和父子兄弟，从而将第二次党锢之祸的危害进一步扩大化。

如此一来，由宦官们把持的朝廷几乎将那些稍微正直一点儿的读书人都打倒了。

面对宦官们的贪墨成风，蠹国害民，灵帝可以不管，也无力去管，但天下的百姓却绝对不会坐视不管。当时，由于宦官张让、赵忠也就是被灵帝称之为"是我爹"的张常侍和"是我妈"的赵常侍等奸宦为非作歹，祸乱宫廷，致使东汉的政治益发黑暗，使原本就已十分尖锐的阶级矛盾终于达到了沸点，从而在不久之后便引发了一场声势浩大的反抗东汉政权的黄巾农民大起义。

那是汉灵帝中平元年（公元 184 年），按农历算这一年乃是甲子年，就在这一年的二月，中原大地黄巾四起。当时，"苍天已死，黄天当立。岁在甲子，天下大吉"的谶言在中原大地上几乎到处传播，预示着一个可怕的乱世行将到来。显然，也正是在这样一种令人惶恐不安的氛围中，"太平道"领袖张角与他的弟弟张宝、张梁联络一批道友或教众突然发动了起义。由于起义者手举黄旗，头系黄巾，所以此次起义被称之为黄巾大起义。

当时，显然就连张角自己也不知道，就是他的这么振臂一呼，一个长达数百年的三国乱世已被他在无意间悄然拉开了序幕。

"太平道"在民间从事"地下活动"十多年，一旦如火山从地底下喷出，便会形成天崩地裂之势。一时间，万人影从，天下响应，京师震动。如果不是起义军力量过于分散，那些习惯了耕田种地的农民严重缺乏军事经验，再加上作为内应的宦官中常侍封谞、徐奉等人过早地暴露了目标遭到捕杀，未能形成里应外合，否则，很有可能，东汉王朝这艘破船在黄巾起义的暴风骤雨中早就触礁翻船，葬身海底，很可能会先灵帝而亡。

当然，历史就是历史，不容假设。

　　可是，虽然东汉帝国在黄巾农民大起义中死里逃生，侥幸逃过了这一劫，但是，由宦官把持的东汉政权并没有因此痛定思痛，深刻反省，而是一如既往，我行我素。当其时也，嗜财如命的汉灵帝除了决定改元"中平"，意即期望"中原平定"或是"中国平安"，以此纪念讨平黄巾起义的赫赫武功。随后，便再没有了任何亡羊补牢的整改措施与下文，从此只是依然故我，只管着了魔似的依旧卖官鬻爵，拼命捞钱。赚了钱后，不是存在宫里，而是大量运送到他的老家收藏起来。想必是想等到他自己有朝一日告老还乡或是死后到阴间时再用吧？而宦官们也如秋后的蚂蚱在那儿拼命地蹦跶，极力透支自己的权利，纸醉金迷，及时享乐，荒淫无道，党同伐异。

　　很显然，局势堕落到这种地步，东汉王朝也真是气数已尽，无可救药了。

　　中平六年（公元189年），刚刚步入而立之年的汉灵帝病死，皇子刘辩即位，是为少帝。何太后临朝，其兄大将军何进辅政。如此一来，权力的擂台上，外戚与宦官之间又到了相互决斗、一决雌雄的时刻。

　　就这样，三国乱世的序幕开启了，那些叱咤风云的三国人物从此将陆续登场。

　　当时，宦官蹇硕和赵忠欲图谋诛杀何进，准备在何进去汉灵帝灵柩前悼唁时让埋伏在四周的刀斧手乘机将其杀死，然后再拥立另一皇子刘协即位。事情败露后，蹇硕被杀，但这事却给何进提了个醒，让他感到，宦官不除，不仅国无宁日，自己的处境也很危险。于是，他便打定主意要铲除宦官。

　　这种时候，"累世宠贵，海内所归"的袁绍、袁术兄弟也主动接近何进，向他建议说："宦官权重日久，又与居住在长乐宫的董太后通奸，秽乱宫廷，将军应铲除宦官，整齐天下，为国家除害。"

　　可是，由于何太后的阻挠，何进铲除宦官的计划执行得并不顺利，甚至还没来得及实行，就被汉灵帝的"爹爹"宦官张让设计给诛杀了。

　　有道是：天作孽，犹可恕；人作孽，不可活。由于宦官集团在东汉末年作的孽实在是太多太多了，真正是触犯了众怒，以致到了"老鼠过街——人人喊打"的地步。何进被杀后，其手下部将以及袁绍、袁术兄弟怒不可遏，于是联手向宦官发动了进攻。

　　张让和段珪一看大事不好，于是挟持着何太后、少帝刘辩以及陈留王刘协离京出逃。但到这种时候，逃跑已经无济于事了，尽管张让和段珪如丧家之犬那样一口气逃到了黄河岸边，但面对身后疾驰而来的追兵，自知难逃一死的两人在极端的恐惧与绝望中最终还是选择了跳入滚滚东去的黄河。

当然，"滚滚黄河东逝水"，浪花淘尽的不是"英雄"，而是两个彻头彻尾的"狗熊"。

至此，东汉宦官集团彻底覆灭了。

就在袁绍与袁术追杀宦官张让与段珪期间，西凉州刺史董卓带领大军赶往洛阳，于途中意外得到被张让、段珪在逃跑中丢失的何太后、少帝刘辩以及陈留王刘协，于是一同带往京城。

由于自己的妹妹董太后当初是被何太后用毒酒害死的，董卓当然不会善待何太后，自然也不会承认由何太后拥立的少帝刘辩。所以，这年的九月初一，董卓率领公卿到崇德殿，强迫何太后废黜少帝刘辩，将其贬为弘农王；改立陈留王刘协为帝，是为汉献帝，也是东汉的最后一位皇帝。

说来也真像罗贯中在《三国演义》中所说的："天下大事，分久必合，合久必分。"由于董卓的倒行逆施，秽乱宫廷，自然激起了天下英雄的愤怒声讨与竞相反叛，由此正式揭开了东汉末年军阀混战的序幕。于是乎，"江山如此多娇，引无数英雄竞折腰"，一时间，英雄蜂起，逐鹿中原，那些我们在电视连续剧《三国演义》中经常看到的奸雄、枭雄或英雄诸如袁绍、曹操、刘表、孙坚、孙权以及桃园三结义的刘备、关羽、张飞等便纷纷闪亮登场，并很快催生出一个虽然英雄辈出且热闹异常但却战乱频仍、生灵涂炭的三国时代。

虽然，按照历史学的划分，从理论上说，东汉一直延续到东汉延康元年（公元220年），曹操病逝，其子曹丕逼迫在位31年的汉献帝禅让，自己做了皇帝，改国号"大魏"时止，才正式灭亡，但在实际上，从董卓之乱、军阀混战那天始，东汉这所虽然开张营业了将近两百年但却一直半死半活的"百年老店"就已经气数已尽，名存实亡，寿终正寝了。

仔细想想，像东汉这样的王朝，到了中后期，一直内乱不止，灾难频仍，说句公道话，其实它也真的早就应该死了。但问题是，中国这个习惯于大一统的国家，虽然一直"分久必合，合久必分"，但"合"了之后真要"分"开，则于国于民都是一件非常糟糕的事情，那种乱世之中的深重灾难是谁也不愿承受也无力承受的。

难道不是吗？东汉之后，三国时代，乃至之后的魏晋南北朝时期，整个中国四分五裂，那种家国之悲，民族之痛，即使是到今天，让人想起来还心有余悸，不寒而栗。

也正因此，古往今来，因为吃够了太多中原动荡、国家分裂之苦，不堪忍受战乱之痛的中国人都倍加珍惜统一，誓死捍卫统一，视国家和中华民族的大团结大统一为生命。

的确，几千年的中国历史已经反复证明，家和万事兴，中国只有统一，才会强大；中华各民族只有团结，才会富强，才能在民族危难时刻，众志成城，保家卫国，一致对外，抵御外侮。